CAYETANO NÚÑEZ RIVERO
Coordinador

JUAN MANUEL GOIG MARTÍNEZ
CAYETANO NÚÑEZ RIVERO
PILAR MELLADO PRADO
MARÍA ACRACIA NÚÑEZ MARTÍNEZ
MARÍA ISABEL MARTÍN DE LLANO
Autores

LA CONSTITUCIÓN ESPAÑOLA Y LAS FUENTES DEL DERECHO CONSTITUCIONAL

LA CONSTITUCIÓN ESPAÑOLA Y LAS FUENTES DEL DERECHO CONSTITUCIONAL

Cualquier sugerencia o error observado rogamos nos sea comunicado mediante email a comtip@universitas.es

C/ Núñez de Balboa, 118- 28006 MADRID
Tel. 91 563 36 52
HTTP://www.universitas.es
E-mail: universitas@universitas.es

ISBN: 978-84-7991-431-8
Depósito Legal: M-22229 - 2014
1.ª Edición 2014

Imprime:
Solana e hijos, A.G., S. A. U. San Alfonso, 26 - La Fortuna (Leganés) - Madrid
Impreso en España / *Printed in Spain*

CAYETANO NÚÑEZ RIVERO
Coordinador

JUAN MANUEL GOIG MARTÍNEZ
CAYETANO NÚÑEZ RIVERO
PILAR MELLADO PRADO
MARÍA ACRACIA NÚÑEZ MARTÍNEZ
MARÍA ISABEL MARTÍN DE LLANO
Autores

LA CONSTITUCIÓN ESPAÑOLA Y LAS FUENTES DEL DERECHO CONSTITUCIONAL

UNED

EDITORIAL UNIVERSITAS, S.A.

ÍNDICE

Índice

CAPÍTULO XIII. LAS FUENTES DEL DERECHO DE LA UNIÓN EUROPEA. I

CAPÍTULO XIV. LAS FUENTES DEL DERECHO DE LA UNIÓN EUROPEA. II

CAPÍTULO XV. LA INCIDENCIA DEL ESTADO AUTONÓMICO EN EL SISTEMA DE FUENTES

Capítulo I
Historia Constitucional Española I

CAPÍTULO I.
Historia Constitucional Española I

Cayetano Núñez Rivero

1. LOS ORÍGENES DEL CONSTITUCIONALISMO ESPAÑOL (1808-1937)

El Estado Constitucional en España comienza a formarse en los inicios del siglo XIX, concretamente nuestro primer texto con tal pretensión es el Estatuto de Bayona de 1808, aunque no será hasta el texto gaditano de 1812, que nuestro país proclame una Constitución consecuencia de ejercicio de su soberanía nacional.

Es pues, en temprana fecha, cuando España inicia su andadura por el Estado Constitucional, de tal forma, que tras los textos norteamericano (1787) y francés (1791), es el tercero en la historia mundial[1].

Sin embargo, es preciso hacer algunas consideraciones respecto a las diferencias existentes entre las sociedades norteamericana y francesa de la época, con respecto a la española, ya que las mismas tendrán una influencia decisiva en la consolidación del Estado Constitucional en los respectivos países.

Así mientras en los Estados Unidos y Francia, especialmente en este último caso, la proclamación de un texto constitucional responde a los cambios operados en la sociedad, que tras sufrir importantes transformaciones económicas y sociales, en las que debe destacarse especialmente la emergen-

---

[1] No se incluye en esta relación la Constitución inglesa, por no responder ésta a los criterios de texto codificado, como los anteriormente citados, estando conformada la misma por un conjunto de Leyes, la *Common Law* y las Convenciones Constitucionales.

cia de una burguesía y la crisis de la sociedad estamental, precisaba de un cambio político de carácter radical, ya que las normas de la rígida sociedad estamental impedían el desarrollo y consolidación de las clases sociales emergentes, de tal forma, que es claramente consecuencia de un conflicto entre un modelo de sociedad agotado, como era el Antiguo Régimen en Francia o el estatus colonial en Norteamérica y uno emergente que precisaba de un marco de seguridad jurídica, con una ley común para todos los ciudadanos, sin fueros especiales, y de obligado cumplimiento, tanto para el Poder como para la ciudadanía, con una proclamación de derechos individuales, entre los que debe destacarse el de la propiedad, empresa etc.; de esta forma, cuando las contradicciones entre la realidad política imperante: Monarquía Absoluta, sociedad estamental y Antiguo Régimen entraron en contradicción con las fuerzas sociales y económicas emergentes, se produjo el proceso revolucionario que culminó con la proclamación del Estado de Derecho; por el contrario la España de principios del siglo XIX plantea un panorama muy diferente, la mayor parte del país es agrario y rural[2], estando concentrada la propiedad de la tierra en manos de la alta nobleza y la Iglesia, con un reducido grupo de pequeños propietarios, siendo la mayor parte de los campesinos jornaleros de muy bajos salarios; no puede hablarse de la existencia de una clase burguesa, consecuencia de la escasa industria existente en el país, compuesta de las Reales Fábricas, así como de telares en Cataluña y de industria metalúrgica en el País Vasco, que sólo habían alcanzado un escaso desarrollo y ello, gracias al proteccionismo que ejercía la Corona. La alta nobleza[3] vivía fundamentalmente de la tenencia de la tierra y ocupaba los puestos dirigentes del Ejército y la Administración, la Iglesia muy numerosa[4], obtenía la cuarta parte de la producción agrícola española[5] y contaba con un inmenso poder en el aparato del Estado, dentro del cuál se incardinaba el Tribunal del Santo Oficio o Inquisición; por su parte la baja nobleza (hidalgos), compuesta por un considerable número de

---

[2] El Estado Llano, a mediados del siglo XVIII estaba compuesto por el 90% de la población española, siendo el campesinado el que ocupas el 90% de ese porcentaje, frente a un 10% perteneciente a la población urbana.

[3] Se componía de 535 títulos (los denominados títulos de Castilla) y 119 Grandes de España).

[4] En 1768 el número de religiosos era de 147.805 y en 1787, como consecuencia de las medidas reformadoras de Carlos III, había descendido a 143.603. Véase DOMÍNGUEZ ORTIZ; «*El reformismo borbónico. La sociedad española del siglo XVIII*». Madrid 1986.

[5] Solamente en tierras cultivables tenía la cuarta parte, la séptima parte de las tierras de pasto y de cultivo, más los beneficios que devengaban los 3.896 señoríos eclesiástico, a lo que debe sumarse los beneficios de diezmos, primicias, etc.

miembros[6], que en su mayor parte vivían inmersos en la pobreza, como consecuencia de que como nobles, salvo el ejercicio de las armas y la Administración no se les permitía trabajar, salvo que dejaran de pertenecer a la nobleza[7]. Con la panorámica descrita sobre la estructura económica y social imperante en la España de finales del siglo XVIII y principios del XIX, es fácil comprobar que ésta no presentaba grandes similitudes con la francesa o norteamericana, que unos años antes habían conformado los primeros Estados de Derecho. La ausencia de una clase burguesa española diferenciada de la sociedad estamental, con intereses definidos y con peso en el país, hacía impensable que se reprodujeran los acontecimientos revolucionarios que habían puesto fin al Antiguo Régimen en los Estados Unidos o en Francia. Esta ausencia de burguesía en España será uno de los condicionantes no sólo en los orígenes del constitucionalismo español, sino a lo largo de casi todo el siglo XIX, impidiendo la plena consolidación del Estado Liberal.

De esta forma, en el proceso de cambios políticos que se van a producir en España en los albores del siglo diecinueve, el rol que hubiera debido asumir la burguesía como motor del cambio de los mismos, en un proceso comparable al del resto del continente europeo, hubo de ser desempeñado por el contrario por otros sectores de la sociedad, imbuidos de los nuevos ideales que defendía la burguesía revolucionaria, pero sin ser plenamente burgueses. De esta forma, sectores de la baja nobleza española y algunos funcionarios tomaron el papel que debía haber correspondido a la citada clase social. Valga la comparación de que mientras en Francia durante el periodo revolucionario las ciudades más importantes contaban con innumerables clubes de opinión, logias etc... en España sólo asistimos a la formación desde finales del dieciocho de Sociedades de Amigos del País, que con la presencia de baja y media nobleza, hidalgos, comerciantes y pequeños propietarios trataban de acomodar a los nuevos tiempos las viejas técnicas de producción y comercio, sin que hubiera intencionalidad política alguna en sus fines. De hecho sólo tenemos noticia de la existencia de una sociedad política en Madrid, que prácticamente no llegó a funcionar pues fue disuelta por Godoy.

Del párrafo anterior, podernos deducir que no existía en España un sentimiento constituyente, ya que aunque no es despreciable el conocimiento que en el país se tenía de las nuevas ideas y de los acontecimientos de Francia, y

---

[6] El censo de 1768 nos da la cifra de 722.794, aunque el posterior de 1787 reduce el número a 480.592.

[7] No será hasta la Real Cédula de 1783, en la que se declaran honestas todas las profesiones y se revaloriza el trabajo, dejando claro que su ejercicio permite seguir siendo noble.

menos en los territorios de la América Española, la falta de sustentación social de los mismos había obviado la necesidad de su planteamiento.

Es por todo ello, que el primer intento de conformar un cierto Estado de Derecho en España no sea consecuencia de la presión de la sociedad española, sino fruto de la entronización de la Casa de Bonaparte en España, de la misma forma que el Emperador Napoleón Bonaparte hiciera con otras naciones europeas bajo la égida francesa.

2. EL ESTATUTO DE BAYONA

Es comúnmente admitido por historiadores y constitucionalistas que el Estatuto de Bayona no sea considerado como un texto genuinamente español, aunque se trate del primer texto constitucional escrito y codificado que tuvo vigencia, aunque muy escasa, o pretensión de la misma, en el ámbito territorial del Reino de España. Esta actitud se deriva fundamentalmente de que se trata de una Carta Otorgada y no de una Constitución propiamente dicha, que haya sido expresión del poder constituyente de la nación española o al menos del titular del órgano de la Corona o Soberano, sino que se deriva de la voluntad de un monarca extranjero, el Emperador de Francia, aunque el otorgante fuera el Rey de de España José I, nombrado a la sazón por el primero.

2.1. Características y principios del Estatuto

El texto intenta conjugar el principio de la soberanía real con el de un liberalismo atenuado, que permitiera la asunción del poder económico y en cierta medida político, por parte de la burguesía, poniendo fin de hecho al Antiguo Régimen, aunque manteniendo todavía una cierta estructura estamental en los órganos del Estado. El Estatuto se inspira por tanto en el ordenamiento napoleónico, consecuencia última de la consolidación de los principios y el Régimen nacido con la Revolución francesa, así como en algunos aspectos tradicionales de la Monarquía española. Entre las características más representativas del Estatuto de Bayona podemos resaltar las siguientes:

a) Es una carta Otorgada y no una Constitución. Como se ha indicado en el epígrafe anterior es un acto de la voluntad del Emperador de Francia, que la entrega por medio de su hermano José I, Rey de España.

b) No establece la Soberanía Nacional, aunque pone limitaciones al ejercicio del Poder Real, que debe respetar determinados derechos y libertades del ciudadano, (habeas corpus, inviolabilidad de domicilio y seguridad personal).
c) No cuenta con grandes enunciados políticos ni establece una clara división de Poderes, aunque sí conforma una Justicia independiente (art. 97) y la inamovilidad de los jueces (art. 100). Codifica el Derecho, manifestando la voluntad de conformar un único Código de leyes civiles y criminales (art. 96), y un solo Código de comercio para España e Indias (art. 113).
d) Es de carácter escrito y con un extenso texto, contando con 146 artículos.
e) Es flexible, aunque no podía ser reformada hasta 1820 (art. 146).
f) Está mal estructurada y delimitada en sus diversas partes, especialmente en la dogmática. La redacción del texto es apresurada, reiterativa y con diversas imprecisiones.
g) Establece la confesionalidad del Estado, con carácter excluyente de otra religión que no sea la Católica, Apostólica y Romana.
h) Consolida la Casa de Bonaparte en el trono de España, que queda supeditada a la rama francesa, en caso de no existir descendencia directa del Rey (art. 2), y cae en alabanzas absolutamente improcedentes en un texto constitucional al Emperador francés (Preámbulo y art. 2). Establece igualmente una alianza perpetua con Francia (art. 124), aunque impide que la Corona de España e Indias pueda reunirse nunca con otra en una misma persona (art. 3).
i) Contiene profundas reformas en el aspecto económico, estableciendo la libertad de comercio e industria (arts. 88, 89 y 90) Suprime las aduanas interiores y reorganiza el sistema de Hacienda y el concepto de propiedad y Mayorazgo desde un punto de vista de la burguesía, poniendo fin en este sentido al Antiguo Régimen (Títulos XII y XIII).
j) Manifiesta la igualdad entre los territorios de Europa y América. (art. 87 y Título X en general, y art. 192, respecto a la representación política).

2.2. Los Órganos de la Carta Otorgada

El Estatuto no establece una nítida división de poderes, por el contrario el eje del sistema es la Corona, cuyo titular goza de amplías atribuciones en los planos ejecutivo, legislativo e incluso judicial. No obstante, es necesario indicar que la escasa vigencia del Estatuto imposibilitó las reformas pertinentes que a partir del texto hubieran podido llevarse a cabo, una vez que la burguesía hubiera consolidado su posición en el plano social y económico, y como consecuencia de ello accedido a otros niveles de control político. Valga como ejemplo de lo apuntado en este sentido, que estableciendo una estructura estamental en los órganos del Estado, como en el caso de las Cortes, el funcionamiento de las instituciones no tiene ese carácter.

Los órganos de gobierno más importantes establecidos en el Estatuto son:

a) *La Corona, El Poder Ejecutivo*

El régimen político que nace con el Estatuto de Bayona, puede considerarse como el origen de una Monarquía Limitada, que no ha alcanzado un grado suficiente de desarrollo, en virtud de que todavía conserva reminiscencias de una estructura social de carácter estamental. En este sentido, los poderes efectivos del Rey son mayores que en otros Estados Liberales que tienen como forma política de gobierno la Monarquía.

El Rey es el Poder Ejecutivo, aunque Estatuto no contiene una enumeración de las competencias del Monarca. Para su ejercicio cuenta con el auxilio del Ministerio y del Consejo de Estado.

b) *Las Cortes*

Son tratadas en el Título IX del Estatuto. Tienen un cierto carácter estamental, en cuanto forman parte de la misma ciento setenta y dos miembros divididos en brazos o estamentos. No obstante son de carácter unicameral, ya que «nobleza, clero y pueblo» sesionan conjuntamente, aunque su ubicación en la Cámara está condicionada por su pertenencia a cada Estamento. No obstante, las decisiones son tomadas según votación de todos los miembros individualmente y no por cada uno de los brazos. En este sentido, las Cortes se nos presentan como una Cámara conformada estamentalmente, pero no con un funcionamiento no estamental.

c) *El Orden Judicial*

Es tratado en el Título XI del Estatuto. Como se indicó anteriormente en el epígrafe 2,2 del presente capítulo, el Estatuto tiende a conformar una Justicia independiente (art. 97), garantizando la inamovilidad de los jueces (art. 100) y suprimiendo los Tribunales especiales y las justicias de abolengo, órdenes y señoríos (art. 98); por otra parte, se procedió a un proceso unificador y codificador del Derecho mediante los Códigos Civil, Penal y de Comercio. Se recoge igualmente la posibilidad de introducir el proceso por Jurados (art. 106), que debía haber sido tratado en las primeras Cortes, establece también que los procesos criminales sean públicos (art. 106).

La justicia se administra en nombre del Rey, que nombra a los jueces (arts. 98 y 99). El Monarca cuenta igualmente con el derecho de gracia, que lo ejercerá una vez oído el Ministro de Justicia, en un consejo Privado compuesto de los Ministros, de dos senadores, de dos consejeros de Estado y de dos miembros del Consejo Real (art. 112).

2.3. Significado y vigencia del Estatuto

El texto fue de nula vigencia tanto en España como en América, ya que su nacimiento es coincidente con el inicio de la Guerra de la Independencia. De esta forma, a pesar de los intentos de su aplicación parcial por parte de José I, debe considerarse, que el veintiuno de julio de 1808 el general Castaños derrotaba en Bailén al ejército francés y que el diecinueve de agosto la Gazeta publicaba el acuerdo del Consejo de Castilla declarando nulos los actos de abdicación de Carlos IV y Fernando VII. El veinticuatro de agosto, Fernando VII era proclamado como Rey, tras la entrada de las tropas españolas en Madrid. A partir de esos momentos, el reinado de José I sería una ficción limitándose tan solo a una serie de campañas militares, mientras que por la parte de los sublevados españoles empezaban a esbozarse formas estatales de organización una vez conformada la Junta Suprema Gubernativa de Aranjuez en septiembre de 1808, que desembocarían en las Cortes de Cádiz y en el texto constitucional de 1812.

No obstante la nula vigencia de la Carta Otorgada de Bayona, su existencia tuvo un cierto significado que se percibirá en los acontecimientos posteriores acaecidos en España y América. En este sentido, debe destacarse que la ocupación francesa de la península y los acontecimientos posteriores, hicieron sentir bruscamente a los españoles y americanos, que la realidad social, política y económica había cambiado para siempre. La desvertebración a que había llegado el Imperio Español sustentado en los principios del Antiguo Régimen había muerto para siempre, por tanto era necesario buscar otras fórmulas de organización.

Es muy difícil determinar si el Estatuto de Bayona tuvo o no alguna influencia y peso en el trabajo de los constituyentes españoles en Cádiz o en la Constitución venezolana de 1811, pero como indican los constitucionalistas americanos García Laguardia y Edmundo Vázquez «es el antecedente más antiguo de nuestra organización constitucional, y fue por ese texto, que los americanos se enteraron de la posibilidad de una forma de convivencia sobre bases modernas».

3. LA CONSTITUCIÓN DE CÁDIZ

La invasión francesa y la consiguiente aceptación de la nueva dinastía en el trono de España por parte de las más altas autoridades del Reino[8], propiciaron la rebelión del pueblo español, que tras una auténtica sublevación popular, con declaración de guerra incluida, pocos días después, en virtud de un proceso de aceleración histórica sin precedentes, ponía en marcha la refundación del Estado.

Ante el vacío de poder se crearon las Juntas Locales y Provinciales, tanto en España como en los territorios americanos, así por primera vez en la historia española se expresa una conciencia nacional que no está reducida a una minoría de clase, casta, de sangre o de oficio, que crea las bases de un nuevo Estado, de un nuevo poder[9]. El 25 de septiembre de 1808 se conformaría en Aranjuez la Junta Central Suprema y Gubernativa del Reino; en junio de 1810 se constituía el Consejo de Regencia en nombre de Fernando VII y se convocaba a Cortes.

3.1. El proceso Constituyente

Las Cortes, sin carácter estamental, y reunidas en una sola Cámara, quedarán constituidas el veinticuatro de septiembre de 1810. El carácter y significado de las mismas se pondrá de manifiesto el mismo día que comienzan sus sesiones así como su producción legislativa. Las Cortes que se declaran Generales y extraordinarias, desarrollarán hasta la aprobación del texto cons-

---

[8] Tanto la Junta de Gobierno dejada por el Rey Fernando VII, como el Consejo de Castilla aceptaron la nueva situación, aceptando a José I como Rey de España.

[9] Véase MUÑÓN DE LARA, M; «*La España del siglo XIX*»; París, 1961, pág. 13.

titucional una doble misión, de carácter constituyente por un lado y de carácter ordinario por otro.

El espíritu que anima a los diputados gaditanos, o al menos a la mayoría de los mismos se manifiesta en su primer Decreto. En este sentido establece los siguientes principios y funciones de la Cámara:

1.º La soberanía nacional radica en las Cortes, en cuanto que éstas representan a la nación española. El poder ejecutivo, desempeñado por el Consejo de Regencia deberá hacer juramento de este principio.

2.º Reconocen, proclaman y juran de nuevo por su único y legítimo Rey de España a Fernando VII, declarando nulos su cesión del trono, en virtud de que la misma se ha llevado a cabo mediante la violencia y sobre todo sin el consentimiento de la Nación.

3.º Establece la división de poderes reclamando para sí el legislativo y la capacidad de nombrar ellas el ejecutivo, en virtud de la ausencia del Rey Fernando VII.

4.º Declaran la inviolabilidad de los diputados a Cortes.

3.2. La Constitución de 1812. Características y principios...

En la Constitución de 1812 destacan los siguientes principios:

a) *Soberanía nacional*

El artículo 3.º del texto constitucional manifiesta «La soberanía reside esencialmente en la nación, y, por lo mismo, pertenecen a ésta exclusivamente el derecho de establecer sus leyes fundamentales». El principio de la soberanía nacional es clave en la Constitución y en el régimen político que configura, ya que de él se derivará el funcionamiento de los órganos del Estado, así el artículo 27, primero que trata sobre las Cortes dirá «Las Cortes son la reunión de todos los diputados que representan la nación ...». De esta forma, el concepto de soberanía nacional se precisa desde el Preámbulo, donde se pone de manifiesto que son las propias Cortes las que sancionan el texto constitucional, así como en el artículo 2.º que indica «que la nación española es libre e independiente, y no puede ser patrimonio de ninguna familia ni persona».

En el epígrafe anterior nos referimos al tratamiento que tuvo en el proceso constituyente el tema de la soberanía nacional, por lo que en este momento nos limitaremos a resaltar que tanto el texto constitucional como todo el proceso que condujo al mismo y que se inicia el dos de mayo de 1808 tiene un claro origen popular. Invadida España por las tropas francesas y extinguido el poder del Estado, el levantamiento popular tuvo la necesidad de organizarse y coordinar sus acciones, en este sentido debió inventar organismos de coordinación que acabaron siendo centros de poder en un proceso de refundación estatal, sin embargo, a diferencia del periodo anterior, los nuevos órganos surgidos se legitimaban en virtud de que representaban los intereses de la población, y como ocurrió con la convocatoria a Cortes sustentándose en los principios de la democracia representativa.

b) *La división de poderes*

Como vimos anteriormente, en el primer decreto que producen las Cortes al iniciar el proceso constituyente se establece la división de poderes, con un carácter de rigidez, justificado en virtud de la ausencia de Fernando VII, que luego se modificaría en el texto constitucional, ya que el artículo 15 manifiesta que la potestad de hacer las leyes reside en las Cortes con el Rey, la de ejecutarlas en el Rey (art. 16) y la de aplicarlas en los tribunales establecidos por la ley. De esta forma, la constitución española se decanta por un modelo de monarquía limitada «Monarquía moderada hereditaria» (art. 14), en la que el Monarca se transforma en un poder constituido y ve sus poderes limitados, aunque retiene el ejecutivo y comparte con el Parlamento el Legislativo. En el siguiente epígrafe trataremos de forma detenida el tratamiento que la constitución de 1812 da a los diferentes poderes del Estado.

c) *Derechos y Libertades*

No existe en el texto una declaración específica de Derechos, que agrupe los mismos en un título específico, sin embargo ello no quiere decir que no se recojan los derechos fundamentales a lo largo de todo el texto. El tema de los derechos y libertados ya fue tratado desde la primera sesión de las Cortes constituyentes, y así desde el Decreto de diez de noviembre de 1810 se establecía la libertad de imprenta. Puede afirmarse por tanto, que aunque a diferencia de otros textos constitucionales de la época inspirados en este punto en el constitucionalismo francés, los derechos y libertades no se expongan de forma ordenada y sucesiva, la Constitución española de 1812 contiene como una de sus más importantes características una detallada exposición de derechos y libertades de carácter individual, como corresponde al constitucionalismo del denominado primer Estado de Derecho.

El artículo 4.º de la Constitución introduce el concepto de derechos y libertades que posteriormente serán tratados en el resto del texto «La nación está obligada a conservar y proteger por leyes sabias y justas la libertad civil, la propiedad y los demás derechos legítimos de todos los individuos que la componen». El objetivo fundamental que se persigue en el tratamiento que se da a los derechos y libertades en nuestro primer texto constitucional es el de delimitar el ámbito de actuación del ciudadano respecto a los otros ciudadanos y especialmente respecto a la esfera de intervención pública, ya que no debe olvidarse que el tipo de Estado que se conforma es de los denominados «Estado Mínimo», de tal forma que el Estado es no intervencionista en los asuntos económicos y sociales, de esta forma, los denominados derechos económicos se referirán solamente a garantizar la propiedad.

El tratamiento de los Derechos y libertades en la Constitución de 1812 podemos agruparlos de la siguiente forma:

Referentes a la seguridad y libertad personal

Cabe destacar en este punto los siguientes derechos y garantías:

La inviolabilidad de domicilio que se establece mediante el artículo 306.

Penales y procesales. En virtud del artículo 287, ningún español podía ser preso sin que procediese información sumaria del hecho y un mandamiento del juez por escrito que se le notificaría en el acto mismo de la prisión. El arrestado antes de ingresar en prisión debía ser presentado ante el juez (art. 290), que en todo caso, le tomaría declaración en las veinticuatro horas siguientes. Los procesos debían ser breves (art. 286) y públicos (art.302).El detenido no podrá estar sujeto a tormento (art. 303), ni se le impondrá pena de confiscación de bienes (art. 304). La suspensión de los derechos debía ser decretada por las Cortes y por un tiempo determinado (art. 308).

Libertad de expresión

La Constitución de 1812 acaba con la censura previa, estableciendo mediante el artículo 371 que «todos los españoles tienen libertad de escribir, imprimir y publicar sus ideas políticas sin necesidad de licencia, revisión, o aprobación alguna anterior a la publicación...». Sin embargo, en este punto, que como observamos en epígrafes anteriores fue de gran trascendencia en el proceso constituyente, ya que fue reconocido con anterioridad a la promulgación del texto mediante el Decreto de Cortes del 10 de noviembre 1810, destaca una importante parcela sustraída a la libertad de pensamiento, como es lo referente a la proclamación de la confesionalidad del Estado que impide la opinión contraria a dicho credo. En todo caso, destaca la inclusión de la libertad de expresión dentro del Título IX que versa sobre la instrucción Pública, tema al que el texto concede gran importancia y que reitera la importancia concedida por los constituyentes a la libertad de expresión y difusión de ideas, tal y como se puso de manifiesto en todo el proceso constituyente y en la propia presentación del texto en el discurso preliminar.

Derecho a la propiedad

Se recoge por primera vez en el texto en el anteriormente citado artículo 4º, aunque su protección puede percibirse a lo largo de todo el texto, que lo consagra como elemento esencial del sistema. Valga como ejemplo el artículo 172.10 «No puede el Rey tomar la propiedad de ningún particular, ni corporación, ni turbarle en la posesión uso y aprovechamiento de ella...».

Principio de igualdad

Se manifiesta fundamentalmente mediante la unidad de fueros establecida en el artículo 248, así como en el 258 que conforma la unidad de códigos, y en los artículos 247 y 242 que proclaman la unidad jurisdiccional, aunque se seguía manteniendo fueros particulares para eclesiásticos y militares (arts. 249 y 250). Sin embargo, la Constitución era más restrictiva en cuanto al concepto de ciudadanía, ya que negaba la misma en principio a los originarios de África (art. 22) y establecía como causa de pérdida de la misma «el estado de sirviente doméstico» (art. 24), aunque éstos últimos aspectos prácticamente sólo tenía importancia en los referente a los derechos de participación política.

Los Derechos Políticos

Su formulación en el texto de 1812 es una consecuencia de la proclamación de la soberanía nacional y del rol de las Cortes en el régimen político. Así el artículo 27 indica que «las Cortes son la reunión de todos los diputados que representan la nación, nombrados por los ciudadanos». En virtud de ello, la Constitución establece un sistema de participación política de los ciudadanos de carácter muy detallado, que incluye lo que prácticamente podía haber sido un código electoral separado del texto que desarrollara los principios contenidos en el mismo, sin embargo, los constituyentes decidieron incorporar plenamente lo referente a las elecciones en la Constitución dedicándole los cinco primeros capítulos del Título III (De las Cortes), así como otros artículos contenidos en el Título 11.

El sistema electoral que se impone en Cádiz es de carácter básicamente mayoritario, indirecto a tres grados, con sufragio universal masculino para todos los ciudadanos, aunque como se indicó en el párrafo anterior es algo restrictivo en cuanto a este aspecto de la ciudadanía, presentando diversas desigualdades en cuanto a las circunscripciones españolas y americanas, en virtud precisamente de la no concesión de ciudadanía a un sector importante de la población que habitaba la América Española. Cada diputado representaba a setenta mil habitantes, teniendo en su base la circunscripción provincial.

El sistema electoral se desarrollaba de la siguiente forma:

1. Elección de los compromisarios por Juntas electorales de parroquia que a su vez nombrarán a los electores parroquiales (arts. 35 a 59).
2. Los electores parroquiales, reunidos en las Juntas electorales de Partido, nombran a su vez a los electores de partido (arts. 59 a 78).
3. Los electores de partido, reunidos en la capital de provincia nombran a los diputados que correspondan a la provincia. El procedimiento de elección es similar al empleado en los grados anteriores, así cada diputado se elegirá de uno en uno y deberá obtener la mitad más uno de los votos depositados por los electores, en caso contrario se procederá a nuevo escrutinio al que concurrirán los dos candidatos que hayan obtenido el mayor número de votos, resultando electo el que obtenga la mayoría, aunque en caso de empate decidirá la suerte. Posteriormente, por el mismo sistema se nombrará a los suplentes (arts. 78 a 91).

Los diputados debían contar con veinticinco años o más y ser originarios de la provincia o estar avecindados en la misma desde siete años al menos, no siendo eclesiástico regular (art. 91), aunque sí podía ser secular, ni extranjero aunque hubiera obtenido carta de ciudadanía (art. 96). Tampoco podían ser diputados los secretarios de despacho, los consejeros de estado y los empleados en la Casa Real (art. 95). Por otra parte, debía contar con una renta anual «proporcionada». Podían ser electos diputados aunque no formaran parte de la Junta Provincial. No estaban sujetos a mandato imperativo (art. 100) y el mismo duraba durante dos años, no pudiendo volver a ser electos sino mediando otra diputación (art. 110).

d) *La confesionalidad del Estado*

La confesionalidad del Estado se percibe claramente en diversas partes del texto, así desde el Preámbulo en que Fernando VII es Rey de las Españas por la «Gracia de Dios» y de la Constitución, dándosele el tratamiento de «Rey Católico» por el artículo 169. Anunciándose igualmente en el Preámbulo cuando las Cortes decretan y sancionan la Constitución « En el nombre de Dios Todopoderoso, Padre, Hijo y Espíritu Santo. Autor y Supremo legislador de la sociedad». Si embargo, es en el Título II, y en su único artículo el 12 donde se proclama la confesionalidad católica del Estado, con carácter excluyente de cualquier otra, «La religión de la nación española es y será perpetuamente la católica, apostólica y romana, única verdadera. La nación la protege por leyes sabias y justas, y prohíbe el ejercicio de cualquier otra».

Otras *características* de la Constitución son:

a) *Constitución extensa*
El Texto constitucional de 1812 es el más extenso de la historia constitucional española, contando con 384 artículos contenidos en diez Títulos. De esta forma, los constituyentes de Cádiz optaron por la elaboración de un texto que intentara regular todo lo posible del sistema político que por el mismo se implantaba:

b) *Constitución rígida*
La Constitución tenía un límite temporal para su reforma, de tal forma que no se podía proceder a la misma hasta pasados ocho años después de hallarse puesta en práctica en todas sus partes (art.375).

Su procedimiento de reforma era muy complicado y lento, requiriendo amplia mayoría de la Cámara (2/3) y consultas a las Juntas electorales de provincia.

3.3. Los Órganos Constitucionales

Como se indicó en epígrafes anteriores la Constitución de 1812 establece por primera vez en España la división de poderes. Podemos señalar como principales órganos del Estado los siguientes.

a) Las Cortes

La Constitución de 1812 estableció un Parlamento de carácter *unicameral*.

La *independencia* de las Cortes respecto al Rey y demás órganos del Estado es uno de los objetivos fundamentales perseguidos por los constituyentes. La misma se percibe en los siguientes aspectos:

a) No necesitan ser convocadas por el Rey. Se reúnen todos los años el día uno de marzo sesionando durante tres meses, aunque pueden prolongar el periodo de sesiones durante un mes más a petición de las dos terceras partes de la Cámara o del Rey.

b) No pueden ser disueltas por el Rey, ni éste puede interferir en su funcionamiento. El artículo 172.1 es tajante al respecto, dando muestra de una independencia y radicalismo poco habitual en los textos de la época « No puede el Rey impedir, bajo ningún pretexto, la celebración de las Cortes en las épocas y casos señalados por la Constitución, ni suspenderlas ni disolverlas, ni en manera alguna embarazar sus sesiones y deliberaciones. Los que le aconsejasen o auxiliasen en cualquiera tentativa para estos actos son declarados traidores y serán perseguidos como tales».

c) No pueden deliberar en presencia del Rey (art. 124).

d) En la sala de las Cortes entrará el Rey sin guardia, y sólo le acompañarán las personas que determine el ceremonial para el recibimiento y despedida del Rey que se prescriba en el reglamento del gobierno interior de las Cortes.

e) En los casos en que los secretarios del despacho hagan a las Cortes algunas propuestas a nombre del Rey asistirán a las discusiones cuando y del modo que las Cortes determinen, y hablarán en ellas; pero no estarán presentes a la votación (art, 125).

Los diputados gozaban de *inviolabilidad,* no pudiendo ser juzgados más que por el Tribunal de Cortes, en el modo y forma que prescriba el reglamento de la Cámara, Durante el tiempo que duraban las sesiones y un mes después, los diputados no podían ser demandados civilmente ni ejecutados por deudas (art. 128). El reglamento de la Cortes era aprobado por la propia Cámara, que podía modificarlo (art. 127).

Las sesiones de las Cortes eran públicas y sólo en los casos que exijan reserva podían celebrarse a puerta cerrada (art. 126).

Funciones de las Cortes

a) *De carácter legislativo:* Proponer y decretar las leyes e interpretarlas y derogarlas en caso necesario. El procedimiento legislativo podía iniciarse en las Cortes (art. 132) o ser iniciativa del Rey (art. 171,14). Los proyectos de ley, debían aprobarse por la Cámara estando presentes al menos la mitad más uno de sus miembros. El Rey contaba con derecho de veto, y sancionaba y promulgaba la ley.
b) *De carácter financiero y presupuestario.* Establecía con carácter anual las contribuciones e impuestos, fijando los gastos de la administración pública.
c) *De orden político.* Los secretarios de Despacho eran responsables ante las Cortes de las órdenes que autoricen contra la Constitución o las leyes (responsabilidad penal).
d) *Respecto a la Corona.* Tomaba juramento al Rey, al Príncipe de Asturias y al Regente en su caso. Resolvía cualquier duda, de hecho o de derecho, que ocurriera en orden a sucesión de la Corona, Nombraba en los supuestos contemplados por la ley al Regente, y al Tutor del Rey menor.

Las Cortes podían reunirse en sesión ordinaria, extraordinaria, y en os periodos entre sesiones funcionaba la Diputación Permanente.

b) *El Rey*

En el discurso Preliminar presentado por Argüelles a las Cortes en 1812, se definía al Rey corno «Jefe de Gobierno, y primer magistrado de la Nación», de esta forma, se reconducía el poder real al poder ejecutivo. Desde este momento las atribuciones y funciones que deberá desempeñar el Monarca serán las correspondientes a la Jefatura del Estado, a la que se ha desgajado la característica de soberano, y las propias de un poder constituido como es el poder ejecutivo, del cual es titular. El Rey es Rey como indica el preámbulo de la Constitución «por la gracia de Dios y la Constitución», ello implica que el ejercicio del poder real está sujeto precisamente a lo que se disponga en el texto. Estamos hablando por tanto, de un poder real radicalmente diferente al de la etapa histórica anterior, el Rey contará ahora con atribuciones, pero con límites marcados y precisos en el ejercicio del mismo.

c) *Los Ministros*

Son denominados Secretarios de Estado y de Despacho. No conforman Gobierno ni pueden considerarse un órgano colegiado. Eran nombrados por el Rey y tenían responsabilidad ante las Cortes. Su puesto era incompatible con el de diputado en Cortes.

Las órdenes del Rey debían ir firmadas por el Secretario correspondiente (art.266).

d) *La Administración de Justicia*

Se configura como un órgano independiente de los demás poderes e instituciones del Estado.

Los Magistrados y jueces no podían ser depuestos de sus destinos, salvo por causa legalmente probada y sentenciada; ni suspendidos sino por acusación legalmente intentada. Para ser suspendido era necesario que el Rey, oído el Consejo de Estado así lo dispusiese, haciendo pasar inmediatamente el expediente al Supremo Tribunal de Justicia. Los jueces eran responsables penalmente de sus actos.

La organización de la Justicia se estructuraba en Juzgados sitos en las cabezas de partido, Audiencias y el Tribunal Supremo de Justicia, que radicaba en la capital del Estado.

3.4. Periodos de vigencia de la Constitución

La vigencia del texto constitucional fue muy corto, podemos establecer tres periodos de la misma:

a) *Del 19 de marzo de 1812 a de mayo de 1814*

Vuelto Fernando VII al trono de España, el 4 de mayo de 1814 suscribió un Decreto por el que derogaba la Constitución gaditana y toda la legislación de las Cortes; se iniciaba así uno de los periodos más negros de la historia de España, conocido como el Sexenio Absolutista (1814-1820), que significó la vuelta al Antiguo Régimen y la muerte o el exilio para los liberales españoles, así como la emancipación de la América Española.

b) *El Trienio Liberal. (1820-1823)*

Durante el periodo absolutista se produjeron diversos pronunciamientos de militares liberales, capitaneados por Espoz y Mina, Porlier, etc: el 1 de enero de 1820, en Cabezas de San Juan, el comandante Riego dirigió la sublevación de las tropas que iban a combatir a los independentistas americanos; triunfante el pronunciamiento se restableció la Constitución de 1812, que el Rey Fernando VII juró el 7 de marzo. Sin embargo, tres años después se restauraría la Monarquía Absoluta como consecuencia de la invasión de los denominados «Los cien mil hijos de San Luis», enviados por la Santa Alianza en el Congreso de Verona (30 octubre de 1822), que era apoyada por las Monarquías Absolutas europeas. Comenzaba la «década ominosa» (1823-33), que finalizaría a la muerte de Fernando VII.

c) *El Motín de la Granja. Periodo. (1836-37)*

A la muerte de Fernando VII le sucede en el trono su hija Isabel II, siendo Regente hasta su mayoría de edad su madre Dª Mª Cristina de Nápoles. Ante el estallido de la Primera Guerra Carlista por la sucesión al trono, los liberales apoyan los derechos de Isabel II frente a los realistas que sostienen los del pretendiente Carlos María de Isidro (hermano de Fernando VII). Los liberales, a cambio de su apoyo exigen el fin del absolutismo, por lo que se promulga el Estatuto Real (1834), que un sector del liberalismo considera insuficiente, produciéndose el «Motín de la Granja» (12 de agosto de 1836), obligando a la Regente a restablecer la Constitución de 1812, cuya vigencia en esta ocasión sólo valdría para convocar a Cortes Constituyentes, de las que saldría la Constitución de 1837.

4. EL ESTATUTO REAL

El Estatuto Real de 1834, como hemos visto en los epígrafes anteriores es consecuencia de la confusa situación que vive España tras la muerte de Fernando VII, en la que por una parte, el país está inmerso en una guerra civil provocada por los que desean, al margen de los conflictos dinásticos, que el, sistema político sea de Monarquía Absoluta, por otra parte, un sector amplio de carácter liberal, que sigue sustentando el «mito de Cádiz», como la panacea que solucionará todos los males que sufre la nación, y junto a éstos, un sector reducido de viejos liberales moderados, algunos de ellos doceañistas, que intentan conjugar de manera pragmática los principios del Estado del Liberal con la pervivencia la Monarquía Española atemperada a los cambios sociales y económicos que el país necesita. En este contexto, y con el apoyo de los liberales moderados a la Corona se inicia, siguiendo el mandato de la Reina Gobernadora, el proceso de elaboración del Estatuto Real.

4.1. La elaboración del Estatuto

En enero de 1834, instalado Martínez de la Rosa en el Ministerio, comienzan los trabajos para la redacción del Estatuto, que finalizado el proyecto en el mes de marzo sería remitido al Consejo de Gobierno. Estudiado y modificado el mismo el texto por ésta última institución, sería de nuevo redactado por el Consejo de Ministros, que acompañado de un largo informe sería enviado a la Regente, que lo sancionaría el diez de abril, publicándose en la Gaceta el dieciocho de abril. Durante el mes siguiente, el Gobierno desarrollará el contenido del texto mediante un conjunto de normas, de esta forma, el veinte de mayo se hacía la convocatoria a Cortes para el día veinticuatro de julio, estableciendo mediante otro decreto del veinte de mayo el sistema electoral para la primera convocatoria a las Cortes que conformaba, el Estatuto.

4.2. Naturaleza jurídica del Estatuto

El Estatuto de 1834 no puede ser considerado como un texto constitucional, en cuanto no es consecuencia de un acto de la soberanía popular, ni proclama la misma en su texto, no responde al resultado de un proceso constituyente de la nación española, sino que se deriva de la voluntad del poder real, que lo elabora, promulga y sanciona. Se trata por tanto de un texto que debe clasificarse como *«Carta Otorgada»,* de forma similar a como hicimos con el Estatuto de Bayona o como corresponde al texto otorgado por Luis XVIII en Francia tras la restauración borbónica en aquél país después del periodo napoleónico.

A lo anteriormente indicado, debemos añadir, que el Estatuto Real es también una convocatoria a elecciones, lo que se proclama en su artículo primero «su Majestad la Reina Gobernadora, en nombre de su excelsa hija dona Isabel II, ha resuelto convocar las Cortes Generales del Reino»[10].

4.3. Características

Si consideramos el Estatuto como una carta Otorgada, o más correctamente como una Ley Fundamental, podemos destacar fundamentalmente dos características principales: *la brevedad y la flexibilidad,* sin embargo, si la consideramos como un texto constitucional, y no como una ley que junto a otras puede conformar una Constitución, debemos añadir la característica de *incompleta.*

a) *Texto breve*

Es el más breve de la historia constitucional española, constando únicamente de cincuenta artículos, que se estructuran en cinco títulos.

b) *Flexible*

El Estatuto no prevé un procedimiento de reforma, ni concede esta iniciativa a las Cortes. Por tanto, debe entenderse que cualquier modificación se

[10] En este aspecto, el Estatuto desempeñaría un papel similar a la Ley para la reforma Política de 15 de diciembre de 1976, sólo que en el primer caso no era clara la voluntad de que las Cortes fueran constituyentes.

llevaría a cabo como en el caso de cualquier otra ley. Sin embargo, en este punto se ha querido entender que podría hacerse por el Rey y por las Cortes. En este sentido, el artículo 32 del Estatuto manifestaba «queda sin embargo, expedito el derecho que siempre han ejercitado las Cortes de elevar peticiones al Rey, haciéndolo del modo y forma que se fijarán en el reglamento»; por otra parte, en virtud del artículo 33 «para la formación de las leyes se requiere la aprobación de uno y otro Estamento y la sanción del Rey». Reafirma esta tendencia, la convocatoria a Cortes del veinticuatro de mayo de 1836, en la que se afirma que las Cortes junto a los objetivos propios de una legislatura ordinaria, tendrá el de proceder a una «revisión del Estatuto Real de acuerdo con la autoridad del trono, a fin de asegurar de un modo estable y permanente el cumplimiento de las antiguas leyes fundamentales de la monarquía, acomodándolas a las necesidades del siglo y de la nación española».

c) *Texto incompleto*

Como texto constitucional el Estatuto Real se nos presenta con carácter incompleto, en virtud de que sólo regula la institución parlamentaria y las relaciones de la misma con la Corona, pero sin entrar en el funcionamiento de los demás órganos del Estado. Por otra parte, no contiene una declaración de derechos. No obstante, existieron diversos intentos de reformar el texto y de incluir un elenco de derechos fundamentales, bien dentro del texto o como ley diferenciada.

La escasa vigencia del texto y la especial situación política española impidieron un mayor desarrollo del Estatuto. No obstante, al margen del tiempo que tuvo vigencia y de la importancia del texto mismo y de su grado de aplicación, debemos destacar como significación del mismo, lo manifestado por el profesor Tomás Villarroya, en el prólogo de la obra más acabada que sobre este tema existe actualmente, y que reproducimos en virtud de su importancia y claridad[11]. El Estatuto Real, dice Tomás Villarroya, supuso el fin irreversiblemente del Antiguo Régimen en España. Su publicación representó, en términos generales, la consolidación de las clases medias en el poder. Fue el primer texto fundamental español que articuló un programa de liberalismo moderado. Con él se introdujo el bicameralismo en nuestro Derecho Consti-

[11] TOMÁS VILLARROYA; *«El sistema político del Estatuto Real»;* Instituto de Estudios Políticos. Madrid. 1968.

tucional. Los mecanismos de gobierno que estableció permitieron el funcionamiento del régimen parlamentario en España. Las disposiciones que lo completaron inauguraron el sufragio censitario en nuestro derecho electoral. Bajo su vigencia se celebraron las primeras elecciones directas en España. Algunas de sus concepciones doctrinales pasaron a las Constituciones de 1845 y 1876. Muchas de sus instituciones y mecanismos dejaron huella en la mayoría de los textos fundamentales de nuestro siglo XIX.

4.4. Los Órganos de Estado

El Estatuto Real no regula prácticamente la vida y atribuciones de los diferentes poderes del Estado, salvo los referentes a las Cortes y de forma vaga las relaciones que los otros órganos mantienen con las mismas. No obstante, por primera vez en el constitucionalismo español se menciona al Consejo de Ministro, (art. 26), así como a su Presidente (arts. 37 y 40), de tal forma que se nos presenta como un órgano no ya compuesto por una serie de Ministros o Secretarios de Despacho, sino como un órgano colegiado.

a) *El Rey. El Consejo de Ministros*

Las funciones del Rey no son prácticamente tratadas en el Estatuto Real de 1834, limitándose a plasmar las relaciones del Monarca con las Cortes. No obstante, el Rey ostenta el poder ejecutivo, aunque en esta función cuenta con el Gobierno y su Presidente, contando con la iniciativa legislativa, igualmente.

Las funciones del Rey respecto a las Cortes podemos resumirlas en las siguientes.

1. El Rey convoca, suspende y disuelve las Cortes (arts. 24 y 25).
2. Abre y cierra las sesiones de las Cortes, bien en persona o bien autorizando para ello a los Secretarios de Despacho por un decreto especial refrendado por el Presidente del Consejo de Ministros (art. 269).
3. Elige y nombra a los próceres del Reino con la excepción de los Grandes de España que reúnan los requisitos (arts. 5 y 7).
4. Elige de entre los próceres del Reino al Presidente y Vicepresidente (art. 12).

5. Elige, de entre cinco candidatos propuestos por el Estamento de procuradores los que ejercerán los cargos de Presidente y Vicepresidente (art. 21).
6. Tiene exclusividad en la iniciativa legislativa (art. 31).
7. Sanción de las leyes (art. 33). La negativa real a la sanción no significaba un veto suspensivo, sino absoluto. La sanción del Jefe del Estado era refrendada por un Secretario de Despacho.

b) *Las Cortes*

Como se ha indicado anteriormente, el Estatuto en la práctica es un decreto que convoca a Cortes y organiza las mismas. De esta forma, la práctica totalidad del contenido del Estatuto se refiere a este órgano. Podemos señalar como principales características y funciones de la institución las siguientes:

Carácter bicameral

La Constitución de 1812 conformó un Parlamento de tipo unicameral, con el Estatuto Real se inaugura en el parlamentarismo español el bicameralismo, de tal forma, que en la historia constitucional española sólo se retornará al monocameralismo en una ocasión mediante la Constitución de 1931 en el régimen de la Segunda República, salvo la excepción del Proyecto constitucional de 1929 durante la dictadura del General Primo de Rivera.
Las Cámaras son:

El Estamento de Próceres

Se componía de un número indeterminado de miembros dependientes de la voluntad real (art. 9). Sus miembros eran natos y de carácter hereditario (los Grandes de España) o designados por el Rey y con la condición de vitalicios (el resto) (arts. 5 y 7). Esta cámara se componía de la siguiente forma:

1. *Eclesiásticos.* La composición de este sector de la Cámara Alta no se encuentra especialmente regulada en el Estatuto, así sólo el artículo 3º indica que se compondrá de «muy reverendos arzobispos y reverendos obispos». Por su parte el artículo 4.º no aporta mayor información sobre el

número máximo o mínimo de eclesiásticos que compondrán el Estamento ni sobre si debían pertenecer a determinadas diócesis.

2. *Nobleza.* Se componía de un número indeterminado de miembros de entre los Grandes de España y títulos, de Castilla.

3. *Otros miembros del Estamento de Próceres.*

a) Altos cargos de la Administración.

b) Grandes propietarios territoriales o industriales, que contaran con una renta anual de sesenta mil reales.

c) Profesores e intelectuales que contaran con una renta de sesenta mil reales.

El Estamento de Procuradores

Su número se fijaba en virtud de la ley de elecciones; entre los diversos requisitos para ser Procurador, se precisaba gozar de una renta de doce mil reales, siendo altamente censitario el tipo de sufragio, tanto el activo como el pasivo.

El mandato de los procuradores duraba tres años. A menos que el Rey disolviese las Cortes; los Procuradores podían ser reelegidos. Los dos Estamentos sesionaban por separado y no podía estar reunido uno sin que lo estuviera el otro. Sus funciones eran las siguientes:

a) De carácter legislativo. Aunque la iniciativa legislativa correspondía al Rey, que a su vez contaba con derecho de veto, las leyes requerían la aprobación de las dos Cámaras. Sólo podían deliberar sobre asuntos que les hubiera sometido el poder real.

b) De carácter financiero y presupuestario. Les correspondía el estudio y aprobación de los presupuestos; no se podían establecer tributos ni contribuciones, sin que a propuesta del Rey las hubieran votado las Cortes.

c) *De control del Ejecutivo.* No se regula en el Estatuto, salvo las que se derivan del control sobre los presupuestos del Estado indicado anteriormente, así como las inherentes al derecho de petición. No obstante se regularán vía reglamento, configurándose así una práctica que iba desde la respuesta al mensaje de la Corona al inicio de las sesiones, hasta exigir responsabilidad penal y política a los miembros del Gobierno.

d) *De carácter político-constitucional.* Las Cortes debían ser convocadas a la muerte del Rey con el fin de que su sucesor jurase la observancia de las leyes y éste recibiera el debido juramento de fidelidad y obediencia (art. 27). Igualmente debían ser convocadas cuando el sucesor fuere menor de edad, procediéndose en este caso a tomar juramento a los guardadores del Rey niño (arts. 28 y 29).

4.5. La crisis del régimen

El Estatuto Real de 1834, del agrado de los liberales moderados no satisfizo a los liberales exaltados –llamados a partir de entonces progresistas– que seguían luchando por una Constitución cuyo ideal seguía siendo la Constitución de 1812. Su fuerza, de nuevo, residía en las ciudades de provincias donde tenían el control de la Milicia Urbana con la que hostigaban a los carlistas. Tampoco el Estatuto Real fue del agrado de los carlistas por tanto la idea que tenía el gobierno de ofrecer la Carta Otorgada como sistema integrador resultó negativo.

En este contexto, junto a la Guerra Carlista se producirán levantamientos generalizados en 1835 por parte de los liberales más radicales.

En agosto de 1836 se producirán los sucesos de la Granja y con ellos el fin del Estatuto.

BIBLIOGRAFÍA

ARTOLA GALLEGO, M.: *El modelo constitucional español del siglo XIX*. Madrid, Fundación Juan March, 1979.

CAVERO LATAILLADE, Í., ZAMORA RODRÍGUEZ, T.: *Constitucionalismo histórico de España*, Universitas S.A., 1995.

DE ESTEBAN ALONSO, J.; (Dirección y estudio preliminar), GARCÍA FERNÁNDEZ, F. J., ESPÍN TEMPLADO, E.: *Esquemas del constitucionalismo español (1808-1976)*, Facultad de Derecho/Universidad Complutense de Madrid, 1976.

NÚÑEZ RIVERO, C., MARTÍNEZ SEGARRA, R.: *Historia constitucional de España*. Madrid, Universitas, 1997.

PANIAGUA, X., y otros.: *El proceso histórico del constitucionalismo español (1808-1874)*, Teide, Barcelona, 1984.

PEÑA GONZÁLEZ, J.-, *Historia política del constitucionalismo español*, Biblioteca universitaria, Madrid, 1995.

SÁNCHEZ AGESTA, L.-, *Historia del constitucionalismo español*, Instituto de Estudios Políticos, 1955.

Sevilla Andrés, D.-, *Constituciones y otras leyes y proyectos políticos de España*, Madrid, 1984.

Solé Tura, J., Aja Fernández, E.- *Constituciones y períodos constituyentes en España (1808-1936)*, Siglo XXI, Madrid, 1977. Torres del Moral, A, *Constitucionalismo histórico español*, Átomo Ediciones, Madrid, 1988.

Vera Santos, J.M.- *Las Constituciones de España. Constituciones y otras leyes y proyectos políticos de España*, Madrid, Thomson-Civitas, 2010.

Capítulo II
Historia Constitucional Española II

Capítulo II.
Historia Constitucional Española II

Cayetano Núñez Rivero

1. LA CONSOLIDACIÓN DEL ESTADO CONSTITUCIONAL. (1837-1939)

Durante este largo periodo histórico de un siglo, España conocerá, al igual que ocurre en la mayor parte de los países europeos, tres modelos de Estado Constitucional,

a) Estado Liberal. Constituciones de 1837 y 1845.
b) Estado Liberal Democrático. Constitución no nata de 1856, Constitución de 1869 y Proyecto constitucional republicano de 1873.
c) Estado Social y Democrático de Derecho. Constitución Republicana de 1931.

En el primer caso se sustituye la diáfana proclamación de soberanía nacional hecha en el texto de 1812, bien por la más ambigua de soberanía compartida o por la aplicación del sufragio restringido (censitario); los derechos y libertades son de carácter individual.

En el segundo caso se proclama la soberanía nacional y el sufragio se hace universal (masculino). Se amplían los derechos y libertades; se establece la libertad religiosa.

En el tercer caso se proclama la soberanía popular, el sufragio universal se hace extensivo a la mujer; incluye los derechos económicos y sociales; se proclama el Estado Laico.

El, periodo conocido como «Restauración» (1876-1931), en términos generales puede ser encuadrado en el grupo primero, aunque desde 1890 proclamó el sufragio universal masculino.

El primer periodo se caracteriza por la inestabilidad política derivada de los enfrentamientos armados de los partidarios de la Monarquía Absoluta contra los liberales defensores de la Monarquía Constitucional, que da lugar a las interminables Guerras Carlistas; se producen igualmente graves enfrentamientos entre los Gobiernos Liberales y la iglesia Católica, como consecuencia de las políticas desamortizadores de los primeros y la defensa de la Monarquía Absoluta de los segundos.

En el segundo periodo se mantienen las Guerras carlistas que sólo finalizarán con la Restauración borbónica; comienzan los conflictos de clases sociales, así como el proceso independentista cubano y las consiguientes guerras; entra en crisis el reinado isabelino, siendo sustituido primero por la Monarquía Parlamentaria y posteriormente por la República; se producen vivos debates y conflictos sobre la organización territorial del Estado.

La Restauración de la Casa de Borbón (1876), pone fin a la Monarquía Parlamentaria para volver a la Monarquía Constitucional, aunque con un carácter renovador, durante este largo periodo se producirá la guerra hispano-norteamericana y la pérdida de los últimos territorios americanos de España; se acentuarán los conflictos sociales, dando lugar al nacimiento de los sindicatos de clase: CNT y UGT. La crisis del sistema culmina con la Dictadura de Primo de Rivera.

El tercer periodo de muy corta duración 1931-1939 (1936-1939, corresponde al periodo de la Guerra Civil). Este tiempo se caracteriza por la inestabilidad política y social, derivada de la lucha de clases y el enfrentamiento entre el Gobierno y la Iglesia, que culmina en una guerra fratricida en la que participan las potencias extranjeras, que dará lugar tras la derrota de las fuerzas republicanas, al fin del periodo constitucional y al establecimiento de una Dictadura de carácter totalitario que prolongará su existencia por cerca de cuarenta años.

2. LA CONSTITUCIÓN DE 1837

El trece de agosto de 1836, como consecuencia de los sucesos de La Granja, y mediante Real Decreto, la Constitución de 1812 volvía a tener vigencia. Unos días después se convocaba a Cortes. El diecisiete de octubre tendría lugar la primera reunión de la Junta preparatoria de las Cortes y el día 24 del mismo mes tenía lugar el acto de apertura en el que la Reina Gobernadora instaría a los diputados a iniciar un proceso de revisión del texto gaditano, tema sobre el que existía amplio consenso en la Cámara.

2.1. Características y principios

Aunque en su origen fuese un intento de revisión de la Constitución de 1812, en realidad es una Constitución nueva y así fue entendido por sus propios constituyentes.

Entre los principios de este texto podemos destacar los siguientes:

a) *Soberanía Nacional*

La Constitución es consecuencia de un acto de soberanía de la nación y no responde a una decisión de la voluntad real, así en el Preámbulo del texto constitucional se proclama «Siendo la voluntad de la Nación revisar, en uso de su soberanía, la Constitución política promulgada en Cádiz.» Por otra parte, al igual que se hiciera en Cádiz, el texto constitucional es decretado y sancionado por las Cortes.

b) *División de poderes*

No se manifiesta de una forma tan rigurosa como en la Constitución de 1812 que imposibilitaba que los Ministros pudieran pertenecer a las Cortes, por el contrario, en virtud del artículo 62, se permitía que los miembros del Gobierno pudieran ser parlamentarios que por otra parte, ya era práctica habitual en el constitucionalismo europeo contemporáneo. Aunque se establece la división de poderes (arts. 12, 45 y 63), el régimen se caracteriza por la colaboración entre los mismos. Destaca sin embargo el reforzamiento del Poder del Rey, que aunque cuenta con menos atribuciones que en el Estatuto, comparte la potestad legislativa con las Cortes (art. 40), y puede disolverlas aunque dentro de ciertos límites (arts. 26 y 27).

c) *Derechos y Libertades*

A diferencia del texto de 1812, la Constitución de 1837 establece un catálogo de derechos y libertades en el título I (arts. 2 a 11). Por otra parte la formulación de los derechos y libertades es de carácter conciso y no con el marcado carácter ideológico y ausente de concreción manifestado en el anterior texto citado. Recoge los derechos de seguridad personal, petición, igualdad, propiedad privada y libertad de imprenta. No se establecen derechos de carácter social. Destaca la intervención de las Cortes en caso de suspensión temporal de alguno de los derechos, ya que el artículo ocho manifiesta que este hecho se determinará por ley.

d) *Tolerancia religiosa*

Deliberadamente no hemos querido incluir este aspecto dentro de los derechos y libertades, en virtud de la importancia que ha tenido el tema religioso en la historia española. Baste recordar al respecto el carácter excluyente que tiene la formulación en el Estatuto de Bayona y la Constitución de 1812.

En este punto podemos destacar varios aspectos, el primero como representativo del cambio operado en el país y la relativa perdida de influencia de la Iglesia en la sociedad española, al menos en los sectores que van a sostener esta Constitución, así como al enfrentamiento entre el poder del Estado y amplios sectores de a Iglesia derivados de aspectos que ya indicamos anteriormente como la desamortización, apoyo del clero al Carlismo, etc.

Por otra parte, destaca en la formulación del artículo II «La Nación se obliga a mantener el culto y los ministros de la Religión Católica que profesan los españoles», que reconoce a la Religión católica como la que los españoles profesan, pero desaparece el carácter de exclusividad de la misma, lo que significa sino una auténtica libertad religiosa, sí un considerable paso hacia la tolerancia, por otra parte, al manifestar el sostenimiento del culto y sus ministros por parte del Estado, se está constatando el hecho de la pobreza en que se encuentran numerosos de sus miembros como consecuencia de la enajenación de bienes de la Iglesia.

Otras características destacables del texto de 1837 son:

Es una Constitución de extensión media (77 artículos), por lo que resulta breve en comparación con el texto de 1812; no obstante, se trata de una Constitución completa, que regula aunque brevemente los derechos y libertades, la división de poderes y la organización de los mismos; es un texto sistemático y bien redactado que servirá como modelo en el constitucionalismo hispánico posterior.

Es una Constitución Flexible. La Constitución podía reformarse mediante los mismos procedimientos que la legislación ordinaria, diferenciándose profundamente de la rigidez del texto de Cádiz.

2.2. Órganos Constitucionales

La Constitución de 1837 establece un sistema de colaboración entre los diversos poderes del Estado, conformando una Monarquía limitada.

El funcionamiento de los poderes es de la siguiente forma:

El Rey y los Ministros

El ejercicio del poder ejecutivo corresponde al Rey (art. 45), que cuenta igualmente con potestad legislativa compartida con las Cortes (art. 12). La Justicia se administra en nombre del Rey (art. 68).

El Rey goza de inviolabilidad y no está sujeto a responsabilidad, ya que de sus actos son responsables los Ministros (art. 44), que deben firmar todo lo que el Rey mandare o dispusiere (art. 61), sin cuyo requisito sus actos no son de obligado cumplimiento.

Destaca en el texto el poco espacio reservado para los Ministros, solamente los artículos (61 y 62) en los que se indica solamente la necesidad del refrendo para el Rey y la compatibilidad del cargo ministerial con el de parlamentario. No se regula el Gobierno y sólo se le menciona como tal en el artículo 72, así como al Consejo de Ministros en el artículo 58 que de forma interina puede asumir la Regencia en caso de Rey Menor hasta que las Cortes nombren otra. Tampoco se recoge la figura del Presidente del Consejo de Ministros, a pesar de la importancia de este órgano, en un momento precisamente que la Regente no cuenta con gran prestigio y que el texto mismo es una consecuencia de la debilidad de la Corona, indicándose tan sólo que el Rey nombra y separa a los Ministros (art. 46). No obstante el gobierno siguió existiendo y acrecentando su poder, en virtud de la dejación en materia ejecutiva, que la Reina Madre hará a favor del Presidente del Consejo de Ministros de turno. Solamente se recoge posteriormente en el artículo 39 la responsabilidad de los Ministros ante el Parlamento y que todos los años deberán presentar el presupuesto ante las Cortes. Las atribuciones del Rey respecto al Poder Legislativo son:

a) Iniciativa legislativa, que comparte con cada una de las Cámaras de las Cortes (art. 36).
b) Sanción y promulgación de las leyes (art. 46).
c) Convocar las Cortes, suspenderlas, abrir y cerrar sus sesiones, así como disolver el Congreso de los Diputados, pero con la obligación, en este último caso de convocar otras Cortes y reunirlas dentro de tres meses (arts. 26 y 32), en el caso de que el Rey no las reuniera anualmente, éstas lo harán el uno de diciembre (art. 27).
d) Derecho de veto (art. 39).
e) Nombramiento del Presidente y Vicepresidente del Senado (art. 31).
f) Nombramiento de los senadores, en virtud de una tema que en cada provincia se presentará al Rey (art. 15).
g) Los hijos del heredero inmediato de la Corona son herederos a los veinticinco años (art. 20).

Las atribuciones del Rey respecto al Poder Ejecutivo y la administración son:

a) Las indicadas anteriormente respecto al Gobierno.
b) Ejecutar las leyes, conservación del orden público y de la seguridad del Estado, así como asegurar que se administre pronta y cumplidamente la justicia (art. 45).
c) Expedir los decretos, reglamentos e instrucciones que sean conducentes para la ejecución de las leyes. d) Disponer de la fuerza armada, distribuyéndola donde más convenga. e) Decretar la inversión de los fondos destinados a cada uno de los ramos de la administración pública. f) Nombrar a todos los empleados públicos y conceder honores y distinciones de todas clases con arreglo a las leyes. g) Dirigir las relaciones diplomáticas y comerciales con las demás potencias (art. 47).

Las Cortes

En ellas reside la potestad legislativa que comparten con el Rey, se componen de dos Cámaras: Senado y Congreso de los Diputados, que cuentan con las mismas funciones, salvo lo dispuesto en el artículo 37 respecto a las leyes sobre contribuciones y crédito público, que presentadas primero en el Congreso de los Diputados, si sufrieren alteración en el Senado que no sea posteriormente admitida en el Congreso, pasarán a sanción real lo que los diputados aprueben definitivamente.

Las Cortes podían reunirse de forma ordinaria y extraordinaria, en el primer caso debían ser convocadas por el Rey con carácter anual, aunque si éste no hubiera procedido a reunirlas antes del primero de diciembre, se juntarán precisamente ese día, en el caso de Cortes extraordinarias, éstas re reunirán cuando quede vacante la Corona o el Rey quede imposibilitado de gobernar.

Las sesiones de ambas Cámaras son públicas y no pueden sesionar conjuntamente ni en presencia del Rey. No puede estar reunido uno de los cuerpos colegisladores sin que el otro lo esté también, excepto en el caso de que el Senado juzgue a los Ministros.

Una de las más importantes aportaciones que hace la Constitución de 1837 al Derecho Parlamentario español es el de la *inmunidad e inviolabilidad* de los parlamentarios. Así, en los artículos 41 y 42 se manifiesta que los parlamentarios «son inviolables por sus opiniones y votos en el ejercicio de sus cargos (art. 41) y no podrán ser procesados ni arrestados durante las sesiones sin permiso del respectivo Cuerpo Colegislador, a no ser hallados in *fraganti*. En este caso, y en el de ser procesados o arrestados cuando estuvieren cerradas las Cortes se deberá dar cuenta lo más pronto posible al respectivo Cuerpo para su conocimiento y resolución (art. 42) De esta forma, se garantizaba la inviolabilidad a los parlamentarios, concibiendo a ésta como irresponsabilidad jurídica individual por sus actos en el ejercicio de la actividad parlamentaria, siendo la primera vez que en el constitucionalismo español se recogía tal garantía parlamentaria.

La composición de las Cortes

a) *El Congreso de los Diputados*. Correspondía un diputado por cada cincuenta mil habitantes, que eran electos mediante sistema directo, teniendo el sufragio carácter censitario, de tal forma que el porcentaje de votantes no llegó a pasar del 5 por ciento en la última elección que se hizo de acuerdo con el texto. No obstante, supuso una ampliación respecto al sistema vigente en el Estatuto.
b) *El Senado*. El número de los senadores era igual al de las tres quintas partes de los diputados. Eran nombrados por el Rey a propuesta de una lista triple, llevada acabo por cada provincia. Se aseguraba que cada provincia tuviera un senador, correspondiéndoles el resto en virtud de su población. Para ser senador se requería ser español, mayor de cua-

renta años y tener los medios de subsistencia. No contaba con senadores hereditarios ni vitalicios, salvo los que se derivaban del artículo 20, que establecía que los hijos del Rey y del heredero de la Corona adquirían tal condición a la edad de veinticinco años.

Las funciones de las Cortes

a) *De carácter legislativo.* Cada una de las Cámaras contaban con iniciativa legislativa y los proyectos debían ser aprobados por ambas Cámaras, y si una de ellas no aprobase el proyecto, o si éste no fuera sancionado por el Rey, que contaba con derecho de veto absoluto, no podrá volverse a proponer un proyecto de ley sobre el mismo objeto en la misma legislatura. En el caso de las leyes se requería que la votación se hiciera estando presentes la mitad más uno de los miembros de cada Cámara y que fuera aprobada por pluralidad absoluta de votos.
b) *De carácter financiero.* Con carácter anual el Gobierno debía presentar ante las Cortes, para su examen y aprobación el presupuesto general de gastos del Estado para el siguiente año, así como el plan de contribuciones, medios para desarrollarlo y las cuentas de la recaudación e inversión de los caudales públicos. El Gobierno no podía imponer ni cobrar contribuciones o arbitrios que no estuvieren autorizados por la ley de presupuestos u otra especial. Estas leyes se presentaban primero en el congreso de Diputados, y sí en el Senado sufrieran alguna alteración que posteriormente no aprobara el Congreso, pasará a sanción real lo que el congreso apruebe definitivamente. Las Cortes debían aprobar igualmente la posible disposición de las propiedades del Estado y los empréstitos que hiciera el gobierno.
c) *De control.* Las Cortes ejercían su control sobre el Gobierno y sus Ministros mediante la aprobación del presupuesto ya indicado anteriormente, así como con el rechazo de los proyectos de ley, según lo previsto en el artículo 39. Las Cortes podían exigir igualmente responsabilidades a los Ministros, mediante acusación del Congreso de los Diputados y siendo juzgados en este caso por el Senado (art. 40.4). No se trata todavía de una responsabilidad clara derivada del control político sigue siendo como en textos anteriores de carácter penal, pero constituye un arma poderosa de los parlamentarios sobre ejecutivo. Por otra parte, el nacimiento de fuerzas políticas o corrientes de opinión que empiezan a organizarse duran-

te este periodo supone una mayor relación de interdependencia entre los parlamentarios y los miembros del gobierno.

El Poder Judicial

En el texto de 1837 es la primera vez que en el constitucionalismo español se hace referencia a este término, mucho más concreto, que el utilizado en el título V de la Constitución de 1812. Se regula en el título X del texto que sólo consta de seis artículos, en virtud de que por Real Decreto seguían vigentes las disposiciones contenidas en el título de la Constitución de 1812, que no hubieran sido derogadas. En este punto la Constitución de 1837 continúa y desarrolla lo promulgado en Cádiz. Podemos destacar los siguientes aspectos:

a) Exclusividad de los Tribunales y Juzgados para aplicar las leyes en los juicios civiles y criminales, sin que puedan ejercer otras funciones.
b) Inamovilidad de los jueces y magistrados.
c) Responsabilidad de los jueces.
d) Los juicios serán públicos.
e) Independencia de los jueces.

Se deja para la legislación de desarrollo la organización de los Tribunales, así como su número y demás aspectos de carácter administrativo. Por otra parte, se sigue manteniendo la unidad de códigos y la Justicia se administra en nombre del Rey.

3. LA CONSTITUCIÓN DE 1845

Puede considerarse una reforma de la Constitución de 1837, consecuencia de la caída del General Espartero como Regente y de la subida al trono de Isabel II, con solo trece años, que nombró a Narváez Presidente del Gobierno; es por tanto consecuencia del triunfo de los moderados.

3.1. La Constitución de 1845. Características y principios

Nos referiremos en este punto solamente a los cambios que se advierten respecto a la Constitución de 1837, ya que la reforma que dio lugar al nuevo texto, no tiene un carácter profundo, ni, afectan a la totalidad del texto, aunque sí reflejan una ideología de carácter más conservadora.

a) *Soberanía Compartida*

Anteriormente nos referimos al cambio operado en este concepto, por lo que ahora indicaremos solamente, que se produce dentro de un contexto más teórico que real, ya que aunque en el texto de 1837 se proclamase en su preámbulo la soberanía nacional, en la práctica este principio quedaba cercenado de raíz, en cuanto que la única manera de que la soberanía se ejercite es mediante la participación política de los ciudadanos, que no puede o debe tener restricciones al respecto, sin embargo, como vimos en el tema anterior, las restricciones al sufragio eran igualmente una de las características del texto de 1837.

b) *Derechos y libertades*

Se tratan de forma más restrictiva que en el texto precedente, percibiéndose una ideología más conservadora y de defensa de la Corona Las modificaciones respecto a la Constitución de 1837 son:

1. *Derechos de participación política.* El Senado deja de ser una Cámara de carácter electivo, para convertirse en otra de designación real, donde sus miembros tiene carácter vitalicio. La ley Electoral de 1846 restringe ampliamente el derecho al sufragio para el Congreso de los Diputados.
2. Respecto a la libertad de imprenta, en el artículo 2.º se suprime que la calificación de estos delitos sea hecha exclusivamente por los jurados. Posteriormente, las leyes de desarrollo serían más restrictivas en este punto, especialmente, en lo referente a la protección de la familia real.
3. Se mantiene la unidad de códigos. Pero no la unidad de fueros (art. 49).

c) *Confesionalidad del Estado*

Se vuelve a la confesionalidad del Estado, así el artículo 11, establece que la Religión Católica Apostólica y Romana es la de la Nación española. Se sigue manteniendo que el Estado se obliga a sostener el culto y a los ministros de dicha religión. Este artículo debe entenderse, no sólo como un principio de carácter conservador, sino como consecuencia de la mejora de relaciones entre España y el Estado Vaticano, así como una forma de paliar la situación económica de ciertos sectores de la Iglesia como consecuencia de la política desamortizadora. Como características del texto podemos señalar:

a) *Extensión media del texto.* Esta Constitución consta de 80 artículos, dos más que la del 37, estructurados en XIII títulos.
b) *Es de carácter flexible.* Como en el texto anterior no se especifica un procedimiento especial de reforma.
c) Es un texto completo. En este punto no presenta novedades respecto al anterior, estando bien redactado.

3.2. Órganos Constitucionales

Las modificaciones respecto al texto anterior se refieren fundamentalmente al incremento del poder del Rey, así como la disminución de la autonomía de las Cortes, donde una Cámara era de designación real íntegramente. Se suprimió el Poder Judicial, que vuelve a llamarse Administración de Justicia, limitándose la autonomía de los Tribunales.

Las Cortes

Las modificaciones más importantes en el texto se van a producir en este órgano, que a lo largo de la vigencia del texto de 1845 sufrirá una importante pérdida en su importancia. Veamos en primer lugar las modificaciones en cada una de las cámaras.

a) *Congreso de los Diputados.* Aunque no sufre muchas modificaciones, el texto y la Ley Electoral de marzo suponen una importante pérdida en la representatividad de esta Cámara. Así el distrito electoral pasa de ser la provincia a uno de ámbito más reducido y de carácter uninominal, y los requisitos para el ejercicio del sufragio activo se incrementan de tal forma, que el cuerpo electoral se reduce hasta 97.000 electores. En realidad la conformación de circunscripciones electorales más reducidas, lejos de posibilitar una mayor relación entre diputados y electores, significó en la práctica el nacimiento de lo que se ha venido en llamar el «caciquismo electoral», de tal forma, que en una sociedad agraria y dominada por la oligarquía rural era difícil la vigilancia sobre la pureza y limpieza de los actos electorales, con lo que nacen los «cuneros» o diputados eternos por su distrito que perpetuarán un sistema corrupto y viciado en origen durante todo el siglo XIX y parte del XX hasta el advenimiento de la Segunda República española. El mandato de los diputados pasa a ser de cinco años, pudiendo ser reelectos indefinidamente, aunque este aspecto en la práctica no tuvo especial importancia en virtud de que la Cámara era disuelta antes de que finalizara el periodo previsto para la legislatura. Destaca también la supresión de la obligatoriedad del Rey de convocar anualmente a las Cortes y de que en caso de no hacerlo, éstas se reunirían el primero de diciembre. En realidad la convocatoria anual era obligada, en virtud de que el gobierno debía presentar a las Cortes con carácter anual los Presupuestos del Estado para el siguiente año, pero en todo caso, denota una cierta preponderancia del Poder Real sobre el Parlamento.

b) *El Senado.* Es en esta Cámara donde se producen las mayores modificaciones, de tal forma, que se suprimen completamente los mecanismos de participación popular previstos en el anterior texto constitucional, para pasar a ser una Cámara de íntegra designación real y con carácter vitalicio de sus miembros. La composición del Senado pasaba a ser de número ilimitado de miembros nombrados por el Rey.

El Rey. El Poder Ejecutivo

El reforzamiento del Poder Ejecutivo no es tanto consecuencia de los cambios que se produzcan en el texto constitucional en referencia a la Constitución de 1837 salvo los referentes al Senado, como de la pérdida de importancia que van a sufrir durante este periodo otros órganos del Estado, fundamentalmente el Poder Legislativo. En este sentido hay que destacar que el tratamiento que reciben los Ministros y el Gobierno, es el mismo que en el anterior texto, sin variar tampoco sus relaciones con las Cortes en lo referente a su responsabilidad, control, y presentación del presupuesto. Sin embargo, la labor del ejecutivo es mucho más libre que en la época anterior que se configuraba un régimen de carácter parlamentario, donde los Ministros debían responder en la práctica a la doble confianza del Rey y las Cortes, mientras que ahora con un Senado completamente dependiente y un Congreso que no tiene en su base una sólida representación electoral y que puede ser disuelto, como fue práctica habitual, se configura lo que se ha dado en llamar un Gobierno de Camarilla, que sólo responde ante la Reina y con fuertes intereses dentro de la oligarquía financiera y terrateniente, dentro de uno de los mayores marcos de corrupción económica y política que ha conocido el país.

3.3. Proyectos de reforma del texto

La Constitución de 1845, ha sido la segunda de más larga duración en la historia del constitucionalismo español, sin embargo, contó con dos intentos de reforma profunda, que posiblemente de llevarse a cabo hubieran supuesto la existencia de otros tantos textos constitucionales, de hecho uno de ellos es conocido como la Constitución «No nata de 1856». Destacaremos brevemente estos dos intentos de reforma.

El Proyecto constitucional de 1852

En enero 1851, accede a la Presidencia del Consejo de Ministros Juan Bravo Murillo que sucede a Narváez. Bravo Murillo supone un estilo nuevo en la política española, hombre de ideas moderadas y de carácter pragmático, tendrá el propósito por una parte de reformar el régimen político español fortaleciendo el poder ejecutivo, y por otra parte poner una barrera a la posible influencia de la Revolución francesa de 1848. En este sentido, el Gobierno preparará de forma reservada y sin consulta con las Cortes un proyecto de Constitución, que llamará Ley Fundamental y un conjunto de ocho leyes orgánicas que vendrían a sustituir al texto de 1845.

El Proyecto de Bravo Murillo no pudo prosperar, ya que el procedimiento autoritario empleado fue rechazado de principio por las Cortes reunidas en diciembre de 1952, en virtud de que Bravo Murillo pretendía que se aprobaran o rechazaran en su totalidad las siete leyes, sin que fuera posible por parte de las Cortes proceder a enmienda alguna. Ante la respuesta negativa de las Cortes, Bravo Murillo publicó en la Gaceta del tres de diciembre el proyecto y procedió a una nueva elección de Cortes. Sin embargo, la contestación al proyecto fue rotunda, la totalidad de las fuerzas políticas lo rechazaron y pidieron su dimisión. En este contexto, la Reina debió dimitir a Bravo Murillo y con él desaparecía el Proyecto.

Las características del Proyecto eran:

a) Fortalecimiento del poder Real
b) Pérdida de las atribuciones de las Cortes, que quedaban modificadas en su composición y en su funcionamiento. Valga el ejemplo de que sus sesiones tenían el carácter de secretas y que el Reglamento de las Cámaras debía ser aprobado por la Reina.
c) Sufragio altamente restrictivo, de tal forma que en cada circunscripción sólo podían votar los 150 mayores contribuyentes del mismo.
d) La garantía de los derechos y libertades quedaban muy mermadas y podían ser suspendidos mediante la publicación en la Gaceta por el Gobierno sin que mediara intervención de las Cortes.
e) Establecía en su artículo primero la confesionalidad católica del Estado de forma excluyente de cualquier otro credo.

La Constitución «no nata» de 1856

Es una consecuencia de la vuelta al poder del General Espartero y con él de los progresistas que habían estado apartados de los órganos de poder por más de una década. La Reina, cuya actuación durante el mandato moderado era muy contestada, en virtud de la presencia de varios miembros de la familia real en negocios especulativos y escándalos financieros, así como por su volubilidad política, nombró a Espartero Presidente del Consejo de Ministros y convocó elecciones, según la Ley electoral de 1837, a Cortes en una sola Cámara que tenían el carácter de constituyentes, reuniéndose éstas en noviembre de 1854.

El proceso constituyente, largo y laborioso, concluyó en diciembre de 1855, pero el texto, en virtud de la situación política del país y debido a ciertas reticencias de carácter jurídico no fue promulgado. No obstante, significa un punto de partida de lo que será el constitucionalismo posterior español y un cierto avance de la Constitución de 1869.

Como principios y características fundamentales del texto pueden señalarse las siguientes:

a) *Restablece el principio de la Soberanía Nacional,* haciéndolo de una forma más rigurosa que la Constitución de 1812, así en el artículo primero en la que se manifiesta el principio de soberanía nacional, se especifica que todos los poderes públicos emanan de la Nación y por tanto pertenece exclusivamente a ésta el derecho de establecer sus leyes fundamentales. De esta forma, se ponía fin al concepto de Constitución interna o histórica que situaba a ciertas instituciones, Rey y Cortes por encima de la Constitución política, y por tanto el poder constituyente no podía ser ejercido por poderes constituidos.

b) Establece de nuevo la *División de Poderes,* que tiene su base en la colaboración entre los mismos y vuelve otra vez a la denominación de Poder Judicial. Las Cortes recobran su autonomía y se indica que sesionarán un mínimo de cuatro meses al año, no pudiendo exceder la suspensión por parte del Rey de las mismas más de treinta días.

c) *Derechos y libertades.* Los regula con mayor precisión que el texto de 1837, especialmente en la garantía de los mismos. Vuelve otra vez al sistema de jurados para los delitos referentes a la libertad de imprenta.

d) *Tolerancia religiosa.* Aunque la redacción del artículo catorce donde se regula este tema es manifiestamente ambigua, partiendo de los mismos términos que se utilizara en la Constitución de 1837, a continuación de establecer que la Nación se obliga a mantener y proteger el culto y los ministros de la religión católica «que profesan los españoles», añade en su segundo párrafo que «ningún español ni extranjero podrá ser perseguido por sus opiniones o creencias religiosas, mientras no las manifieste por actos públicos contrarios a la *religión*». De esta forma, la religión católica pierde el carácter excluyente, al menos en la «esfera privada de las personas» y como libertad de conciencia. En todo caso significa un precedente fundamental para el texto de 1869.

Otras características del texto son:

a) *Es una constitución de extensión media.* Consta de noventa y dos artículos y preveía la adición como parte integrante de la Constitución de una serie de leyes orgánicas.

b) *Es una constitución rígida.* La reforma se regula en el título XV. El proceso de reforma ha de ser iniciado por las Cortes con el Rey, que indicarán la parte que haya de modificarse, posteriormente se disuelve el Parlamento. Las nuevas Cortes que tienen carácter constituyente, votarán sobre la reforma propuesta.

c) Es una Constitución completa. Incluye derechos y libertades, así como la organización de poderes del Estado.

La caída de Espartero y la subida de O'Donnell a la Presidencia del Gobierno supusieron la disolución de las Cortes y el fin del proyecto constitucional de 1856. En septiembre de 1856, se restablecía la Constitución de 1845, aunque ésta quedaría parcialmente modificada por el Acta del quince de septiembre, que prácticamente no tuvo vigencia, en virtud de la vuelta de los moderados al poder. El texto de 1845, con algunas reformas seguiría vigente hasta 1868 en que se produjeron los acontecimientos revolucionarios que pondrán fin al reinado de Isabel II.

4. LA CONSTITUCIÓN DE 1869

Es consecuencia de la revolución de 1868, conocida como «La Gloriosa», que acontece tras la muerte de O'Donnell y Narváez, que habían sido los más firmes apoyos y valedores que había tenido la Reina Isabel II durante su reinado. La crisis económica que arrastraba el país desde 1849, agravada por la agraria y la caída de los precios de las materias primas de 1866 y 67 habían sumido al país en una hambruna desconocida desde hacía siglos; por otra parte la respuesta de los Gobiernos isabelinos había sido ineficaz y represiva con todos los movimientos críticos hacia su actuación, destacando la expulsión de su cátedra de Madrid de Emilio Cautelar y posterior condena de numerosos profesores españoles, lo que dio lugar a «la noche de San Daniel», que distanció definitivamente del Trono a los intelectuales españoles. En este contexto, el General Prim propició un golpe de estado en 1866, que fracasó, aunque dos años después, en septiembre, el mismo triunfaría con el concurso de la mayor parte de la sociedad española.

4.1. La Constitución de 1869. Características y principios

El once de febrero se reunían las Cortes, el proceso constituyente comenzaría inmediatamente, así en los primeros días de marzo se formaría una comisión constitucional presidida por Olózaga y compuesta por unionistas, demócratas y progresistas, que presentaría sus conclusiones al pleno antes de un mes, aprobándose el texto por la Cámara el primero de junio, procediéndose a su promulgación el seis de junio de 1969.

En la Constitución de 1869 podemos destacar los siguientes principios y características:

a) *Soberanía Nacional*

Queda proclamada en el articulado y en el Preámbulo. El artículo 32 manifiesta que la soberanía reside especialmente en la Nación, de la cual emanan todos los poderes. No obstante, esta formulación no supone novedad alguna en el constitucionalismo español y nos revela una clara similitud con la proclamación del texto gaditano en su artículo 3º y acaso en algunos aspectos menos explícita que en el artículo 1º de la Constitución Non nata de 1856. Sin embargo el concepto de soberanía nacional alcanzará una precisión desconocida hasta el momento en el Preámbulo y en al artículo 40, en cuanto que en el primero lo vincula a la única forma posible de manifestar la soberanía como es la participación política de la nación, así, al mismo tiempo que se indica que las Cortes en nombre de la Nación decretan y sancionan la Constitución, se manifiesta que las mismas han sido elegidas por sufragio universal, por su parte el artículo 40 da un paso más en la precisión de la soberanía nacional, al proclamar que «Los senadores y diputados representan a toda la Nación, y no exclusivamente a los electores que los nombraren». Estamos por tanto, ante el paso de la formulación de un ideal hacia formas concretas y tangibles.

b) *Sufragio universal*

En el punto anterior nos hemos referido a la vinculación entre el concepto de soberanía nacional y sufragio universal, nos referiremos ahora su proclamación en el texto de 1869. El artículo 16 manifiesta que «ningún español que se halle en el pleno goce de sus derechos civiles podrá ser privado del derecho de votar en las elecciones de senadores, diputados a Cortes, diputados provinciales y concejales». De esta forma se incluye el derecho de participación política en los ámbitos estatales, provinciales y locales dentro del Título I de la Constitución junto a la exposición de los restantes derechos fundamentales, entre los que destaca por su íntima relación con el derecho al sufragio el derecho de asociación, de reunión y el de libertad de expresión de ideas y opiniones, que se regulan en los artículos 17 y 18. De esta forma, por primera vez en el constitucionalismo español se está formulando un sistema político *democrático*.

c) *La División de poderes*

La Constitución de 1869, establece la división de poderes de forma clara, así en el artículo 34, se manifiesta que la potestad de hacer las leyes reside en las Cortes, a diferencia de textos anteriores que atribuían funciones en este sentido al Rey, aunque éste conserva iniciativa legislativa (art. 54) y al que atribuye la función de sancionar y promulgar las leyes. En el mismo sentido reserva a los Tribunales el ejercicio del Poder Judicial (art. 36), aunque la Justicia se administre en nombre del Rey. El Poder ejecutivo reside en el Rey que lo ejerce por medio de sus ministros.

d) *Derechos y libertades*

Anteriormente nos hemos referido a los derechos de participación política, incluidos los de asociación y libertad de expresión como una de las mayores aportaciones del texto de 1869, sin embargo no serán los únicos aspectos novedosos que en el campo de los derechos y libertades nos aporte la Constitución.

La enumeración de los derechos es amplia y detallada, llevándose a cabo en todo el título I. Valga como ejemplo de la amplitud del texto al respecto, el artículo 29 «La enumeración de los derechos consignados en este título no implica la prohibición de cualquier otro no consignado expresamente».

e) *Libertad religiosa*

Por primera vez en el constitucionalismo español se va a permitir la libertad de cultos, que se proclamará en el artículo 21, de rebuscada redacción, en cuanto que, empieza por establecer que la Nación se obliga a mantener el culto y los ministros de la religión católica, como venía siendo habitual en textos anteriores, para a continuación permitir el ejercicio público o privado de cualquiera otro culto a los extranjeros residentes en España, sin más limitaciones que las reglas universales de la moral y el derecho, y de ahí, en el párrafo tercero del citado artículo, se establece que «si algunos españoles profesaren otra religión que la católica, es aplicable a los mismos lo dispuesto en el párrafo anterior».

La formulación de este principio fue una de las más controvertidas en el proceso constituyente, corno es buena prueba lo alambicado de su redacción, que otorga la libertad de cultos en virtud de hacer extensivo un derecho establecido para los extranjeros residentes en el país. Destaca la inclusión de este precepto en el título I junto a los derechos fundamentales, lo que nos resulta representativo de la importancia que el mismo tenía en la sociedad española, que a este respecto estaba totalmente dividida, así mientras para las fuerzas progresistas era un principio irrenunciable, dentro de la vieja aspiración de un Estado separado de la Iglesia, para otro sector, que veía en la Iglesia Católica el máximo principio de unidad de la Nación, la cuestión religiosa no era menos importante. Por otra parte, el desarrollo de este principio podía suponer un notable cambio en la sociedad española, en virtud de que el poder de la Iglesia no se circunscribía solamente a la esfera religiosa, válganos como ejemplo el control casi absoluto que la Iglesia mantenía sobre la educación. Aunque en el texto no se derivan otros aspectos concretos de este precepto, sin embargo, en el artículo 27 se esboza algo de lo hubiera podido ser su desarrollo, cuando proclama que «la obtención y el desempeño de empleos y cargos (públicos), así como la adquisición y el ejercicio de los derechos civiles y políticos, son independientes de la religión que profesen los españoles».

f) *La Monarquía Parlamentaria*

El artículo 33 del, texto constitucional establece que la Monarquía es la forma de gobierno de la Nación española. Las diferencias en cuanto a formulación de la Monarquía en la Constitución de 1869 respecto a los textos anteriores es muy grande, así mientras en ellos se configura el Poder Real como consecuencia de un largo proceso histórico, que tiene su origen en momentos anteriores a la propia conformación estatal, y preexistente al Estado constitucional, otorgándosele al Rey unos poderes y atribuciones que difícilmente pudieron llegar a ser regulados por el texto constitucional, ya que en virtud de la denominada «Constitución histórica», y otras alteraciones del concepto de soberanía nacional, el Monarca contaba con un cierto poder constituyente, por el contrario en el texto de 1869, el Rey configura su existencia en el Estado como consecuencia de la Constitución, que a su vez se deriva de un acto único de la soberanía nacional. De esta forma, el Rey pasa a desempeñar dentro de un esquema de división de poderes, el poder ejecutivo que no lo ejerce directamente, sino a través de sus ministros (art. 35), con lo queda reconducido a un poder constituido.

Otras características de la Constitución de 1869 son:

1. *Es una Constitución extensa y completa.* Consta de 112 artículos y dos disposiciones transitorias. Es completa, en cuanto contiene un amplio elenco de derechos y libertades, establece la división de poderes y organiza los mismos.

4.2. Órganos Constitucionales

Como se ha indicado anteriormente, el régimen político que se instaura es de Monarquía Parlamentaria, Las funciones y atribuciones de cada uno de los poderes son las, siguientes:

Las Cortes

Son de carácter bicameral, estando compuestas por el Congreso y el Senado. Representaban a la nación y no estaban sujetos a mandato imperativo alguno, gozando de inmunidad e inviolabilidad. La organización y funcionamiento interno de cada Cámara era autónomo, así redactaban su propio reglamento y elegían al Presidente, Vicepresidente y secretarios de la misma.

Las funciones de las Cortes eran:

a) De carácter legislativo

Aunque compartía iniciativa legislativa con el Rey, la aprobación de los proyectos de ley le correspondía a las Cortes, debiendo ser votados en los dos Cuerpos Colegisladores.

b) *De carácter financiero y presupuestario*

El Gobierno debía presentar ante las Cortes anualmente los presupuestos de gastos e ingresos del Estado

No se podía hacer ningún empréstito sin que se votaran antes los recursos necesarios para pagar sus intereses.

c) ***De control del Gobierno***

Correspondía a las Cortes «hacer efectiva la responsabilidad de los ministros.». Por su parte, el artículo 89 concretaba que «los ministros son responsables ante las Cortes de los delitos que cometan en el ejercicio de sus funciones», correspondiendo como en textos anteriores acusar al Congreso y juzgar al Senado. Sin embargo, junto a la responsabilidad de carácter penal indicada anteriormente, el Gobierno y los ministros tenían una responsabilidad política derivada del artículo 53, mediante el cuál, las Cortes podían ejercer el derecho de censura y cada parlamentario el de interpelación, precepto éste, referido a la responsabilidad política, que es la primera vez que se establece en nuestro constitucionalismo.

El Rey

La Constitución de 1869 fue promulgada y sancionada antes de que la Corona fuese ocupada por Amadeo I, incluso antes de que se decidiera la entronización de la Casa de Saboya en España, es por ello, que la labor de las Cortes constituyentes no piensa en adecuarse a una figura concreta, sino a un modelo concreto de forma de gobierno, la Monarquía Parlamentaria. Anteriormente nos referimos a las características de este tipo de Régimen, así como a las relaciones de las Cortes con el Monarca, por lo que nos limitaremos en este momento a señalar las funciones más importantes de la Corona.

a) ***Respecto al Poder Ejecutivo y el Gobierno***

El artículo 35 de la Constitución proclama que el poder ejecutivo reside en el Rey, que lo ejerce por medio de sus ministros, a los que nombra y separa libremente, aunque éstos deben gozar de la confianza de las Cortes. El Rey es inviolable y no está sujeto a responsabilidad, correspondiendo la misma a los ministros, que deben firmar todo lo que el Rey mandare o dispusiera en el ejercicio de su autoridad, siendo este requisito indispensable para su cumplimiento.

b) ***Respecto al Poder legislativo***

1. Convocar, disolver y suspender las Cortes, aunque con ciertas limitaciones.
2. Sancionar y promulgar las leyes no contando con derecho a veto.
3. Contaba con iniciativa legislativa.

c) ***Respecto a la Justicia y el Poder Judicial***

1. La Justicia se administra en nombre del Rey.
2. Cuida de que en todo el Reino se administre pronta y cumplida Justicia.
3. Nombra a los magistrados y jueces a propuesta del Consejo de Estado y con arreglo a la ley orgánica de los Tribunales, y según lo dispuesto en el art. 94 de la Constitución.
4. Indulta a los delincuentes, aunque si se trata de amnistías o indultos generales precisa estar autorizado por una ley especial. En el caso de que se trate del indulto a un ministro que ha sido condenado por el Senado, la petición ha de proceder de uno de los Cuerpos colegisladores (art. 90).

El Rey precisa estar autorizado por una ley especial para:

1. Abdicar la Corona.
2. Contraer matrimonio y para permitir que lo contraigan las personas que tengan derecho a sucederle en la Corona.
3. Para enajenar, ceder o permutar cualquier parte del territorio español, así como para incorporar cualquier otro territorio a España.
4. Para admitir tropas extranjeras en el Reino.
5. Para ratificar los tratados previstos en el (art. 73.4.º).

5. LA PRIMERA REPÚBLICA. EL PROYECTO CONSTITUCIONAL DE 1873

Producida la Abdicación del Rey Amadeo I el 11 de febrero de 1873, ese mismo día las Cortes españolas proclamaron la República. No obstante, si la etapa de la Monarquía Parlamentaria habla sido breve, más lo será todavía la republicana, que sólo durará escasamente un año, contando en ese tiempo con cuatro Presidentes, y recorriendo toda una topología de organización territorial del Estado y de formas de organización política, pasando de una estructura federal, e incluso cantonal, a otra unitaria, y de un régimen profundamente democrático a uno de carácter autoritario con el que finalizaría su vida.

El periodo republicano estuvo caracterizado por la guerra civil, o las múltiples guerras civiles como telón de fondo; en diciembre de 1874, mediante el Golpe de Estado del General Pavía, asumiría la Presidencia el General Serrano, de forma dictatorial y sin Cortes; de esta forma, el régimen republicano democrático y con ello el denominado sexenio revolucionario hablan terminado.

Proyecto constitucional de 1873

Aprobado por las Cortes nunca fue publicado; tiene una clara inspiración en el texto de 1869, aunque incorpora algunos aspectos de importancia. Sus características principales son:

a) *Soberanía Popular*

El artículo 42 proclama que la soberanía reside en todos los ciudadanos, y se ejerce en representación suya por los organismos políticos de la República constituida por el sufragio universal. En principio, dicha formulación no aporta elementos nuevos a la manifestada en el anterior texto constitucional, salvo quizás, una mayor vinculación de la soberanía nacional al sufragio universal como elemento inherente a la misma, ya que por otra parte, el conjunto de los ciudadanos no es otra cosa que la Nación.

b) *Derechos y libertades*

En el título Preliminar se proclama la existencia de unos derechos naturales que «Toda persona encuentra asegurados en la República, sin que ningún poder tenga facultades para cohibirlo, ni ley ninguna autoridad para mermarlos» considerando estos derechos anteriores y superiores a toda legislación positiva. Cifra estos derechos en: derecho a la vida, seguridad, a la dignidad de la vida, al libre ejercicio del pensamiento, y a su libre expresión de conciencia, así como a la difusión de sus ideas por medio de la enseñanza, al derecho de reunión y de asociación, a la libertad de trabajo, de la industria, del comercio interior, del crédito, al derecho de propiedad, a la igualdad ante la ley, al derecho a ser jurado y juzgado por los jurados, al derecho a la defensa libérrima en los juicios, y al derecho en caso de caer en culpa o delito a la corrección y a la purificación por medio de la pena.

c) *Laicismo*

En este punto significa una ruptura con el constitucionalismo español, que hasta este texto solamente había proclamado una tímida libertad religiosa, por el contrario, el proyecto de 1873, junto a la libertad de cultos (art. 34), procede a separar la Iglesia del Estado (art. 35), y en un planteamiento más radical, «prohíbe a la Nación, o a los Estados Regionales y a los Municipios subvencionar directa ni indirectamente ningún culto». Completa estos principios mediante aspectos concretos que habían sido «coto cerrado» de la Iglesia como la enseñanza, que se encuadra en el derecho de difusión de las ideas, o las actas de nacimiento, matrimonio y defunción, que pasan a ser potestad del Estado (art. 37).

d) *División de poderes*

Se plantea de forma rígida, inspirándose en el modelo de la Constitución norteamericana de 1787. El poder Legislativo es ejercido exclusivamente por las Cortes el Judicial por los Jurados y Jueces a los que se garantiza su independencia y el Ejecutivo, a diferencia del modelo norteamericano, por el consejo de Ministros, configurándose un nuevo poder «de relación» que se deposita en el Presidente de la República.

e) *República Federal*

Establece que «la forma de gobierno de la Nación española es la República Federal». A este respecto, el territorio se divide en los siguientes Estados: Andalucía Alta, Andalucía Baja, Aragón, Asturias, Baleares, Canarias, Castilla la Nueva, Castilla la Vieja, Cataluña, Cuba, Extremadura, Galicia, Murcia, Navarra, Puerto Rico, Valencia y Regiones Vascongadas, a los que podrían añadirse en el futuro las Islas, Filipinas, así como territorios radicados en África, en virtud del progreso que se produzca en los mismos. La Federación contaba con un texto constitucional, así como cada uno de los Estados.

6. LA CONSTITUCIÓN DE 1876

El punto de partida del proceso de gestación del texto de 1876, que acabaría siendo el de más larga duración en la historia constitucional española, hay que situarlo en el Manifiesto de Sandhurst, dado por el Rey Alfonso XII, en el que se percibe claramente la influencia de Antonio Cánovas y en el que se anuncia la conformación de una Monarquía diferente a la de Isabel II y a la que representara el Rey Amadeo de Saboya durante su breve reinado. Desde ese momento el político malagueño que domina plenamente la escena política española, tiene el planteamiento de consolidar en el país un régimen político de carácter estable, ya que España en los últimos años ha ensayado una variada gama de opciones, que van desde la Monarquía constitucional, la parlamentaria y democrática, hasta diversas formas republicanas.

El pensamiento de Cánovas quiere aprovechar dos experiencias europeas que intenta introducir en el futuro sistema político español: El modelo doctrinario francés y el bipartidismo según el modelo inglés.

6.1. Características

a) *Soberanía Compartida*

El constitucionalismo español hasta la Constitución de 1876 se había caracterizado desde sus orígenes en el texto de 1812 por el intento de establecer la soberanía nacional, consiguiéndose tal aspecto plenamente mediante la Constitución de 1869, en cuanto que junto a su reconocimiento implantaba el sufragio universal, sin embargo, también en sus orígenes ha existido otra corriente derivada del concepto de Constitución Histórica o Constitución interna, que depositaba la soberanía en el Monarca o en éste y las Cortes, como instituciones permanentes en la historia de España, que gozan de poder constituyente.

El texto de 1876, vuelve al mismo planteamiento, que convierte a lo que antes eran poderes constituidos en poderes constituyentes. En el Preámbulo del texto mencionado en el punto anterior, percibimos un pacto entre las dos instituciones básicas del Estado: Rey y Cortes que acuerdan dar al país el texto constitucional.

De esta forma, en un plano teórico, la soberanía no radica en una sola de la instituciones indicadas, sino que se ejerce por medio de las dos, sin embargo en la práctica el resultado es bien diferente, ya que la representatividad de las Cortes queda muy disminuida en virtud de la vuelta al sufragio censitario para el Congreso y de clara designación real para el Senado, con lo que la preponderancia del Poder Real es evidente, debiendo unirse a este aspecto, que las Cortes carecen de control sobre el Rey, mientras que éste puede disolver el Parlamento.

b) *La división de poderes*

La división de poderes en el texto de 1876 no se presenta de forma nítida, percibiéndose fundamentalmente una preponderancia del poder del Rey, que detenta el poder ejecutivo (art. 50), compartiendo con las Cortes «la potestad de hacer las leyes» (art. 18). En contra de lo que podía esperarse, en virtud de la experiencia política anterior y del presente en que el Consejo de Ministros, y especialmente su Presidente lleva todo el peso de la política del país, inclusive el retorno de la Monarquía, no se perfila en la Constitución la existencia de un régimen de carácter parlamentario. Destaca a este respecto, la poca dedicación que la Constitución dedica al Gobierno y los Ministros, que son nombrados y separados libremente por el Rey y responsables de los actos del mismo (art. 49), que casi limita las actividades del Gobierno respecto a la Cámara al derecho de asistencia a las mismas (art. 58), y al aspecto presupuestario (art. 85), así como al necesario control que sobre estas funciones cumple el Parlamento. Sin embargo, el régimen parlamentario fue una de las características del sistema político que nace con la Restauración, pero éste vendría, como resultado de la costumbre, usos y prácticas, dependiente fundamentalmente del desarrollo del bipartidismo y del turno de partidos en el poder, y no de la regulación que del tema se haga en el texto constitucional.

a) *Derechos y libertades*

El tratamiento de los derechos y libertades de la Constitución de 1876 mantiene la estructura y principios de lo dispuesto en el texto de 1869, aunque a diferencia de aquél impone algunos aspectos restrictivos que se derivan de los siguientes aspectos:

1. Aunque no se cuestiona la existencia de Derechos Naturales y previos a la Constitución, el artículo 14 supondrá un claro límite al ejercicio de numerosos derechos, ya que posterga a la existencia de leyes el desarrollo de los mismos.
2. La suspensión de derechos podía hacerse por el Gobierno cuando las Cortes no estuvieran reunidas (art. 17), procedimiento que fue ampliamente utilizado por el Ejecutivo.

De esta forma, junto a la amenaza de suspensión de garantías de los derechos, el ejercicio de los mismos se veía especialmente mermado por la tardía aparición de la ley que debía regularlos, así como por la dependencia que significaba la extensión del derecho en virtud de la voluntad política del partido gobernante en el momento.

En virtud de este procedimiento, sin necesidad de que en el texto se estableciese una clara restricción en lo referente a derechos políticos, se impuso el sufragio censitario, como consecuencia de la ley electoral de 1878, no alcanzándose el sufragio universal hasta la ley de 1890, así como el derecho de asociación que no se regulará hasta 1887. Otro tanto pasará con la libertad de enseñanza, expresión, etc.

Mención especial merece el tratamiento que se da a la libertad religiosa, que es claramente restrictivo respecto a lo mantenido en los textos anteriores. El artículo 11 vuelve a la confesionalidad católica del Estado, cuyos ministros y culto serán mantenidos por el mismo. Prohíbe cualquier ceremonia o manifestación pública religiosa diferente a la de «la religión del Estado», aunque establece un límite de tolerancia «Nadie será molestado en territorio español por sus opiniones religiosas, ni por el ejercicio de su respectivo culto, salvo el respeto debido a la moral cristiana». El tema religioso fue quizás el más debatido en el proceso constituyente, y el artículo de referencia puede considerarse una fórmula de compromiso entre aquellos que simplemente querían volver a la unidad religiosa y los que deseaban la absoluta libertad de cultos e igualdad de los ciudadanos ante la ley en este punto.

Entre otras características de la Constitución de 1876, podemos destacar las siguientes:

a) *Es una Constitución breve.* El texto consta de ochenta y nueve artículos, más uno transitorio, que se estructuran en trece títulos. Remite a la legislación ordinaria la regulación de gran número de materias. No obstante, puede considerarse corno una Constitución completa y ordenada.
b) *Es una Constitución flexible.* El texto no contiene un procedimiento específico de reforma del mismo, por lo que puede modificarse como una ley ordinaria, según el procedimiento previsto para las mismas. Este aspecto le confiere un cierto carácter de elasticidad, en cuanto resultaba fácil amoldarla al gobierno de diferentes opciones políticas.

6.2. Órganos Constitucionales

Como se indicó anteriormente, la aceptación de la Constitución interna supone situar por encima de la organización de poderes que el texto establece al Rey y a las Cortes. Por otra parte, el funcionamiento real del régimen político no se percibe plenamente en el texto, tal y como ocurre con el Gobierno y especialmente, con el Presidente del Consejo de Ministros, al que no se menciona en el texto, pero que en la práctica resulta una pieza clave del engranaje del sistema.

El Rey. El Gobierno

Si prescindimos de la importancia del Rey en cuanto institución por encima de los demás órganos del Estado y previo a ello, y nos centramos en el Rey como Jefe del Estado y titular del Poder Ejecutivo, el texto de 1876 no representa grandes cambios respecto al constitucionalismo español anterior al texto de 1869, y aún tampoco con éste, si entendemos que muchas de las atribuciones que el texto fija al Monarca, corresponden en su ejercicio real y cotidiano al Gobierno.

Las atribuciones del Rey respecto al Poder Legislativo son:

a) Iniciativa legislativa, que comparte con cada uno de los Cuerpos colegisladores (art. 41).

b) Sanción y promulgación de las leyes (art. 51).
c) Derecho de veto absoluto (art. 44).
d) Convocar las Cortes, suspenderlas, abrir y cerrar sus sesiones, así como disolverlas simultánea o separadamente, aunque con la obligación de convocar y reunir de nuevo en el plazo de tres meses (art. 32). La apertura y cierre de las Cortes puede hacerlo el Rey en persona o por medio de un ministro (art. 37).
e) Nombrar para cada legislatura al Presidente y vicepresidentes del senado (art. 36).
f) Nombramiento de los senadores vitalicios (art. 20).

Con relación al *Poder Ejecutivo,* el artículo 50 establece que la potestad de hacer ejecutar las leyes reside en el Rey, y su autoridad se extiende a todo cuanto conduce a la conservación del orden público en lo interior y a la seguridad del Estado en lo exterior, conforme a la Constitución y las leyes.

De los actos del Rey son responsables los ministros que deben refrendar sus mandatos, de tal forma, que si falta éste, aquellos no pueden llevarse a efecto. A su vez, el Rey nombra y separa libremente a los ministros, aunque éstos en la práctica, como Gobierno, necesitan también la confianza del Parlamento, configurándose de esta forma un sistema de doble confianza, Rey y Parlamento, ya que si el primero los nombra, el segundo puede producir votaciones adversas a los proyectos del gobierno, con lo que la única salida es la disolución de la Cámara o la dimisión del Gabinete. Sin embargo, el bipartidismo existente, permitía que el Rey nombrara como Presidente del Consejo de Ministros al líder del partido que contara en aquel momento con mayoría parlamentaria, con lo que la confianza del Gabinete estaba asegurada, en virtud del sistema de turnos de partido.

Entre otras atribuciones del Rey como Jefe del Estado y titular del Ejecutivo, podemos señalar:

1. Expedir los decretos, reglamentos e instrucciones que sean conducentes para la ejecución de las leyes.
2. Cuidar de que en todo el Reino se administre pronta y cumplidamente la justicia.
3. Mando supremo de las Fuerzas Armadas.
4. Conferir los empleos civiles, así como conceder los grados, ascensos militares y conceder honores y distinciones de todas clases, con arreglo a las leyes.

Las Cortes

Como se ha indicado anteriormente, es una de las dos instituciones que componen la denominada Constitución interna. En las Cortes residía la Potestad de hacer las leyes que compartían con el Rey. La Constitución de 1876, establece un sistema bicameral: Congreso de los Diputados y Senado, a las, que otorga iguales facultades.

a) *El Congreso de los Diputados*

La composición de ésta Cámara se hacía en virtud de un diputado por cada 50.000 almas. El texto no entra en el tipo de sufragio, reservando el mismo para la ley electoral, aunque como ya se indicó anteriormente, hasta el 1890 el sufragio fue de carácter censitario. La duración del mandato de los congresistas era de cinco años, pudiendo ser reelegidos indefinidamente. Las condiciones para ser elegido a diputado se indican en el artículo 29, requiriéndose ser español de nacimiento, de estado seglar, mayor de edad, y gozar de todos los derechos civiles, remitiéndose a la ley electoral las condiciones específicas, que eran claramente restrictivas y basadas fundamentalmente en criterios económicos, aunque también en determinados casos de carácter capacitarlo, de tal forma, que el censo electoral hasta el advenimiento del sufragio universal no alcanzó nunca el millón de electores. Por otra parte, durante este periodo alcanzarán sus más altas cotas la corrupción electoral y el control férreo que los dos grandes partidos ejercen sobre sus correspondientes distritos.

b) El Senado

Es la Cámara que más variaciones sufrirá en su composición respecto al texto de 1869. Estaba formada por tres tipos de senadores: 1. Por derecho propio, 2. vitalicios y 3. Elegidos por las corporaciones del Estado.

De esta forma, se configura un Senado con escasa representación popular, ya que sólo los miembros del grupo 3 estaban sujetos a un cierto tipo de elección, que además era altamente restrictiva, tanto para el sufragio activo como pasivo.

6.3. El Turno de partidos

Si debe destacarse algún aspecto de este periodo histórico es el bipartidismo (liberales y conservadores) y el turno pacífico de partidos, como consecuencia del acuerdo establecido entre Cánovas (conservador) y Sagasta (liberal), lo que propició estabilidad al sistema, pero también falseamiento sistemático de las elecciones y todo tipo de corruptelas electorales, de tal forma, que el régimen democrático, incluso después de la obtención del sufragio universal (masculino) en l890, queda convertido en una parodia donde la oligarquía impone sus intereses.

A partir del último tercio del siglo emergerán nuevas fuerzas políticas y sociales fuera del sistema de partidos de la Restauración, así nacerá la Asamblea Nacional Republicana (1881), el PSOE (1879), que obtendrá su primer escaño en 1910, la UGT (1889), la Federación de Trabajadores de la Región Española en 1881 (anarquista), que dará lugar a la creación de la CNT (1910), así como grupos políticos de carácter regionalista (Cataluña y País Vasco).

La crisis del sistema se acentuará a partir de 1898, produciéndose numerosas revueltas sociales, huelgas, terrorismo y represión gubernamental y patronal[1].

6.4. La crisis del sistema

El trece de septiembre de 1923, el General Primo de Rivera, a la sazón Capitán General de Cataluña, protagonizaba un golpe de Estado mediante pronunciamiento militar, que ponía fin al sistema político imperante durante 40 años. La crisis económica, la debilidad e incapacidad endémica de los Gobiernos, la corrupción electoral, el caciquismo, el terrorismo y desorden social, unido a la desastrosa política africana, cuyo máximo exponente había sido la derrota de Annual, donde se había producido una personal intervención del Rey, posibilitaron el fin del sistema, que se producía con la aquiescencia real.

---

[1] Cabe destacar los acontecimientos de la Semana Trágica en Barcelona (1909), donde se produjo una rebelión popular ante la llamada de los reservistas para la Guerra de Marruecos; la Huelga General de 1917, convocada por la CNT y la UGT, seguidas de una profunda represión gubernamental, así como numerosos actos terroristas: Bomba del Liceo, atentado contra el Rey Alfonso XIII el día de su boda, etc.

7. LA DICTADURA DE PRIMO DE RIVERA

No procede en un capítulo dedicado a la historia constitucional de España, detenerse en el estudio de los intentos de institucionalización que tuvo el régimen de la Dictadura del General Primo de Rivera (1923-29), puesto que la misma supuso una interrupción del orden constitucional, aunque en septiembre de 1927 creara una Asamblea Nacional, que sólo era un órgano consultivo, sin capacidad legislativa y de carácter corporativo, inspirada en el fascismo italiano, así como que en 1929 hiciera un Proyecto de Constitución, rechazado por la totalidad de las fuerzas políticas y sociales españolas[2].

La crisis económica de 1929 y el descontento general ante la dictadura propiciaron la renuncia de Primo de Rivera en enero de 1930. el Rey Alfonso XIII nombraría Presidente del Gobierno al general Berenguer, que fracasaría en su intento de volver al sistema de la Restauración; en febrero el Rey encargaría de formar Gobierno al Almirante Aznar, que con el sistema electoral de la restauración convocarla elecciones municipales, pero que para el pueblo español se presentaban como un verdadero referéndum sobre Monarquía o República, celebradas éstas el 12 de abril, los resultados no dejaban dudas sobre el deseo de los españoles. El 14 de abril se proclamó la República, se formó un Gobierno Provisional y el Rey abandonaba España. Era el fin de la Monarquía española.

8. LA CONSTITUCIÓN DE 1931

8.1. Principios y características de la Constitución de 1931

La Constitución de 1931, supone un cambio muy importante respecto al constitucionalismo español anterior, en virtud de que introduce conceptos nuevos nunca anteriormente tratados en nuestros textos, así los derechos no serán solo individuales, sino que se incorporan también los sociales, económicos y culturales. El modelo económico del Estado que se propugna es claramente diferente al de Estado Liberal existente en aquél momento, y con ello se da una diferente dimensión a conceptos, básicos como la empresa, la propiedad y la acción intervencionista del Estado. Aunque en España el tratamiento de estos temas resulte novedoso, no lo son en el constitucionalismo más moderno del

---

[2] No obstante, las instituciones creadas por el dictador serían un modelo a imitar por el Régimen surgido tras la Guerra Civil.

momento, ya existe la Constitución mexicana de Querétaro, que en 1917 plasma estos principios y la Constitución alemana de Weimar de 1919, que junto a la anteriormente citada y la austriaca sientan las bases del, concepto de Estado Social y Democrático de Derecho. En este sentido, la Constitución española no es original, pero sí es una de las primeras que incorpora al constitucionalismo aspectos que serán de uso común en el constitucionalismo europeo de postguerra, incluso en el español vigente, de tal forma, que el texto de 1931 será un punto de referencia obligado para Constituciones como la italiana, entre otras, que más de quince años después recogerá algunas de las formulaciones proclamadas en el texto español de 1931.

Acaso, la única formulación original del texto español sea la referente a la organización territorial del Estado mediante la fórmula de Estado Integral, Regional llamaríamos ahora, que intenta establecer un modelo intermedio entre el Estado Federal y el Estado Unitario, y que ha sido recogido posteriormente por el ya citado caso italiano o el más reciente portugués.

Como principios más representativos de la Constitución de 1931, podemos referirnos a los siguientes:

a) *Soberanía Popular*

A diferencia de otros textos españoles anteriores no se indica que la soberanía radica en la nación, sino que emplea el término menos usual en los textos de «pueblo». Así el artículo primero en su segundo párrafo proclama que «los poderes de todos sus órganos emanan del pueblo», palabra que repite con idéntico sentido en el artículo 51 al indicar que la potestad legislativa reside en el pueblo, que la ejerce por medio de las Cortes.

Por otra parte, la característica más representativa del ejercicio de la soberanía nacional, el sufragio universal queda plenamente establecido en el texto, incorporando poco después el femenino, por lo que es en la segunda República cuando por primera vez puede hablarse en España de auténtico sufragio universal de la ciudadanía, en cuanto se refiere al ejercicio de los derechos políticos plenos del hombre y la mujer.

b) *Derechos y libertades*

La Constitución de 1931 contiene una amplia declaración de derechos, la más amplia del constitucionalismo español. Como se indicó anteriormente, incorpora a los derechos individuales propios del Estado Liberal, que amplia, otros de carácter económico, social y cultural, así como referentes a la familia, y desarrolla ampliamente los de asociación política y sindical (art. 39). No obstante, no se constitucionalizan los partidos políticos, aunque este aspecto será parcialmente resuelto mediante el Reglamento de las Cortes.

Destaca no sólo por la formulación de derechos, sino por la garantía de los mismos, destacando a este respecto la creación del Tribunal de Garantías Constitucionales, al cual se podía presentar «recurso de amparo de garantías individuales cuando hubiere sido ineficaz la reclamación ante otras autoridades».

Los derechos y libertades se regulan en el título III del texto, en dos capítulos correspondiendo el primero a las garantías individuales y políticas y el segundo a la familia, economía y cultura. En el capítulo I destaca el amplio espacio reservado para la libertad religiosa, que posteriormente veremos con más detenimiento, así como el derecho de asociación, participación política, principio de igualdad y no discriminación en razón del sexo, clase social, ideas políticas, creencias religiosas, y demás derechos de carácter individual ya indicados anteriormente.

El Capítulo II es el que presenta más novedades, destacaremos tres aspectos.

a) *La familia.* Establece la igualdad de derechos para ambos sexos, así como el divorcio. Acaba con la discriminación entre hijos habidos dentro y fuera del matrimonio (art. 43).
b) *La cultura.* La extensión de la enseñanza, gratuidad de la misma, escuela unificada y obligatoria, libertad de cátedra, enseñanza laica, difusión de la enseñanza en los diversos idiomas del país y la preservación del patrimonio cultural se revelan como objetivos del Estado.
c) *Derechos sociales.* En el artículo se proclamaba que «España es una República democrática de trabajadores de toda clase. En el artículo 46 se define al trabajo como una obligación social que goza de la protección de las leyes. A este respecto indica los casos que se regularán en la legislación social (enfermedad, accidentes, paro, vejez, trabajo de las mujeres, maternidad, jóvenes, jornadas laborales, etc.).
d) *Economía.* Establece la función social de la propiedad, previéndose mecanismos de expropiación forzosa, nacionalización y socialización. Se perfila el Estado como más intervencionista.

c) *Estado Integral*

El artículo 1° en su tercer párrafo define a la República como un Estado Integral, compatible con la autonomía de los Municipios y las Regiones, dedicándole la totalidad del título I a la organización territorial del Estado. Jiménez de Asúa, en el informe que presenta ante las Cortes junto al proyecto constitucional, tras criticar el modelo federal y el unitario por considerar «que estaban en franca y definitiva crisis» explica en un tono no exento de ambigüedad e imprecisiones jurídicas lo que la Comisión entendía por Estado Integral, modelo en el que fueran compatibles España con las regiones, de tal forma que cada una de ellas reciba la autonomía que «merece por su grado de cultura y de progreso» y «su autodeterminación en mayor o menor grado» (este último aspecto no se plasmaría en el texto).

La Constitución preveía la posibilidad de que si una o varias provincias limítrofes con características históricas, culturales económicas comunes acordaran organizarse en Región Autónoma para formar un núcleo político administrativo, dentro del Estado español presentaría un Estatuto, recabando para sí un amplio elenco de competencias contenidas en los artículos 15, 16, y 18 del texto. De tal forma, que competencias que desarrollaba el Estado español pasase a serio de las Regiones Autónomas, reservándose como de su exclusiva competencia el Estado las dispuestas en el artículo 14, así como todas aquellas materias que no estuvieran explícitamente reconocidas en el Estatuto o que el Estado no hubiera transferido por una ley.

Llegado este punto, debe resaltarse, que la existencia de Regiones Autónomas y Estatutos en cada una de ellas, no implicaba para las mismas existencia alguna de soberanía, derecho de autodeterminación, ni poder constituyente alguno La razón para esta afirmación es evidente, el Estatuto aunque debía ser propuesto por un número de Municipios que comprendiese al menos las dos terceras partes de del censo electoral de la Región, y ser e aprobado por lo menos por las dos terceras partes de los electores inscritos en el censo de la Región, no tenía vigencia alguna si no era aprobado por las Cortes españolas. Respondía pues, a un acto de soberanía del pueblo español en su totalidad. Ello no obstaba, como se indicó en el informe anteriormente citado, que las competencias asumidas por una Región no pudiesen llegar a ser más amplias que las de determinados Estados Federales.

d) *Estado laico*

El artículo tercero de la Constitución de 1931 proclamaba que el Estado español no tenía religión oficial. De esta forma, se consagraba el principio de la separación completa entre la Iglesia y el Estado. No será el único artículo del texto que afronte desde una u otra perspectiva el tema de las relaciones Iglesia-Estado, en un amplio abanico que abarca desde la libertad de culto, conciencia y el derecho a profesar y practicar libremente cualquier religión, hasta la disolución del matrimonio civil, prohibición del ejercer la enseñanza, el comercio, la industria, sumisión de las entidades religiosas a las leyes tributarias del país, consideración de las ordenes religiosas como Asociaciones, disolución de la Compañía de Jesús y la secularización de los cementerios. Con ello se producirá uno de los mayores problemas que debió afrontar el régimen republicano, tanto durante el proceso constituyente, como durante la totalidad del periodo que estuvo vigente la Constitución de 1931.

Como características de la Constitución podemos resaltar:

a) *Es una Constitución de extensión media.* Consta de 125 artículos y dos disposiciones transitorias.

b) Es una constitución completa. Constando de parte dogmática y orgánica, por otra parte, como ya se indicó contiene los elementos básicos de lo que se llamará Estado Social y Democrático de Derecho.

c) Es una constitución rígida. El mecanismo de reforma está previsto en el artículo 125, y se precisa que el Gobierno o la cuarta parte de los miembros de las Cortes hagan la propuesta pertinente que deberá incluir la parte de la Constitución que quiere reformarse. La propuesta sigue los trámites de una ley y deberá ser votada afirmativamente por la mayoría absoluta de los diputados. Acordada la necesidad de la reforma, quedaba disuelta la Cámara, siendo convocada nueva elección para dentro del término de sesenta días. La nueva cámara elegida, en funciones de Asamblea constituyente, decidirá sobre la reforma propuesta.

8.2. Órganos Constitucionales

Junto a los tres poderes clásicos que hemos venido señalando en el estudio de anteriores textos constitucionales incluiremos ahora otro órgano del Estado: El Tribunal de Garantías Constitucionales.

Las Cortes

La Constitución de 1931 vuelve al unicameralismo, que desapareciera en el constitucionalismo español después de nuestra primera Carta Magna. Sus miembros eran electos por sufragio universal, igual, directo y secreto por el sistema mayoritario a doble vuelta en circunscripciones plurinominales.

Contaba con una Diputación Permanente, que actuaba en los periodos entre sesiones y cuando la Cámara estaba disuelta.

Funciones.

a) Legislativas. Contaba con iniciativa legislativa, que compartía con el gobierno y con la iniciativa legislativa popular (cuando la pedía el 15 % de los electores). Podía conceder delegación legislativa al Gobierno.
b) Presupuestarias. Aprobaba los Presupuestos Generales del Estado, lo que se hacía por mayoría absoluta.
c) De control. Podía pedir la presencia de los miembros del Gobierno, si que éstos pudieran excusar su asistencia. Contaba con voto de censura contra el Gobierno o alguno de sus Ministros. Mediante acuerdo de las tres quintas partes de sus miembros podía acusar al Jefe del Estado ante el Tribunal de Garantías Constitucionales.

El Presidente de la República

Era elegido por una Asamblea compuesta de los parlamentarios más un número igual de compromisarios electos para este fin por sufragio universal. Su mandato duraba seis años y no podía reelegido hasta pasados seis años de su mandato. Necesitaba el refrendo de los ministros, aunque era criminalmente responsable de la infracción delictiva de sus obligaciones constitucionales. Entre sus funciones podemos destacar;

a) Nombraba y separaba al Presidente del Gobierno, y a propuesta de éste a los ministros.
b) Expedía los Reglamentos e instrucciones necesarias para la ejecución de las leyes.
c) Ordenaba las medidas urgentes que exigiera la defensa de la nación, dando cuenta inmediatamente a las Cortes.

d) Promulgaba las leyes.

e) Tenía derecho de veto suspensivo, pudiendo solicitar a las Cortes una nueva deliberación, aunque si la ley era de nuevo votada por los dos tercios, estaba obligado a promulgarla. f) Representaba a la Nación, firmaba la guerra y declaraba la paz, firmaba los tratados etc.

El Gobierno

Establece un sistema de colaboración de poderes, con un Gobierno que precisa de la doble confianza (Presidencia de la República y Parlamento), ya que es nombrado por el Jefe del Estado, pero precisa gozar de la confianza de las Cortes.

La Administración de Justicia

Se garantiza su independencia respecto a los restantes poderes del Estado, cuenta con unidad de jurisdicciones, inamovilidad de los jueces y magistrados, siendo responsables los mismos de sus actos. Introduce la institución del jurado, vieja aspiración del liberalismo español. Establece la gratuidad de la Justicia para los más débiles; se crean los Tribunales de Urgencia para hacer efectivo el derecho de amparo de las garantías individuales; se proclama la cuestión de constitucionalidad, que puede ser planteada ante el Tribunal de Garantías Constitucionales, cuando así lo decida el Tribunal de Justicia.

El Tribunal de Garantías Constitucionales

Es uno e los aspectos más novedosos de la Constitución de 1931. Podían acudir al mismo: a) El ministerio fiscal, Los jueces y los Tribunales, c) El Gobierno de la República, d) Las Regiones españolas, e) Toda persona individual o colectiva, aunque no hubiera sido directamente agraviada. Tenía competencias para conocer sobre:

a) El recurso de inconstitucionalidad de las leyes.

b) El recurso de amparo, cuando hubiere sido ineficaz la reclamación ante otras autoridades.

c) Los conflictos de competencia legislativa y cuantos surjan entre el Estado y las Regiones Autónomas y las de éstas entre sí.
d) El examen y aprobación de los poderes de los compromisarios que juntamente con las Cortes elegían al Presidente de la República.
e) La responsabilidad criminal del Jefe del Estado, del Presidente del Consejo y de los Ministros.
f) La responsabilidad criminal del Presidente y los magistrados del Tribunal supremo y del Fiscal de la República.

La derrota de la República en la Guerra Civil (1936-39) y la consiguiente instauración de una dictadura totalitaria, supuso la más larga interrupción en el constitucionalismo español de toda su historia.

El proceso constitucional se reiniciaría mediante la ley para la reforma política, aprobada el 15 de diciembre de 1976, que fue la base de autodestrucción del régimen franquista al proponerse en dicha ley la formación de dos Cámaras, Senado y Congreso de los Diputados, que iniciarían un nuevo proceso constituyente, que daría lugar a la Constitución de 1978.

BIBLIOGRAFÍA

ARTOLA GALLEGO, M.: *El modelo constitucional español del siglo XIX*. Madrid, Fundación Juan March, 1979

CAVERO LATAILLADE, Í., ZAMORA RODRÍGUEZ, T.: *Constitucionalismo histórico de España*, Universitas S.A., 1995

DE ESTEBAN ALONSO, J, (Dirección y estudio preliminar), GARCÍA FERNÁNDEZ, F. J., ESPÍN TEMPLADO, E.: *Esquemas del constitucionalismo español (1808-1976)*, Facultad de Derecho/Universidad Complutense de Madrid, 1976.

NÚÑEZ RIVERO, C, MARTÍNEZ SEGARRA, R.: *Historia constitucional de España*. Madrid, Universitas, 1997.

PANIAGUA, X, y otros, *El proceso histórico del constitucionalismo español (1808-1874)*, Teide, Barcelona, 1984.

PEÑA GONZÁLEZ, J.-, *Historia política del constitucionalismo español*, Biblioteca universitaria, Madrid, 1995.

SÁNCHEZ AGESTA, L.-, *Historia del constitucionalismo español*, Instituto de Estudios Políticos, 1955.

SEVILLA ANDRÉS, D.-, *Constituciones y otras leyes y proyectos políticos de España*, Madrid, 1984.

Solé Tura, J., Aja Fernández, E.- *Constituciones y períodos constituyentes en España (1808-1936)*, Siglo XXI, Madrid, 1977. Torres del Moral, A, *Constitucionalismo histórico español*, Átomo Ediciones, Madrid, 1988.

Vera Santos, J.M.- *Las Constituciones de España. Constituciones y otras leyes y proyectos políticos de España*, Madrid, Thomson-Civitas, 2010.

Capítulo III
La Constitución Democrática como Norma Suprema I

CAPÍTULO III.
La Constitución Democrática como Norma Suprema I

Cayetano Núñez Rivero

1. EL CONCEPTO DE CONSTITUCIÓN. HACIA UN INTENTO DE BÚSQUEDA DE UN CONCEPTO COMÚN

El surgimiento del constitucionalismo otorgaba al concepto de Constitución un sentido unívoco, en tanto se había conseguido el deseo ideal de limitación del poder, univocidad que, como afirma FERNÁNDEZ-MIRANDA, se pierde «porque el concepto ha tenido mucho más éxito que el contenido ideológico de que se nutrió en su origen»[1].

En la medida en que estas tesis ideales iniciales fueron siendo discutidas por otras, el concepto de Constitución se ha convertido en uno de los que ofrece una mayor complejidad de formulaciones, aunque, principalmente pueden ser reducidas a tres[2]:

1.- *El concepto racional normativo de Constitución* surge con el liberalismo burgués, y entiende la Constitución como un complejo normativo establecido de una sola vez y en el que de manera total, exhaustiva y sistemática se establecen las funciones fundamentales del Estado y se regulan los órganos,

---

[1] FERNÁNDEZ-MIRANDA HEVIA, T.- *Estado y Constitución*, Espasa Calpe. Madrid, 1975, pág. 270.
[2] Vid. GARCÍA PELAYO, M.- *Derecho Constitucional comparado*. Madrid, Alianza, 4ª.Ed. 1984.
[3] GARCÍA PELAYO, M.- Opus cit, pág. 34.

el ámbito de sus competencias y las relaciones entre ellos[3]. La concepción de la Constitución como un sistema de normas, marcada de un profundo espíritu revolucionario, tiene como base ideológica la ruptura con el Antiguo régimen y la necesidad de ordenar el Estado, pero no como consecuencia de una serie de decisiones tomadas según surgen los distintos acontecimientos, sino de la creencia de establecer de una sola vez y para siempre un esquema de organización en el que se encierra la vida toda del Estado.

Se trata de un tipo de Constitución que se identifica, y se manifiesta, puramente con la Constitución escrita, producto de la Ilustración, con la que se pretende extender a la organización política de la sociedad la misma forma de proceder que se había empezado a utilizar en el estudio del reino de la naturaleza[4], en tanto que se confía en que la razón humana es capaz para formular de una sola vez y sistemáticamente las reglas a que se ha de ajustar la comunidad política.

No se puede hacer depender la organización de un Estado de los hombres, puesto que éstos cambian y por tanto aquél cambiará con ellos, por lo que entonces no habría Constitución[5], sino que es necesario sentar de una vez las reglas de organización, reglas que la ideología ilustrada hace nacer de su confianza en la razón. De la misma forma que solo la razón es capaz de poner orden en el caos de los fenómenos –afirma GARCÍA PELAYO– así también solo donde existe Constitución en sentido normativo cabe hablar de orden y estabilidad política.[6]

Una de las características fundamentales, de la concepción racional de Constitución es la de considerar que solo el Derecho escrito ofrece las garantías precisas de limitación del poder, de racionalidad frente a la irracionalidad de la costumbre, que queda rechazada totalmente por la ideología ilustrada.

Si bien esta concepción del término Constitución ha sido la que más ha aportado al constitucionalismo actual, hay que mostrar su marcado carácter ideológico, aunque en justicia este idealismo es algo que se va a repetir en las diversas concepciones que estudiaremos a continuación, asentado en el intento de la burguesía de oponerse a la arbitrariedad del poder.

2.- *El concepto histórico-tradicional de Constitución* se enfrenta en todos los sentidos al concepto normativo defendido por el liberalismo. El historicis-

---

[4] PÉREZ ROYO, J.- *Curso de Derecho Constitucional*, 2ª Ed. Marcial Pons, Madrid, 1995, pág. 63.

[5] CONSTANT, B.- *Curso de Política constitucional*, Bruselas 1837. 3ª Ed, pág. 55.

[6] Opus cit. loc. cit.

mo, de un marcado carácter conservador, parte de la tesis de que la Constitución de un pueblo no es un sistema producto de la razón, sino una estructura resultado de una lenta trasformación histórica en la que intervienen frecuentes motivos irracionales y fortuitos irreductibles a un esquema[7]. Frente a la capacidad de la razón para imponer un orden de un solo acto, y por escrito, el concepto histórico tradicional defiende la formación de la Constitución como un proceso de evolución que incorpora la tradición del Estado en la regulación de las situaciones concretas de un pueblo que lo hacen totalmente diferentes de otro.

Este modelo de Constitución, que se impondrá en la práctica a lo largo de todo el Siglo XIX[8] y que se conforma como un modelo de reacción frente al modelo revolucionario, tomará como punto de partida la experiencia de una Constitución no escrita. Puesto que la Constitución existe en la realidad de un pueblo como resultado de su evolución histórica, no será necesario que ésta se formule por escrito, otorgando un importante papel a la costumbre como origen de la creación del Derecho.

La enumeración de las teorías historicistas no deben entenderse, no obstante, como un modelo único a imponer, y sus defensores se movieron desde las posturas más radicales que consideraban que la razón y la historia en la conformación de un ordenamiento constitucional son conceptos irreductibles (BURKE[9]), a aquellos teóricos doctrinarios que contemplaban la posibilidad de que la historia pueda ser, en alguna medida, moldeada por la razón[10], entre los que se encontrarían BONALD, y que ha tenido una fuerte presencia en el constitucionalismo decimonónico español, principalmente en MARTÍNEZ DE LA ROSA y CÁNOVAS.

La dificultad de llevar a la práctica estos postulados en la Europa postrrevolucionaria derivó en el triunfo del liberalismo doctrinario: la Constitución debe ser escrita, pero debe ser lo menos escrita posible, dejando un amplio margen a la voluntad y tradición de los agentes que intervienen en el proceso político.

3.- En oposición a los conceptos normativo e historicista, *la concepción sociológica de Constitución*, se basa, de un lado, en la consideración de la Constitución como una forma de «ser» y no de «deber ser», así como que la

---

[7] GARCÍA PELAYO, M.- Opus cit, Loc cit.
[8] PÉREZ ROYO, J.- Opus cit, pág. 75.
[9] BURKE.- *Reflexiones sobre la revolución francesa*, Versión castellana. México, 1942.
[10] Vid. DIEZ DEL CORRAL, L.- *El liberalismo doctrinario*, Madrid, 1940.

Constitución no es el resultado del pasado, sino fruto de las situaciones y estructuras sociales del presente, y de otro que la Constitución no se sustenta en una norma trascendente, sino que la sociedad tiene su propia «legalidad» rebelde a la pura normatividad e imposible de ser domesticada por ella.

Se trata de apartar factores normativos o históricos, y su sustitución por aquellos factores socioeconómicos que han configurado la ordenación del poder en una determinada sociedad, de forma que en algún sentido coincide esa apreciación con la concepción historicista en cuanto al carácter de concreción de la Constitución a un pueblo determinado.

Esta concepción, que se ha puesto de manifiesto en SISMONDI cuando afirma que la «Constitución es la manera de existir de una sociedad, de un pueblo o de una nación»[11], sería defendida, tanto por los sectores más conservadores, como forma de garantía de aseguramiento de la situación social en la que se asientan y sobre la que dominan, de forma que se vean continuamente beneficiados en sus intereses (VON STEIN), como por el socialismo, aunque con una finalidad contrapuesta, que manifiesta su desacuerdo entre los principios de libertad e igualdad manifestados y la realidad social, ajena a estos principios, y que desean modificar, y que llevaría a LASALLE[12] a hablar de la existencia de dos Constituciones, la real y la escrita.

En definitiva, esta concepción supone un rechazo desde distintos sectores al liberalismo burgués que había defendido el concepto normativo de Constitución.

«Si –como afirma GARCÍA PELAYO–[13] en lo que respecta al Derecho, la concepción racional gira sobre el momento de validez, y la histórica sobre el de legitimidad, la concepción sociológica lo hace sobre el de vigencia».

Como ha afirmado LASALLE, la Constitución escrita es como una «hoja de papel», mientras que la real es la relación real de fuerzas que existen en la sociedad, en la mayor o menor medida que la escrita se acerque a la real, servirá más o menos.

Desde postulados distintos se llegaba al mismo planteamiento, de forma que cuando cambie la relación de fuerzas en la sociedad, la Constitución cambiará en un sentido o en otro, no importando de esta forma la norma.

Como manifestara HEGEL[14], «Toda Constitución ha salido del espíritu de un pueblo, se ha desarrollado idénticamente a él y ha atravesado con él los cam-

---

[11] SISMONDI.- *Estudios sobre la Constitución de los pueblos libres*, Madrid, 1843.

[12] LASALLE, F.- *¿Qué es una Constitución?*, Madrid, Alianza, 1974.

[13] Opus cit. pág. 47.

[14] Citado por PÉREZ ROYO. Opus cit, pág. 76.

bios diversos y los grados diferentes determinados por la sociedad, aunque en este autor se puede observar también una cierta tendencia historicista, en cuanto evolución social, al decir que « es el espíritu inmanente y la historia lo que han hecho y hacen las Constituciones.

Pero en los estudios que sobre el tema se han realizado han surgido más sentidos del término Constitución, y así, SCHMITT reconoce cuatro concepciones de Constitución: el absoluto, el relativo, el ideal y el positivo, y HELLER, por su parte distingue entre dos conceptos sociológicos y dos jurídicos de Constitución y uno más, el formal, en tanto que documento constitucional[15].

Al margen de las diversas definiciones que sobre el término Constitución, en su sentido actual se han ofrecido, podemos destacar tres aspectos del concepto:

- *Políticamente*, la Constitución es el instrumento a través del cual se articula el juego de los poderes constitucionales, los derechos y libertades del individuo y la garantía de éstos.
- *Formalmente*, la Constitución es la norma que origina todas las demás, la que determina el sometimiento de éstas a aquélla. Es la ley de leyes.
- *Materialmente* es el marco de convivencia indispensable para la vida de una comunidad.

1.1. Constitución en sentido formal y material

Si existe un punto en el que la doctrina concuerda es en la doble perspectiva, **formal** y **material**, conceptos que han sido más frecuentemente utilizados, desde los que abordarse el concepto de Constitución.

Desde el punto de vista *material*, la Constitución ha sido contemplada como el modo real de ser del orden político fundamental, la Constitución, como resultado de la evolución secular de un pueblo y no como el producto de una asamblea constituyente.

Se trata, como afirma LASALLE, de considerar la Constitución como la suma de «los factores reales de poder» que rigen en él. La incorporación de estos factores reales al papel escrito determina que dejen de ser simples factores reales y se conviertan en derecho, en instituciones jurídicas, de forma que quien atente contra ellos atente contra la ley.

---

[15] En este sentido, Vid. GALLEGO ANABITARTE.- «Sobre el comentario constitucional. Técnica y método» en *REP* nº 121, 1962, pág. 143.

LOEWENSTEIN[16] ha afirmado que la Constitución debe presentar la situación de equilibrio entre las fuerzas sociales que participan en su nacimiento, porque éstas se esfuerzan en conseguir un texto que muestre una máxima concordancia entre la estructura social y la legal.

En afirmación de HEGEL, toda Constitución ha salido del espíritu de un pueblo, se ha desarrollado idénticamente con él y ha atravesado con él los cambios diversos y los grados diferentes determinados por la sociedad.

En base a esta idea de Constitución, ésta existe en la realidad del país, lo que no exige que sea escrita, pero en caso de que ello no sea posible, deberá ser lo menos escrita posible, es decir, lo más breve y lo menos concreta posible.

Pero junto a esta concepción material de Constitución, la doctrina ha establecido otro concepto, el concepto *formal* de Constitución, más pragmático que aquél otro y que, en líneas generales, define la Constitución como un documento jurídico, generalmente escrito, que articula las normas más importantes y que racionaliza la organización y actividad del poder político.

El concepto *formal* de Constitución se traduce en un conjunto de normas de Derecho básicas y supremas. Así la Constitución es la forma normativa de la materia normada. Conforme a la lógica jurídica, toda Constitución positiva debe ser el elemento normativo en que transcienden las potestades de autodeterminación y autolimitación de la soberanía. Es la norma suprema y fundamental que rige la vida de una nación.

La fundamentalidad denota una cualidad de la Constitución que hace que ésta sea la ley fundamental del Estado. La Constitución es el ordenamiento básico de toda la estructura jurídica estatal, es decir, el cimiento sobre el que se asienta el sistema normativo de derecho en su integridad. La fundamentalidad de la Constitución determina que ésta sea fuente de validez formal de todas las normas secundarias que componen el derecho positivo y, esta fundamentalidad significa la superlegalidad de sus disposiciones preceptivas. La Constitución es así quien expresa las decisiones fundamentales, quien crea los órganos primarios del estado y la demarcación de sus competencias.

Al mismo tiempo, la Constitución es Ley suprema. El principio de supremacía constitucional descansa en sólidas consideraciones lógico-jurídicas. La Constitución es la expresión normativa de las decisiones de carácter político, social, económico y cultural, así como la base misma de la estructura jurídica del Estado que sobre éstas se organiza, lo que determina la necesidad de

[16] LOEWENSTEIN, K.- *Teoría de la Constitución*, Barcelona, Ariel, 1976.

autodefenderse frente a la actuación de los órganos que ella misma crea, por lo que es la cúspide de todo derecho positivo creado por ella y se convierte en el índice de validez formal de todo el Derecho que forma el sistema jurídico estatal.

A pesar de que en etapas anteriores se dio a la Constitución un valor programático, en la actualidad se sostiene que es una norma jurídica y como tal tiene valor normativo. En su vertiente formal, la Constitución es un instrumento de limitación del poder, quedando éste comprendido en un determinado orden jurídico que lo limita, pero ante todo, la Constitución es la norma suprema del ordenamiento jurídico, no es solo la primera fuente del ordenamiento jurídico estatal, sino la fuente que disciplina las demás fuentes. Esta supremacía de la Constitución, manifestada en el propio texto constitucional (art. 9 y otros), determina el establecimiento de garantías constitucionales que protejan su posición de prevalencia en el ordenamiento jurídico, lo que explica que, en el intento de preservar y afirmar el respeto de la supremacía del Texto constitucional se imponga una sanción a aquellas normas inferiores que vulneren la Norma Suprema, bien mediante su inaplicación (como en el caso del sistema norteamericano de control de constitucionalidad), bien mediante su expulsión del ordenamiento jurídico (sistema europeo continental de control de constitucionalidad), todo ello , como ha indicado DE VEGA[17] entendiendo que la creación de la Justicia constitucional como órgano de defensa de la Constitución, no se puede reducir a la defensa de la estructura y la forma de organización en que, históricamente, cristalizó el Estado Liberal de Derecho clásico, sino que esta actividad de defensa de la Constitución implica la defensa de los valores que han inspirado el movimiento constitucionalista. Pero junto a esta garantía, existe otra garantía, extraordinaria, consistente en que la reforma de la Constitución ha de hacerse mediante procedimientos excepcionales, distintos del previsto para la elaboración y aprobación de las leyes, impidiendo que el legislador pueda reformar la Constitución por los mismos procedimientos y por los que se aprueba, modifica o deroga la ley ordinaria.

Aunque LOEWENSTEIN afirmara que la Constitución ideal sería aquel orden normativo conformador del proceso político, según el cual todos los desarrollo futuros de la comunidad, tanto de orden político como social, económico y cultural, pudieran ser previstos de tal manera que no fuera necesa-

[17] DE VEGA GARCÍA, P.- «Jurisdicción constitucional y crisis de la Constitución» en *REP*, nº 7, 1979, pág. 117.

rio un cambio de normas conformadoras, tal idealidad de la Constitución, ni existe, ni ha existido ni existirá. Ni el carácter abierto de la Constitución ni el dinamismo que es consustancial al concepto mismo de Constitución pueden llevarnos a creer posible la existencia de un texto constitucional tan amplio y perfecto, y tan omnicomprensivo, que fuera capaz de prever y solventar todos los problemas jurídico-constitucionales susceptibles de sobrevenir en un tiempo indefinido. Si la Constitución es hija de su tiempo, es preciso que intervenga la reforma constitucional, y ello, no solo como instrumento de adecuación entre la realidad jurídica y la realidad política, sino también como mecanismo de articulación de la continuidad jurídica del Estado y como institución básica de garantía[18]. Y es que, como ha señalado LÓPEZ GUERRA[19], tratar de programas o prever con precisión las líneas o directrices a seguir en el futuro por los poderes del Estado, representaría olvidar que no son previsibles las cambiantes circunstancias que exigirán soluciones nuevas, imposibles de predeterminar. Ahora bien, en cuanto Norma Suprema, la supremacía de la Constitución y la diferenciación entre el poder de revisión (poder constituyente derivado) y el poder legislativo ordinario, debe ser garantizada, y para ello deben de observarse procedimientos más complejos para reformar el texto constitucional, con lo que además, se garantiza el consenso y se intenta evitar el abuso de las minorías frente a las mayorías parlamentarias[20]

La Constitución es la Norma Suprema del ordenamiento, con todos los efectos jurídicos a ello inherentes, y además, es una norma con eficacia jurídica directa e inmediata directamente aplicable, de lo que se derivan dos consecuencias fundamentales, de un lado, las leyes que la contradigan deben ser declaradas inconstitucionales, de otro, los derechos y libertades reconocidas son de ejercicio directo. Como ha indicado el TC, la Constitución, lejos de ser un mero catálogo de principios de in inmediata vinculación, y de no inmediato cumplimiento hasta que no sean desarrollados por vía legislativa, es una norma jurídica, la Norma Suprema de nuestro ordenamiento jurídico (STC 16/1982, de 28 de abril, entre otras muchas)

No obstante esta concepción formal de Constitución, se ha establecido que hay que tener en cuenta que en toda Constitución hay elementos no escritos, originados por la tradición histórica del Estado en forma de costum-

---

[18] DE VEGA GARCÍA, P.- *La reforma constitucional y la problemática del Poder constituyente*, Madrid, Tecnos, 1986, pág. 67.

[19] Vid. LÓPEZ GUERRA, L, en VVAA.- *Derecho Constitucional. El ordenamiento constitucional. Derechos y deberes de los ciudadanos*. Vol.I, Valencia, Tirant lo Blanch, 2ª Ed. 1991.

bre, que, a la vez que las fuerzas políticas y sociales pueden condicionar la interpretación constitucional. El reconocimiento de estas realidades sociales y su frontera respecto a las normas jurídicas han sido uno de los aspectos que mayor número de críticas ha derivado hacia el concepto jurídico-formal de Constitución y que han provenido tanto desde el historicismo, como desde sectores sociológicos.

Sin embargo, a pesar de las críticas, el concepto formal de Constitución es el que predomina prácticamente en todos los países, convirtiéndose en el más preciso a la hora de definir la Constitución, pero no debemos olvidar que la superlegalidad formal de la Constitución es fruto de su contenido material, de donde se deriva la necesidad de conciliación entre ambos conceptos.

Las diversas matizaciones con que se define el concepto material de Constitución tienen una base teórico-real que las hace válidas, pero ponen de manifiesto la relativización de la juridicidad del concepto de Constitución.

«Una de las características inevitables de todo ordenamiento –en palabras de DE VERGOTTINI[21]– es la búsqueda de una conciliación entre el sistema tendencialmente estático de sus normas originarias y las orientaciones impresas por las directrices políticas que formulan los órganos constitucionales impulsados por la dinámica de las fuerzas sociales». Estos postulados, que serían defendidos por KELSEN al afirmar que el objeto que se persigue con la forma no es obro sino preservar el contenido, ponen de manifiesto, como ha señalado GARCÍA MORILLO[22], que lo fáctico influye cobre lo normativo y lo normativo genera modificaciones y restructuraciones de la fáctico en un proceso de interrelación.

PECES-BARBA ha establecido con bastante precisión los campos de la Constitución formal y material. La Constitución formal dice quien manda, como se manda y a través de qué se manda; quien manda es el problema de la soberanía, cómo se manda es un problema de procedimiento. La Constitución material concierne a qué se manda, el contenido de lo mandado.

Lo decisivo para conocer el concepto de Constitución es que ambas concepciones se manifiesten dentro de él. Una Constitución es un texto normativo fundamental, una de cuyas finalidades es la regulación del comportamiento político del Estado y de sus órganos, así como de las personas que ejercen las distintas esferas del poder, de forma que la Constitución determi-

---

20 DE VEGA, P.- O. Cit, pág. 145.

21 DE VERGOTTINI, G.- *Derecho Constitucional Comparado* Espasa Calpe. Madrid, 1983. pág. 60.

22 GARCÍA MORILLO, J.- Memoria de Cátedra. Valencia, 1994, pág. 98 y ss.

na, de un lado, como debe gobernarse el pueblo, y de otro cómo se defiende éste frente a los posibles abusos del poder.

Esta tensión dialéctica entre ambos conceptos debe de tender a su conciliación, porque puede afirmarse que en el seno de la Constitución se verifica una interacción dialéctica que implica, por así decirlo, una progresiva formalización del elemento material y una simultánea sustantivación del elemento formal que confluye en la necesidad de combinar ambos criterios para definir el Derecho Constitucional. De esa combinación, de acuerdo con lo indicado por LÓPEZ GUERRA[23], fluye la integración en el Derecho Constitucional de las normas que regulan, en garantía de la libertad de las personas que conviven en el seno de una comunidad política, las posiciones jurídicas fundamentales de los ciudadanos frente al Estado y la distribución de poder entre los principales órganos, normas que por su carácter fundamental y definidor del sistema jurídico, generalmente suelen tener una entidad superior en cuanto a su rango, fuerza vinculante y rigidez.

Pero una Constitución es algo más que una serie de normas técnico-jurídicas, pues representa una filosofía política, económica y social, y constituye un marco existencial que se aprueba y proclama solemnemente en beneficio de los miembros de una comunidad nacional organizada políticamente, con expresa voluntad de que así sea.

RUBIO LLORENTE[24] ha afirmado que «por Constitución se entiende hoy un modo de ordenación de la vida social en el que la titularidad de la soberanía corresponde a las generaciones vivas y en el que, por consiguiente, las relaciones entre gobernantes y gobernados están reguladas de tal forma que éstos disponen de unos ámbitos reales de libertad que les permiten el control efectivo de los titulares ocasionales del poder». Esta concepción de Constitución manifiesta la consideración, casi unánime extendida, de que **no hay más Constitución que la Constitución democrática**.

1.2. Sobre las funciones de la Constitución democrática

Entendido de este modo el concepto de Constitución, ésta cumplirá, según DE ESTEBAN[25], las siguientes funciones:

---

[23] LÓPEZ GUERRA, L.- *Introducción al Derecho Constitucional*, Valencia, Tirant lo Blanch, 1994, pág. 22.

[24] Vid. RUBIO LLORENTE, F.- La Constitución española como fuente del Derecho, en *La Constitución española y las fuentes del Derecho*. IEF. Madrid, 1979. Vol I.

- *Función legitimadora*. Se trata de un requisito fundamental en toda creación de un Estado Moderno, y determina la consolidación de la relación de fuerzas que manifiestan un determinado equilibrio político.
- *Función política*, puesto que establece a quien corresponde la soberanía y regula los cauces que se reconocen para el acceso al poder, así como para su trasmisión. Además establece unos límites al poder de los gobernantes por medio de la garantía de los derechos humanos y de la creación de controles entre los diversos órganos del Estado.
- *Función organizativa*, al regular la organización de los diversos órganos e instituciones estatales y su reparto de competencias.
- *Función jurídica*. La Constitución cumple un objetivo jurídico al trazar los límites generales del derecho de un país. La Norma Suprema establece una estructura jerárquica en las normas del Estado, con indicación de cuales son los órganos y procedimientos para legislar.

Esta concepción constitucional implica superar las iniciales reticencias al desarrollo constitucional pleno que se ha manifestado históricamente y que ha resaltado ALZAGA[26],al indicar cómo el constitucionalismo, con todas sus diversidades y en sus distintos momentos, ha tenido una línea de pensamiento común compuesta por los siguientes caracteres: 1 *la confianza en la persona humana* y la convicción de que de su dignidad se derivan derechos y libertades fundamentales a cuyo servicio ha de estar el poder político. 2 *la desconfianza en el poder*, y, consiguientemente, que éste ha de ser limitado, controlado, dividido y contrapesado. 3 *La primacía de la ley*. 4 *la idea de que el Poder solo es legítimo si es ejercido en representación de la soberanía popular* y 5, *la necesidad de que estos principios han de ser consagrados y garantizados por una Norma Normarum*.

Todas estas funciones, vienen determinadas por el mismo contenido de la Constitución. Como ha puesto de manifiesto NINO[27], existen, al menos, dos sentidos principales de constitucionalismo; de los cuales, el primero, un sentido «mínimo», se refiere a la necesidad de que un Estado tenga una Constitución en el vértice de su sistema jurídico. Pero frente a este sentido mínimo existe, y se opone, un sentido «pleno» que requiere no sólo la existencia de normas que organizan el poder y que están, en cierto modo, atrincheradas frente al proceso

---

[25] DE ESTEBAN, J.- *Constituciones españolas y extranjeras*. Taurus. Madrid, 1977.

[26] En ALZAGA VILLAAMIL, O; GUTIÉRREZ GUTIÉRREZ,I Y RODRÍGUEZ-ZAPATA, J.- *Derecho Político español*, Vol.I, CERA, Madrid, 1997

[27] NINO, C.S.- *Fundamentos de Derecho Constitucional*. Astrea. Buenos Aires, 1992. pág. 2 y ss.

legislativo normal, sino también y preeminentemente que se satisfagan ciertas exigencias acerca del procedimiento y contenido de las leyes que regulan la vida pública y que van a definir el concepto de «democracia constitucional» que se debate entre el ideal de un proceso político participativo en el que la población afectada por el proceso tiene intervención en la decisión, y la idea de un Gobierno limitado, fiel al sentido que expresa el artículo 16 de la Declaración francesa de derechos del hombre, al afirmar que «una sociedad en la que la garantía de los derechos no está asegurada, ni la separación de los poderes no está determinada, no tiene Constitución». En base a estas afirmaciones, «el concepto normativo bajo el que la Constitución aparece como relevante es el que se refiere no sólo a principios que establecen derechos, sino a procedimientos de toma de decisiones básicas en una unidad política que constituyen una estructura de organización del poder. Pero, por supuesto, este concepto normativo de Constitución no se refiere a cualquier procedimiento, sino a un procedimiento legítimo de toma de decisiones que vinculan a todos los miembros de la sociedad política, y es, por tanto, un procedimiento democrático»[28].

1.3. Sobre el contenido de la Constitución

Toda Constitución Democrática debe contener una serie de elementos fundamentales, como mínimo regulador de la vida de un Estado Democrático de Derecho, que pueden ser sintetizados, siguiendo a LOEWENSTEIN, de la siguiente forma:

- La división entre las tareas estatales y su asignación a diferentes órganos como medio de evitar la concentración del poder.
- Los mecanismos de relación o cooperación entre los distintos detentadores del poder, así como aquellos otros mecanismos que eviten el bloqueo entre ellos para evitar que en el supuesto de que no se produzca la cooperación exigida sea resuelto por medios extraños en beneficio de uno de los detentadores del poder.
- Un método, establecido de antemano de reforma constitucional para la adaptación pacífica del orden fundamental a las cambiantes condiciones sociales y políticas y que sea eficaz frente al uso de la ilegalidad o la fuerza.

[28] NINO, C.S.- Opus cit, pág. 19.

- El reconocimiento expreso de ciertas esferas de libertad y autodeterminación individual –derechos y libertades– y su protección frente a la intervención de uno o de todos los detentadores del poder.

Junto a estos principios mínimos, y al margen de que cada Estado plasme en su Constitución aquellos instrumentos o figuras que mejor se adapten a su tradición y realidad sociopolítica, es necesario que se den, sin ningún género de dudas, una serie de condiciones institucionales y de principios mínimas para que podamos hablar de la existencia de un fenómeno constitucional democrático, que pueden ser situadas de la siguiente forma[29]:

- El reconocimiento del principio de supremacía de la Constitución sobre el que se fundamenta el principio de legalidad, como base de la legitimidad política.
- La definición de los cauces, por la misma Constitución, necesarios para el acceso a los órganos del poder.
- Las atribuciones de dichos órganos, así como los mecanismos de responsabilidad de sus titulares.
- Los derechos y libertades de los ciudadanos, así como las garantías de los mismos en aras a evitar que se conviertan en meras exposiciones programáticas.
- Las instituciones de solución de conflictos.
- Los procedimientos de reforma y defensa constitucional que condicionen a los órganos constituidos.
- Y, la fuerza de exigencia y aplicación de las propias normas constitucionales.

Todo ello, sin olvidar que no es científicamente aceptable el tratamiento de una Constitución como un documento puramente jurídico que se encuentra totalmente alejado y separado de la realidad política y social en la que se desenvuelve, puesto que la vuelta al positivismo y el rechazo a tomar en consideración los valores y las concepciones del mundo, en el análisis de los hechos políticos, procede de un rechazo deliberado de todas las filosofías sociales que se aleja del auténtico sentido.

---

[29] COLOMER VIADEL, A.- *Constitución, Estado y Democracia en el umbral del siglo XXI*. Valencia 1995, pág. 27.

Como ha manifestado FERNÁNDEZ SEGADO[30], la Constitución, en cuanto Derecho positivo es norma, pero también realidad; en cuanto Constitución, es también realidad integradora. La naturaleza de la Constitución como realidad integradora permanente y continua, como supuesto especialmente significativo de la eficacia integradora de toda comunidad jurídica, es evidente, no obstante esta eficacia integradora no es fruto de la Constitución entendida como un momento estático y permanente en la vida del Estado, sino más bien de la continua creación y renovación de la dinámica constitucional.

Sentadas así las bases del concepto de Constitución que defendemos, y desde una perspectiva de la más reciente historia constitucional en nuestro país, la Constitución de 1978 ha venido a romper la tradición constitucional española de considerar a las Constituciones como meros documentos políticos encargados de institucionalizar a los encargados de la dirección del juego político, pero sin otorgar ningún valor normativo a la misma. Es aquí donde radica la principal diferencia entre la Constitución liberal, donde la Constitución es documento político y prima la llamada soberanía parlamentaria, primacía de la ley, y la Constitución democrática, que concibe la Constitución como norma jurídica, expresión de la soberanía popular y rodeada de una serie de garantías[31].

Esta concepción, y la distribución a que hacíamos referencia anteriormente es una de las funciones esenciales de la Constitución, y por lo tanto objeto del Derecho Constitucional[32].

2. TIPOLOGÍA DE LAS CONSTITUCIONES

A) Constituciones escritas y Constituciones consuetudinarias

La Constitución surge de la ideología política del Estado Liberal que originó la Revolución Francesa que partía de que era necesaria la existencia de un documento escrito que fijara las normas de organización y distribución del poder y de los derechos reconocidos, como forma de evitar las posibles arbitrariedades del poder.

---

30 FERNÁNDEZ SEGADO, F.- *Aproximación a la ciencia del Derecho Constitucional*, Op. Cit, pág. 140

31 PÉREZ ROYO, J.- *Curso de Derecho Constitucional*, 2ª Ed. Marcial Pons, Madrid, 1995, pág. 107.

32 Vid. BALAGUER CALLEJÓN, F.- *Fuentes del Derecho*. Técnos, Madrid, 1991.

Una Constitución *escrita* es aquella que está contenida en un documento formal. Por contraposición, una Constitución consuetudinaria –el caso de Gran Bretaña– sería aquella que no se contiene en un único texto elaborado por el órgano competente para ello.

Sin embargo esta clasificación no es exacta, pues un Estado sin Constitución escrita no es, en absoluto, un Estado carente de Constitución, ya que en la actualidad se considera inconcebible una Constitución exclusivamente consuetudinaria. En el caso de Gran Bretaña, la mayor parte del orden fundamental británico está articulado en forma de ley (*Representation of People Acts*, tras 1872; *Parliament Acts* de 1911 y 1949; *Minister of the CrowAct* de 1937, etc.).

Por otra parte, todos los Estados con un documento Constitucional poseen, además, derecho constitucional en forma de ley, así como una gran cantidad de usos constitucionales y reglas convencionales no formuladas por escrito.

B) Constituciones extensas y Constituciones breves

La mayor o menor extensión de una Constitución guarda una estrecha relación con la intención del constituyente que la produjo y con las circunstancias históricas y políticas del momento en que surgen.

Esta clasificación se refiere a la forma exterior que adopta la Constitución, sin atender a su contenido interno, siendo realmente difícil establecer un baremo que pueda determinar la extensión o brevedad del texto, máxime si se obvia el contenido intrínseco de la misma que es, al fin y al cabo, el que va a determinar la ausencia o no de un contenido adecuado a la situación en que la Norma se desarrolla.

Se suelen fijar como ejemplos de Constituciones extensas, la Constitución Española de 1812, la Ley Fundamental de Bonn o la actual Constitución Española de 1978. Como ejemplos de Constituciones breves se encontrarían la francesa de 1875, la norteamericana de 1776 o la Constitución Española de 1845.

C) Constituciones otorgadas, pactadas o populares

Esta clasificación alude al origen de las mismas, y a la mayor o menor participación que en el establecimiento de las Constituciones han tenido los órganos de Gobierno. Suelen coincidir con la atribución, en los distintos momentos históricos, de la soberanía, bien al Rey, o al Rey y al Parlamento, bien al pueblo.

Son Constituciones *otorgadas* aquellas que nacen de un acto voluntario del Rey, en virtud del cual cede parte de sus poderes en favor de la representación nacional del Parlamento. Como ejemplos pueden encontrarse el Estatuto Real de 1834, o el Estatuto Albertino de 1848.

Constituciones *pactadas* son aquellas que surgen como consecuencia de un convenio-pacto entre el Rey y el Parlamento, que representa la Nación, y que denotan una situación de equilibrio de poderes. Pertenecen a este criterio la Constitución francesa de 1830 y la española de 1876.

Constituciones *populares,* mal llamadas impuestas, serían aquellas que expresan la voluntad de la Nación, como Poder Constituyente, que son aceptadas por el Rey, como símbolo de representación de esa voluntad. Son populares las Constituciones españolas de 1812 y 1869, o la francesa de 1791.

D) Constituciones rígidas y Constituciones flexibles

Este criterio de clasificación, que fue teorizado por Lord BRICE, parte de la relación de cada Constitución con las leyes ordinarias y con la autoridad ordinaria que las dicta.

De la comparación entre las Constituciones británica y norteamericana, BRYCE determinó que aquélla está al mismo nivel que las otras leyes del país, lo mismo si éstas existen sólo en forma de estatutos, que existen en la de decisiones escritas que definen y confirman una costumbre y proceden de las mismas autoridades que hacen las leyes ordinarias y son promulgadas o abolidas según el mismo procedimiento que aquéllas. Son, por tanto, *flexibles* aquellas Constituciones que, por no ocupar una posición superior a la del resto de las leyes, pueden ser modificadas por el procedimiento legislativo ordinario.

En el polo opuesto se encontrarían al Constituciones *rígidas* que, por colocarse en un nivel superior al de los estatutos ordinarios, serán reformadas mediante la observación de un procedimiento complejo que obstaculice su modificación, con el fin de respetar los intereses de los grupos sociales.

En la teoría esta distinción viene a coincidir con la clasificación de las Constituciones en escritas y no escritas. Sin embargo, tanto esta última afirmación, como la exposición de BRYCE debe ser atenuado, puesto que, ni es tan fácil, la reforma de aquellas constituciones no escritas que, como la inglesa, ha sido plenamente aceptada por la sociedad, ni una Constitución escrita tiene porque regular mecanismos de reforma especialmente dificultosos. En referencia a esta última afirmación podemos observar cómo la Constitución americana ha sido reformada, no sólo respecto a través de su procedimiento establecido, sino a través de la interpretación que de ella han hecho los tribunales.

E) Constituciones originarias y Constituciones derivadas

Bajo el concepto de Constitución *originaria* se entiende un texto que contiene un principio fundamental nuevo, original, para el proceso del poder político y para la formación de la voluntad estatal.

Si bien es un concepto que entraña un juicio de valores subjetivo, y que se da en escasos supuestos, podemos considerar como originarias, el sistema constitucional americano de presidencialismo; la Constitución francesa de 1793 que instauró el sistema de Asamblea; la Carta belga de 1831 que reconcilió el principio monárquico con el de soberanía popular, o las Constituciones soviéticas.

Una Constitución *derivada* sería aquella que sigue fundamentalmente los modelos constitucionales nacionales o extranjeros y que lleva a cabo, tan sólo, una adaptación de aquellos a las necesidades nacionales.

Como ejemplos de Constituciones derivadas podemos encontrar, específicamente, las constituciones iberoamericanas, en imitación al sistema norteamericano, o las constituciones de las democracias populares de la segunda postguerra.

F) Constituciones ideológicas y Constituciones utilitarias

Llamamos Constituciones *ideológicas* a aquellas que están cargadas de un programa ideológico. Tienen su origen con el nacimiento del Estado constitucional. La necesidad de limitar el poder absoluto y la idea de proteger a los destinatarios del poder frente a las arbitrariedades de los detentadores del mismo, provocaron que las Constituciones de finales del siglo XVIII, y las de principios del XIX, estuvieran teñidas de ideología liberal.

La aceptación del constitucionalismo y la superación de los primeros momentos del liberalismo, se tradujeron en el surgimiento de otro tipo de

Constituciones, sin intenciones ideológicas declaradas u ocultas, llamadas *utilitarias*, que gozan de carácter neutral, destinadas a su aplicación y respeto por cualquier tipo de gobierno, sea cual sea su orientación ideológica, y que se proponen ofrecer un cuadro funcional dentro del cual la fuerzas sociales y políticas concurran libremente y se sometan al mecanismo preescrito en el ejercicio del poder.

G) Clasificación ontológica de LOEWENSTEIN

Sin duda, la clasificación más importante que se hace de las Constituciones fue la realizada por LOEWENSTEIN[33], quien estableció una clasificación constitucional tomando en consideración la eficacia que las Constituciones, como normas encaminadas a regular la vida de la comunidad, alcanzan en relación con la realidad sociopolítica de una Nación. De acuerdo con esto, las Constituciones podrán ser diferenciadas según su carácter normativo, nominal o semántico.

Una Constitución es *normativa* cuando es efectivamente vivida por destinatarios y detentadores del poder. La Constitución, en este caso, es observada realmente por los interesados y está integrada en la sociedad estatal. La Constitución es «como un traje que sienta bien y se lleva con gusto».

Una Constitución es *nominal* cuando los presupuestos sociales y económicos existentes en el momento operan contra una concordancia absoluta entre las normas constitucionales y las exigencias del proceso del poder. La situación no permite una integración completa entre las normas constitucionales y la vida política, aunque existe la esperanza de que esta integración se consiga. Por lo tanto, la Constitución es «como un traje que cuelga del armario durante cierto tiempo, y que no se usa porque no sienta bien».

Por último, una Constitución será *semántica* cuando en lugar de servir a la limitación del poder, es instrumento para estabilizar y eternizar la intervención de los dominadores del poder político. Existe un total desajuste entre la norma y la realidad política. La Constitución « no es un traje, sino un disfraz».

La concepción sobre la Constitución, debe hacer efectiva la normatividad de la misma, normatividad que debe situar la Constitución en la cúspide del sistema de fuentes, para lo cual, además, debe de protegerse a la Constitución con todos los mecanismos que la Ciencia del Derecho Constitucional y la

[33] LOEWENSTEIN, K.- *Teoría de la Constitución*, Ariel, Barcelona, 1976.

Teoría de la Constitución han manifestado, y entre los cuales juega un papel trascendente el instituto de la Reforma Constitucional. Una Constitución no sólo debe de ser *normativa*, también debe de ser *rígida*.

BIBILIOGRAFÍA

ALZAGA VILLAAMIL, O., y otros.- *Derecho Político español*, Vol.I, CERA, Madrid, 5ª. Ed, 2011.

BURDEAU, G.- *El Estado*, Sem y Eds, Madrid, 1975.

DE CABO, C.- *Teoría del Estado y derecho Constitucional*, PPU, Barcelona, 1988.

GARCÍA COTARELO, R.- *En torno a la teoría de la democracia*, CEC, Cuadernos y Debates, nº 23, Madrid,1 990.

GARCÍA PELAYO, M.- *Derecho Constitucional comparado*, Alianza, Madrid, 1985.

NÚÑEZ RIVERO, C.; GOIG MARTÍNEZ, J.M. y DÍAZ NIEVA, J.- *El Estado y la Constitución*, UNED, Madrid, 1997.

NÚÑEZ RIVERO, C.- *Teoría del Estado y sistemas políticos*, UNED, Madrid, 1995.

PÉREZ ROYO, J.- *Introducción a la Teoría del Estado*, Blume, Barcelona, 1980.

SÁNCHEZ AGESTA, L.- *Principios de la Teoría política*, Ed. Nacional, Madrid, 1972.

SÁNCHEZ FÉRRIZ, R.- *Introducción al Estado Constitucional*, Ariel, Barcelona, 1993

SÁNCHEZ GONZÁLEZ, S. en VV.AA.- *Derecho Político* (I), UNED, Madrid, 1990.

SÁNCHEZ, S. y MELLADO, P.: *Principios de Derecho Político*, CERA, Madrid, 1998.

SÁNCHEZ, S y MELLADO, P.: *Fundamentos de Derecho Político*, UNED, Madrid, 1993.

SÁNCHEZ GONZÁLEZ, S. y MELLADO PRADO, P.: *El sistema de fuentes en el ordenamiento español*, Madrid, CERA, 2010.

TORRES DEL MORAL, A.- *Estado de Derecho y democracia de partidos*, SPFDUC, Madrid, 1991.

Capítulo IV
La Constitución Democrática como Norma Suprema II

Capítulo IV. La Constitución Democrática como Norma Suprema II

Juan Manuel Goig Martínez

1. ESPECIAL CONSIDERACIÓN DE LA CONSTITUCIÓN ESPAÑOLA DE 1978

Si no tomamos en consideración las Leyes Fundamentales del Reino del General Franco, por no constituir un régimen constitucional, podemos admitir que la actual Constitución es la novena con que se ha dotado al pueblo en la historia del constitucionalismo español, si bien, algunas de ellas, o quedaron en meros proyectos, o no llegaron a entrar en vigor.

Su elaboración se inició con un propósito aparente de reforma del orden instaurado por el régimen anterior, para lo cual, y con el fin de evitar traumas en la transición al nuevo régimen, era preciso una Ley que permitiera la reforma de las Leyes Fundamentales, para pasar a una nueva legitimidad que respetara, a su vez, la legalidad vigente. Esta finalidad se llevó a cabo por la Ley para la Reforma política de 4 de enero de 1977, aprobada bajo la presidencia de Adolfo Suárez.

Tras la aprobación de la Ley, elementos decisivos para permitir el paso al nuevo régimen fueron: la convocatoria de elecciones libres, la legalización de los partidos políticos y la instauración de un Parlamento bicameral.

Aceptado el carácter constituyente de las nuevas Cortes, se inició un auténtico proceso, cuyo primer paso sería la designación de una Ponencia constitucional en cargada de la redacción de un borrador de la Constitución, que se materializó en un texto definitivo que, aprobado el 31 de octubre de 1978 por los Plenos del Congreso y del Senado, en sendas sesiones, era ratificado el 6 de diciembre de 1978 por el pueblo español en referéndum y sancionado y promulgado por el Rey, en sesión conjunta de ambas Cámaras el 27 de diciembre, para entrar en vigor el 29 de diciembre de ese mismo año al ser publicada en el BOE.

2. CARACTERES

Nuestra Constitución se caracteriza por ser:

— *Formal y escrita.*

— *Rígida* en cuanto a su reforma, por cuanto se exige un procedimiento más severo y dificultoso que la de cualquier otra norma jurídica, dado su concepción como Norma Suprema.

— Es una Constitución *consensuada* debido a que la mayor parte de su con tenido fue el resultado, no de la voluntad mayoritaria de las Cortes Constituyentes, sino de una formulación que hiciese posible el acuerdo de todos sus miembros.

— *Cerrada y codificada,* aunque necesita ser desarrollada por leyes orgánicas u ordinarias.

— *Extensa* en cuanto al número de artículos que la componen.

— De *origen popular,* en contraposición a las Constituciones otorgadas, propias de las monarquías del siglo XIX, ya que fue elaborada por unas Cortes democráticamente elegidas por el pueblo español, que además aprobó en Referéndum el Texto.

— No es una Constitución originaria, sino que los constituyentes adoptaron aquellas instituciones y sistemas que, acordes con la realidad social y político-económica del país, mejor atendieran a los intereses del pueblo y supusieran una ruptura respecto del sistema anterior. De esta forma se observan influencias alemanas –en la configuración del Tribunal Constitucional y de la moción de censura constructiva–, suecas –en la figura del Defensor del Pueblo– e italianas –en materia de organización territorial–, principalmente. También recibe influencias de las Constituciones históricas española, sobre todo, en la configuración de la Monarquía y en el modelo de organización territorial.

3. ESTRUCTURA Y CONTENIDO

Por estructura de la Constitución se entiende, desde el punto de vista formal, la distribución de los preceptos a lo largo del texto constitucional. En este sentido, la Constitución organiza su contenido en un Preámbulo, que recoge la exposición de aquellos motivos que impulsan la norma constitucional y los objetivos que con ella se pretenden alcanzar; 169 artículos, repartidos en un Título Preliminar y diez Títulos numerados; cuatro Disposiciones Adicionales; nueve Disposiciones Transitorias; una Disposición Derogatoria y una Disposición Final que establece su entrada en vigor. El Título I, aborda el tratamiento de los derechos y libertades, y el sistema de garantías; el Título II, la Jefatura del Estado; el Título III, las Cortes Generales; el Título IV, el Gobierno y la Administración; el Título V, las relaciones entre el Gobierno y las Cortes Generales; el Título VI, el Poder Judicial; el Título VII, contempla el modelo económico; el Título VIII regula la organización territorial del Estado, definiendo el estado autonómico y reconociendo la autonomía Local; el Título IX regula el Tribunal Constitucional, y el Título X regula la reforma constitucional.

Por estructura material puede entenderse las partes en que ésta se divide según la naturaleza de los preceptos que la integran. Recordando las dudas que a este respecto ha puesto de manifiesto la doctrina, se distinguen en nuestra Constitución dos partes bien diferenciadas: una parte *dogmática,* centrada en el reconocimiento de los principios programáticos que van a inspirar el nuevo orden político, formada por el Título Preliminar y el Título 1 (De los Derechos y Deberes fundamentales), en los que se establecen las directrices generales y se formulan los derechos; y la parte *orgánica,* dirigida a regular y establecer, de manera efectiva, la organización política y jurídica del Estado español; contiene aquellos preceptos que de finen la composición y funcionamiento de los órganos constitucionales y las relaciones funcionales y competenciales entre ellos: Está formada por los demás Títulos de la Constitución, aun cuando algún sector doctrinal haya negado que el Título X (De la Reforma constitucional) integre la parte orgánica, por ser instrumento para la defensa del propio Texto.

4. CRITERIOS Y OPCIONES EN LA CONSTITUCIÓN DE 1978

El Título Preliminar recoge, como hemos visto anteriormente, aquellos criterios básicos sobre los que la Constitución pretende establecer el orden social, político, institucional y territorial del Estado, entre los que se pueden encontrar los siguientes:

a) Un Estado Social y Democrático de Derecho

Un régimen democrático es aquel en el que el pueblo participa de las decisiones del poder y es donde la voluntad del pueblo puede conducir a cualquiera de las ideologías que integran el espectro social. Tal postulado se plasma plenamente en nuestra Constitución al reconocer la soberanía del pueblo y consagrar el pluralismo político y social, estableciendo los adecuados cauces de participación del pueblo en las de cisiones que le afectan.

Lo fundamental en un «Estado de Derecho» es el sometimiento de los propios poderes públicos a la Constitución y al resto del ordenamiento jurídico (artículo 9.1) y, por tanto, a los límites expresamente enunciados en la misma. El principio de constitucionalidad se encuentra, a su vez, garantizado por el Tribunal Constitucional.

El Estado de Derecho es una forma política en la que los poderes públicos están sujetos a la Constitución y al resto del ordenamiento (STC 67/1984, de 7 de junio) y la primacía del principio de legalidad implica la sumisión del poder ejecutivo a la ley, así como la estricta legalidad de la acción administrativa y el control jurisdiccional de la misma (STC 43/1983, de 20 de mayo) y la independencia y la imparcialidad de la justicia y el respeto de los fallos judiciales y su efectivo cumplimiento por los poderes públicos (STC 167/1987, de 28 de septiembre). Pero para que un Estado sea de Derecho no basta que el ordenamiento jurídico se constituya en límite y cauce del poder, que así debe ser, también exige que este ordenamiento jurídico incorpore los derechos y libertades de las personas.

El «Estado de Derecho Social» se define por el principio de socialidad del Estado con el que se designa la función reguladora de éste, dentro del orden social, a través de los servicios de la Administración Pública, con el fin de garantizar la consecución del máximo bienestar al mayor número de ciudadanos.

b) Una Monarquía Parlamentaria

Lo que significa que la Jefatura del Estado es una magistratura cuyo titular no es elegible y carece de funciones ejecutivas, configurándose como árbitro y moderador de los órganos constitucionales, y que carece de responsabilidad.

c) Una concepción de Estado Unitario descentralizado

Con el fin de solucionar el problema de la división territorial del Estado, y lejos de adoptar soluciones extremas en cuanto a la misma, la Constitución de 1978 se decidió por una fórmula intermedia, heredada de la Constitución de 1931, de autonomía política basada en tres pilares fundamentales:

1. La indisoluble unidad de la Nación española.
2. El reconocimiento y garantía del derecho de autonomía de las diferentes nacionalidades y regiones que integran la Nación.
3. La solidaridad entre las distintas nacionalidades y regiones y la igualdad entre todos los ciudadanos del Estado español.

El principio de autonomía determina la potestad reconocida a las CC.AA. para dotarse de un ordenamiento propio en el marco de un Ordenamiento superior.

d) Un sistema parlamentario bicameral

Aunque este principio no se encuentra reconocido en el Título Preliminar, los constituyentes configuraron el sistema parlamentario español con un carácter bicameral, compuesto por el Congreso de los Diputados como Cámara de representación proporcional de los ciudadanos, en cumplimiento del reconocimiento del pluralismo político y de la participación democrática, y que adquiere el mayor protagonismo en la vida parlamentaria española, y el Senado, como Cámara de representación territorial, en cumplimiento del reconocimiento del derecho a la autonomía, dada a ser una Cámara de segunda reflexión y deliberación.

e) La organización del poder en la Constitución de 1978

El estudio de la organización del poder político que se lleva a cabo en el Sistema Político español, exige distinguir, de un lado la organización de los poderes del Estado, y, de otro, la organización territorial del poder.

El sistema político instaurado por la Constitución de 1978 supone una completa ruptura con el sistema precedente. Frente a la dictadura que rigió la vida del Estado durante casi cuarenta años, España se incorpora al mundo democrático, estableciendo un sistema de división de poderes que adopta las características del parlamentarismo, basado en un importante sistema de controles, de pesos y contrapesos, con el fin de evitar el abuso de poder al que España estuvo sometida durante tantos años, pero un parlamentarismo racionalizado que permita una cierta estabilidad gubernamental dirigida a asegurar la necesaria fuerza al Gobierno, como órgano clave, junto al Parlamento, para desmontar el entramado jurídico autocrático precedente.

De los tres órganos en que se divide el poder, el Gobierno en sintonía con lo que se observa en los diversos modelos democráticos occidentales, es el que asume el papel protagonista de la vida política, puesto que deja de ser el mero ejecutor de las decisiones parlamentarias, y se convierte en el auténtico director de la vida política, para lo cual, como veremos más adelante, se le otorgan una serie de funciones importantes y se pone en sus manos los instrumentos para que pueda ejercerlas correctamente.

La Constitución instaura un Parlamento bicameral, y define al Senado como la Cámara de representación territorial, aunque en la práctica, el Senado no representa los intereses autonómicos, y ello, sin que, por el momento haya existido una auténtica voluntad política de que así sea, de acuerdo con el mandato constitucional, habiéndose convertido en una Cámara de segunda lectura que retrasa el procedimiento legislativo. Además se trata de un bicameralismo imperfecto que convierte al Congreso de los Diputados en la Cámara predominante, no sólo en materia legislativa, sino sobre todo, porque es la única Cámara que puede exigir responsabilidad política al Gobierno.

Respecto al Poder Judicial, la definición que realiza el Título VI, pone de manifiesto la intención del constituyente de configurar un poder autónomo e independiente respecto a los demás poderes, para asegurar el cumplimiento de sus funciones y dedicación absoluta a sus fines. Se hace de la independencia el presupuesto básico en la actuación del Poder Judicial, pero de forma que se haga compatible con los principios de responsabilidad y sometimiento a la ley. Si el Estado de Derecho supone la limitación del poder y la orientación del Estado a la protección y realización de las exigencias de libertad, igualdad y seguridad, el Poder Judicial, separado e independiente de los demás, que encuentra su límite en la ley, y encargado de velar por la aplicación del Derecho en cuanto administración de Justicia, se convierte en uno de los pilares básicos para el sostenimiento del Estado de Derecho.

La opción constitucional por una *Monarquía parlamentaria*, como forma política del Estado español, indica que el Rey, queda substraído del ejercicio de funciones ejecutivas, asumiendo un papel representativo, moderador y arbitral en las relaciones de los órganos constitucionales. Sus atribuciones están perfectamente delimitadas por la propia Constitución y no se puede hablar de reserva de poder, ni de poderes implícitos, sino de atribuciones tasadas.

Desde el segundo aspecto en que debemos abordar la organización del poder político en España, esto es, **la organización territorial del poder**, la Constitución de 1978 ha venido a modificar de manera sustancial las bases tradicionales del Estado español, puesto que España, si exceptuamos el proyecto constitucional de 1873 y la Constitución republicana de 1931, se ha asentado sobre el modelo estructural de Estado unitario y centralizado.

El art. 137 CE establece que el Estado se organiza territorialmente en municipios, en provincias y en las Comunidades Autónomas (en adelante CCAA) que se constituyan, y que estas entidades gozan de autonomía para la gestión de sus respectivos intereses.

De esta manera, junto a la autonomía local de municipios y provincias, la Constitución española introduce el llamado Estado autonómico, o Estado de las Autonomías, como un modelo intermedio entre el Estado unitario y el Estado federal. *En el Estado autonómico existe un único ordenamiento constitucional y un único poder constituyente, pero una pluralidad de fuentes legislativas.*[1]

El Estado autonómico es un Estado nacional que reconoce el derecho a la autonomía de las nacionalidades y regiones sobre las que se asienta. Del enunciado contenido en el artículo 2 CE, al señalar que la Constitución se fundamenta en la indisoluble unidad de la Nación española, patria común e indivisible de todos los españoles que reconoce y garantiza el derecho a la autonomía de las nacionalidades y regiones que la integran y la solidaridad entre todas ellas, se obtienen los tres pilares básicos sobre los que es preciso construir el Estado autonómico: **la unidad** (unidad constituyente; unidad en el ordenamiento jurídico; unidad económica; unidad jurisdiccional y unidad en la igualdad de trato); **la autonomía** (la autonomía consiste en la capacidad de autogobierno a través del ejercicio de distintas potestades. El derecho a la autonomía está caracterizado: por la voluntariedad en su ejercicio; por la generalidad en su otorga-

---

[1] FERRANDO BADÍA, J.- *El Estado unitario, el federal y el Estado autonómico*, Técnos, Madrid, 1986, págs. 256 y ss.

miento; por la progresividad en su alcance; por la singularidad en su plasmación, y por la igualdad en su contenido), y **la solidaridad**.

La autonomía, como principio de organización territorial del Estado, se suma a la definición del Estado español como Estado Social y Democrático de Derecho. La falta de una definición concreta de lo que deberá entenderse por autonomía implica la necesidad de inferir dicho concepto de los distintos preceptos constitucionales, pero, en cualquier caso, la autonomía comporta un haz de facultades que se manifiesta en cuatro vertientes: *la autonomía normativa; la autonomía financiera; la autonomía de organización, y la autonomía administrativa*, principios que deben de encontrar su adecuación con los principios constitucionales.

5. VALORES SUPERIORES DEL ORDENAMIENTO JURÍDICO EN ESPAÑA

La estrecha relación entre la definición que del Estado hace el artículo 1.1 y los valores que este mismo precepto reconoce como determinantes y que propugna este mismo Estado, ha sido puesta de manifiesto por PECES-BARBA[2] cuando afirma que el concepto Estado Social y democrático de Derecho es la cara política, mientras que los valores superiores del ordenamiento jurídico son la cara jurídica de una misma realidad.

El artículo 1.1 CE reconoce como valores superiores del ordenamiento español «la libertad, la igualdad, la justicia y el pluralismo político»

Los valores superiores representan los ideales que una comunidad decide erigir como sus máximos objetivos a desarrollar por el ordenamiento jurídico y expresión máxima de la decisión política del Estado como Estado Social y democrático de Derecho, y guía para la interpretación y desarrollo del ordenamiento en cuanto que opciones que el Estado propugna y pretende realizar, los valores superiores y los derechos y libertades que los desarrollan, exigen una función promocional de los poderes públicos para impulsar las condiciones y remover los obstáculos para que la igualdad y la libertad sean reales y efectivas.

Los valores cumplen así, una triple dimensión[3]: desde la dimensión *fundamentadora*, en sentido estático, son el núcleo básico e informador de todo

---

[2] PECES-BARBA MARTÍNEZ, G.- *Los valores superiores*, Madrid, Técnos, 1986, págs. 41 a 43; 57, 58 y 63.

[3] Vid. PÉREZ LUÑO, A.E.- *Derechos humanos, Estado de Derecho y Constitución*, Madrid, Técnos, 1984.

el sistema jurídico; en su dimensión *orientadora,* en sentido dinámico, dirigen el ordenamiento hacia unas metas o fines predeterminados que convierten en ilegítima cualquier norma o disposición normativa que persiga fines distintos o que obstaculice la consecución de aquellos fines enunciados constitucionalmente, y desde una perspectiva *crítica,* constituyen un criterio y parámetro de valoración para justipreciar hechos o conductas.

Los valores superiores contribuyen a la función de legitimidad, llevando a los ciudadanos al convencimiento de que la obediencia al Derecho tiene buenas razones para producirse, puesto que ese ordenamiento va a realizarlos como objetivos máximos[4], y la raíz de estos valores es el hombre como ser racional y libre, con capacidad de decisión y de elección y con la posibilidad de utilizar esta libertad para conseguir su autonomía y alcanzar su propia libertad, y esta condición humana constituye su dignidad, lo que le hace valer como hombre. Como ha indicado FERNÁNDEZ SEGADO[5], no existe ni puede existir dignidad sin libertad, justicia, igualdad y pluralismo político, además, estos valores serían indignos si no redundaran a favor de la dignidad del ser humano.

Los derechos son expresión de un sistema de valores que, principalmente, se centran en los valores de libertad y de igualdad. Como ha indicado PRIETO SANCHIS[6], los derechos humanos tienen que ver con la dignidad y la libertad, la igualdad y la participación política.

En los apartados siguientes procederemos al desarrollo de la dignidad, y de la libertad y la igualdad, como valores principales, que englobarían, también los valores justicia y pluralismo político, pero no nos resistimos a tratar, de manera sencilla, estos últimos valores.

Respecto al valor **justicia,** es necesario indicar que la consideración de la justicia como valor superior del ordenamiento jurídico no se identifica, necesariamente con el Poder Judicial, ni con la Administración de Justicia, a que se refiere el Título VI de la Constitución.

La justicia como valor superior debe entenderse como el fin ideal al que debe de tender todo el ordenamiento jurídico de un Estado. El objeto y finalidad del Estado es la justicia, entendida como justicia distributiva, como proveer a cada uno lo que se merece, lo que le es justo, y esa es una obligación

---

[4] PECES-BARBA MARTÍNEZ, G.- Op. cit, págs. 74 y 85 y ss.

[5] FERNÁNDEZ SEGADO, F.- *El sistema constitucional español*, Madrid, Dikynson, 1992, pág. 163. También en el mismo sentido, Vid. «Dignidad de la persona, orden valorativo y derechos fundamentales en el ordenamiento constitucional español, en *Revista Española de Derecho Militar*, Madrid, nº 65, 1995.

[6] Op. cit, págs. 88 y 89.

para los poderes públicos en cada uno de sus quehaceres. Este valor justicia orienta la actuación de todos los poderes públicos, y está estrechamente vinculado al valor igualdad.

Su carácter «ideal», implica la dificultad de invocar su violación ante los tribunales ordinarios, y ante el Tribunal Constitucional.

El valor **pluralismo político** es más tangible, en la medida que constituye una verdadera manifestación de la libertad, en concreto de la libertad ideológica, en la libertad de pensamiento, y en la libertad de actuación o de abstención que estudiaremos más adelante.

El principio democrático que fluye a lo largo de todo el texto constitucional implica la pluralidad ideológica en todas sus facetas. Aunque la Constitución sólo eleva a la categoría principal de valor superior del ordenamiento jurídico al pluralismo político, la idea general de pluralismo se manifiesta a lo largo de la Constitución, así se reconoce el pluralismo social, el pluralismo religioso, el pluralismo político, el pluralismo lingüístico, el pluralismo económico, etc, como manifestaciones del principio de democracia que caracteriza nuestro sistema constitucional.

Expresamente, el art. 6 CE establece que «los partidos políticos expresan el pluralismo político, concurren a la formación y manifestación de la voluntad popular y son instrumento fundamental para la participación política. Su creación y el ejercicio de su actividad son libres dentro del respeto a la Constitución y a la ley. Su estructura interna y funcionamiento deberán ser democráticos». También reconoce el pluralismo sindical en el art. 7: «Los sindicatos de trabajadores y las asociaciones empresariales contribuyen a la defensa y promoción de los intereses económicos y sociales que les son propios. Su creación y el ejercicio de su actividad son libres dentro del respeto a la Constitución y a la ley. Su estructura interna y funcionamiento deberán ser democráticos».

El pluralismo, en todas sus facetas, se encuentra en íntima relación con otros derechos de participación reconocidos constitucionalmente, en concreto, el derecho de asociación; los derechos de reunión y manifestación; las libertades de expresión y comunicación; el derecho de participación política, por sí o por medio de representantes; la libertad ideológica, o la libertad de culto, entre otras.

5.1. La dignidad como elemento clave del sistema constitucional

La preocupación actual del Derecho Internacional por la defensa de los derechos humanos parte de la consideración de que el hombre, por su propia naturaleza, por su propia consideración y por su propia dignidad, posee derechos que le son inherentes y que no nacen de una concesión de la sociedad política. Si la dignidad es consustancial a la persona, habrá que inferir que es previa al Derecho, y por lo tanto el derecho debe de realizarla y positivizarla a través de una serie de valores que se fundamentan en la dignidad humana, como la autonomía, la seguridad, la libertad, la igualdad, y que se consagran y garantizan en el reconocimiento y protección de derechos y libertades. La dignidad es anterior a la Constitución, de forma que ésta no la otorga, sino que la reconoce, en tanto que deriva de la condición misma de la persona, y de ella se derivan derechos y libertades, de forma que la Constitución no otorga derechos, sino que éstos derivan de la dignidad de la persona y los derechos inviolables que le son inherentes, y que son anteriores al Estado y a su Constitución[7].

El origen del concepto «dignidad humana» hunde sus raíces en la universal necesidad de establecer el respeto de la persona humana, encontrando sus raíces más profundas al objeto de asegurar una forma de vida civilizada mediante el respeto de los demás[8], de forma que la dignidad humana se manifiesta, de acuerdo con HÄBERLE[9], como un principio constitucional portador de los valores sociales y de los derechos de defensa de los hombres, que prohíbe que la persona sea objeto del poder estatal y se degrade sus cualidad de ser humano y que reafirma las relaciones sociales y la autonomía personal.

Si como ha indicado PRIETO SANCHIS[10] históricamente los derechos humanos tienen que ver con la vida, la dignidad, la libertad, la igualdad y la participación, los derechos fundamentales serán aquellos que sirven a estos valores, sin la referencia a los cuales resultaría incompleto su estudio. Los derechos hunden sus cimientos en la dignidad humana y se han materializado en los principios de libertad y de igualdad, de manera que cada uno de los derechos supone la concreción de un criterio o de otro, o de ambos, puesto que su finalidad no es otra que la de conseguir el desarrollo de la personalidad de los individuos, la autonomía de las personas, la creación de condiciones de libertad y el desarrollo de la independencia del ser humano, y su direc-

---

[7] LUCAS VERDÚ, P.- *Curso de Derecho Político*, Madrid, Técnos, V.IV, 1984, pág. 314.

[8] BATTAGLIA, F.- *Teoría del Estado*, Madrid, Publicaciones del Real Colegio de España en Bolonia, 1966, págs. 175 y ss.

[9] HÄBERLE, P «Die Menschenwürde als Grundlage der stantlichen Gemeinschalt» en Isennee y Kirchof (eds) *Handbuch des Staats Rechts*, T.I, C.F. Muller, 1987, pág. 822.

[10] PRIETO SANCHÍS, L.- *Estudios sobre derechos fundamentales*, Madrid, Ed. Debate, 1990, págs. 88 y 89.

ción va dirigida al perfeccionamiento integral de la persona, de donde se puede determinar que su dependencia de la dignidad impide que puedan ser negados a nacionales y extranjeros.

Como ha afirmado el Tribunal Constitucional[11], el valor jurídico fundamental de la dignidad de la persona, reconocido en el artículo 10 CE, constituye el germen de unos derechos que le son inherentes al ser humano y, dentro del sistema constitucional es considerado como el punto de arranque, como el «prius» lógico y ontológico para la existencia y especificación de los demás derechos, *«la dignidad, en cuanto valor espiritual y moral, inherente a la persona, que se manifiesta en la autodeterminación consciente y responsable de la propia vida, y que lleva consigo la pretensión al respeto por parte de los demás, ha de permanecer inalterada cualquiera que sea la situación en que la persona se encuentre»*[12].De forma que los derechos fundamentales, en cuanto proyecciones de núcleos esenciales de la dignidad de la persona, se erigen en los fundamentos del propio Estado de Derecho democrático y no pueden ser menoscabados[13].

La dignidad no sólo es un valor y principio constitucional, constituye un elemento dinamizador de los derechos fundamentales y sirve, tanto de parámetro fundamental de la actividad del Estado y de la sociedad, como también de fuente de los derechos fundamentales de los ciudadanos[14].

La atribución en la Constitución a la dignidad de la persona de una posición fundamentadora de nuestro orden jurídico-político, presenta un triple significado[15]: en primer lugar, implica el reconocimiento del carácter instrumental o servicial del Estado al objeto de asegurar una forma de convivencia política congruente con las exigencias derivadas de la dignidad; en segundo lugar supone que la Constitución acepta una idea material de Estado de Derecho en el que se supera la afirmación del ejercicio del poder de conformidad con el Derecho y dirige su contenido al cumplimiento de las exigencias derivadas de la dignidad humana y la protección de la libertad y la dignidad humana como el fin supremo de todo el Derecho. En tercer lugar, la referencia a la dignidad de la persona encabezando la Declaración constitucional de derechos supone una idea social del orden político en el que la dignidad

---

[11] STC 53/1985, de 11 de abril (FºJº 3).

[12] STC 120/1990, de 27 de junio.

[13] STC 194/1994, de 28 de junio.

[14] LANDA, C.- «Dignidad de la persona humana» en *Cuestiones Constitucionales*, nº 7, 2002, pág. 112.

[15] SOLOZÁBAL ECHEVARRÍA, J.J.- Voz «dignidad de la persona» en *Enciclopedia Jurídica Básica*, Madrid, Civitas, pág. 2489.

humana aparece ligada a la convivencia en sociedad y que exige un respeto de los derechos de los demás.

El artículo 10.1 cumple así una triple función[16]:

– Una *función legitimadora* del orden político en sí mismo y del ejercicio de todos los poderes públicos, puesto que sólo será legítimo el régimen político español en la medida en que tutele la dignidad de todos los hombres que se encuentren bajo su jurisdicción, sus derechos inviolables y el libre desarrollo de la personalidad; asegure el imperio de la ley y coordine el recto uso de todos sus derechos como base y condición de la paz social. Como ha indicado DE VEGA GARCÍA[17], la dignidad es el punto gravitante que vincula a todos y que otorga legitimidad constitucional al Estado.

– Una *función promocional* que determina en los poderes públicos una lucha constante por su respeto, y

– Una *función hermenéutica*. La dignidad de la persona se convierte en pauta interpretativa de todas las normas, tanto en el orden interno, como en el orden supranacional, de forma que nuestro ordenamiento jurídico interno y el ordenamiento jurídico internacional constituyen una unidad normativa en torno a lo que a la protección de los derechos humanos se refiere.

La posición que se otorga a la dignidad de la persona en la Constitución supone la conversión en jurídico de un valor moral, y le otorga un superrango constitucional[18], del que derivan los derechos y libertades y que irradia su configuración a todo el texto constitucional.

La dignidad se configura como un principio fundamental de referencia y razón de ser de los derechos y libertades y del propio Estado Social y Democrático de Derecho proclamado por la Constitución y como una norma clave entre el Preámbulo y el Título Preliminar y el resto del Título I. En el artículo 10.1 se integran los principios y valores esenciales de libertad, igualdad y justicia que enuncia el Preámbulo y los artículos 1 y 9 del Título Preliminar, que

---

[16] RUIZ-GIMÉNEZ CORTÉS, J.- «Artículo 10. Derechos Fundamentales de la persona» en ALZAGA VILLAAMIL, O (dir) *Comentarios a la Constitución española de 1978*, Tomo II, Cortes Generales-Edersa, 1997, págs. 58-59.

[17] DE VEGA GARCÍA, P.- *En torno a la legitimidad constitucional*, México, UNAM, 1988, págs. 803 y ss.

[18] ALZAGA VILLAAMIL, O, *La Constitución española de 1978*, Madrid, Ed. El Foro, 1978, pág 155. También se indica que el artículo 10.1 actuaría así a modo de Exposición de Motivos de todo el Título I (pág. 156).

se positivizan en los derechos y libertades reconocidas en el Título I, y que resulta vinculante para todos los poderes públicos (art. 9.1), a los que se impone el deber fundamental de promover las condiciones para que la libertad y la igualdad del individuo sean reales y efectivas; remover los obstáculos que impiden o dificulten su plenitud, y facilitar la participación de los ciudadanos en distintos sectores de la vida estatal[19].

La dignidad de la persona humana y su aseguramiento implica que no se produzca menosprecio para la estima que, en cuanto ser humano, merece la persona y que se de cumplimiento a las exigencias que derivan de la dignidad, es decir a la condición del hombre como ser racional, igual y libre y capaz de determinar su conducta en relación consigo mismo y su entorno (STC 120/90, de 27 de junio)[20], lo que determinará, en orden al desarrollo de su eficacia, como ha indicado SOLOZÁBAL ECHEBARRÍA[21] un doble efecto: por un lado, un mandato de respeto a los órganos del Estado en virtud del cual les impide la producción de normas o actos que tengan un efecto degradante o envilecedor –*efecto impeditivo*–, y, por otro, la orientación de los objetivos y tareas del Estado hacia políticas favorecedoras del desarrollo de la persona, posibilitando su autodeterminación de modo que se asegure la ayuda de los poderes públicos frente a ataques o conductas de poderes públicos o particulares contrarias a la misma –*efecto positivo*– lo que implica una política jurídica determinada en relación con los derechos y libertades.

La dignidad humana constituye un principio rector de la política constitucional que dirige y orienta positivamente y negativamente la actuación de los poderes públicos. Positivamente en la medida en que todos los poderes públicos deberán asegurar el desarrollo de la dignidad humana, y negativamente en tanto que las tareas públicas deben evitar cualquier afectación a la misma[22]

---

[19] RUIZ-GIMÉNEZ CORTÉS, J.- Op. cit, págs. 57 y ss.

[20] RUIZ-GIMÉNEZ CORTÉS distingue cuatro niveles o dimensiones de la dignidad:

– La dimensión religiosa.

– La dimensión ontológica, como ser dotado de inteligencia, de racionalidad, libertad y conciencia de sí mismo.

– La dimensión ética, personal y social, en el sentido de autonomía moral ... y el esfuerzo de liberación frente a interferencias o presiones alienantes, y

– La dimensión jurídico-positiva, como factor de estima dimanante de un comportamiento positivamente valioso, privado o público, en la vida de relación, y en ciertas concreciones normativas, apreciación de una situación subjetiva que merece específica tutela, o, por contraste, reacción punitiva.

RUIZ-GIMÉNEZ CORTÉS, J.- Op. cit, págs. 67 y 68.

[21] Op. cit, págs. 2490 y 2491.

[22] LANDA, C.- Op. cit, pág. 123.

Si los derechos fundamentales son considerados como facultades o pretensiones integrantes del estatus básico del individuo y como elementos imprescindibles para su desarrollo, como proyección inmediata de la dignidad de la persona, la dignidad básica de la persona no admite discriminación alguna dada la igualdad esencial de todos los seres humanos, y esta dignidad debe de trascender las fronteras territoriales y deberá de ser respetada no sólo a todos los ciudadanos de un Estado, sino también a los extranjeros que se encuentren en el territorio de dicho Estado y sobre los que éste ejerce su jurisdicción[23].

Si como ha afirmado FERNÁNDEZ SEGADO[24] el artículo 10.1 viene a colocar la dignidad de la persona como la fuente de todos los derechos, de forma que todos y cada uno de los derechos que la Constitución proclama en su Título I son inherentes a la persona y a su dignidad radical, y todos contribuyen al desarrollo integral del ser humano, deberemos de admitir que la dignidad humana operará como parámetro, tanto para la determinación del contenido esencial de los derechos fundamentales, como para la realización de una interpretación adecuada de los derechos fundamentales por el legislador, por el Tribunal Constitucional y por todos los operadores del ordenamiento jurídico, los cuales deberán adoptar, en su labor hermenéutica, una postura que favorezca la comprensión de los derechos y libertades en favor de un concepto de dignidad humana orientado a potenciar la condición del ser humano como ser libre e igual y capaz de una autodeterminación consciente y responsable de la propia vida, y ello, en cuanto poder público especialmente vinculado al artículo 10. CE, adquiere gran relevancia en lo que concierne al Poder Judicial como garante primero de los derechos y libertades.

Como principio constitucional fundamental portador de los derechos de defensa de los hombres, la dignidad prohíbe que la persona sea un mero objeto del poder del Estado e impone a los poderes públicos su acción promotora, en tanto que están vinculados directamente a la Constitución en un sentido material y formal. Así la dignidad, además de las funciones que anteriormente se han indicado, cumple otras funciones que derivan de las funciones propias de la Constitución: *ordena* la actuación general del Estado evitando las infracciones directas, e incluso las omisiones legislativas, judiciales o administrativas del mandato de respeto a la dignidad, contra el ser

---

23 RUIZ-GIMÉNEZ CORTÉS, J.- Op. cit, págs. 68 y 69.

24 FERNÁNDEZ SEGADO, F.- «La dignidad de la persona humana en el ordenamiento constitucional español» en *RVAP*, nº 43, 1995, págs. 66 y ss.

humano; *limita y controla* al poder; *asegura* la libertad y la autodeterminación de la persona humana, e *integra* la unidad del pueblo[25].

La dignidad de la persona, como «fundamento del orden político y la paz social» (art. 10.1 CE), obliga a reconocer a cualquier persona, independientemente de la situación en que se encuentre, aquellos derechos o contenidos de los mismos imprescindibles para garantizarla, erigiéndose así la dignidad en un mínimo invulnerable que por imperativo constitucional se impone a todos los poderes, incluido el legislador.

5.2. El valor libertad

Como ha manifestado ALZAGA[26], **la libertad**, en cuanto valor superior del ordenamiento jurídico, pende del artículo 10, que manifiesta que los derechos inherentes a la dignidad humana, valor a su vez anterior al propio ordenamiento constitucional y vinculado a la propia naturaleza humana, como ser racional y capaz de ajustar su conducta a criterios morales. De acuerdo con el Tribunal Constitucional, la Constitución, al proclamar el valor superior de la libertad, está consagrando el reconocimiento de la autonomía del individuo para elegir entre las diversas opciones vitales que se le presentan de acuerdo con sus propios intereses, condiciones o preferencias. La libertad hay que entenderla como principio de autodeterminación vital de la persona[27], y como tal, exige una interpretación de las normas legales que la favorezca (STC 19/1988, de 16 de febrero).

Tradicionalmente se ha distinguido entre libertad negativa y libertad positiva. Como ha entendido BOBBIO[28], la «libertad negativa» sería la situación en la cual un sujeto tiene la posibilidad de obrar o de no obrar, sin ser obligado a ello o sin que se lo impidan otros sujetos, mientras que la «libertad positiva» implica la situación en la que un sujeto tiene la posibilidad de orientar su voluntad hacia un objetivo, de tomar decisiones sin verse determinado por la voluntad de otros. Se trata de distinguir entre la «libertad de acción» y la «libertad de decisión o de autodeterminación».

---

[25] LANDA, C.- Op. cit, págs. 123 y ss.

[26] ALZAGA VILLAAMIL, O y otros.- *Derecho Político español según la Constitución española de 1978*, T.I, Op, cit, pág. 223.

[27] Entre otras, STC 132/1989, de 18 de julio.

[28] BOBBIO, N.- *Igualdad y libertad*, Barcelona, Paidós, 1993, págs. 97 a 100.

Respecto al propio concepto de libertad, el Tribunal Constitucional [29] ha reconocido dos dimensiones del mismo, una dimensión a la que califica como «ideológica», cuya perspectiva es interna y que consiste en la posibilidad de tener la opción de adoptar una determinada posición intelectual ante la vida y cuanto le concierne y a representar o enjuiciar la realidad según convicciones personales, y otra dimensión «externa» que consiste en poder desarrollar en la práctica esta posición intelectual sin sufrir por ello sanción o demérito ni padecer la compulsión o la ingerencia de los poderes públicos.

5.3. El valor igualdad

Respecto a la **igualdad**, que también constituye una manifestación de la dignidad humana[30], su emplazamiento como valor superior, junto con la libertad, indica que ambos valores han de ser conjugados de forma conjunta. El Estado deberá de permitir el ejercicio de los derechos y libertades pero impidiendo que se potencien las desigualdades. La imbricación mutua de los valores libertad y de igualdad constituye una fórmula de convivencia con el Estado social y democrático de Derecho[31]. La igualdad sólo se lesiona si se procede a un tratamiento distinto de situaciones que son sustancialmente iguales, pero la regulación de supuestos diferentes de modo diverso no supone conculcación de dicho principio (STC 63/1983, de 20 de julio). La igualdad se constituye en un valor preeminente al que corresponde un rango central (STC 103/1983, de 22 de noviembre).

Como ha manifestado JIMÉNEZ CAMPO[32], la igualdad, junto con otros valores superiores, ha sido situada por los constituyentes como invocación fundante de todo el edificio de la Constitución, constituye una pauta de legitimación del orden jurídico en su conjunto y debe de presentarse como

---

[29] STC 120/1990, de 27 de junio (FºJº 10)

[30] «La primera reclamación a la que dio origen una concepción de la justicia basada en la igual dignidad y el mismo valor de todo hombre, ha sido la de igualdad de trato... Los derechos políticos, civiles y sociales que se citan hoy en la mayoría de las constituciones democráticas son la concreción en un momento histórico de la libertad igualitaria y...Representan un conjunto de disposiciones y facultades que no se deben regatear a las personas y que les capacita para funcionar conforme a la dignidad de tales». VARGAS-MACHUCA ORTEGA, R «democracia e igualdad» en VALCÁRCEL, A (Comp).- *El concepto de igualdad*, Madrid, Ed. Pablo Iglesias, 1994, págs. 55 y 56.

[31] ALZAGA VILLAAMIL, O. Op. cit, pág. 223.

[32] JIMÉNEZ CAMPO, J.- «La igualdad jurídica como límite frente al legislador» en *REDC*, nº 9, 1983, pág. 79.

elemento de interpretación para el entendimiento de sus diversas concreciones.

Si en la Constitución, explícita o implícitamente hay distintas referencias a la igualdad, podemos destacar tres regulaciones que se encuentran estrechamente relacionadas entre sí. Como valor superior del ordenamiento jurídico, la proclamación del artículo 1.1 no es una mera declaración constitucional sino que, como ha afirmado el Tribunal Constitucional (STC 8/1983, de 18 de febrero) se proyecta con una eficacia trascendente de modo que toda situación de desigualdad persistente a la entrada en vigor de la Norma Constitucional, deviene incompatible con el orden de valores que la Constitución, como Norma Suprema, proclama. Por otro lado nos situamos ante la proclamación del artículo 9.2 que defiende la igualdad material, real y efectiva, que implica un elemento transformador de la actuación estatal –igualdad sustancial– de carácter ideal, y de realización más dificultosa y que propone modelos de mayor igualdad en el plano social, económico y cultural[33], y cuya conexión con la igualdad proclamada en el artículo 1.1 y la reconocida en el artículo 14 es innegable. La tercera manifestación está reconocida en el artículo 14 –*Los españoles son iguales ante la ley, sin que pueda prevalecer discriminación alguna por razón de nacimiento, raza, sexo, religión, opinión o cualquier otra condición o circunstancia personal o social.*

El artículo 14 no es un derecho fundamental[34], sino que constituye un principio constitucional que inspira todo el sistema de derechos y libertades[35]. Se trata de la igualdad que se realiza predominantemente en el plano del Derecho y de los derechos y deberes jurídicos y como principio constitucional, su incidencia en el ámbito de los derechos y libertades es mucho mayor, convirtiéndose en un auténtico parámetro del control de constitucionalidad y configurándose como un límite a la acción de los poderes públicos[36].

El principio genérico de igualdad consagra el principio de que las leyes y sus aplicaciones deben considerar a los ciudadanos como iguales sin hacer

---

[33] RUIZ MIGUEL, A.- «La igualdad en la jurisprudencia del Tribunal Constitucional» en GARCÍA SAN MIGUEL, L (Ed).- *El principio de igualdad*, Madrid, Dikinson-Universidad de Alcalá, 2000, pág. 156.

[34] Aunque el Tribunal Constitucional en alguna sentencia se haya referido a él como «derecho fundamental» (STC 8/1986, de 21 de enero.

[35] DIEZ-PICAZO, en un voto particular formulado a la STC 7/1983 de 14 de febrero concibe la igualdad como un principio general del Derecho y como un límite a la potestad legislativa del Estado, que contiene al mismo tiempo un derecho subjetivo. En el mismo sentido, un voto particular promovido por varios Magistrados a la STC 75/1983, de 3 de agosto, considera a la igualdad como un derecho subjetivo de todos los ciudadanos; un principio fundamental del Derecho que restringe de forma clara cualquier excepción y como un principio limitador de la acción de los poderes, en especial el legislador.

[36] ÁLVAREZ CONDE, E.- *Curso de Derecho Constitucional*, Vol. I, Madrid, Técnos, 2ª ed. 1996, pág. 299.

distinciones. Ello nos permite distinguir entre una «igualdad en la ley» y una «igualdad en la aplicación de la ley».

El primer concepto de igualdad, la igualdad en la ley o ante la ley, no puede ser considerado como sinónimo de recibir de la ley el mismo trato, sino que lo que se determina es que la igualdad obliga a tratar de modo igual lo que es igual, pero permite tratar de modo diferente lo que es diferente. El principio de igualdad ha de entenderse en función de las circunstancias que concurren en cada supuesto concreto en relación con el cual se invoca, es un «derecho relacional» que se da siempre en relación con otros (STC 76/1983, de 5 de agosto), y sólo podrá deducirse la quiebra de este principio, cuando dándose los requisitos previos de una igualdad de situaciones entre los sujetos afectados por la norma, se produce un tratamiento diferenciado de los mismos en razón de una conducta arbitraria o no justificada de los poderes públicos (STC 23/1981,de 10 de julio).

A diferencia de lo que sucede con la igualdad ante la ley, la «igualdad en la aplicación de la ley» se manifiesta de una forma absoluta, de forma que una vez que el legislador ha definido el derecho en la ley, el aplicador de la misma no puede realizar entre los titulares de los derechos más diferenciaciones que las establecidas legalmente, aplicando a la ley a todos por igual, y ello se refiere a todos los actos de aplicación, aunque como ha indicado el Tribunal Constitucional[37], la diferente situación en la que, en relación con la ley, se encuentran los órganos que han de aplicarla, obliga a establecer una distinción entre la aplicación administrativa y la aplicación judicial de la ley.

En un Estado Social de Derecho como el que consagra el artículo 1 CE, no puede sostenerse, con carácter general, que el titular de los derechos no lo sea en la vida social, y es que la configuración del Estado como social de Derecho viene a culminar una evolución en la que la consecución de los fines de interés general no es sólo absorbida por el Estado, sino que se armoniza en una acción mutua Estado-sociedad, por lo que la sujeción de los poderes públicos a la Constitución se traduce en un deber positivo de dar efectividad a tales derechos en cuanto a su vigencia en la vida social, deber que afecta al legislativo, al ejecutivo y a los Jueces y Tribunales en el ámbito de sus consecuencias (STC 18/1984, de 7 de febrero).

Y es que, como ha indicado FERRAGOLI[38], el Estado Social no es un Estado abstencionista sometido a prohibiciones de actuación, sino que, por el

---

[37] STC 144/1988, de 12 de julio.

[38] Vid. FERRAGOLI, L.- *Derecho y razón. Teoría del garantismo penal*. Trad. de P.A.IBÁÑEZ y otros. Madrid, Trotta, 1995.

contrario, se trata de un Estado prestacional vinculado por una serie de mandatos dirigidos a los poderes públicos que se convierten en deberes públicos de hacer efectivos los derechos y libertades.

La función con la que están impregnados los derechos de libertad y los de igualdad, como consecuencia de la adopción constitucional del principio social, determina que los poderes públicos estén llamados a asegurar la eficacia de tales derechos, ejerciendo funciones prestacionales encaminadas a protegerlos y a conseguir su efectividad, que van más allá de las menas prestaciones asistenciales. La libertad y la igualdad cuentan con un componente prestacional que obliga a los poderes públicos, tanto a respetar su esfera, como a instrumentar una protección jurídica eficaz, y a remover los obstáculos que impidan o dificulten su plenitud[39].

Y este es el sentido en el que debe de entenderse el artículo 9.2 CE, que cuando establece que corresponde a los poderes públicos promover las condiciones para que la libertad y la igualdad del individuo y de los grupos en que se integran sean reales y efectivas; remover los obstáculos que impidan o dificulten su plenitud y facilitar la participación de todos los ciudadanos en la vida política, económica, cultural y social, representa, como ha indicado MARTÍNEZ PUJALTE[40], la concreción inmediata de las exigencias implícitas en el Estado Social de Derecho proclamada en el artículo 1.1 CE, y contiene un auténtico mandato dirigido a los poderes públicos de realizar una «política de derechos fundamentales», asumiendo una posición activa en la promoción de los derechos y en la creación de las condiciones que hagan posible su ejercicio efectivo, hecho que implica que se ha de superar la concepción tradicional de los derechos fundamentales como derechos frente al Estado o como límites al poder estatal.

La propia idea del Estado Social de Derecho, convierte al artículo 9.2 en una norma que fundamenta el contenido y la eficacia de los derechos y libertades constitucionales y su posición en el sistema constitucional español, pero además también fundamenta la actuación de los poderes públicos.

El artículo 9.2 es una manifestación fundamental del elemento social del Estado en cuanto impone a los poderes públicos una intervención promotora y remotora en aras a la consecución de la realidad y eficacia de la libertad y la igualdad y a la efectividad de los derechos libertades y garantías que de ellas se derivan, de la misma forma que el artículo 9.1, al proclamar la sujeción de los poderes

---

[39] FREIXES SAN JUAN, T y REMOTI CARBONELL, C.- *El derecho a a la libertad personal. Análisis de la Constitución, de legislación, de Tratados Internacionales y jurisprudencia,* Barcelona, PPU, 1993, pág. XXXI.

[40] MARTÍNEZ-PUJALTE, A.L.- *La garantía del contenido esencial de los derechos fundamentales,* Madrid, CEC, 1997, pág. 85.

públicos y los ciudadanos a la Constitución y al resto del ordenamiento público constituyen una manifestación fundamental del elemento jurídico de este mismo concepto de Estado, pero además, este mismo elemento jurídico se ve proyectado en el artículo 9.3 cuando proclama los principios jurídicos generales que deben de regular la actuación de estos poderes públicos, en general, y en particular en su actividad promotora de la igualdad y de la libertad efectivas.

6. LOS PRINCIPIOS INFORMADORES DEL ORDENAMIENTO CONSTITUCIONAL

El artículo 9.3, está reconociendo una serie de principios que tienen carácter informador de todo el ordenamiento jurídico. Estos principios, que no son compartimentos estancos, sino que, al contrario, cada uno de ellos cobra valor en función de los demás y en tanto sirvan a promover los valores superiores del ordenamiento jurídico que propugna el Estado social y democrático de Derecho (STC 27/1981, de 20 de julio), derivan de dos que se consideran principales, el principio de legalidad y el principio de seguridad jurídica[41], cuya relación con la libertad y la igualdad y la obligación que los poderes públicos tienen de hacerlas reales y efectivas es inmediata.

El **principio de legalidad** constituye una de las consagraciones políticas del Estado de Derecho y, al mismo tiempo, se convierte en uno de los elementos más importantes sobre el que se edifica este tipo de Estado. Es una garantía esencial de nuestro Estado, cuyo significado último es el de asegurar que la regulación de los ámbitos de libertad que correspondan a los ciudadanos depende exclusivamente de la voluntad de sus representantes, por lo que tales ámbitos deben de quedar exentos de la acción del ejecutivo y de sus productos normativos propios (STC 83/1984, de 24 de julio)[42], pero también implica el sometimiento a ley del Poder Judicial (art. 117.1 CE).

Como ha indicado RUBIO LLORENTE[43], el principio de legalidad sirve para efectuar la realización jurídica de los valores igualdad y libertad: los

---

[41] VILLAR PALASÍ, J.L y SUÑÉ LLIÑAS, E.- «Comentario al artículo 9» en ALZAGA VILLAAMIL O. (Dir).- *Comentarios a la Constitución...*, Vol. I, Madrid, Edersa-Cortes Generales, 1996, Pág. 575.

[42] Aunque el principio no excluye la posibilidad de que las leyes contengan remisiones a las normas reglamentarias, sí prohíbe que tales remisiones hagan posible una regulación independiente y no claramente subordinada a la ley, lo que supondría una degradación de la reserva de ley (STC 83/1984, de 24 de julio).

[43] RUBIO LLORENTE, F.- «La igualdad en la aplicación de la ley» en García San Miguel (Ed).- Op. cit, pág. 47.

hombres son libres en la medida en la que están sujetos sólo a la ley, e iguales porque esta ha de ser aplicada por igual a todos.

El **principio de seguridad jurídica** responde al sentimiento individual que exige conocer de antemano cuales son las consecuencias jurídicas de los propios actos. La seguridad jurídica entendida en su sentido más amplio implica la expectativa razonablemente fundada del ciudadano en cual ha de ser la actuación del poder en aplicación del Derecho (STC 36/1991, de14 de febrero), y en sentido más restringido, la seguridad jurídica equivale a certeza del Derecho.

La exigencia del art. 9.3 relativa al principio de seguridad jurídica implica que el legislador debe de perseguir la claridad y no la confusión normativa, debe procurar que, acerca de la materia sobre la que legisla, sepan los operadores jurídicos y los ciudadanos a qué atenerse y debe de huir de provocar situaciones objetivamente confusas (STC 46/1990, de 15 de marzo), puesto que una legislación confusa, oscura e incompleta, dificulta su aplicación y , además de socavar la certeza del Derecho y la confianza de los ciudadanos en el mismo, puede terminar por empañar el valor de la justicia(STC 150/1990, de 4 de octubre).

La seguridad jurídica es un principio constitucional especialmente relacionado con los demás enumerados en el artículo 9.3 (STC 27/1981, de 20 d julio), se enlaza con el principio de reserva de ley y, en sentido más general, con el de legalidad y, al requerir certeza en la regla del Derecho, proscribe fórmulas proclives a la arbitrariedad (STC 71/1982, de 30 de noviembre).

El **principio constitucional de interdicción de la arbitrariedad de los poderes públicos**, se encuentra relacionado con el valor justicia, que lo basa, y el derecho a la igualdad, del que supone una aplicación (STC 227/1988, de 29 de noviembre), de forma que una norma incurre en arbitrariedad si establece una discriminación, o bien, aun no estableciéndola, carece de toda explicación racional. La identificación de la interdicción de la arbitrariedad con el valor de igualdad que hace el TC, coincide con la identificación que hace una parte de la doctrina alemana que considera que este principio, lo que prohíbe al legislador es, en definitiva, la arbitrariedad de tratar desigualmente situaciones iguales, o al contrario[44].

Los principios constitucionales del art. 9.3 tienen la condición informadora de todo el ordenamiento y deben de servir para promover los valores superiores que propugna el Estado social y democrático de Derecho, y esto, en especial, puede

---

[44] SCHNEIDER, H.P.- «Los derechos fundamentales en el Estado constitucional democrático» en *REP*, nº 7 (nueva época), 1979, págs. 18 y 19.

predicarse de la seguridad jurídica que es suma de certeza y legalidad, jerarquía y publicidad, irretroactividad de la ley no favorable o que limite derechos subjetivos, e interdicción de la arbitrariedad, pero que no se agota en la suma de estos principios sino que «*La seguridad jurídica es la suma es estos principios, equilibrada de tal forma que permita promover, en el orden jurídico, la justicia y la igualdad en libertad*» (STC 71/1982, de 30 de noviembre).

BIBLIOGRAFÍA

ABENDROTH, W., y otros.- *El Estado Social*, CEC, Madrid, 1986.

ALZAGA VILLAAMIL, O., y otros.- *Derecho Político español*, Vol.I, CERA, Madrid, 5ª. Ed. 2011.

BOBBIO, N., y otros.- *Crisis de la democracia*, Ariel, Barcelona, 1985.

BURDEAU, G.- *El Estado*, Sem y Eds, Madrid, 1975.

DE CABO, C.- *Teoría del Estado y derecho Constitucional*, PPU, Barcelona, 1988.

FORSTHOFF, E.- *El Estado de la sociedad industrial*, IEP, Madrid, 1975.

GARCÍA COTARELO, R.- *Introducción a la Teoría del Estado*, Teide, Barcelona, 1981.

GARCÍA PELAYO, M. -*Las trasformaciones del estado contemporáneo*, Alianza Universidad, Madrid, 1970.

GARRORENA MORALES, A.- *El estado español como Estado Social y Democrático de Derecho*, Tecnos, Madrid, 1984.

HELLER, H.- *Teoría del Estado*, Fondo de cultura Europea, México, 1987.

LINZ, J.J.- *La quiebra de las democracias*, Alianza Universidad, madrid, 1987.

LUHMAN, N.- *Teoría política en el estado del Bienestar*,Alianza Universidad, Madrid, 1993.

NÚÑEZ RIVERO, C.; GOIG MARTÍNEZ, J.M. y DÍAZ NIEVA, J.- *El Estado y la Constitución*, UNED, Madrid, 1997.

NÚÑEZ RIVERO, C.- *Teoría del Estado y sistemas políticos*, UNED, Madrid, 1995.

PÉREZ ROYO, J.- *Introducción a la Teoría del Estado*, Blume, Barcelona, 1980.

SÁNCHEZ AGESTA, L.- *Principios de la Teoría política*, Ed. Nacional, Madrid, 1972.

SÁNCHEZ FÉRRIZ, R.- *Introducción al Estado Constitucional*, Ariel, Barcelona, 1993.

SÁNCHEZ GONZÁLEZ, S en VV.AA.- *Derecho Político* (I), UNED, Madrid, 1990.

SÁNCHEZ GONZÁLEZ, S y MELLADO PRADO, P.: *El sistema de fuentes en el ordenamiento español*, Madrid, CERA, 2010.

TORRES DEL MORAL, A.– *Principios de Derecho Constitucional español*, Vol.I, SPFDUC, Madrid, 1992.

Capítulo V
Poder constituyente y reforma constitucional

Capítulo V.
Poder constituyente y reforma constitucional

Cayetano Núñez Rivero

1. EL PODER CONSTITUYENTE. INTRODUCCIÓN

La existencia de un texto constitucional implica la consideración de tres momentos históricos diferentes en el proceso de organización del Estado. Así, en primer lugar hay que destacar la propia génesis de la Constitución, su proceso de formación y creación, que es la fase correspondiente al Poder Constituyente; en segundo lugar la conformación del texto constitucional: la plasmación de los poderes del Estado y los principios a que deben responder; y en tercer lugar el funcionamiento y atribuciones de los poderes constituidos, que son validados por el propio texto.

Por tanto, debe resaltarse que los poderes constituidos: Ejecutivo, Legislativo y Judicial, así como los restantes órganos del Estado, deben su existencia a la proclamación que de los mismos se hace en la Constitución, siendo por tanto posteriores al Poder Constituyente, que es el que ha dado lugar al nacimiento del texto constitucional.

A pesar que no exista un concepto único y excluyente con el que podamos definir al Poder Constituyente, debido a la influencia que en su definición ejercen los condicionamientos ideológico-políticos del Estado, en general podemos referirnos a él como el Poder en virtud del cual un pueblo se da una Constitución que regule su propia convivencia.

Como ha indicado ALZAGA[1], el concepto actual del Poder Constituyente se parece a un río cuyas aguas provienen de dos fuentes diversas: la

[1] Vid. ALZAGA VILLAAMIL, O; GUTIÉRREZ GUTIÉRREZ,I Y RODRÍGUEZ-ZAPATA, J.- *Derecho Político español*, Vol.I, CERA, Madrid, 1997.

doctrina constitucional clásica norteamericana y la doctrina clásica francesa.

2. CONCEPTO DE PODER CONSTITUYENTE

2.1. Sobre el origen y la evolución

Fue SIÈYES quien en su obra *¿Qué es el tercer Estado?*[2] elaboró, de forma coherente y sistemática, una teoría del Poder Constituyente, referido a la «Nación», al reconocer que la nación tiene un «Poder Constituyente», distinto al resto de poderes instituidos en la propia Constitución –Legislativo, Ejecutivo y Judicial– que no siendo posible que sea ejercido por la propia nación directamente, lo será a través de unos representantes extraordinarios, ligados por un compromiso, y que no pueden ocuparse de funciones propias de los poderes ordinarios, puesto que han sido designados para la tarea de elaborar una Constitución.

SIÉYES basaba su teoría sobre el Poder Constituyente en que la Nación soberana no queda sujeta a las previsiones por ella misma establecidas a los poderes estatales creados, y en la obra referida afirmaba: *"(...)que se nos diga según qué criterios, según qué interés hubiera podido darse una Constitución a la Nación misma. La Nación existente antes que todo: es el origen de todo. Su voluntad es siempre legal, es la ley misma. Antes que ella y por encima de ella sólo existe el derecho natural...Y no solamente no está sometida a una Constitución, sino que no puede estarlo, lo que equivale a decir, que no lo está.»*Agrega, además, que *«sería ridículo suponer que la Nación misma ligada por formalidades o por la Constitución a que ella ha sujetado a sus mandatarios.»* De ello se concluye que el derecho natural es lo que precede al obrar del poder constituyente y al dictado de toda ley, conclusión que veremos reflejada luego en la Declaración de los Derecho del Hombre y del Ciudadano de 1789, verdadero estandarte de la Revolución francesa, donde, solemnemente se afirma que: *«(...)los derechos naturales, inalienables y sagrados del hombre(...)» que «reconoce y declara»(...)»* lo son bajo los auspicios del Ser Supremo.

---

[2] *¿Qué es el tercer estado?*, publicado en París, antes de la revolución francesa, en enero 1789, por el abate ENMANUEL SIEYES, y sostenido por el mismo ese año en el seno de la Asamblea Nacional y en 1791 en la Convención, que integró. El folleto de Sièyes a donde se afirmaba: *"¿Qué es el Estado Llano? Todo. ¿Qué ha sido hasta el presente? Nada. ¿Qué quiere ser?...Algo»*, tuvo una muy rápida difusión y en dos meses se vendieron treinta mil ejemplares, lo que hizo famoso a su autor.

Sin embargo, la idea de la existencia de un Poder superior al resto de los poderes no fue exclusiva de SIÈYES, sino que con anterioridad había sido puesta de manifiesto en los pactos religiosos o *Covenants*, y basado, sobre todo, en la experiencia en torno al proceso de independencia de las colonias norteamericanas. Si SIÈYES excluía la participación directa del pueblo en el proceso constitucional, otorgando un carácter representativo al Poder Constituyente, la aportación norteamericana, partiendo de que es el pueblo quien detenta este Poder Constituyente, distinto del resto de los poderes clásicos, determina que el Poder Constituyente no puede ejercerse a través de comisionados, sino directamente a través del pueblo como único detentador del poder.

Aunque ambas teorías conciben el Poder Constituyente con distintos matices, podemos observar dos coincidencias sustanciales: que el concepto jurídico de Poder Constituyente es reproducción del concepto político de la soberanía popular –a pesar de que el pueblo opera de forma distinta–, y que la naturaleza del Poder Constituyente es la propia de un poder soberano.

2.2. Concepto del Poder Constituyente

En una primera aproximación, podemos referirnos al mismo, como el Poder en virtud del cual un pueblo se da una Constitución que regule su propia convivencia. Se trata, por tanto, de un acto de soberanía popular del máximo poder existente en un Estado.

Aunque fue SIÉYES en su temprana obra de 1789 *¿Qué es el tercer Estado?* el primero en elaborar una teoría del Poder Constituyente, distinto al resto de poderes instituidos en la propia Constitución, ya en la proclamación del primer texto constitucional, la Constitución norteamericana de 1787, los constituyentes de la misma comienzan con la fórmula «Nosotros el Pueblo de los Estados Unidos».

Muchas y muy variadas han sido las definiciones que sobre el Poder Constituyente ha aportado la doctrina científica, definiciones que inciden, en mayor o menor grado, bien en su origen, en su naturaleza o en su titularidad. Así, SCHMITT[3], se ha referido al mismo como «la voluntad política cuya fuerza o autoridad es capaz de adoptar la concreta decisión de conjunto sobre modo y forma de la propia existencia política».

Como «la voluntad originaria, extraordinaria y soberana de una comunidad que dicta las normas fundamentales para la organización y funcionamiento de

[3] Vid. SCHMITT, C.- *Teoría de la Constitución*, Alianza, Madrid, 1982.

su convivencia política» lo ha definido LUCAS VERDÚ[4], o como «la voluntad política del pueblo que decide sobre su propia existencia democrática» lo ha hecho TORRES DEL MORAL[5].

El Poder Constituyente alude a la potestad pública primaria de naturaleza normativa: la facultad de dictar las normas jurídicas supremas o de mayor rango, que regirán las principales instituciones del ordenamiento y a través de las cuales «se pretende controlar y limitar en nombre de la voluntad soberana del pueblo, la voluntad no soberana del gobernante». (DE VEGA)[6]

Estamos, por tanto, ante un poder que tiene la potestad de proclamar la Constitución de un Estado, tanto en su primera formulación, como mediante la introducción en el texto constitucional de los cambios que precise, sean éstos parciales o totales, adaptándola a los deseos de la Nación, aunque éstos respondan a una concepción diferente a la que tenían los primeros constituyentes; se trata por de una facultad expresión de la soberanía popular, que permite a la Nación proclamar las normas jurídicas supremas del Estado, fuente del resto del ordenamiento jurídico del mismo.

2.3. Características del Poder Constituyente

Como características fundamentales del Poder Constituyente originario podemos establecer:

1.ª *Es un poder originario e inmanente,* en cuanto no se deriva de ningún otro poder, justificándose en sí mismo y siendo ejercido directamente por el Pueblo. Es la fuente de los restantes poderes públicos. Se considera, en consecuencia, como la potestad primigenia de la comunidad política para dotarse de una organización jurídica y constitucional, no precisando de reglamentación jurídica previamente determinada. Por el contrario, él mismo constituye su propia razón y fundamento. Es inmanente en cuanto es el signo de la soberanía popular.

2.ª *Es un poder extraordinario,* que tiene como misión establecer el orden en el Estado y sólo actúa cuando la comunidad se dota de un texto constitucional o modifica el existente.

---

[4] Vid. LUCAS VERDÚ, P.- *Curso de Derecho Político*, Vol.II, Técnos, Madrid, 1977

[5] Vid. TORRES DEL MORAL, A.- *Estado de Derecho y Democracia de Partidos*, SPFDUC, Madrid, 1991.

[6] Vid. DE VEGA, P., *La reforma constitucional y la problemática del poder constituyente*. Madrid, Técnos, 1985.

3.ª *Es un poder permanente,* no se agota con la promulgación del texto constitucional, ya que éste no puede anularle, en virtud de que responde al principio de la voluntad general, que es anterior a las leyes, pudiendo actuar cuando ésta lo considere conveniente.

4.ª Es un poder *soberano,* en cuanto el Poder Constituyente es la instancia suprema de la cual nace la Constitución y sirve de fuente de las demás normas.

5.ª *Es un poder autónomo e ilimitado,* no está sujeto a las demás normas o reglas de procedimiento, ya que él mismo establece las normas y las impone a los demás poderes; no tiene límites a su ejercicio, salvo los derivados del Derecho Natural, los principios democráticos en la actualidad, y ocasionalmente los derivados del Derecho Internacional.

6.ª *Es un poder unitario e indivisible,* ya que aunque la nación se compone de individuos, las decisiones de todos quedan supeditadas a la voluntad general, que conforman el poder constituyente no como la suma de las voluntades de cada uno de los individuos, sino como una voluntad única y distinta, lo que supone el principio de la soberanía popular.

7.ª Es un poder *revolucionario.* Aunque no funda una sociedad política, sí organiza a ésta, estructurándola y creando el ordenamiento jurídico pertinente, ubicándose fuera y por encima del orden establecido, actuando en los momentos en que la Comunidad decide cambiar de régimen político.

2.4. Clasificación del Poder Constituyente

En el epígrafe anterior destacábamos como una de las características del Poder constituyente su carácter permanente, de tal forma que no se agota en la creación del texto constitucional, sino que, por el contrario, el mismo no se produce en un sólo acto y de forma definitiva. La razón es obvia, toda Constitución manifiesta los principios e ideales de una sociedad, estableciendo las normas y órganos por los que debe regirse la misma. Sin embargo, en virtud de los cambios constantes de carácter económico, social, político, etc., que se producen en toda comunidad humana, la Constitución si desea conservar su carácter normativo y ajustado para regular efectivamente la sociedad, debe proceder a adecuarse a las nuevas condiciones introduciendo reformas en su texto.

Es tradicional en la doctrina distinguir entre Poder Constituyente originario y Poder Constituyente constituido. El *Poder Constituyente originario,* es el Poder de crear una Constitución. Es «el Poder de los Poderes», es decir un poder de naturaleza metajurídica que da lugar a la Norma Fundamental.[7]

No obstante existen otras clasificaciones del Poder Constituyente, que toman otros parámetros en su conceptualización. Así el Poder Constituyente puede clasificarse en base a dos criterios fundamentales:

- El primero de ellos, tiene que ver con el órgano que lo ejerce, en cuyo caso se suele distinguir entre Poder Constituyente Originario y Poder Constituyente Derivado, según que la emisión de las normas de rango constitucional quede en manos del pueblo mediante los mecanismos de manifestación directa, o de sus representantes, respectivamente.
- El segundo criterio de clasificación, atiende a la forma como se manifiesta el Poder Constituyente, y distingue entre Poder Constituyente Revolucionario y Poder Constituyente Normal, dependiendo de si la modificación de las normas constitucionales han producido o no una ruptura del hilo constitucional.

El Poder Constituyente manifiesta su ejercicio con el acto de establecimiento de la Constitución, pero no agota ahí su ejercicio, sino que puede volver a manifestarse cuando sea preciso reformar la Constitución, adaptándola a las nuevas situaciones que deberá regir ese mismo Texto constitucional.

Por tanto, el Poder constituyente actúa en dos momentos históricos diferentes, el de la creación de la Constitución, que se denomina *Poder Constituyente Originario,* y el que posibilita al revisión de la Constitución, adecuando el texto a las nuevas necesidades de la sociedad que pretende regular, que se denomina *Poder Constituyente Derivado o Instituido.*

El *Poder Constituyente originario* es aquel que es capaz de establecer y fijar las normas fundamentales relativas al ejercicio del Poder. Es el poder de hacer la Constitución de forma global, unitaria y completa.

El *Poder Constituyente constituido*, también llamado instituido, derivado, de reforma o de revisión constitucional, es el poder de revisar o reformar la Constitución que fija las normas relativas al ejercicio del poder, bien por falta de previsiones constitucionales, bien por falta de adecuación de esas previsiones a las modificaciones políticas y sociales experimentadas.

A diferencia del Poder Constituyente originario, que es previo a la Constitución, el Poder Constituyente constituido está regulado en la propia Constitución de

---

[7] Vid. DE ESTEBAN, J Y GONZÁLEZ-TREVIJANO, P.- *Curso de Derecho Constitucional español III*, SPFDUC, Madrid, 1994.

donde obtiene su legitimidad, siendo la propia Constitución quien establece los límites a su poder de reforma.

La diferencia entre ambos estriba en que mientras el primero actúa sin estar sometido a procedimiento o norma alguna (salvo la idea de Derecho vigente en la sociedad y las limitaciones debidas a los procedimientos democráticos y al respeto de la soberanía nacional, ya que el mismo crea las normas por las que ha de regirse la sociedad), el segundo actúa según los procedimientos establecidos en el propio texto, constitucional que lo ha instituido.

De esta forma, mientras que el primero responde a todas las características enunciadas en el epígrafe anterior, el Poder derivado está sujeto a limitaciones materiales y formales previas por la existencia de una Constitución. Puede considerarse en principio, que el Poder originario tiene el poder de hacer un texto constitucional completo y de carácter global, mientras que al segundo sólo le queda reservado la reforma parcial del texto y no su totalidad. Sin embargo, en nuestra opinión, a la anterior afirmación cabría hacer el reparo, de que lo único que implica la existencia previa de un texto constitucional es el procedimiento de reforma que éste establece, y no la extensión o materia sujeta de la reforma. Se podría objetar que numerosos textos constitucionales contienen cláusulas de intangibilidad, de tal forma que algunos aspectos del mismo no pueden, ser objeto de reforma, tal ocurre por ejemplo, con la forma de republicana de gobierno, sin embargo, hasta en estos casos es técnicamente posible proceder a la reforma, ya que basta con reformar el artículo que impide que otros aspectos de la Constitución puedan ser reformados. No obstante, debe considerarse que cuando la amplitud de la reforma es de tal magnitud, como la indicada en el párrafo anterior, o afecta a determinados principios manifestados en el texto, nos encontramos ante una quiebra del texto constitucional, y parece pertinente entonces que se abra un nuevo proceso constituyente.

2.5. Titularidad del Poder Constituyente

Desde la conformación del Estado Constitucional a finales del siglo XVIII la existencia de un texto constitucional según los moldes del Primer Estado Liberal, implica la pretensión de que una determinada sociedad se organice políticamente según unos principios que garanticen junto a una serie de derechos y libertades del ciudadano, la seguridad jurídica, la organización de los poderes del Estado, así como la proclamación de la Soberanía nacional. Cabe una pregunta de carácter elemental, ¿a quién o a qué poder del Estado corresponde y tiene la facultad para crear o reformar la Constitución y por ende los poderes del Estado?

Con anterioridad a los acontecimientos que dieron lugar a los cambios sociales y políticos que supusieron el fin del Antiguo Régimen y al inicio de la era Constitucional, no existían formulaciones teóricas sobre este determinado poder que puede organizar políticamente a la Comunidad. La razón para ello es simple, ya que en términos generales, durante el periodo de monarquía absoluta, el poder no podía ser cuestionado, y la legitimación del ejercicio se derivaba del mismo Dios, cuyo representante temporal en la Tierra era el Emperador, Rey o Príncipe. Con el advenimiento del Estado liberal, dos aspectos vendrían a cambiar el planteamiento inicial:

a) La necesidad de justificar los profundos cambios acaecidos en el orden político, económico y social, llevados a cabo, mediante procesos revolucionarios no exentos de violencia, que habían derribado el sólido andamiaje de la Monarquía Absoluta y la sociedad estamental imperantes por muchos siglos.
b) La proclamación de la Soberanía Nacional, que consideraba al pueblo como el origen de todo poder.

De esta forma, el Estado Constitucional nace como un acto emanado de la voluntad de un pueblo que decide, en virtud de sus atribuciones, organizarse de determinada forma, no reconociendo por tanto poder superior al de ésta.

En realidad, la formulación no es nueva, ya que tiene su justificación en el ejercicio de la, soberanía, y ésta ya existía en el régimen anterior, lo que cambia es el titular de la misma, que de ser detentada por una persona o familia, pasa a serlo por la totalidad de la nación o pueblo, así como la justificación para su ejercicio.

De esta forma, las primeras manifestaciones sobre la existencia del poder constituyente o posibilidad que tiene los pueblos para dotarse de una organización política determinada mediante la aprobación de una Ley Fundamental no otorgada por poder ajeno a la voluntad, general, se encuentra intrínsecamente unida al principio de la soberanía nacional[8].

---

[8] La Constitución de los Estados Unidos de Norteamérica de 1787, en la que los «constituyentes» comienzan con la fórmula «Nosotros, el Pueblo de los Estados Unidos». Con anterioridad a la fecha de la promulgación de la Constitución de Norteamérica, sólo podemos encontrar algún antecedente, y no muy claro, en el mundo anglosajón, respecto a que corresponda al pueblo y no al soberano la creación

El Poder Constituyente reside en el pueblo, titular de un poder soberano, absoluto, ilimitado, permanente, sin límites y sin control jurisdiccional, pues sus actos son político-fundacionales y no jurídicos, y cuya validez se deriva de la propia voluntad política de la sociedad. El poder del pueblo es anterior al derecho, fuente del derecho, esencia del derecho e, igualmente, modificatorio de todo el derecho, inclusive el derecho constitucional. Esta afirmación no obsta, para que el pueblo delegue, por voluntad propia, y mediante las correspondientes cláusulas constitucionales, en determinados poderes instituidos cuando va a ejercer el poder de reforma constitucional.

Distinto de la titularidad, sería el estudio sobre las formas de manifestación de la actividad constituyente originaria. Si recurrimos al Derecho Constitucional Comparado, podremos observar que la potestad que el pueblo tiene de dotarse de una Constitución encargada de limitar y regular el ejercicio del poder, tiene muchas variantes:

- *Aclamación*. La aclamación, es un mecanismo de democracia directa, propio de las sociedades democráticas primitivas, en las cuales la voluntad constituyente era manifestada por el pueblo en multitud reunida. Por la dificultad de su implementación en los Estados complejos, esta figura ha desaparecido de las modernas experiencias.
- *Asambleas Constituyentes*. Las Asambleas Constituyentes son órganos representativos, distintos a los Poderes Constituidos, que se crean y eligen con la misión específica de elaborar y aprobar una Constitución.
- *Convenciones Constituyentes*. Las Convenciones Constituyentes son órganos representativos, comisionados para preparar un proyecto de

---

de este tipo de normas. En este sentido, es necesario remontarse a las luchas por el predominio político entre el Parlamento Británico y el Rey en el siglo XVII, o quizás más claramente en la época republicana de CRONWELL (1648), mediante el *Agrement of the people*, en las que el pueblo pretendía ser depositario de un poder por encima de las instituciones del régimen político británico, Pueden encontrarse otros antecedentes, tampoco especialmente diáfanos, pero que han tenido su importancia, en cuanto que fueron invocados por los constituyentes norteamericanos, en las «Constituciones» de las colonias inglesas de Norteamérica y en las convenciones llevadas a cabo por los inmigrantes puritanos en aquellos territorios, fruto de la conformación de sociedades con poca población, igualitarias y campesinas, cuya práctica de toma de decisiones tenían su base en los principios de la democracia directa.

La teoría del Poder constituyente nace por tanto, con los primeros procesos revolucionarios que dan lugar al Estado Constitucional y como consecuencia de la necesidad de justificar en la existen cia de un poder superior al propio Parlamento, o a cualquier poder constituido, la existencia de la Constitución. No obstante, aunque no exista su formulación estricta puede percibirse, como indica CARRÉ DE MALBERG un cierto fundamento del mismo en el pensamiento roussoniano de la «voluntad general», al menos en la consideración del pueblo como sujeto del poder constituyente.

Constitución, cuya aprobación debe someterse a ratificación del pueblo.

- *Plebiscito Constituyente.* Se trata de la convocatoria de una consulta popular encargada de ratificar, o rechazar, el Proyecto de Constitución elaborado por la Convención Constitucional, o por la Asamblea Constitucional, y cuyo valor deberá ser vinculante.

3. LA REFORMA CONSTITUCIONAL. INTRODUCCIÓN

Los primeros textos constitucionales surgían como garantías frente al poder ilimitado. Toda vez que comenzaban a reconocer una serie de derechos a los ciudadanos, lógico es pensar que en los albores del constitucionalismo escrito se propagara la idea de la inmutabilidad de la Constitución, como garantía a los logros alcanzados.

Como ha indicado LOEWENSTEIN[9], una Constitución ideal sería aquella que pudiera prever todos los desarrollos futuros de la comunidad, tanto en el orden político, como social, económico y cultural, pero esta situación de idealidad no existe en la realidad. Cuando el poder soberano elabora su Constitución lo hace con base en unas premisas determinadas, premisas que, en algunos casos obedecen a la tradición histórica del país, de forma que denotan un carácter marcadamente continuista, pero en otras ocasiones se manifiestan en el momento exacto en que el Poder Constituyente está realizando sus funciones. La Constitución refleja la historia de una nación, pero también la situación política, económica, cultural y social del momento en que se crea, a la vez que es reflejo de la situación entre las fuerzas sociales que participan en su nacimiento. Pero todas estas situaciones temporales lo son en este sentido, de forma que nada hace presagiar que se mantengan intemporalmente.

A pesar de que todas las Constituciones nacen con una pretensión de permanencia, la realidad constitucional demuestra que los cambios constitucionales son relativamente frecuentes. Con ello se supera la idea del constitucionalismo revolucionario de petrificar las Constituciones.

Sabido es que el Derecho avanza mucho más lentamente que la sociedad, y que este hecho es una garantía sólo cuando no se rompe esta especie de lejanía y cuando la diferencia de avance no llega a ser insalvable, puesto que

---

[9] Vid. LOEWENSTEIN, K.- *Teoría de la Constitución*, Ariel, Barcelona, 1976.

en este caso se produce un desfase entre la realidad legal y la socio-política que convierten al derecho en algo inservible, lo que va a determinar la necesidad de acomodación derecho-sociedad.

Predicado este postulado al ámbito del Derecho Constitucional, se hace necesaria la inevitable acomodación de la Constitución a la realidad constitucional, hecho que debe producirse a través de la reforma o la mutación constitucional.

Muy pronto los redactores de los textos constitucionales fueron conscientes de que las Constituciones no resistirían indefinidamente la evolución de la sociedad y el paso del tiempo. La idea de cambio constitucional se materializó en la Constitución federal norteamericana de 1787 y en las francesas de 1791 y 1793, la cual, proclamaba solemnemente que «un pueblo tiene siempre el derecho de cambiar, reformar y revisar su Constitución. Una generación no puede imponer sus leyes a generaciones futuras»[10].

Tradicionalmente, la reforma se ha entendido como un mecanismo que sirve para colmar lagunas, pero también sirve para adaptar la realidad jurídica a la realidad política, es una garantía que permite preservar la continuidad jurídica del Estado, y protege al texto constitucional de una ruptura violenta.

Como ha indicado DE VEGA[11], la reforma constitucional tiene por objeto ser instrumento de adecuación entre la realidad jurídica y la política; es instrumento de articulación jurídica del Estado, y es una institución básica de garantía. Así, la reforma constitucional es vital para asegurar la adaptación de la Constitución a la realidad cambiante. La institución de la reforma resuelve el que tal acoplamiento se produzca sin romper la continuidad jurídica y el poder de reforma implica una institución de garantía porque al requerir para modificar la Constitución un procedimiento más rígido, se refuerza la distinción entre la Constitución, entendida como Ley Suprema, y la ley ordinaria y, por consiguiente, la minoría o minorías que quedan al margen del gobierno tras una elección, puede gozar de la tranquilidad de que la mayoría coyuntural no puede modificar la Constitución para adecuarla a sus intereses partidistas, como ha asegurado ALZAGA VILLAAMIL[12].

---

[10] SÁNCHEZ GONZÁLEZ, S. Y MELLADO PRADO, P., *Fundamentos de Derecho Político*. Madrid, UNED, 1993.

[11] DE VEGA, P., *La reforma constitucional y la problemática del poder constituyente*. Madrid, Técnos, 1985.

[12] En ALZAGA VILLAAMIL, O; GUTIÉRREZ GUTIÉRREZ,I Y RODRÍGUEZ-ZAPATA, J.- *Derecho Político español*, Vol. I, CERA, Madrid, 1997.

Como institución de defensa del orden constitucional y de las minorías, en definitiva, como mecanismo de defensa, implica el establecimiento de un procedimiento especial para la modificación constitucional, con lo que se coloca la Constitución como base de todo el sistema de garantías constitucionales.

Los postulados que en un primer momento mantenía el iusnaturalismo revolucionario, siguen hoy plenamente vigentes, aunque, tal vez, con consideraciones teóricas diferentes, puesto que, como ha asentado VANOSSI[13] «la materia constitucional es una técnica que se apoya en la visión adecuada de los hechos y de las fuerzas que mueven a las hechos para construir, sobre esa base, el ropaje legal del Estado».

La necesidad de adaptación del texto constitucional a la realidad cambiante ha determinado que la mayoría de las Constituciones hayan regulado el mecanismo de reforma de la misma, como sistema de garantía a su supremacía.

Hoy en día, la casi totalidad de Constituciones tienen un carácter rígido, y así debe de ser, previéndose procedimientos más o menos agravados, que toda vez que actúen como garantía de la máxima Garantía jurídica que es la Constitución, no impidan, sin embargo la propia reforma constitucional.

La reforma constitucional se configura así como un mecanismo necesario al que no se puede temer, por distintas circunstancias. Y entre estas circunstancias de temor a la reforma constitucional no puede pesar la histórica inestabilidad constitucional de un régimen.

La elaboración de un modelo teórico que brinde herramientas críticas para evaluar a cualquier concreto proceso de reforma constitucional, exige hacer un análisis completo de la Teoría Constitucional, puesto que la Reforma constitucional se integra en la Teoría Constitucional, y es un instrumento la transformación política. El tema de la reforma constitucional no puede ser analizado exclusivamente desde un punto de vista jurídico, ya que se trata de una cuestión que invade el campo de la teoría política, en cuanto que enlaza con la problemática de la soberanía y del poder constituyente, y de la sociología política, en cuanto plantea problemas importantes sobre su carácter transformador o no de la realidad social. Junto con ello hay que destacar su consideración como **mecanismo de defensa constitucional**, con lo cual el ámbito de la Teoría de la Constitución también se ve afectado, en palabras de ÁLVAREZ CONDE[14], puesto que el tema de la reforma constitucional hay que plantearlo desde la Constitución como norma jurídica, habiendo dejado de ser, con

13 VANOSSI, J. R., *Teoría constitucional*. Vol. 1, Buenos Aires, Depalma. 1975.

14 ÁLVAREZ CONDE, E.- *Curso de Derecho Constitucional*, Vol. I, 2ª Ed. Técnos, Madrid, 1996.

carácter prioritario, un instrumento fundamental para adecuar la Constitución a la realidad, función ésta que ya desempeña la interpretación , y convirtiéndose en una garantía excepcional (PÉREZ ROYO)[15]

4. DELIMITACIÓN CONCEPTUAL DE REFORMA CONSTITUCIONAL

Como se indicaba en el epígrafe anterior los textos constitucionales nacen con la pretensión de regular a una comunidad concreta que vive en unas condiciones socioeconómicas y políticas precisas y en un momento histórico determinado. En virtud de que las condiciones indicadas anteriormente cambien, si el texto pretende seguir regulando efectivamente a esa sociedad, deberán proceder a adecuar su texto a la nueva situación. Es por ello, que ningún texto constitucional puede pretender ser inmutable, y por tanto debe tener previsto los mecanismos de reforma necesarios para su permanente adecuación. El grado de eficacia del texto constitucional vigente indicará cuándo y qué preceptos son sujetos de reforma.

En el proceso de adecuación del texto constitucional a la sociedad, en términos generales podemos considerar tres supuestos:

1. La quiebra constitucional

Supone el máximo grado de inadecuación del texto constitucional a la sociedad que pretende regular. Implica una reforma completa de la Constitución. En realidad no se trata de una reforma constitucional, sino de la creación de otro texto constitucional diferente al que ha estado vigente.

La quiebra constitucional puede responder a dos aspectos:

- Que se haya producido una *Destrucción de la Constitución,* en virtud de un profundo cambio en la situación política, de tal forma, que haya cambiado el titular del Poder Constituyente. Es el caso de los procesos revolucionarlos que han determinado el cambio de régimen político. Es el paso de las Monarquías Limitadas a las Monarquías Parlamentarias o Repúblicas. Valga como ejemplo el proceso constituyente de la Segunda República de España frente a la Constitución 1876.

---

[15] PÉREZ ROYO, J.- *La reforma Constitucional*, Congreso de los Diputados, Madrid, 1987.

- Que se haya producido una *Supresión de la Constitución*. En este caso no cambia la titularidad del Poder Constituyente, aunque el texto constitucional pueda ser cambiado en su totalidad. Representa el grado máximo de reforma constitucional.

2. La mutación constitucional

Tiene lugar cuando en la norma constitucional se produce un cambio de significado y contenido, sin que haya sido alterado el texto escrito. Como indica LUCAS VERDÚ[16], el tema, de las mutaciones constitucionales se debe a la incongruencia entre las normas constitucionales y la realidad constitucional:

Las mutaciones constitucionales se deben fundamentalmente a:

a) *La actividad parlamentaria.* Mediante la producción legislativa, que desarrollan preceptos constitucionales y que pueden cambiar el sentido último de la norma constitucional. En el ámbito parlamentario, quizás el caso más destacable sea el de los Reglamentos de las Cámaras, ya que por este medio en la práctica se fuerza un sentido diferente al concebido en la norma. Valga como ejemplo el protagonismo otorgado a los grupos parlamentario, y en consecuencia a los partidos políticos, en detrimento de los parlamentarios.

b) *Las decisiones judiciales.* Especialmente en lo que respecta a su labor como intérpretes de la Constitución. La actividad de los Tribunales Constitucionales es especialmente intensa sobre este punto. La jurisprudencia constitucional constituye uno de los medios más frecuentes de mutación constitucional.

c) *Que no sea ejercida determinada atribución por su titular,* quedando por tanto en desuso, es el caso más común en el paso de las Monarquías Limitadas a las actuales Monarquías Parlamentarias

d) Pueden destacarse igualmente el papel jugado por las Convenciones en el mundo anglosajón, la cortesía parlamentaria, la costumbre, etc.

3. La Reforma constitucional propiamente dicha

Se diferencia del punto anterior, en cuanto implica necesariamente una modificación en el texto constitucional. Como se ha, indicado anteriormente

---

[16] Op. Cit. Loc. Cit.

es consecuencia del poder derivado y sus mecanismos de actuación están previstos en la propia Constitución vigente. Aunque teóricamente puede afectar a la totalidad del texto constitucional, se emplea para reformas parciales del mismo, ya que en caso contrario estaríamos refiriéndonos a la quiebra constitucional expuesta anteriormente en el primer punto del presente epígrafe.

De acuerdo con lo afirmado por DE VEGA, tres son los aspectos en que opera la reforma en la moderna organización constitucional democrática, pues a su consideración como *instrumento de adecuación entre las realidades político-jurídicas*, la reforma, siempre que se verifique con plena observación del procedimiento establecido, se configura como un *mecanismo de articulación de la continuidad jurídica* del Estado, y como *instrumento básico de garantía*.

5. LOS PROCEDIMIENTOS DE REFORMA CONSTITUCIONAL

La concepción sobre la Constitución, debe hacer efectiva la normatividad de la misma, normatividad que debe situar la Constitución en la cúspide del sistema de fuentes, para lo cual, además, debe de protegerse a la Constitución con todos los mecanismos que la Ciencia del Derecho Constitucional y la Teoría de la Constitución han manifestado, y entre los cuales juega un papel trascendente el instituto de la Reforma Constitucional. Una Constitución no sólo debe de ser *normativa*, también debe de ser *rígida*.

De la comparación entre las Constituciones británica y norteamericana, Lord BRYCE[17], elaboró una clasificación en virtud de la cual, serán Constituciones *flexibles* aquellas Constituciones que, por no ocupar una posición superior a las del resto de las leyes, y por emanar de la misma autoridad que dictó aquellas, pueden ser modificadas por el procedimiento legislativo común u ordinario.

En contraposición, serán Constituciones *rígidas* aquellas Constituciones que se sitúan en un nivel superior al de las leyes ordinarias, y serán reformadas mediante la observación de un procedimiento complejo que obstaculice su modificación, con el fin de respetar los intereses de los grupos sociales.

Esta teorización, que en esencia viene a coincidir con la clasificación entre Constituciones escritas y no escritas, debe ser lo suficientemente matizada en el sentido de ni es tan fácil la reforma de aquellas Constituciones

---

[17] BRYCE, J.- *Constituciones flexibles y constituciones rígidas*, CEC, Madrid, 1988.

no escritas que, como la británica, ha sido plenamente aceptada por la sociedad, ni una Constitución escrita tiene porqué regular mecanismos de reforma especialmente dificultosos, como por ejemplo la Constitución norteamericana que ha sido reformada, aparte de siguiendo el procedimiento que ella misma regula, también a través de la interpretación que de ella han hecho los jueces.

Los procedimientos de reforma constitucional varían en virtud del grado de flexibilidad o rigidez que tenga el texto constitucional, así como en la pervivencia de las instituciones de democracia directa en el régimen político. En términos generales, podemos distinguir los siguientes procedimientos de Reforma:

a) Que se atribuya a un *Órgano Especial,* convocado a tal efecto, que actúa como *Asamblea Constituyente,* y cuya única misión sea proceder a la reforma constitucional. Es el procedimiento establecido en la Constitución Norteamericana de 1787 (art 5), así como el proceso constituyente colombiano de 1991.

b) Que se atribuya al *Parlamento.* En este caso, dependiendo del grado de rigidez del texto constitucional y de si el sistema es unicameral o bicameral, pueden producirse los siguientes supuestos.

- Que la Constitución sea, de carácter flexible, en cuyo caso, sólo es necesario que la reforma sea aprobada por el Parlamento y con los procedimientos utilizados para las leyes ordinarias. El ejemplo clásico es el del constitucionalismo británico, consecuencia de los múltiples textos que componen su constitución. Otro, ejemplo es el del Estatuto Albertino en Italia, que estuvo vigente desde 1848 hasta el final de la Segunda Guerra Mundial, habiendo sido utilizado desde antes de la unificación italiana en la Región del Piamonte, en la Monarquía constitucional del Reino de Italia, incluso durante el periodo fascista.
- Que se exija la aprobación por mayorías cualificadas (absoluta, dos tercios, tres quintos, etc... En el caso de existencia de dos Cámaras la reforma ha de ser aprobada en ambas.
- En el supuesto del bicameralismo, puede producirse la necesidad de que una vez que se ha procedido a la deliberación sobre la reforma en ambas Cámaras, la aprobación se haga en sesión conjunta.
- Que sean necesarias votaciones sucesivas, de tal forma, que si el Parlamento se pronuncia sobre la necesidad de una reforma constitucional, debe procederse a la disolución del mismo, y es el próximo el que puede aprobarla.

Los procedimientos anteriores pueden llevar aparejados, una vez que el Parlamento ha aprobado la reforma del texto constitucional, la necesidad de un *Referéndum* constitucional.

En el caso de algunos Estados Federales, puede ser necesario que la Reforma sea aprobada en todos o en la mayoría de los Estados miembros, bien por los Parlamentos de esos estados, o mediante Convenciones, tal ocurre por ejemplo en los Estados Unidos de Norteamérica.

En cuanto a quién corresponde la iniciativa de Reforma Constitucional, podemos destacar los siguientes supuestos:

- Que corresponda exclusivamente al *Parlamento*. En la actualidad, independientemente de que la reforma, se lleve a cabo por el Parlamento o no, no es fórmula utilizada, siendo, propia de los primeros tiempos del Estado Constitucional. Por ejemplo, la Constitución Norteamericana de 1787 y la francesa de 1791.
- Que corresponda al *Ejecutivo*. Descartado su funcionamiento en el caso de las Cartas Otorgadas, y donde el Poder Constituyente residía en el Rey, no se ha producido, mas que en los periodos, de claro predominio del gobierno sobre el Parlamento, propio de regímenes de carácter autoritario y de los primeros tiempos de la Monarquía Constitucional.
- Que sea compartido entre el *Ejecutivo* y el *Parlamento,* en virtud de la iniciativa legislativa de dichos poderes. Es propio del constitucionalismo actual en el continente europeo.
- Que parta de la *iniciativa popular,* necesitando la misma de una serie de firmas de los ciudadanos. Existe en los Estados donde están más enraizadas las instituciones de democracia directa. El caso más representativo es la Confederación Helvética

6. LOS LÍMITES DE LA REFORMA CONSTITUCIONAL

En epígrafes anteriores nos hemos referido a los posibles límites que tiene la reforma constitucional, en el entendimiento de que el Poder Constituyente originario no puede tener límites, como consecuencia del principio de la soberanía nacional y la democracia. Sin embargo, los regímenes políticos pueden establecer ciertas limitaciones a los procesos de la reforma, que se especifican precisamente en los textos constitucionales. A este respecto, como se indicó anteriormente, la modificación de los artículos que impiden que otros sean reformados implicaría la posibilidad teórica de que todo el texto constitucional pueda ser objeto de reforma.

El Poder Constituyente Derivado, que implica la competencia de cambiar preceptos de la Constitución, conforme a lo previsto en su mismo texto, se caracteriza por ser limitado e instituido.

En un primer momento podemos hablar de *límites absolutos*, como aquellos que, bien por voluntad expresa del Poder Constituyente, bien por deducción implícita de la normación del sistema, no pueden, en modo alguno, superarse, y de *límites relativos*, que pueden superarse a través de procedimientos especiales predeterminados.

También podemos distinguir entre *límites heterónomos*, que no derivan de la propia Constitución, sino que proceden de fuentes distintas al texto constitucional, entre los que podemos encontrar aquellos que impone la Comunidad Internacional, a través de Tratados o Convenios a sus Estados firmantes, y *límites autónomos*, que vienen impuestos por el propio ordenamiento constitucional.

Los límites que pueden contener los textos constitucionales pueden agruparse en los siguientes apartados:

- De carácter *temporal*. Algunos textos constitucionales imponen el paso de determinado número de años antes que pueda llevarse a cabo una reforma de su texto. En este sentido, cabe destacar la Constitución norteamericana de 1787, que impedía que sobre determinados aspectos de la Constitución pudieran hacerse reformas antes de 1808. En España, nuestro primer texto constitucional establecía que hasta pasados dos años no se podía reformar artículo alguno (Constitución de 1812, art. 375).
- Por su *extensión*. La reforma constitucional puede ser parcial y total, algunos textos constitucionales ponen límites a la amplitud de que puede ser objeto de la reforma, en cada momento el texto constitucional vigente español permite la reforma total del mismo.
- Limites *formales*. Cuando la Constitución permite a los órganos constituidos ejercer la función constituyente, éstos han de respetar las formalidades prescritas para ello en el texto constitucional. La Constitución establece sus propios procedimientos de reforma.
- Por lo tanto, las modificaciones del texto constitucional, realizadas por los órganos constituidos en ejercicio del Poder Constituyente Derivado, que se produzcan fuera de los cauces previstos en la normativa constitucional, serán absolutamente nulas e ineficaces.

- Límites *materiales o de contenido. Las cláusulas de intangibilidad.* Existen Constituciones que prohíben la reforma de determinados contenidos, o de determinadas instituciones.
  En virtud de estos límites, no se autoriza la enmienda o reforma constitucional, para variar el sistema democrático de gobierno; ni para sustituir el régimen «representativo»; y mucho menos para alterar el principio de alternancia en el ejercicio del poder. Para evitar que los órganos del Poder Constituyente de Reforma causasen cualquier modificación de esos principios sustanciales del sistema político, han quedado fuera del alcance del Constituyente Derivado, por virtud de las cláusulas de intangibilidad.
  Varias son las Constituciones que incluyen en su seno materias inmodificables cualquiera que sea el procedimiento de reforma. Así vemos ejemplos de cláusulas de intangibilidad en la Ley Fundamental de Bonn de 1949, cuyo artículo 79.3 contiene varias cláusulas de este tipo que prohíben la reforma de la división de la Federación en Länders o del principio de cooperación de éstos en el ejercicio de la potestad legislativa; o a los principios contenidos en sus artículo 1, referido a los derechos inviolables e inalienables o la dignidad, y artículo 20, por el que se reconoce el Estado federal, democrático y social, así como el derecho de resistencia. La Constitución Italiana de 1947 también establece la imposibilidad de reforma de la forma de gobierno republicano.
  Estas cláusulas obedecen a distintas motivaciones. Así en el caso alemán nos encontramos ante una reacción ante la experiencia hitleriana; en el caso italiano se pretendía evitar la vuelta de la monarquía colaboradora con el fascismo; en el caso portugués, que prohíbe la modificación de la forma republicana, o regula de manera minuciosa las relaciones Iglesia-Estado, prohibiendo sus modificaciones, estas cláusulas se justifican por su salida de una dictadura a través de un proceso revolucionario.
  En definitiva, lo que interesa manifestar es que los preceptos de esta naturaleza se erigen en obstáculos insalvables, en principio, a través del procedimiento de reforma y son expresión extrema de la rigidez constitucional que obedece a unas concretas circunstancias históricas, pero petrifican a generaciones posteriores, de manera tal que su virtualidad puede ser solventada por una posterior actuación del Poder Constituyente Originario. Creemos con TORRES DEL MORAL que la única cláusula de intangibilidad aceptable es la que protege el principio democrático.

En la Constitución española de 1978 no existen estas cláusulas pétreas, aunque sí como en otros textos constitucionales un mecanismo agravado de reforma, cuando esta afecta a determinadas partes de la Constitución (art.168.C.E.).

Directamente relacionado con los límites, y sobre **el control de la Reforma Constitucional,** mucho se ha discutido por parte de la más docta doctrina a cerca de la conveniencia o no de establecer el control sobre la reforma constitucional. Mientras que ciertos sectores defienden que al constituir la reforma un proceso que se realiza en virtud de las prescripciones constitucionales y por el órgano investido para el ejercicio del Poder Constituyente derivado, o Poder de reforma, el órgano se adecua perfectamente a las prescripciones constitucionales, y en base al principio de presunción de actuación constitucional, no son precisos controles específicos. Por el contrario, ciertos sectores doctrinales han defendido la necesidad de residenciar en los órganos encargados de velar por la primacía y superioridad constitucional, en los órganos encargados de velar por la constitucionalidad de las normas, la averiguación de si el proceso de reforma se adecua a lo previsto en el Texto constitucional que se pretende reformar. El control de constitucionalidad es admisible sólo para verificar el cumplimiento de las reglas de procedimiento y, en caso de estar fijados límites expresos, para fiscalizar, en primera instancia, el respeto de los *«contenidos protegidos»* o, en su defecto, la observancia del doble procedimiento de revisión que estos imponen al Poder Constituyente de Reforma.

7. LA REFORMA CONSTITUCIONAL EN LA CONSTITUCIÓN ESPAÑOLA

A la reforma constitucional dedica nuestra Constitución el Título X, cerrando, de esta forma, la parte articulada del texto.

La configuración que del instituto de la reforma hace la Constitución de 1978, permite asegurar la primacía constitucional, como Ley de leyes, debido a las trabas impuestas para proceder a la revisión constitucional, y el resguardo del artículo 1 de la Constitución que proclama la soberanía popular como origen de los poderes del Estado, y en este caso, del poder de reforma que el pueblo atribuye a los distintos órganos.

La *iniciativa para la reforma* se otorga al Gobierno y al Parlamento, como órganos centrales, así como a los órganos de las Comunidades Autónomas como consecuencia de la configuración del Estado español como un Estado autonómico y descentralizado, aunque se sustrae al pueblo la posibilidad de iniciar el proceso de reforma.

A pesar de que la Constitución Española no contempla ninguna cláusula de intangibilidad, y permite la revisión total del texto, se ha asegurado de establecer una clara clasificación de su contenido material regulando dos procedimientos distintos, según sea la parte de la Constitución que se pretende reformar; hecho que ha llevado a la doctrina a hablar de dos tipos de procedimiento de reforma: el agravado, y el procedimiento ordinario, dotados en ambos casos de barreras, de distinta naturaleza, tendentes a dificultar la reforma, y que denotan una diferenciación respecto al procedimiento legislativo ordinario.

1. Procedimiento agravado de reforma

Cuando la reforma afecte al Título Preliminar, a la Sección Primera del Capítulo II del Título 1 (derechos fundamentales y libertades públicas), al Título II (De la Corona), o cuando se trate de una revisión total, los constituyentes han impuesto una serie de dificultades que, si bien no hacen imposible la reforma, obligan a un amplio consenso constitucional de las fuerzas políticas y exige la consulta al pueblo a través del referéndum, puesto que el procedimiento a seguir exige:

1º Aprobación del proyecto de reforma por mayoría cualificada de 2/3 de los miembros de las Cámaras legislativas.
2º Disolución de las Cortes Generales.
3º Convocatoria de elecciones generales.
4º Ratificación del proyecto de reforma por mayoría de 2/3 de las nuevas Cámaras elegidas.
5º Ratificación de la reforma por el pueblo en referéndum.

2. Procedimiento ordinario de reforma

Menos dificultades supone una reforma que afecte a aquellas partes que no se enumeran en el procedimiento agravado, aunque ello no signifique que no se exija un cierto consenso parlamentario, toda vez que sean necesarias mayorías especiales.

El procedimiento ordinario de reforma exige la aprobación del proyecto de reforma por mayoría cualificada de 3/5 de cada Cámara. Sólo para el caso de que no se lograra esta mayoría en el Senado, y siempre que el proyecto hubiera obtenido la mayoría absoluta en la Cámara Alta, el Congreso podrá aprobar la reforma por mayoría de 2/3.

En este caso la reforma se someterá a referéndum, solamente, cuando lo solicite, dentro de los 15 días siguientes, una décima parte de los miembros de cual quiera de las Cámaras.

El único límite establecido en la Constitución consiste en la imposibilidad de iniciar la reforma en tiempos de guerra o cuando hayan sido declarados los estados de alarma, excepción o sitio regulados en el artículo 116.

La Constitución española de 1978, ha sido reformada en dos ocasiones. La Reforma Constitucional de 27 de agosto de 1992 («B.O.E.» 28 agosto), que entró en vigor el 28 agosto 1992, modificó el art. 13.2, como consecuencia de la ratificación del Tratado de Maastricht, en virtud de la cual se reconocía el derecho de sufragio pasivo a los extranjeros para las elecciones municipales[18]. La segunda reforma ha afectado al artículo 135 redactado por el artículo único de la Reforma de la Constitución Española de 27 de septiembre de 2011 («B.O.E.» 27 septiembre), cuya entrada en vigor ha sido el 27 de septiembre 2011, y ha traído su origen en las exigencias comunitarias para la estabilidad presupuestaria[19]. En ambas ocasiones se ha utilizado el procedimiento ordinario de reforma y se ha obtenido un amplio consenso entre las fuerzas parlamentarias.

---

[18] **Artículo 13**

1. Los extranjeros gozarán en España de las libertades públicas que garantiza el presente Título en los términos que establezcan los tratados y la ley.

2. Solamente los españoles serán titulares de los derechos reconocidos en el artículo 23, salvo lo que, atendiendo a criterios de reciprocidad, pueda establecerse por tratado o ley para el derecho de sufragio activo *y pasivo* en las elecciones municipales*.

3. La extradición sólo se concederá en cumplimiento de un tratado o de una ley, atendiendo al principio de reciprocidad. Quedan excluidos de la extradición los delitos políticos, no considerándose como tales los actos de terrorismo.

4. La ley establecerá los términos en que los ciudadanos de otros países y los apátridas podrán gozar del derecho de asilo en España.

[19] **Artículo 135**

1. Todas las Administraciones Públicas adecuarán sus actuaciones al principio de estabilidad presupuestaria.

2. El Estado y las Comunidades Autónomas no podrán incurrir en un déficit estructural que supere los márgenes establecidos, en su caso, por la Unión Europea para sus Estados Miembros.

Una ley orgánica fijará el déficit estructural máximo permitido al Estado y a las Comunidades Autónomas, en relación con su producto interior bruto. Las Entidades Locales deberán presentar equilibrio presupuestario.

BIBLIOGRAFÍA

ACOSTA ROMERO, MIGUEL: *Las mutaciones de los Estados en la última Década del Siglo XX, necesidad de nuevas Constituciones y reformas de las vigentes.* Editorial Porrúa, México, 1993.

ÁLVAREZ CONDE, E.: *Curso de Derecho Constitucional,* Vol. I, 2ª Ed. Tecnos, Madrid, 1996.

ALZAGA VILLAAMIL, O.; GUTIÉRREZ GUTIÉRREZ, I. y RODRÍGUEZ-ZAPATA, J.: *Derecho Político español,* Vol. I, CERA, Madrid, 1997.

ARAGÓN, M.: *Constitución y Democracia,* Tecnos, Madrid, 1989.

BISCARETTI DI RUFIA, P.: *Derecho Constitucional,* Tecnos, Madrid, 1973.

BRYCE, J.: *Constituciones flexibles y constituciones rígidas,* CEC, Madrid, 1988.

BURDEAU, GEORGES: *Traite de Sciencie Politique.* Librarie General de Droi et de Jurisprudente. París. 1976.

DE ESTEBAN, J, y otros.: *El Régimen constitucional español,* Labor, Madrid, 1982.

---

3. El Estado y las Comunidades Autónomas habrán de estar autorizados por ley para emitir deuda pública o contraer crédito.

Los créditos para satisfacer los intereses y el capital de la deuda pública de las Administraciones se entenderán siempre incluidos en el estado de gastos de sus presupuestos y su pago gozará de prioridad absoluta. Estos créditos no podrán ser objeto de enmienda o modificación, mientras se ajusten a las condiciones de la ley de emisión.

El volumen de deuda pública del conjunto de las Administraciones Públicas en relación con el producto interior bruto del Estado no podrá superar el valor de referencia establecido en el Tratado de Funcionamiento de la Unión Europea.

4. Los límites de déficit estructural y de volumen de deuda pública sólo podrán superarse en caso de catástrofes naturales, recesión económica o situaciones de emergencia extraordinaria que escapen al control del Estado y perjudiquen considerablemente la situación financiera o la sostenibilidad económica o social del Estado, apreciadas por la mayoría absoluta de los miembros del Congreso de los Diputados.

5. Una ley orgánica desarrollará los principios a que se refiere este artículo, así como la participación, en los procedimientos respectivos, de los órganos de coordinación institucional entre las Administraciones Públicas en materia de política fiscal y financiera. En todo caso, regulará:

a) La distribución de los límites de déficit y de deuda entre las distintas Administraciones Públicas, los supuestos excepcionales de superación de los mismos y la forma y plazo de corrección de las desviaciones que sobre uno y otro pudieran producirse.

b) La metodología y el procedimiento para el cálculo del déficit estructural.

c) La responsabilidad de cada Administración Pública en caso de incumplimiento de los objetivos de estabilidad presupuestaria.

6. Las Comunidades Autónomas, de acuerdo con sus respectivos Estatutos y dentro de los límites a que se refiere este artículo, adoptarán las disposiciones que procedan para la aplicación efectiva del principio de estabilidad en sus normas y decisiones presupuestarias.

de Esteban, J. y González-Trevijano, P.: *Curso de Derecho Constitucional español III,* SPFDUC, Madrid, 1994.

de Otto, I.: *Derecho Constitucional. Sistema de fuentes,* Ariel, Barcelona, 1987.

de Vega, P.: *La reforma constitucional y la problemática del Poder Constituyente,* Tecnos, Madrid, 1985.

Diaz Ricci, S.M.: *Teoría de la Reforma Constitucional,* UAM-UCM-Ediar, Argentina, 2004.

García-Atance, Mª. V.- *Reforma y Permanencia constitucional* Madrid, CEC, 2002.

Hauriou, A.: Derecho Constitucional e Instituciones políticas Ariel, Barcelona, 1971.

Hessel K.: Escritos de Derecho Constitucional, CEC, Madrid, 1983.

Jellinek, G.: *Reforma y mutación de la Constitución,* CEC, Madrid, 1991

Kelsen, H.: *Teoría General del Estado,* México, 1979.

Lasalle, F.: *¿Qué es una Constitución?,* Alianza, Madrid, 1974

Loewenstein, K.: *Teoría de la Constitución,* Ariel, Barcelona, 1976.

Lucas Verdú, P.: *Curso de Derecho Político,* Vol. II, Tecnos, Madrid, 1977.

Negrí, A.: *El poder constituyente. Ensayo sobre las alternativas de la modernidad,* Ed. Libertarias-Prodhufi, Madrid, 1994.

Pace, A. y Varela, J.: *La rigidez de las Constituciones escritas,* CEC, Madrid, 1995.

Pérez Royo, J.: *La reforma Constitucional,* Congreso de los Diputados, Madrid, 1987.

Pérez Serrano, N.: *El Poder Constituyente,* RACMP, Madrid, 1947.

Sánchez, S y Mellado, P.: *Principios de Derecho Político,* CERA, Madrid, 1998.

Sánchez, S y Mellado, P.: *Fundamentos de Derecho Político,* UNED, Madrid, 1993.

Sartori, G.: *Elementos de Teoría Política,* Alianza, Madrid, 1992

Schmitt, C.: *Teoría de la Constitución,* Alianza, Madrid, 1982.

Torres del Moral: *Principios de derecho Constitucional.* SPFDUC, Madrid, 2005.

Vanossi, J.R.: *Teoría constitucional,* Depalma, Buenos Aires, 1975.

Capítulo VI
La defensa de la Constitución a través de la Jurisdicción Constitucional. El Tribunal Constitucional

Capítulo VI.
La defensa de la Constitución a través de la Jurisdicción Constitucional. El Tribunal Constitucional

Juan Manuel Goig Martínez

1. ORIGENES Y DESARROLLO DE LA JUSTICIA CONSTITUCIONAL

Aun cuando por algunos sectores se ha cifrado el nacimiento de la Justicia Constitucional en Inglaterra (*Agreement of the People*, e *Instrument of Government*), sitúa TORRES DEL MORAL[1] el origen de ésta en los inicios de la historia de los EE.UU., como República Federal. Concretamente se suele definir su nacimiento en la célebre sentencia que pronunciara el Juez Marshall (caso Marbury contra Madison) en 1803, aunque no se pueden olvidar como precedentes las aportaciones de Hamilton en «El Federalista».

La jurisdicción constitucional surge, históricamente hablando, como reacción cautelar conservadora ante la eventual desmesura en las actuaciones de un legislador democráticamente legitimado.

Los recelos que surgen en EE.UU. frente a la falta de limitación del poder legislativo traen como principal consecuencia el período comprendido entre la independencia de las colonias americanas y la Convención de Filadelfia, donde uno de los aspectos más criticados por los constituyentes fue la limitación con que el entusiasmo democrático había configurado las legislaturas en

[1] Vid. TORRES DEL MORAL, A.- *Estado de Derecho y democracia de partidos*, Madrid, SPFDUCM, 1991.

las Constituciones estatales, con base en la pretensión de que los poderes del Congreso debían quedar vinculados, bajo la intención de neutralizar sus posibles excesos, principalmente en lo que á derechos y libertades se refiere.

En EE.UU. se piensa que la autoridad de los legisladores no va más lejos de los poderes establecidos, al ser la Constitución de donde obtienen sus poderes.

La idea de los tribunales como garantes de las libertades frente a los posibles excesos del poder legislativo, como contención a la soberanía del Parlamento en favor de los particulares, es una noción familiar basada en la tradición de la independencia judicial inglesa.

Si se sostiene que existen normas que están por encima de las demás leyes, forzoso es concluir la necesidad de crear un sistema que establezca y garantice esa ordenación jerárquica en las relaciones entre ellas. La Constitución es una superordenación que implica la existencia de órganos que puedan imponer una subordinación de los otros preceptos y actuaciones. Si se admite que la Constitución es la Ley Suprema del Estado, que su promulgación debe exigir una solemnidad especial, al ser Derecho Fundamental, y que se exige un procedimiento especial para llevar a cabo su reforma, resulta evidente que el legislador no puede aprobar ninguna ley que sea contraria a ella, pues de lo contrario violaría la Constitución y alteraría el Texto en que se fundamenta su propio poder de legislar.

La defensa de la Constitución supone que la ley debe ser conforme al contenido del texto constitucional de tal forma que una ley que sea contraria no debe aplicarse, lo que determina la necesidad de que exista un órgano que permita determinar la constitucionalidad de las leyes y que declare la nulidad, o la no aplicación, de aquellas que vulneren la Constitución.

En cuanto derecho fundamental de organización de una Comunidad política, la Constitución se convierte en la Norma directriz a la que el ordenamiento secundario se debe someter. Esta idea de supremacía de la Constitución, en especial de los textos rígidos, determinó el nacimiento del control de constitucionalidad.

Si en EE.UU. estas ideas quedaron definidas, no fue así en Europa Continental[2].

---

[2] Un profundo conocimiento del sistema europeo de control de constitucionalidad puede verse en CRUZ VILLALÓN, P.- *La formación del sistema europeo de control de constitucionalidad de las leyes*, Madrid, CEC, 1985.

Totalmente diferente es la experiencia europea en este terreno, donde el control de constitucionalidad de la ley no sería, como afirma PÉREZ ROYO[3], fruto de un desarrollo hasta cierto punto natural y espontáneo de la creación del poder judicial, como ocurrió en EE.UU., sino que fue el resultado de una opción política expresamente adoptada en determinados procesos constituyentes, en la que se reflejarían prácticamente todas las dificultades del paso del Estado Liberal al Estado Democrático.

La tardía aparición del control de constitucionalidad en Europa se debe, principalmente, a dos motivos que constituyen premisas básicas sobre las que se asienta el constitucionalismo de este período:

- Porque la Constitución consiste fundamental, y casi exclusivamente, en la existencia del poder legislativo, del Parlamento. Nada pues que menoscabe la autoridad del Parlamento, como sería el control de su manifestación de su voluntad, puede resultar políticamente aceptable.
- Porque el número de ciudadanos con derecho a participar en los asuntos políticos era muy reducido. La comunidad de intereses entre los partícipes en el proceso político y su radical diferenciación frente a los demás, justifica plenamente la confianza entre los agentes del mismo en la defensa de la Constitución.

En Europa, el principio de división de poderes no pudo impedir que se considerara la superioridad de uno de ellos, el Legislativo, como consecuencia de su legitimidad democrática, con base en la teoría rusoniana de la voluntad general. Si el pueblo ha elegido a sus representantes en el Parlamento, como órgano para la consecución del bien común de la sociedad, resultará que éste es infalible, de forma que el juez estará sometido a la ley, no pudiendo, por tanto, juzgarla.

El concepto de soberanía del Parlamento, como órgano de representación, junto a la consideración de que la Constitución se encuentra situada al mismo nivel que la legislación ordinaria, lo que determina que el Parlamento es superior a ella y su único intérprete, frente a la teoría americana, que había definido la Constitución como «El Derecho Supremo de la Tierra», determinó una tardía recepción del control constitucional de la ley.

Únicamente con el tránsito al constitucionalismo democrático se irán creando lentamente las condiciones para los inicios e incorporación de la justi-

---

[3] Vid. PÉREZ ROYO, J.- *Tribunal Constitucional y división de poderes*, Madrid, Técnos, 1988.

cia constitucional, de manera excepcional en el período de entre guerras, pero que se generalizaría de manera decisiva en la segunda fase del constitucionalismo democrático posterior a la Segunda Guerra Mundial.

La orientación formalista del positivismo jurídico que había defendido hasta entonces el imperio de la ley, y por tanto del legislador, como máximo exponente del orden constitucional, comenzará por reivindicar la sustancialidad del Derecho frente a la ley como límite a la voluntad de la legislatura, apelando a un control de la doble legalidad Constitución-Ley, directamente orientado al control de las leyes.

Fue precisamente la crisis de la concepción del órgano legislativo (soberanía parlamentaria), unido al surgimiento de los Estados Federales, hecho que provoca la necesidad de arbitrar soluciones a los conflictos competenciales entre los distintos entes territoriales, conflictos ya contemplados en los artículos 13 y 19 de la Constitución de la República de Weimar, y la necesidad de garantizar de una forma eficaz los derechos reconocidos por los textos constitucionales, lo que provocó que en Europa se recibiera, aunque con variantes respecto del sistema americano, el concepto de Justicia Constitucional.

2. FUNDAMENTACIÓN TEÓRICA DE LOS DIVERSOS SISTEMAS DE JUSTICIA CONSTITUCIONAL

El deseo de limitación de los poderes del legislador, o cierta desconfianza en las autoridades, han determinado el establecimiento de una serie de sistemas de control de la Constitución, entendida como Norma Suprema.

Las modalidades de defensa de la Constitución se relacionan con la concepción organizativa de los poderes públicos y con las normas especificas de tutela de la misma o de los institutos que la caracterizan y la determinación de órganos dotados de funciones específicas de garantía.

La defensa de la Constitución puede confiarse a un órgano político o a órganos judiciales, teniendo cada uno de estos sistemas diversa motivación y justificación.

2.1. Atribución a órganos políticos

Confiar la defensa de la Constitución a un órgano político parte de la consideración de que quien examina la constitucionalidad de la ley se sitúa, de alguna manera, por encima de ella, de tal forma que ésta no es función que se pueda encomendar al juez, al que se le ha atribuido la misión de juzgar según la ley, pero no el juzgar las leyes.

El control constitucional otorgado a órganos de la naturaleza que estamos estudiando, implica una comprobación de la constitucionalidad dentro del sistema procedimental de aprobación de la ley, con lo que suele tener un carácter «preventivo» respecto a su entrada en vigor.

Este tipo de control es característico del ordenamiento francés, donde enraizó desde el período revolucionario la doctrina de la soberanía parlamentaria, bajo la influencia de SIÉYES, fruto de la cual no se permite a un órgano extraño al Parlamento invalidar una norma legal.

En Francia, el Consejo Constitucional, creado por la Constitución de 1958, con la que se inicia la V República, nace con una naturaleza muy distinta a la del resto de las jurisdiccionales constitucionales europeas, y con la misión fundamental de salvaguardar y garantizar las nuevas competencias normativas otorgadas por el Texto al Gobierno, atribuyéndosele la facultad de pronunciarse sobre la constitucionalidad, tanto de los reglamentos de las Cámaras, como de las leyes orgánicas, detentando asimismo una facultad de control sobre los Tratados Internacionales. También le pueden ser remitidas las leyes ordinarias antes de su promulgación.

Los principales inconvenientes de este sistema de control serían tanto el reclutamiento de sus miembros como el modo de actuar, ya que se le puede hacer carecer de independencia, o convertirlo en un órgano que resuelva enfrentamientos políticos y no de jerarquía normativa, que sería su verdadera función.

2.2. Atribución a órganos judiciales

La defensa de la Constitución confiada a órganos judiciales se apoya principalmente en las siguientes consideraciones:

1. La identidad existente entre la contrastación de un hecho, bien fáctico, bien delictivo, con una norma, propia de la actuación judicial, y entre la contrastación de una norma con una Ley de rango constitucional;
2. La imparcialidad judicial.
3. Las ventajas que ofrece el procedimiento judicial con sus principios de publicidad, contradicción y garantía.

Este sistema, que sin duda es el más arraigado, ha pasado por otorgar el poder de control de constitucionalidad a los jueces por entender que son éstos los únicos competentes para cumplir esta misión. Razonada esta elección, en este sistema se pueden apreciar dos manifestaciones importantes, consistentes en otorgar el control a todos los órganos judiciales (control difuso), o bien crear un Tribunal especial (control concentrado); existe una tercera variante: conferir la defensa, de la Constitución a un solo Tribunal que ya existe y que es el máximo órgano judicial del Estado.

Esta distinta atribución, unida a otros requisitos concurrentes, ha motivado la existencia de dos modelos clásicos de control de constitucionalidad: el americano, y el austríaco, cuya consagración inicial fue la Constitución austríaca de 1920, modificada en 1929.

3. MODELOS CLÁSICOS DE JURISDICCIÓN CONSTITUCIONAL

3.1. Sistema Americano

Este sistema, que tuvo su aparición fuera del texto constitucional, ya que en la Constitución americana no se hace mención expresa, se apoya en la teoría general de las constituciones escritas, en la interpretación que el Tribunal Supremo hacia del texto de 1787, y en la mutación constitucional.

Fue el Juez John Marshall, quien en la sentencia *Marbury vs Madison* (1803) planteaba la siguiente alternativa:

> *«O la Constitución es superior a todo acto legislativo no conforme con ella, o el poder legislativo puede modificar la Constitución con una ley ordinaria. No existe una solución intermedia entre esta doble alternativa: o la Constitución es una ley superior no modificable por el procedimiento ordinario, o se halla en el mismo plano que los actos legislativos ordinarios y, como ellos, es siempre modificable por la legislatura.*
>
> *Si la primera parte de la alternativa es cierta, un acto contrario a la Constitución no es ley; en cambio, Si la segunda parte es cierta, la Constitución escrita habrá de ser considerada como una alternativa absurda del pueblo para limitar un poder que, por naturaleza, es ilimitable. Ciertamente todos aquellos que han intervenido en la elaboración de las Constituciones escritas las contemplaron como ley fundamental en que se funde todo Gobierno organizado en base a una Constitución en que un acto de la legislatura no conforme con la Constitución es ineficaz.»*

Desde el punto de vista de la teoría general de la Constitución, ésta es la norma suprema, por lo que toda norma que vaya contra ella debe ser declarada nula, pues no es derecho.

Al ser obligación de los jueces la aplicación de la ley, en caso de conflicto entre una ley ordinaria y la Constitución, éstos deben dar preminencia a la Constitución. No obstante, al no tener legitimidad para declarar la nulidad de la ley inconstitucional, pues esta tarea compete al Parlamento, su actuación deberá reducirse a su no aplicación.

Las características más importantes de este modelo son[4]:

- La declaración de inconstitucionalidad no es privativa del Tribunal Supremo, sino que se hace a todos los jueces garantes de la primacía constitucional, aun cuando el Tribunal Supremo americano asegura un control uniforme al conocer en vía de apelación las decisiones de todos los tribunales inferiores.
- La inconstitucionalidad solo puede plantearse en vía de excepción y con ocasión de un litigio principal.
- La declaración de inconstitucionalidad tiene efectos particulares.
- La declaración de inconstitucionalidad no supone la nulidad de la ley, sino su mera inaplicación al caso.

La Constitución de EEUU, reconoce en su artículo 3° que el Poder Judicial queda depositado en el Tribunal Supremo y en los Tribunales inferiores que cree el Congreso. La estructura federal de los Estados Unidos implica que forzosamente deba existir una jurisdicción cuyo ámbito de actuación es exclusivamente el correspondiente a cada Estado, y otra que se refiere a la Unión.

El vértice de la organización judicial corresponde al Tribunal Supremo, cuyas decisiones son inapelables.

El Tribunal Supremo está compuesto por nueve jueces que tienen carácter vitalicio, nombrados por el Presidente de los EEUU., correspondiendo al Senado la ratificación de los nombramientos.

La importancia del Tribunal Supremo se ha venido incrementando desde los años sesenta, en virtud de que sus decisiones han supuesto importantes avances en la interpretación constitucional en materia de extensión del sufragio a las minorías, y en materia de derechos civiles.

El Tribunal Supremo Federal actúa como garante de la constitucionalidad de las leyes, aunque sus sentencias no pueden derogar las mismas, sino simplemente decidir su no aplicación[5].

---

[4] CAPPELETTI, M.- *La Justicia Constitucional*, México, UNAM, 1987.

[5] NÚÑEZ RIVERO, J.Mª. C.- «El sistema político de los Estados Unidos», en VVAA, *Derecho Constitucional Comparado y Derecho Político Iberoamericano*, Universitas, Madrid, 2002, pág.110.

3.2. Modelo Austríaco

Frente al modelo de jurisdicción difusa, en el que, como veíamos, se hace a todo órgano judicial garante de la Constitución, HANS KELSEN[6] construye un modelo de jurisdicción concentrada basado en la atribución del control de constitucionalidad a un órgano especial creado al efecto, al considerar que el juez, al ser ejecutor de la ley, queda sometido a ella y no puede inaplicarla, con lo que se hace obligatorio un órgano que elimine del ordenamiento las leyes no ajustadas a la Constitución, con lo que se situaría como una especie de legislador negativo.

En la teoría de KELSEN se parte de la consideración de que la Constitución es ejecutada por la ley, pues la Constitución no es directamente aplicable, y que la ley es ejecutada por la sentencia.

La construcción de KELSEN, siguiendo a TORRES DEL MORAL, comporta una cierta alteración de algunos preceptos del régimen demoliberal, al considerar que la soberanía reside en el ordenamiento jurídico o en el Estado, no en el Parlamento, así como una modificación de la consideración clásica del Poder legislativo, que actualmente reside, tanto en el Parlamento (legislador positivo), como en el Tribunal Constitucional (legislador negativo).

El sistema austriaco de control de constitucionalidad se define por cuatro elementos:

1.- Un tribunal especial único, justificado por la consideración de que el examen de la constitucionalidad es materia delicada y especial que exige una composición numérica limitada; un sistema de designación que asegure la independencia de sus miembros respecto de los poderes clásicos; que sus componentes sean personas conocedoras de la Ciencia del Derecho; y que se mantenga alejado de la política para el cumplimiento adecuado de sus funciones.

2.- La posibilidad de acudir ante el mismo por vía de acción, aunque limitando la legitimación para acudir ante el Tribunal, evitando el establecimiento de una especie de «acción popular» que abriese el camino a acciones numerosas y arbitrarias.

3.- La nulidad absoluta de la ley declarada inconstitucional. En el caso de que el órgano declara la inconstitucionalidad de una ley, la consecuencia es su nulidad absoluta, nulidad que puede ser total, si se declara la incons-

---

[6] KELSEN, H.- *Teoría General del Estado*, México, 1979.

titucionalidad de toda la ley, o parcial, para el caso de que afectara sólo a una parte de ella, quedando, en este segundo supuesto, subsistente los preceptos no declarados inconstitucionales.
4.- La eficacia erga omnes que tiene la declaración de inconstitucionalidad.

Este sistema, instaurado en la Constitución austríaca de 1 de octubre de 1920, ha funcionado en Alemania, Italia, la Constitución Española de 1931, y en el vigente régimen español con algunas variantes.

3.3. Confluencia de los dos modelos

En el desarrollo de los modelos examinados, sobre todo a partir de la Segunda Guerra Mundial, se ha podido observar que las fundamentaciones teóricas que los inspiraron, han perdido en parte su vigencia, y ha sufrido modificaciones, hecho que ha provocado que, en la actualidad, ninguno de los modelos se dé en su pureza.

Así, se le ha otorgado legitimidad a los tribunales ordinarios, por vía de excepción, para acudir ante el Tribunal Constitucional y plantear cuestión de inconstitucionalidad cuando el órgano judicial, en el trascurso de un proceso, tenga dudas sobre la constitucionalidad de una ley aplicable al caso concreto, y de cuya validez dependa el fallo.

También algunos ordenamientos constitucionales, como el caso de Alemania o España, ha extendido las competencias del Tribunal Constitucional a la protección de los derechos fundamentales, hecho similar a lo sucedido en los EE.UU., con lo que, en parte, se desvirtúa el origen primero de esta institución.

De igual manera, en los Estados compuestos se ha residenciado en los Tribunales Constitucionales el control del reparto competencial fijado constitucionalmente, entre los distintos entes territoriales, como en los casos de España, Alemania o Italia.

La expansión del control de constitucionalidad, ha determinado, de igual manera, que ordenamientos que, inicialmente y por influencia, adoptaron el modelo difuso de control de constitucionalidad, hayan modificado sus planteamientos constitucionales, y hayan instaurado sistemas de control de constitucionalidad concentrado, o hayan creado Salas Constitucionales en el Tribunal Supremo. Es el caso de la mayor parte de los Estados Latinoamericanos.

4. EL TRIBUNAL CONSTITUCIONAL ESPAÑOL. NATURALEZA Y CARACTERES

La puesta en funcionamiento del Tribunal Constitucional español en 1980, y la postura iniciada por éste, ha sido un elemento definidor de la actual consideración y desarrollo de nuestro sistema constitucional.

El artículo 1 de la Ley Orgánica del Tribunal Constitucional de 3 de abril de 1979 (en adelante LOTC), define al Tribunal Constitucional como intérprete supremo de la Constitución, independiente de los demás órganos constitucionales y sometido sólo a la Constitución y a la ley orgánica que lo regula.

El Tribunal Constitucional (en adelante TC) es un órgano constitucional del Estado[7] puesto que se encuentra directamente configurado por la Constitución (arts. 159 a 165 CE). Es un componente fundamental de la estructura constitucional que goza de paridad de rango en las relaciones de coordinación que mantiene con los demás órganos constitucionales. Su constitucionalización se realiza en el Título IX y viene a cerrar el cuadro de instituciones constitucionales[8].

En tanto que órgano constitucional, puede definirse[9] como elemento básico e indefectible de un determinado Estado, que participa, de manera inmediata y decisiva en la formación de la voluntad estatal, y que ocupa una posición de supremacía y goza de independencia, de forma, que su desaparición o transformación afectaría a la propia consideración del sistema constitucional estatal.

Tradicionalmente la doctrina ha venido discutiendo entre la naturaleza jurisdiccional o política del TC. Sin pretender aquí dilucidar dicha controversia, podemos afirmar que, aunque el TC está situado fuera del Poder Judicial, su naturaleza como órgano jurisdiccional viene configurada por tres elementos; a) está compuesto por jueces; b) funciona por medio de procedimientos jurisdiccionales, y c) sus decisiones adoptan la forma de sentencias[10]. Se trata, no obstante, de un órgano que no puede actuar de oficio, sino a instancia de parte, y sometido y limitado por el Derecho[11].

---

[7] Véase .GARCÍA PELAYO, M.- «El estatus del Tribunal Constitucional» *REDC* Nº 1. 1981.

[8] ALZAGA VILLAAMIL. O.- *La Constitución española de 1978*. Ed. Foro. Madrid, 1979. págs. 911 y ss.

[9] GÓMEZ MONTORO, A.- *El conflicto entre órganos constitucionales del Estado*, CEC, Madrid, 1992, págs., 310 y ss.

[10] STC 9/1981 de 31 de marzo.

[11] Véase ATC de 21 de Marzo de 1983. Voto particular del Magistrado Tomás y Valiente.

Ahora bien, estas características definidoras de su carácter jurisdiccional, no impiden que de la configuración del TC, no se puedan obtener elementos suficientes que muestren su naturaleza política. Como ha indicado GARCIA PELAYO, el TC participa en la función de dirección política del Estado, y lo hace, no sólo al interpretar la Constitución, sino que en el ejercicio de sus propias competencias, puede llegar a controlar las competencias del resto de los órganos constitucionales del Estado, bien a través del control de constitucionalidad, bien en la resolución de conflictos.

Pero al margen de su caracterización como órgano de naturaleza jurisdiccional o política, y por encima de ella, el TC es el máximo intérprete de la Constitución, aunque intérprete supremo no se corresponde con intérprete único. A través de su actuación, como ha indicado SÁNCHEZ AGESTA[12], el TC vigila el desarrollo de la Constitución; atempera la excesiva interpretación democrática de la misma; define principios derivados de la Constitución; se convierte en una válvula de adaptación del Derecho en el tiempo y da solución jurídica a los conflictos de poder.

Pero aunque no sea el único intérprete, el TC es el principal intérprete de la Constitución y el único órgano capaz de vincular a todos los poderes del Estado. Esta posición lo convierte en Supremo intérprete de la Constitución, y de todo el Derecho que debe ser conforme a ella, y lo sitúa en una especie de pedestal por encima de los Poderes y de las Comunidades Autónomas.

El Tribunal Constitucional es intérprete supremo de la Constitución, no legislador, y sólo cabe solicitar de él pronunciamientos sobre la adecuación o no adecuación de los preceptos a la Constitución (STC 5/81, de 13 de febrero). El Tribunal Constitucional no forma parte del Poder Judicial y está al margen de la organización de los tribunales de Justicia (...), actúa, especialmente en los procesos de amparo, como tal tribunal, y con base en un procedimiento de carácter jurisdiccional, bien que regulado de manera especial en su Ley Orgánica... (STC 9/81, de 31 de marzo).

Se sitúa por encima del Poder Legislativo a través del control de constitucionalidad. Su posición preeminente respecto a los tres poderes (Ejecutivo, Legislativo y Judicial) se manifiesta a través del recurso de amparo y mediante la resolución de conflictos de competencia. Respecto a las CCAA, se sitúa por encima de ellas a través de la resolución de conflictos, del control de

---

[12] SÁNCHEZ AGESTA. L.- *Sistema político de la Constitución española de 1978*. Edersa, 7ª Ed, Madrid, 1994. págs. 449 y ss.

constitucionalidad y a través de las impugnaciones del artículo 161.2 de la Constitución[13].

El TC español es un tribunal especial, situado al margen del poder Judicial y cuyas competencias, lo convierten en un órgano único en su orden e independiente del resto de los órganos constitucionales (STC 31/1981 de 31 de marzo), a los que controla, y que tiene un poder tan desorbitado que tiene capacidad para decidir sobre la constitucionalidad de una hipotética reforma a la Ley orgánica que lo regula (STC 66/1985 de 23 de mayo).

El Tribunal Constitucional actúa de intérprete supremo (art. 1 LOTC), de manera que su interpretación de los preceptos constitucionales, es decir, la definición de la norma, se impone a todos los poderes públicos. Corresponde, por ello, al Tribunal Constitucional, en el ámbito general de sus atribuciones, el afirmar el principio de constitucionalidad, entendido como vinculación a la Constitución de todos los poderes públicos (STC 1/81 de 26 de enero)

4.1. La Composición del Tribunal Constitucional

Uno de los principales problemas que pueden derivarse de la instauración de tribunales especiales encargados de velar por la supremacía de la Constitución es el de su composición, y ello por dos razones: el número de sus miembros, y los órganos que intervienen en su designación. Estos problemas se han puesto de manifiesto en la regulación constitucional y legislativa del TC español, convirtiéndose en los principales lastres que arrastra el sistema español de justicia constitucional.

El TC se compone de doce miembros, nombrados por el Rey, y propuestos:

- **Cuatro** por el Congreso por mayoría de 3/5,
- **Cuatro** por el Senado, por idéntica mayoría. Los Magistrados propuestos por el Senado serán elegidos entre los candidatos presentados por las Asambleas Legislativas de las Comunidades Autónomas en los términos que determine el Reglamento de la Cámara[14]. El art. 184.7 del Reglamento del Senado[15] dispone lo siguiente:

[13] PEREIRA MENAUT, A.C. y otros.- *Temas de Derecho Constitucional español. Una visión problemática*, Follas Novas, Santiago de Compostela, 1996, págs. 211 y s.

[14] Artículo redactado conforme a la Ley Orgánica 6/2007, de 24 de mayo, por la que se modifica la Ley Orgánica 2/1979, de 3 de octubre, del Tribunal Constitucional, cuya constitucionalidad ha sido reconocida tácitamente por la STC 49/2008, de 9 de abril de 2008.

[15] Artículo redactado por el artículo único de la Reforma de dicho Reglamento, aprobada el 21 de noviembre, publicada en el «Boletín Oficial de las Cortes Generales» el 22 de noviembre y en

«La elección por el Senado de los cuatro Magistrados del Tribunal Constitucional, cuyo nombramiento ha de proponerse al Rey, según lo previsto en el artículo 159 de la Constitución, seguirá el procedimiento previsto en este Capítulo con las siguientes especialidades:
a) El Presidente del Senado comunicará a los Presidentes de las Asambleas Legislativas de las Comunidades Autónomas la apertura del plazo para la presentación de las candidaturas. Cada Asamblea Legislativa podrá, en ese plazo, presentar hasta dos candidatos, resultando aplicable lo dispuesto en los apartados 3 y 4 de este artículo.
b) La Comisión de Nombramientos elevará al Pleno de la Cámara una propuesta con tantos candidatos como puestos a cubrir, que deberán haber comparecido previamente en la Comisión. Si no se hubieran presentado en plazo candidaturas suficientes, la propuesta que se eleve al Pleno podrá incluir otros candidatos».

- **Dos** por el Gobierno, y
- **Dos** por el CGPJ.

El primer problema que plantea esta composición es su número par, puesto que se permite la posibilidad de empate en una votación final del Pleno. Este aspecto ha sido resuelto por nuestro ordenamiento atribuyendo al Presidente el llamado «voto de calidad», de forma que en caso de empate resolverá la opción del mismo. Sin embargo dicha solución rompe la posición jurídica de igualdad de los Magistrados constitucionales, haciendo depender de uno de ellos la resolución del conflicto de constitucionalidad; pero además, permite, en base al sistema de designación de los componentes del TC, la posible acusación de politización del mismo, haciendo ver que la posición del Presidente se ha inclinado por la voluntad del órgano que intervino en su designación, como ya ha ocurrido en la resolución de recursos de inconstitucionalidad de tanta trascendencia política como la expropiación de RUMASA S.A (STC 111/1983 de 2 de diciembre) o el de reforma del Código Penal en lo relativo al aborto (STC 53/1985 de 11 de abril).En este sentido es unánime el sentir de la doctrina al reconocer que este problema podía haber sido solventado optando por un número impar en la composición del TC[16].

---

el «Boletín Oficial del Estado» el 27 de noviembre de 2007, cuya constitucionalidad ha sido confirmada tácitamente por la STC 101/2008, de 24 de julio de 2008.

[16] Ejemplos de ello pueden verse en ALZAGA VILLAMIL. O.- .Op. cit, pág. 916; ARAGÓN REYES, M.- «El control de constitucionalidad en la Constitución española de 1978» *REP* nº 7, 1979, pág. 177, y GARRIDO FALLA, F.- «Comentario al artículo 159» en *Comentarios a la Constitución.* GARRIDO FALLA, (Dir). Cívitas, Madrid, 1985, pág. 2345.

El segundo problema se refiere a su origen tripartito y en la designación de sus miembros por órganos eminentemente políticos y politizados, que puede hacer depender la íntegra composición del TC de un solo partido y, por tanto, de una sola voluntad[17].

Para dificultar que una fuerza política intente influir sobre los magistrados constitucionales, la Constitución ha establecido una serie de frenos, insuficientes a nuestro parecer, que pueden sintetizarse de la siguiente forma[18]:

a) La exigencia de una mayoría cualificada de 3/5 de los miembros de cada Cámara para la propuesta de los candidatos, lo que precisa de un acuerdo entre las distintas opciones políticas parlamentarias, con la consiguiente parlamentarización del TC, y la exigencia de la misma mayoría en el seno del CGPJ (art. 127.2 LOPJ), lo que supone un amplio consenso entre sus miembros.
b) Los miembros del TC se elegirán por un período de nueve años, lo que impide que su elección coincida con los períodos de renovación de las Cámaras, del Gobierno y del CGPJ. La renovación se realizará por terceras partes cada tres años y se prohíbe la posibilidad de reelección, salvo que se hubiera ocupado el cargo por un plazo no superior a tres años (art. 16.2 LOTC).Sin embargo, un partido que se mantenga dos o más legislaturas en el Gobierno puede influir decisivamente en la renovación de todos los Magistrados constitucionales.
c) La exigencia constitucional de una cierta cualificación técnico-jurídica para acceder a la condición de Magistrado constitucional. Los miembros del TC deberán ser nombrados entre Magistrados y Fiscales, Profesores de Universidad, funcionarios públicos y Abogados, todos ellos juristas de reconocida competencia con más de quince años de ejercicio profesional o en activo en la respectiva función (art. 18LOTC).
d) El establecimiento de un rígido estatuto jurídico para los Magistrados constitucionales caracterizado por los siguientes elementos:

---

[17] Piénsese que un partido que haya obtenido una amplia mayoría de escaños, o incluso que participe de un Gobierno de coalición cómodo, designará a los dos miembros que le corresponden como Gobierno, y a un buen número de los 8 que proponen el Congreso y el Senado. Pero es que, además, como los componentes del CGPJ son designados por las Cámaras, podrá influir favorablemente en la designación de los miembros por el órgano de gobierno del Poder Judicial. De esta forma, la designación de los miembros del TC puede estar poderosamente condicionada por intereses partidistas.

[18] FERNÁNDEZ SEGADO, F.- «Comentarios al artículo 159» en *Comentarios a las leyes políticas*. En ALZAGA VILLAMIL (Dir). Tomo XII. Edersa, 1988. págs. 77 y ss.

a. Un amplio abanico de incompatibilidades, similares a las de los integrantes del Poder Judicial, salvo en lo relativo a la pertenencia a partidos políticos. En el caso de los miembros del TC, la prohibición se reduce a la prohibición de ejercer funciones directivas en los partidos o sindicatos (art. 19 LOTC), hecho que no deja de entrañar determinados peligros en cuanto a su posible independencia.
b. El reconocimiento de la inviolabilidad como elemento asegurador de su imparcialidad e independencia.
c. La inamovilidad en sus puestos, con la consiguiente regulación de las causas de cese y suspensión.
d. La responsabilidad criminal de los Magistrados del TC sólo será exigible ante la Sala de lo Penal del Tribunal Supremo.

El TC elige de entre sus miembros, en Pleno y en votación secreta, a un Presidente y a un Vicepresidente, y propondrá al Rey su nombramiento.

Será elegido Presidente quien obtenga en primera votación la mayoría absoluta de votos y si ésta no se alcanzara, se procederá a una segunda votación en la que será elegido quien obtuviera mayor número de votos. En caso de empate se procederá a una nueva votación y si de ésta no resultase nadie elegido, se propondrá al Magistrado de mayor antigüedad, y en caso de igualdad, al de mayor edad. La duración del mandato del Presidente será de tres años, pudiendo ser relajad por una sola vez. Del mismo modo, y por el mismo procedimiento, se elegirá un Vicepresidente que sustituirá al Presidente en caso de vacante, ausencia u otro motivo legal (ar. 9 LOTC). Si el mandato de tres años para el que fueron designados como Presidente y Vicepresidente no coincidiera con la renovación del Tribunal Constitucional, tal mandato quedará prorrogado para que finalice en el momento en que dicha renovación se produzca y tomen posesión los nuevos Magistrados (art. 16.3 LOTC)[19].

4.2. Atribuciones del Tribunal Constitucional. Materias objeto de control

El fundamento primero del origen de la Justicia constitucional lo constituye la necesidad de preservar la Constitución como norma suprema del Estado

[19] Artículo redactado de acuerdo con la reforma por L.O 6/2007, de 24 de mayo de la Ley Orgánica del Tribunal Constitucional 2/1979, de 3 de octubre, cuya constitucionalidad ha sido reconocida por STC 49/2008, de 9 de abril de 2008.

y depurar el ordenamiento jurídico de aquellas normas o preceptos que la vulneren. La función primordial del TC viene constituida por el control de constitucionalidad en sus distintas vertientes.

No obstante, el llamado «sistema europeo» de jurisdicción constitucional, ha ampliado las competencias de los Tribunales Constitucionales residenciando en ellos, de un lado, la protección de los derechos y libertades a través del recurso de amparo, y de otra, los ha convertido en árbitros entre los órganos del Estado, o entre el Estado y los distintos entes territoriales en que se estructura aquél. Además, para asegurar su independencia respecto de otros órganos del Estado, le ha dotado de competencias referentes al ejercicio de su propia jurisdicción.

De esta forma podemos sintetizar las atribuciones del TC español de la siguiente forma:

1.- Competencias de orden interno referentes al ejercicio de su propia jurisdicción:

a) El TC tiene atribuida la capacidad de decidir sobre sus propias competencias, apreciando su falta de jurisdicción.

b) El TC tiene potestad para autoorganizarse, eligiendo a sus propias autoridades y cesando o suspendiendo a sus integrantes.

c) El TC decide la admisibilidad o no de los recursos sobre los cuales ejerce sus atribuciones.

d) El TC tiene autonomía reglamentaria y presupuestaria.

2.- El control de constitucionalidad de leyes y normas con rango de ley, a través del recurso de inconstitucionalidad, de la cuestión de inconstitucionalidad y del recurso previo sobre la constitucionalidad de Tratados internacionales y de los Estatutos de autonomía.

3.- La protección de los derechos fundamentales y libertades públicas a través del recurso de amparo.

4.- El control del ejercicio de competencias atribuidas a otros poderes y entes territoriales mediante el conocimiento de los conflictos competenciales y entre órganos constitucionales.

Nuestra Constitución ha sido generosa a la hora de atribuir competencias al TC, puesto que no sólo lo ha convertido en intérprete supremo del Texto constitucional y, por tanto, en guardián primero de la constitucionalidad, sino también en defensor último de los derechos fundamentales y libertades públicas y en juez de los conflictos que puedan surgir, bien entre órganos constitucionales, bien entre el Estado y las CCAA o entre éstas.

La inicial desconfianza que la instauración del TC pudo producir, sin duda debida, principalmente, a la falta de una tradición en esta materia, ha sido superada y tanto los poderes públicos, como los particulares, en lo que as refiere a la defensa de nuestros derechos y libertades se refiere, han aumentado su confianza ante el TC. Sin embargo, un abanico tan amplio, e importante, de competencias debería hacer pensar al TC en la necesidad de establecer algunos mecanismos de autocontrol. La importancia de sus funciones y el hecho de no estar vinculado por nadie, lo pueden convertir en una especie de poder constituyente constituido permanente, aunque no puede actuar de oficio[20].

5. EL TRIBUNAL CONSTITUCIONAL Y LA INTERPRETACIÓN CONSTITUCIONAL

Sin duda una de las cuestiones que mayor impacto han producido en el sistema de fuentes ha sido la instauración de la Justicia constitucional.

Aunque tradicionalmente la doctrina española ha rechazado la consideración de la jurisprudencia como fuente directa del Derecho, y en este mismo sentido se ha manifestado el propio Código Civil, la Constitución de 1978 y el sistema jurídico subsiguiente han puesto las bases para una diferente valoración de la jurisprudencia constitucional como fuente del Derecho.

Si la interpretación jurídica es el conjunto de procesos lógicos a través de los que se atribuye un significado a una norma o se describe el sentido de sus enunciados[21], la interpretación constitucional consiste en atribuir significado a uno o varios textos o términos en la Constitución con el fin de obtener una decisión fundada en Derecho a un problema concreto[22]. Sin embargo, como acertadamente ha indicado ALZAGA[23], el carácter de Norma Suprema de la Constitución, determina que la técnica interpretativa constitucional no pueda ser la misma que la del resto de ramas del Derecho. Si la Constitución, además de reglas formales de contenido muy preciso, ha incorporado valores, principios, mandatos al legislador, compromisos, y la idea de que debe practicarse una política asentada en el pluralismo político y que respete ciertos

[20] PEREIRA MENAUT, A.C, y otros. Op. cit, pág. 235.

[21] PÉREZ LUÑO, A.E.- *Derechos humanos, Estado de Derecho y Constitución*, Op. Cit, pág. 254.

[22] ALONSO GARCÍA, E.- *La interpretación de la Constitución*, Madrid, CEC, 1984, págs. 2 y ss.

[23] ALZAGA VILLAMIL, O. y otros.- *Derecho Político Español según la CE de 1978*. Tomo I, Madrid, CERA, 1997, págs. 76 y 77.

valores, las Constituciones ofrecen un campo a la interpretación distinto al intérprete de la legislación ordinaria. La interpretación constitucional tiene ciertos rasgos diferenciadores de la realizada en otras normas del ordenamiento, en primer lugar porque la naturaleza de los diversos conceptos normativos –Constitución y leyes– es distinto[24], pero también, porque la interpretación constitucional parte de un Estatuto jurídico de lo político[25]; porque la interpretación de la Constitución no consiste , en la mayoría de los casos, en decidir un caso sometido a apreciación jurisdiccional, sino que supone fijar reglas de concretización válidas, y además, respecto a la influencia del elemento temporal, la interpretación ha de permitir la actualización constitucional, pero sin pasar de unos límites determinados, puesto que sin admitirse una validez absoluta, tampoco cabe que la interpretación se someta a la orientación política del momento; debe buscar un ajuste entre ambas posiciones, y este ajuste debe estar basado en el conocimiento de la realidad social.

Desde un punto de vista estrictamente normativo, la fuerza vinculante de la doctrina del Tribunal Constitucional se deriva de un conjunto de preceptos incluidos, tanto dentro de la propia Constitución, como en la Ley Orgánica de su desarrollo.

El artículo 164.1 de la Constitución establece el valor y eficacia general «erga omnes» de todas las sentencias de inconstitucionalidad y «todas las sentencias que no se limiten a la estimación subjetiva de un derecho». Las sentencias del Tribunal Constitucional se publicarán en el Boletín Oficial del Estado con los votos particulares, si los hubiere, tienen el valor de cosa juzgada a partir del día siguiente de su publicación y no cabe recurso alguno contra ellas. Las que declaren la inconstitucionalidad de una ley o de una norma con fuerza de ley y todas las que no se limiten a la estimación subjetiva de un derecho, tienen plenos efectos frente a todos. Afirmación que se repite en el artículo 38,1 de la Ley Orgánica del Tribunal Constitucional (en adelante LOTC) al declarar que dichas sentencias «vincularán a todos los poderes públicos y a todos los ciudadanos» entre ellos a Jueces y Tribunales.

De enorme importancia para la determinación de la jurisprudencia constitucional como fuente del Derecho es el artículo 40.2 LOTC que atribuye a la jurisprudencia constitucional un valor corrector de la jurisprudencia ordinaria, al disponer que «en todo caso, la jurisprudencia de los tribunales de Jus-

---

[24] ARAGÓN REYES, M.- «La interpretación de la Constitución y el carácter objetivado del control jurisdiccional» en *REDC*, nº 17, 1986, pág. 119.

[25] Vid. CANOSA USERA, R.- *Interpretación constitucional y fórmula política*, Madrid, CEC, 1988.

ticia recaída en leyes, disposiciones o actos enjuiciados por el Tribunal Constitucional, habrá de entenderse corregida por la doctrina derivada de las sentencias y autos que resuelvan los recursos y cuestiones de inconstitucionalidad»[26].

Como indica el art.161 CE, la declaración de inconstitucionalidad de una norma jurídica con rango de ley, interpretada por la jurisprudencia, afectará a esta, y salvo que en el fallo se disponga otra cosa, subsistirá la vigencia de la ley en la parte no afectada por la inconstitucionalidad (art. 164 CE). Por su parte, el art. 39 LOTC establece que cuando la sentencia declare la inconstitucionalidad, declarará igualmente la nulidad de los preceptos impugnados, así como, en su caso, la de aquellos otros de la misma Ley, disposición o acto con fuerza de Ley a los que deba extenderse por conexión o consecuencia, puesto que el Tribunal Constitucional podrá fundar la declaración de inconstitucionalidad en la infracción de cualquier precepto constitucional, haya o no sido invocado en el curso del proceso.

Además, la importancia de las sentencias del TC, determina que las sentencias declaratorias de la inconstitucionalidad de Leyes, disposiciones o actos con fuerza de Ley, no permitirán revisar procesos fenecidos mediante sentencia con fuerza de cosa juzgada en los que se haya hecho aplicación de las Leyes, disposiciones o actos inconstitucionales, salvo en el caso de los procesos penales o contencioso-administrativos referentes a un procedimiento sancionador en que, como consecuencia de la nulidad de la norma aplicada, resulte una reducción de la pena o de la sanción o una exclusión, exención o limitación de la responsabilidad (art. 40 LOTC). Las sentencias desestimatorias dictadas en recursos de inconstitucionalidad y en conflictos en defensa de la autonomía local impedirán cualquier planteamiento ulterior de la cuestión por cualquiera de las dos vías, fundado en la misma infracción de idéntico precepto constitucional (art. 38.2 LOTC). *(Apartado redactado conforme a la Ley Orgánica 7/1999, de 21 de abril).*

De esta manera, el TC se convierte en el órgano encargado de establecer la adecuación o no de los preceptos normativos con la Constitución, procediendo a su expulsión cuando se observe que el precepto, preceptos, o la norma vulneran los mandatos constitucionales. Actúa así el TC como un «legislador negativo».

No obstante, la aceptación de las sentencias del Tribunal Constitucional como fuente del Derecho, y contenido del Derecho Constitucional, debe ser

[26] Vid. PIBERNAT DOMENECH X.- «La sentencia constitucional como fuente del Derecho» en *RDP* nº 24, 1987, págs. 57 y ss.

entendida desde la propia limitación que supone, como ha puesto de manifiesto SÁNCHEZ AGESTA[27], que el Tribunal Constitucional no constituye un órgano activo que actúe de oficio, sino un órgano pasivo que sólo puede pronunciarse cuando haya sido instada su decisión por una parte legitimada.

BIBLIOGRAFÍA

Álvarez Conde, E.: *Curso de Derecho Constitucional,* Vol. I, 2ª Ed. Tecnos, Madrid, 1996.

Alzaga Villaamil, O., y otros.: *Derecho Político español,* Vol. I, CERA, Madrid, 5ª. Ed. 2011.

de Esteban, J. y González-Trevijano, P.: *Curso de Derecho Constitucional español III,* SPFDUC, Madrid, 1994.

de Otto, I.: *Derecho Constitucional. Sistema de fuentes,* Ariel, Barcelona, 1987.

Hauriou, A.: *Derecho Constitucional e Instituciones políticas* Ariel, Barcelona, 1971.

Hessel K.: *Escritos de Derecho Constitucional,* CEC, Madrid, 1983.

Núñez Rivero, C.; Goig Martínez, J.M. y Díaz Nieva, J.: *El Estado y la Constitución,* UNED, Madrid, 1997.

Sánchez Férriz, R.: *Introducción al estado Constitucional,* Ariel, Barcelona, 1994.

Sánchez, S. y Mellado, P.: *Principios de Derecho Político,* CERA, Madrid, 1998.

Sánchez, S y Mellado, P.: *Fundamentos de Derecho Político,* UNED, Madrid, 1993.

Sartori, G.: *Elementos de Teoría Política,* Alianza, Madrid, 1992.

Schmitt, C.: *Teoría de la Constitución,* Alianza, Madrid, 1982.

Torres del Moral: *Principios de derecho Constitucional.* SPFDUC, Madrid, 2005.

[27] SÁNCHEZ AGESTA. L.- Opus cit, pág. 451.

Capítulo VII
El sistema de fuentes que instaura la Constitución Española de 1978

Capítulo VII. El sistema de fuentes que instaura la Constitución Española de 1978

María Acracia Núñez Martínez

1. CONCEPTO DE FUENTES DEL DERECHO

Es difícil otorgar un concepto definitorio de lo que se puede entender por fuente del Derecho, puesto que el concepto «fuente» ha sido utilizado de manera diversa por la doctrina, y no para referirse a una única acepción, ya que si analizamos los tratados normativos podemos observar que se han venido refiriendo a éste término, tanto para referirse a la persona, grupo o institución de la que parte la voluntad normativa, pudiendo es este caso concreto tratarse del Rey, Parlamento, el binomio Rey-Parlamento, o en última instancia al pueblo soberano, como también a los diversos tipos normativos vigentes en un Estado concreto, y que conforman el ordenamiento jurídico aplicable en cada momento histórico, que ha venido evolucionando de manera conjunta con la sociedad a la que le es aplicado en cada caso.

Es cierto, que desde el punto de vista semántico, son correctas y acertadas las dos acepciones, pero en el momento actual se ha venido identificando el término fuente del Derecho con los tipos normativos integrantes del ordenamiento, que conforman un todo homogéneo presidido por la Constitución, como norma fundamental y fundamentadora, a la que todos están sometidos de manera jerárquica, independientemente del órgano que los hubiera aprobado. En el Estado español actual el poder legislativo no reside en un único órgano como ocurría antaño, sino que la capacidad normativa ha sido asumida por varios órganos distintos, Cortes Generales, en el caso de normas de aplicación en la totalidad del Estado español, Leyes Ordinarias y Leyes Orgánicas; Gobierno de la nación, en el caso concreto de las normas con rango de ley denominadas Decretos Leyes y Decretos legislativos; Asambleas legislativas de las Comunidades Autónomas, que legislan sobre las materias sobre las que tienen atribuidas las competencias; también integran el ordenamiento interno las normas aprobadas en las instituciones comunitarias, junto a los Tratados Internacionales válidamente ratificados por el Estado español.

Como se puede apreciar, debido a nuestra descentralización territorial y a nuestra pertenencia a organismos supranacionales, al ciudadano le son aplicadas multitud de normas de distinta procedencia, aunque está determinado que el ordenamiento es único y se halla coronado por la Constitución, que actúa como elemento conformador de todo el sistema normativo actual.

En el caso español, el ordenamiento jurídico es único y dotado de carácter de universalidad, aunque dentro de él hallamos subordenamientos (general, autonómico, municipal...), pudiendo incluso perfilar aún más y referirnos a un subordenamiento de derecho administrativo, penal, civil, mercantil, etc.

El entramado normativo es complejo y numeroso, y podríamos pensar que difícilmente podemos encontrar un suficiente grado de coherencia en todo él, aunque ello no es así, pues la Constitución, y el hecho de que ninguna norma pueda vulnerarla, es el elemento cohesionador de todo el sistema.

El término fuente del Derecho designa todo lo que contribuye o ha contribuido a crear el conjunto de reglas jurídicas aplicables dentro de un Estado en un momento dado. Las fuentes formales del Derecho son los actos de los que deriva la creación, modificación o extinción de normas jurídicas.

2. EL SISTEMA DE FUENTES DEL DERECHO

La palabra «fuente», en sentido amplio, significa el lugar de donde mana algo, la razón primigenia de cualquier idea. Este concepto aplicado al Derecho Constitucional, implica que por fuente del Derecho Constitucional habría que entender toda causa capaz de originar Derecho Constitucional.

Sin embargo esta amplia concepción de fuentes del Derecho Constitucional nos llevaría a distinguir entre fuentes en *sentido material*, que serían las fuerzas sociales o instituciones con facultad creadora normativa (Poder Constituyente, Parlamento, o grupos sociales en cuanto a generadores de costumbres), y fuentes en *sentido formal*, entendiendo por tales los actos normativos en que se manifiesta el Derecho Constitucional.

La Constitución se configura como la Norma Fundamental. Norma Fundamental de la que deriva la validez del resto de las normas. La Constitución es una norma, pero una norma cualitativamente distinta de las demás, por cuanto constituye el orden de convivencia política. La Constitución es la Norma fundamental y fundamentadora de todo el orden jurídico.

Si partimos de la consideración de fuentes que recoge el artículo 1 del Código Civil, las fuentes del ordenamiento jurídico español son la Ley, la costumbre y los Principios Generales del Derecho, otorgándose a la jurisprudencia mero valor complementario.

Sin embargo, esta conceptualización de las fuentes que hace el Código Civil debe de ser superada respecto al sistema de fuentes que instaura nuestra Constitución.

1.- Respecto a la *ley*, ya no existe un único concepto de ley, o dicho concepto se ha modificado ampliamente. Existe pluralidad de categorías legales, y no todas ellas actúan como fuente en la vida político-constitucional.

2.- *Los Principios Generales del Derecho.*

Los principios generales del derecho son valores, presunciones, ideas y conceptos generales que se encuentran en el espíritu de las leyes y que son determinados por la jurisprudencia y por la doctrina científica; por ejemplo, los valores de libertad, justicia, igualdad y pluralismo político, la seguridad jurídica, la presunción de la buena fe o la proporcionalidad de las sanciones. Sirven para inspirar las leyes, para interpretarlas o para rellenar vacíos legales. El Código Civil precisa que estos principios se aplican, exclusivamente, «en defecto de ley o de costumbre».

Los Principios Generales del Derecho como señala GARCÍA DE ENTERRÍA[1] contemplan los valores materiales básicos de un ordenamiento jurídico, las convicciones ético-jurídicas fundamentales, principios técnicos de una comunidad. No debemos considerar los Principios Generales del Derecho como fuente de Derecho Constitucional puesto que, aquellos que corresponden, en sentido propio, al Derecho Constitucional están explícitamente recogidos por la Constitución, de manera que han pasado a ser contenido constitucional, Constitución en sentido estricto.

---

[1] GARCÍA DE ENTERRIA E. y FERNÁNDEZ T.R.- *Curso de Derecho Administrativo I*. Ed. Civitas. Madrid. 1991. págs. 73-74.

3.- No existe unanimidad al considerar a la *costumbre* como fuente del Derecho Constitucional. La costumbre constitucional es «orgánica», ya que no es fruto de la actuación reiterada en el tiempo, del comportamiento social reiterado, sino que su existencia se debe a la actuación reiterada de los poderes públicos, de los órganos. La principal razón que puede ser alegada para su utilización es la necesidad de colmar lagunas que pudieran encontrarse; acudir a ellas para completar lo que la norma no ha regulado; su utilización podría ser necesaria, para actualizar y ajustar frente a las nuevas situaciones que se han ido creando. En todo caso, lo que no debe ser motivo de discusión es que la costumbre siempre ocupa una posición jerárquica de carácter inferior a la norma escrita, por lo que en caso de conflicto nunca va a poder prevalecer frente a éste, y en caso de vulneración no cabe la adopción de medidas sancionadoras.

La costumbre es la forma reiterada de un hacer o no hacer, caracterizada por la convicción de que es jurídicamente obligatoria.

En los países de tradición jurídica anglosajona, se considerará a la costumbre como una fuente del Derecho de similar importancia al Derecho escrito y el ordenamiento se dividirá entre el que es fruto de la costumbre (*common law*) y el que es consecuencia de normas jurídicas escritas (*statute law*). Dada la importancia de la costumbre, tiene mucha relevancia el estudio de los precedentes, saber cómo se resolvió en el pasado una situación similar a la que ahora se nos presenta.

Sin embargo, en países con tradición jurídica europea, la costumbre es fuente supletoria de primer grado, ya que sólo cabe recurrir a ella cuando no haya ley aplicable al caso, siempre que se den en ella los requisitos que establece el art. 1,3 CC: «La costumbre sólo regirá en defecto de ley aplicable, siempre que no sea contraria a la moral o al orden público y que resulte probada. Sin embargo, mostramos nuestras dudas sobre el valor de la costumbre como fuente del Derecho Constitucional.

De la costumbre constitucional habría que distinguir «*las convenciones constitucionales*» –acuerdos tácitos o expresos de los órganos constitucionales para regular sus relaciones o facultades en aspectos no regulados específicamente, o regulados de manera abierta por el texto constitucional–, y que en España todavía no han tenido el suficiente asentamiento obligatorio; «*las normas de cortesía constitucional*», que son simplemente reglas de educación política, y que no tienen fuerza obligatoria, y también la «*desetudo*» que es el no ejercicio de una competencia por el titular legítimamente competente. Lo que se produciría en este caso es la no realización de actuaciones que la norma contempla por parte de la persona o institución legitimada. En caso de que la no actuación fuera reiterada en el tiempo lo que acabaría produciéndose sería una mutación constitucional, o lo que es lo mismo, la modificación de la Carta Magna sin que se aprecie en el texto escrito. Esto es lo que ha ocurrido en algunos Estados, no en el español, respecto del derecho de veto del que disponen los Jefes de Estado, que a fuerza de no utilizarse es como si hubiera desaparecido de los Textos constitucionales.

4.- El hecho de considerar a la *jurisprudencia* como fuente del Derecho Constitucional adquiere perfiles propios, puesto que determina el reconocimiento de creación de Derecho Constitucional por los Tribunales, en especial por los órganos de la Justicia Constitucional.

Por jurisprudencia cabe entender las decisiones de jueces y magistrados cuando aplican el Derecho al dirimir los conflictos. Es decir, cuando se solventan los conflictos, los jueces van sentando criterios, reglas, sobre lo que creen que el legislador quiso establecer con una norma. Ahora bien, en nuestro Ordenamiento Jurídico y a diferencia del anglosajón, por ejemplo, el juez no innova el Derecho, sólo aplica la Ley. No obstante, saber qué dijo un Tribunal en casos parecidos orienta sobre el posible fallo del mismo.

Cuestión distinta son las Sentencias del Tribunal Constitucional, bien cuando interpretan la Constitución o cuando declaran la inconstitucionalidad de una Ley, por cuanto tienen un valor mucho más fuerte ya que pueden eliminarlas del ordenamiento jurídico.

La instauración de la Justicia Constitucional ha supuesto una modificación en el sistema de poderes del Estado que ha afectado de manera más profunda al Poder Judicial, pero que condiciona la actuación de todos los Poderes del Estado, tanto a nivel político, como a nivel territorial.

El Tribunal Constitucional, al establecer de forma vinculante el verdadero sentido de la Constitución, excluyendo otros que considera inadecuados, está creando Derecho, por tanto sus decisiones en forma de sentencia son fuente del Derecho Constitucional.

3. EL SISTEMA DE FUENTES DISEÑADO POR LA CONSTITUCIÓN ESPAÑOLA DE 1978

Como ha señalado PÉREZ ROYO[2], la Constitución española de 1978 ha optado por mantener un riguroso clasicismo en el reconocimiento de la ley y el regla-

---

[2] PÉREZ ROYO, J: *Curso de Derecho Constitucional,* 2ª edición. Ed. Marcial Pons, Madrid. 1995.

mento, y sus relaciones, como fuentes tradicionales del Derecho, su conceptualización, y el hecho de haberse rodeado de un sistema de garantía constitucional, principalmente a través del control de constitucionalidad, pero también ha diseñado un sistema realmente novedoso de fuentes del Derecho, que, a la vez que somete a la ley al Texto Constitucional, fruto de la sustitución de la soberanía parlamentaria por la soberanía popular, se manifiesta, de la siguiente forma:

– Incorporando al sistema normativo una nueva categoría de leyes, las leyes Orgánicas (art. 81).

– Estableciendo el reconocimiento constitucional de la posibilidad de que el Estado celebre Tratados Internacionales que se integrarán en el ordenamiento jurídico tras su completa publicación en el Boletín Oficial del Estado (art. 96.1).

– La integración de España en la Comunidad Económica Europea, hoy Unión Europea supuso un cambio trascendental en e! sistema de fuentes consagrado en nuestra Carta Magna, al incorporar nuevas fuentes a nuestro ordenamiento, teniendo éstas la peculiaridad de que su aprobación, modificación y derogación se produce fuera de nuestras fronteras.

Las fuentes comunitarias, compuestas por el Derecho Originario y el Derecho derivado; y el principio de primacía del Derecho Comunitario, que implica que, en materia comunitaria, en el supuesto de que se produzca un enfrentamiento entre la normativa comunitaria y la nacional, prevalece siempre la comunitaria[3], ha determinado que se haya venido sosteniendo, desde diversos sectores, la superioridad jerárquica de la normativa comunitaria frente a la nacional, incluso frente a la constitucional, algo que no es así. Coincidimos plenamente con MELLADO PRADO[4] cuando afirma que lo que se produce es una aplicación preferente del derecho comunitario sobre el nacional, pero en ningún caso una supremacía o una superioridad jerárquica, tema que será desarrollado más adelante. En todo caso para determinar la norma a aplicar, habremos de acudir al principio de competencia no al de jerarquía.

– Diseñando una nueva organización territorial del Estado, regulada en el Título VIII, que desarrolla el derecho a la autonomía reconocido en el artículo 2 CE., y cuya incidencia en el sistema de fuentes va a ser decisiva.

---

[3] SSTJUE de 21/06/1974.*Caso Reyners* y STJUE 18/06/1977 *Caso Thieffry*.

[4] Vid. MELLADO, P., SÁNCHEZ, S. Y MARTÍN, I.: *Fundamentos de Derecho de la Unión Europea,* Editorial CERA, Madrid 2012.

Por ello, el centro de gravedad del sistema de fuentes instaurado por nuestra Constitución se dirige, como indica BALAGUER CALLEJÓN, a articular los diferentes centros de producción normativa que confluyen en un mismo ordenamiento, puesto que el Derecho Internacional, el Derecho Estatal y el Derecho autonómico constituyen grandes núcleos de producción normativa, cuya armonización se hace necesaria[5].

Son fuentes del Derecho Constitucional aquellos actos normativos a los que la Constitución les atribuye la producción de normas jurídicas.

La importancia del estudio de las fuentes del Derecho Constitucional es tal, por cuanto la vinculación entre las fuentes del Derecho y el sistema político es evidente, ya que afecta al estudio de los órganos con capacidad normativa, de manera que cualquier alteración de éstos afecta al propio sistema, es decir, conceptualizaciones como la forma de gobierno o la forma de Estado aparecen estrechamente relacionadas con las fuentes de producción normativa[6].

4. CRITERIOS DE ORDENACIÓN DEL SISTEMA DE FUENTES

El sistema normativo impuesto por la Constitución española de 1978 es extremadamente complicado, pues junto a la multitud de tipos normativos existentes se une el hecho de que las instituciones con capacidad normativa son múltiples.

Existe una gran variedad de fuentes del Derecho, de tal modo que no es impensable que una determinada materia esté regulada de forma contradictoria por dos normas jurídicas. En este caso habría que decidir cuál de ellas es la aplicable al caso concreto. Esta cuestión no siempre es sencilla y para ello hay que tener en consideración diversos criterios. Por ello, se han establecido diversos principios cuya finalidad es la de determinar la relación existente entre las normas integrantes del ordenamiento, y a los que en caso de duda o conflicto se puede acudir para esclarecer cual ha de ser la norma aplicable en cada supuesto concreto.

A) Principio de jerarquía normativa

Según lo dispuesto por el positivista austriaco Kelsen, si se sitúan la totalidad de normas integrantes del ordenamiento jurídico en una pirámide, la Constitu-

[5] Vid. BALAGUER CALLEJÓN, F.- *Fuentes de Derecho*. Ed. Técnos. Madrid. 1991.

[6] ÁLVAREZ CONDE, E.-*Curso de Derecho Constitucional*, Vol. I, 2ª. Ed. Tecnos, Madrid, 1996, pág. 137.

ción como norma suprema del ordenamiento habría de ser situada en la cúspide de la misma, situándose el resto de las normas por debajo de ésta. La superioridad jerárquica del Texto Constitucional supone que no puede ser aplicada ninguna norma que colisione con ella o que la contradiga. No debería aplicarse norma alguna que contraviniera la Norma Suprema, pero en caso de que se aprobara alguna norma que lo hiciera, existen mecanismos– el control de inconstitucionalidad–, que determina que, en el supuesto de prosperar, se declare la expulsión de aquellas partes del texto normativo incompatibles con la Carta Magna.

El rango normativo deviene de la posición que cada norma ocupa en relación con la Constitución.

La jerarquía normativa implica que no todas las normas tienen el mismo rango, por lo que una norma jurídica de rango inferior no puede en ningún caso contravenir lo dispuesto en una de rango superior, (situada en la pirámide en una posición superior, como ejemplo podemos citar que la ley es superior jerárquicamente al reglamento, estando por ello éste subordinado a aquella). En el caso de que se produzca una colisión entre dos normas prevalece la de rango superior sobre la de rango inferior.

El artículo 9.3 de la Constitución garantiza expresamente el principio de jerarquía normativa y el artículo 1.2 del Código Civil define este mismo principio en pocas palabras: «Carecerán de validez las disposiciones que contradigan otra de rango superior».

En definitiva, los distintos tipos de normas jurídicas existentes están jerarquizados entre sí en función del órgano competente para dictarlas y las normas de rango inferior no pueden vulnerar lo establecido por las normas de rango superior. Este principio permite establecer el orden de aplicabilidad de las normas jurídicas y permite, asimismo, solucionar los posibles conflictos entre ellas.

El principio de jerarquía normativa ordena a las disposiciones jurídicas en el siguiente escalón jerárquico:

1.- Superioridad absoluta de la Constitución sobre el resto de normas.
2.- Normas con rango de ley.
3.- Reglamentos del Gobierno: Reales Decretos, Órdenes Ministeriales y disposiciones de las demás autoridades y órganos inferiores según el orden de su respectiva jerarquía.
4.- La costumbre y los principios generales del Derecho.

Este principio que es de aplicación cuando las normas que se relacionan son de rangos jerárquicos distintos, carece de utilidad cuando nos enfrentamos a normas de rango idéntico. En esos casos, por otra parte, nada infrecuentes, hemos de acudir a otros principios más complejos, como es el caso de principio de competencia, o de especialidad entre otros.

En el modelo de Estado que se configura con la entrada en vigor de la Constitución de 1978 el criterio de jerarquía resulta ya insuficiente, no es capaz de explicar algunos fenómenos. Y ha sido necesario incorporar un nuevo criterio de ordenación de las fuentes, complementario del de jerarquía, que es el principio de competencia.

B) Principio de competencia

A diferencia de lo que ocurría con el principio de jerarquía, regulado en el apartado 9.3 de la CE de 1978, este principio no ha sido consagrado en nuestro texto constitucional, pero es utilizado en caso de que se produzca un conflicto entre normas de idéntico rango. Este criterio consiste en delimitar un ámbito material específico para atribuir su regulación a un determinado tipo de norma, con exclusión de las demás, de manera que los demás tipos normativos no puedan incidir en dicha materia. La Constitución reserva la regulación de determinadas materias a cierto órgano o una fuente concreta.

La Constitución determina que determinadas materias habrán de ser reguladas únicamente por un tipo de norma concreta, por lo que si se procediera a regularlas por otra norma distinta esa norma sería inconstitucional, ya que se estarían vulnerando aquellos preceptos constitucionales que determinan los tipos normativos que habrán de regular cada una de las materias concretas.

El principio de competencia se vulnera, por tanto, cuando una norma se ocupa de materias que no le han sido encomendadas, y ello con independencia de cuál sea su rango formal. Cada norma tiene su propio ámbito material de actuación como condición de validez. Cuando existe delimitación competencial o material, el criterio formal de la jerarquía no opera, o dicho de otra forma, éste sólo opera cuando el ámbito de regulación de las normas es potencialmente coincidente.

En definitiva, la aplicación del principio de competencia exige que cada tipo de norma se limite a legislar aquellas materias que previamente le haya atribuido la Constitución o bien una norma jerárquicamente superior.

Este principio ha tenido y tiene un especial protagonismo en la lucha que con frecuencia surge entre las leyes estatales y las autonómicas por delimitar sus respectivas competencias funcionales, materiales y territoriales.

Respecto a qué tipo de categorías normativas se relacionan entre sí en función del criterio material de la competencia, hay que distinguir previamente dos supuestos:

a) Normas dictadas por órganos distintos que ejercen su potestad normativa sobre un ámbito territorial determinado: normas estatales, autonómicas o comunitarias. El principio de competencia crea dentro del ordenamiento subsistemas o bloques normativos (en nuestro caso, tantos como Comunidades Autónomas), integrados por normas que no pueden ser desplazadas o modificadas más que por otras del mismo subsistema. Es la única forma de garantizar la autonomía de las Comunidades Autónomas (una ley autonómica no puede ser modificada por una ley estatal o de otra Comunidad Autónoma, aunque ostenten el mismo rango jerárquico).

b) Normas relacionadas entre sí por el criterio de competencia, pero que a diferencia del supuesto anterior son dictadas por un mismo órgano: este es el caso de las diversas categorías normativas emanadas del poder legislativo estatal, y que además de identificarse por un determinado ámbito material (reservado en exclusiva a ese tipo de norma) presentan algunas variantes procedimentales frente a la ley común u ordinaria: reglamentos parlamentarios y leyes orgánicas.

C) Principio cronológico

La sociedad es cambiante y evoluciona, y al tiempo que evoluciona, demanda la aprobación de nuevas normas que regulen nuevas situaciones; las normas con el devenir del tiempo quedan obsoletas y es necesario que nuevas normas procedan a la regulación de materias ya reguladas. En el supuesto de que una norma de nueva creación colisione con una norma anterior, siendo las dos de idéntico rango, y de idéntico ámbito competencial (estatal o autonómico) prevalecerá la norma posterior en aplicación del principio de *lex posterior derogat priori*, incluso en el supuesto de que la nueva norma no contenga disposición derogatoria alguna. Como excepción, hemos de señalar como afirma ALZAGA[7] que las normas especiales no pueden derogar a las generales (*lex specialis non derogat legi generali*.

---

[7] ALZAGA VILLAAMIL, O y otros.- *Derecho político español*. Volumen I. Ed. CERA. Madrid, 2010. pág. 322.

5. LA CONSTITUCIÓN ESPAÑOLA. FUENTE FUNDAMENTAL Y FUNDAMENTADORA DEL SISTEMA DE FUENTES

La Constitución como norma superior del Ordenamiento Jurídico, ocupa el vértice de la jerarquía legislativa, en consecuencia, todas las leyes y disposiciones normativas con forma de ley quedan sometidas a la Constitución.

La Constitución es nuestra norma suprema y no una mera declaración programática, de forma que, «lejos de ser un mero catálogo de principios de no inmediata vinculación y de no inmediato cumplimiento hasta que sean objeto de desarrollo por vía legal, es una norma jurídica, la norma suprema de nuestro ordenamiento, y en cuanto tal tanto los ciudadanos como todos los poderes públicos están sujetos a ella (arts. 9.1 y 117.1 C.E.)» -STC 16/1982, de 28 de abril–. S

Se trata de una «norma cualitativamente distinta de las demás, por cuanto incorpora el sistema de valores esenciales que ha de constituir el orden de convivencia política y de informar todo el ordenamiento jurídico. La Constitución es así la norma fundamental y fundamentadora de todo el ordenamiento jurídico». (STC 31 de marzo de 1981).

La supremacía de la Constitución tiene como consecuencias principales; que el resto de las normas jurídicas deben estar en consonancia con sus mandatos, pues, en caso contrario, serán declaradas inconstitucionales; en segundo lugar, exige un procedimiento especial de reforma como garantía de su estabilidad jurídica; y, por otra parte, todas las normas jurídicas deben interpretarse de conformidad con los preceptos constitucionales de tal forma que siendo posibles dos interpretaciones de un precepto, una ajustada a la Constitución y la otra no conforme a ella, debe admitirse la primera (STC 122/1983, de 22 de diciembre).

La entrada en vigor de la Constitución de 1978 supuso un cambio importante en el sistema de fuentes imperante hasta entonces en nuestro país. Es el propio texto constitucional el que contiene el resto de las fuentes y el que va a determinar no sólo la posición que va a ocupar cada una, sino también la relación que van a tener las distintas fuentes entre sí.

La Constitución es la norma suprema del ordenamiento jurídico, distinta del resto de las normas, en primer lugar por ser obra del poder constituyente originario; en segundo lugar por la solemnidad con la que ha sido redactada; en tercer lugar por el procedimiento específico de reforma que se ha establecido y por último por ser un texto consensuado, como no lo ha sido ningún otro de nuestra tradición constitucional. El consenso imperante en todo el proceso constitucional ha permitido que carezca de un alto contenido ideológico, lo que ha permitido que fuerzas políticas de ideología diversa hayan podido gobernar sin verse forzadas a modificarla.

Los constituyentes plasmaron su supremacía en el propio texto, concretamente en el art. 9.1, al señalar la total vinculación tanto de los poderes públicos como de los ciudadanos al contenido de la Constitución y su aplicabilidad directa –al igual que hicieran los padres de la Constitución norteamericana de 1787–, estableciendo su carácter normativo. La vinculación supone que los tres poderes clásicos (el legislativo, el ejecutivo y también el judicial y los sujetos tanto públicos como de carácter privado han de proceder a la aplicación de la totalidad de su articulado, y a su respeto.

El resto del ordenamiento jurídico le debe a ella su existencia, y dada la heterogeneidad normativa imperante en el Estado español, la Constitución es el único elemento capaz de dotar de homogeneidad y de unidad, ya que no podemos obviar que en España el ordenamiento jurídico es uno, aunque integrado por diversos subsistemas (el estatal, cuyo ámbito de aplicación será la totalidad del Estado español, y el autonómico cuyo ámbito de aplicación será el territorio de cada una de las distintas Comunidades Autónomas).

6. LA JURISPRUDENCIA DEL TRIBUNAL CONSTITUCIONAL COMO FUENTE DEL DERECHO

Sin duda una de las cuestiones que mayor impacto han producido en el sistema de fuentes ha sido la instauración de la Justicia constitucional.

La doctrina española ha rechazado la consideración de la jurisprudencia como fuente directa del Derecho, y en este mismo sentido se ha manifestado el propio Código Civil. Sin embargo, la Constitución de 1978 y el sistema jurídico subsiguiente han puesto las bases para una diferente valoración de la jurisprudencia constitucional como fuente del Derecho.

Desde un punto de vista estrictamente normativo, la fuerza vinculante de la doctrina del Tribunal Constitucional se deriva de un conjunto de preceptos incluidos, tanto dentro de la propia Constitución, como en la Ley Orgánica de su desarrollo. El artículo 164.1 de la Constitución establece el valor y eficacia general «erga omnes» de todas las sentencias de inconstitucionalidad y «todas las sentencias que no se limiten a la estimación subjetiva de un derecho», afirmación que se repite en el artículo 38,1 de la Ley Orgánica del Tribunal Constitucional (en adelante LOTC) al declarar que dichas sentencias «vincularán a todos los poderes públicos y a todos los ciudadanos» entre ellos a Jueces y Tribunales. El artículo 40.2 LOTC atribuye a la jurisprudencia constitucional un valor corrector de la jurisprudencia ordinaria, al disponer que «en todo caso, la jurisprudencia de los tribunales de Justicia recaída en leyes, disposiciones o actos enjuiciados por el Tribunal Constitucional, habrá de entenderse corregida por la doctrina derivada de las sentencias y autos que resuelvan los recursos y cuestiones de inconstitucionalidad»[8].

Lo que el Tribunal Constitucional hace al dictar sentencias es interpretar las normas jurídicas y muy especialmente la norma constitucional, lo que da lugar a que se produzca una integración del sistema normativo, se cubran lagunas y se cree seguridad jurídica, todo ello con sujeción a una serie de principios definidos por la propia Constitución y por la actuación del Tribunal Constitucional que han venido a convertirse en límites a la actividad interpretadora de la Constitución, y que son cifrados por PÉREZ ROYO[9] como:

- principio de unidad de la Constitución;
- principio de concordancia práctica;
- principio de corrección funcional entre los poderes del Estado diseñados por la Constitución;
- principio de la función integradora que posee la Constitución, y
- principio de la fuerza normativa de la Constitución.

Sin embargo, como acertadamente ha indicado ALZAGA[10], el carácter de Norma Suprema de la Constitución, determina que la técnica interpretativa constitucional no pueda ser la misma que la del resto de ramas del Derecho.

Las sentencias del Tribunal Constitucional, como las demás de la rama judicial, se pueden clasificar en «estimatorias» y «desestimatorias». Las primeras acogen la demanda, mientras que las segundas serían aquellas que no dan la razón a las pretensiones suscitadas. Sin embargo, este es un esquema muy elemental de resolver, y, como a continuación veremos, existen muchas ocasiones en las que cuando el Tribunal Constitucional dicta una sentencia en materia de inconstitucionalidad, sus resoluciones pueden terminar ocasio-

---

[8] PIBERNAT DOMENECH X.- «La sentencia constitucional como fuente del Derecho» en *RDP* nº 24, 1987, págs. 57 y ss.

[9] PÉREZ ROYO, J.- *Curso de Derecho Constitucional*, Ed. Marcial Pons, Madrid, 1997, pág. 146

[10] ALZAGA VILLAMIL, O. y otros.- *Derecho Político Español.* Tomo I, Op. Cit, págs. 76 y 77.

nando mayores inconstitucionalidades que las que busca remediar, sobre todo, por alteración del sistema de división de poderes.

Como ha indicado GARRORENA[11], existen diversas clases de Sentencias en las que el TC asume atribuciones que no le competen: a) *Sentencias puramente interpretativas,* que son aquéllas en las cuales la inconstitucionalidad que constata el TC no afecta a la totalidad del enunciado normativo sino tan solo a alguna de sus interpretaciones. En ellas el Tribunal conserva la norma dándole la única interpretación que el TC considera acorde con la; b) *Sentencias de mera inconstitucionalidad,* que se producen cuando el TC constata que la misma se encuentra en las omisiones de ley, invitando al legislador a que supere aquélla. Lo que es inconstitucional en este supuesto es la norma implícita en la omisión del legislador; c) *Sentencias aditivas,* que son aquéllas en las que el TC decide añadir al precepto las previsiones que el mismo ha omitido. Hay, por ello, una intervención positiva en la norma para sanar su inconstitucionalidad. Se trata de una operación que pone al TC en límite del legislador positivo, lo que puede generar perplejidades, pero que resulta útil para resolver problemas concretos y ha sido utilizado con cierta frecuencia; d) *Sentencias reconstructivas,* en las que el TC evita la declaración de nulidad de la norma presentando como lectura del precepto lo que en realidad es la conversión de su enunciado en otro distinto.

Mediante una *sentencia interpretativa,* el TC escoge qué interpretación, de las varias que existan, es acorde a los designios de la Constitución; es decir, escogerá qué interpretación es constitucionalmente válida, estableciendo que si se opta por escoger cualesquier interpretación de las alternativas existentes, esta será declarada inconstitucional[12].

Un tipo de sentencias interpretativas podemos observar en las que podríamos considerar como «*sentencias evolutivas*», en las que el TC asume un criterio interpretativo que cada vez está teniendo un mayor predicamento: la interpretación evolutiva[13].

---

[11] GARRORENA MORALES, A.- «Comentario al artículo 164 CE. Condiciones y efectos de las sentencias del TC», en ALZAGA VILLAMIL, O (dir).*Comentarios a la Constitución Española de 1978,* Edersa-Cortes Generales, Tomo XII, 1999, págs. 369-370.

[12] Vid. DÍAZ REVORIO, J.- *La interpretación constitucional de la ley. Las Sentencias Interpretativas del Tribunal Constitucional,* Lima. Palestra. 2003. DÍAZ REVORIO, J.-*La Constitución Abierta y su Interpretación,* Lima, Palestra. DÍAZ REVORIO, J.- *Las sentencias interpretativas del Tribunal Constitucional,* Madrid, Lex Nova, 2001.

[13] En el caso español, como recientemente ha indicado el TC en la sentencia 198/2012, de 6 de noviembre de 2012, la Constitución es un «árbol vivo» que, a través de una «interpretación evolutiva», se acomoda a las realidades de la vida moderna como medio para asegurar su propia relevancia y legitimidad.

Pero al margen de la diversidad de sentencias constitucionales, hemos de tener en consideración, que la interpretación de la Constitución hay que realizarla conforme a la propia Constitución, con las distintas reglas de interpretación que permitan su validez y su vigencia, pero con parámetros constitucionales, puesto que no podemos dejar la Constitución a merced de un órgano constituido creado por el poder constituyente. El TC no puede asumir funciones que no le corresponden, y no podemos olvidar que el TC es intérprete de la Constitución, pero no debe de ser creador de Derecho, ni mucho menos puede ser un poder de reforma, o de mutación o destrucción constitucional, a través de su interpretación.

6.1. Métodos de interpretación. La interpretación de la Constitución

Varios son los métodos de interpretación formulados por la doctrina.

Sin pretender un examen exhaustivo de los mismos, podríamos identificar el *Método axiológico integrador*, que, aun a pesar de sus múltiples variantes, establece como premisas básicas en la interpretación constitucional, la necesidad de tomar en consideración: a) el orden o sistema de valores subyacentes al texto constitucional, y b) el sentido y la realidad de la Constitución entendida como elemento del constante y continuo proceso real de integración de la comunidad. El *Método tópico-práctico*, partiendo de una concepción práctica de la interpretación constitucional en tanto que ésta se dirige a la resolución de problemas concretos, así como del carácter abierto de la Constitución y, por consiguiente la dificultad de subsumir los hechos en sus preceptos, entiende que la interpretación consistirá en la discusión del problema, al objeto de adecuar la norma constitucional al problema concreto, para de desvelar la interpretación que más convenga al problema. Este último método, admite una variante en el conocido como *Método hermeneútico-concretizador* que parte del texto constitucional como límite indisponible de interpretación, y no del problema. Otro método ofrecido, el *Método normativo estructurante*, que parte de la observación de que el Texto fundamental constituye la parte visible del programa normativo, pero que también existe un dominio normativo que el programa normativo contempla sólo parcialmente, ha desentrañado una serie de principios, de obligada referencia, en la interpretación constitucional: 1. El principio de unidad de la Constitución; 2. El principio de máxima efectividad; 3. El principio del efecto integrador del Texto; 4. El principio de conformidad funcional; 5. El principio de concordancia práctica o de armonización, y todos ellos dentro de dos principios esenciales: a) El principio de fuerza normativa de la Constitución y b) El principio de interpretación conforme a la Constitución.

Junto a estos métodos, encontramos el llamado ***Método hermeneútico clásico***, enunciado por SAVIGNY[14] que, configurado por cuatro elementos de interpretación (interpretación gramatical; interpretación lógica; interpretación histórica e interpretación sistemática), ha sido perfeccionado por STERN, y viene a ocupar un lugar destacado en el proceso interpretativo, entendiendo que la actividad interpretativa deberá tomar como elementos determinantes: A) el sentido de las palabras (*interpretación gramatical*); B) el sentido del Texto Fundamental (*interpretación lógica*); C) el sistema del ordenamiento jurídico, la estructura y posición de un precepto en el Texto (*interpretación sistemática*); D) el origen del precepto (*interpretación histórica)*; E) los trabajos previos y los materiales constitucionales y legislativos (*interpretación genética*); F) los preceptos paralelos de otros ordenamientos jurídicos (*interpretación comparativa*), y G) la finalidad del precepto y de la norma (*interpretación teleológica*), y partiendo de una doble idea: 1º, Que la Constitución es el punto de partida para obtener el sentido de las normas, y 2º, Que la Constitución es el límite de la interpretación.

La interpretación de la Constitución debe detectar su unidad de sentido, su coherencia, buscando la compatibilidad entre los preceptos y principios de la Ley Suprema, en tanto que se informan recíprocamente (STC 26/1987, de 27 de febrero), interpretando todo el ordenamiento jurídico desde el prisma de la Constitución, puesto que como el TC ha establecido (STC 9/1981, de 31 de marzo), « a partir de la entrada en vigor de la Constitución, es un imperativo para todos los poderes llamados a aplicar la ley, interpretarla conforme a aquella», puesto que la «Constitución forma un todo en el que cada precepto encuentra su sentido pleno valorándolo con los demás (STC 6/1983, de 4 de febrero), y no siendo admisible la «aplicación de una regla que conduzca a un resultado opuesto al que el precepto constitucional declara deseable»(STC 19/1988, de 5 de mayo, entre otras), y además, teniendo en cuenta que «la Constitución incorpora un sistema de valores cuya observancia requiere una interpretación finalística de la Norma Fundamental» (STC 18/1981, de 8 de junio).

La interpretación de la Constitución, debe de partir de la propia Constitución, y el juez constitucional debe realizar su labor interpretadora de manera

[14] Vid. SAVIGNY, F.K –, *Metodología Jurídica*, Ediciones Depalma, Buenos Aires, traducción de J.J. Santa-Pinter, Argentina 1994.

prudente, razonable, racional, proporcional, justa, positiva, y útil, y visualizando la norma constitucional, no como una isla, sino conectada en un contexto jurídico global, nacional y ahora internacional también.

Hoy en día ya es pacífico en la doctrina aceptar el carácter de fuente de la jurisprudencia constitucional[15], no obstante, la aceptación de las sentencias del Tribunal Constitucional como fuente del Derecho, y contenido del Derecho Constitucional, debe ser entendida desde la propia limitación que supone, como ha puesto de manifiesto SÁNCHEZ AGESTA[16], que el Tribunal Constitucional no constituye un órgano activo que actúe de oficio, sino un órgano pasivo que sólo puede pronunciarse cuando haya sido instada su decisión por una parte legitimada.

7. EL BLOQUE DE CONSTITUCIONALIDAD

Sus orígenes se remontan a Francia mediante el Consejo Constitucional, a través de sentencia de 16 de julio de 1971[17]. Pero a pesar de su origen francés, en España tiene una significación distinta.

En España, la utilización de la doctrina del bloque de constitucionalidad por el Tribunal Constitucional desde 1982, ha sido identificada, en algunos momentos como conjunto de normas que se aplican al caso en concreto, y en otras representa un grupo de normas que predominan sobre las demás en cuanto a la delimitación de competencias entre el Estado y las Comunidades Autónomas que componen la nación española.

Se trataría del conjunto de normas jurídicas que, junto a la Constitución, deben ser tenidas en cuenta por el órgano al que está atribuido el control de constitucionalidad para determinar la conformidad o disconformidad de las normas susceptibles de declaración de inconstitucionalidad con la Constitución.

Hemos de traer a colación los preceptos 28.1 y 59 de la Ley Orgánica del Tribunal Constitucional en los que se determina que «para apreciar la conformidad o disconformidad con la Constitución de una ley, disposición o acto con fuerza de ley del Estado o de las Comunidades Autónomas, habrán de tenerse en cuenta, en su caso, además de los propios preceptos constitucionales, las normas que, dentro del marco constitucional, se hubiesen dictado para delimitar el ámbito competencial del Estado y las diferentes Comunidades Autónomas o regular o armonizar el ejercicio de estas competencias concretas».

Nuestra Constitución de 1978, aunque es muy extensa, se aprobó inacabada, especialmente en lo que organización territorial del Estado de refiere.

Desde su aprobación el proceso de configuración del Estado autonómico no se ha cerrado, pues la transferencia o delegación a las Comunidades Autónomas de materias que venían siendo de titularidad estatal ha dificultado la finalización del proceso. Por esta razón a la hora de determinar si una norma con rango de ley es ajustada o no al Texto Constitucional, el TC ha debido de acudir, además de a la Constitución, a las normas delimitadoras de competencias entre el Estado y las CCCAA, tales como leyes marco, leyes de delegación y Estatutos de Autonomía.

El Bloque de constitucionalidad ha de entenderse considerado, además de por la Constitución, por:

– Los Estatutos de Autonomía, las leyes marco, las leyes de transferencia y delegación y las leyes de armonización.

– Todas las leyes, orgánicas u ordinarias que de conformidad con el art. 149.1, suponen una delimitación competencial del sistema de reparto de competencias entre el Estado y las CCAA.

– Las leyes que contengan delegaciones legislativas.

– Las leyes orgánicas en supuestos concretos y respecto del control de constitucional de las leyes ordinarias.

– Los reglamentos parlamentarios tanto del Congreso de los Diputados, del Senado como de los parlamentos autonómicos, pero en todo caso, únicamente formarán parte del bloque de la constitucionalidad, aquellas normas de los reglamentos parlamentarios que incidan sobre el procedimiento legislativo y no todas las que se encuentren incluidas en los mismos (STC36/1990, 1 de marzo).

BIBLIOGRAFÍA

Alzaga Villamil, O. y otros.- *Derecho Político Español.* Volumen I. Ed. CERA. Madrid, 5ª. Ed. 2011.

Balaguer Callejón, F.- *Fuentes de Derecho.* Ed. Técnos. Madrid. 1991.

Baratta, A, y otros.- *Las fuentes del Derecho,* Universidad de Barcelona, 1983.

Díaz Revorio, J.- *Las sentencias interpretativas del Tribunal Constitucional,* Madrid, Lex Nova, 2001.

Fernández, T.R.- *Las leyes orgánicas y el Bloque de la constitucionalidad,* Madrid, Cívitas, 1981

García de Enterría, E.- *La Constitución jurídica en la teoría del Derecho contemporáneo,* Madrid, CEC, 1999.

GARRORENA MORALES, A.- «Comentario al artículo 164 CE. Condiciones y efectos de las sentencias del TC», en ALZAGA VILLAMIL, O (dir).*Comentarios a la Constitución Española de 1978*, Edersa-Cortes Generales, Tomo XII, 1999.

LÓPEZ CASTILLO, A., y otros.- *Constitución española y Constitución europea*, Madrid, CEPC, 2005.

MELLADO, P., SÁNCHEZ, S. y MARTÍN, Mª.I.- *Fundamentos de Derecho de la Unión Europea,* Editorial CERA, Madrid 2012.

OTTO, I de.- *Derecho Constitucional. Sistema de fuentes*, Barcelona, Ariel, 1987.

PÉREZ ROYO, J.- *Las fuentes del Derecho*, Técnos, Madrid, 1984.

SÁNCHEZ GONZÁLEZ, S y MELLADO PRADO, P.: *El sistema de fuentes en el ordenamiento español*, Madrid, CERA, 2010.

CAPÍTULO VIII
LA LEY

Capítulo VIII. La Ley

María Acracia Núñez Martínez

1. LA LEY EN LA CONSTITUCIÓN ESPAÑOLA DE 1978

Como acertadamente ha indicado la doctrina, mucho ha cambiado la concepción actual de la ley respecto de las formulaciones doctrinales originarias.

En primer lugar, el idealismo con que los revolucionarios franceses contemplaron la ley ha sido superado por la primacía de la Constitución. Ya no es la ley el instrumento de limitación del poder, sino que este instrumento es la Constitución.

Pero, además, la complejidad del poder político y del poder territorial de los Estados, ha determinado, por un lado, que las potestades normativas hayan dejado de ser exclusivas de los Parlamentos, y el Poder Ejecutivo ha adquirido potestades normativas que serán estudiadas posteriormente; por otro que ya no exista un único centro de producción normativa –el Parlamento estatal, sino que sean varios los entes territoriales con capacidades legislativas –Estado Central; Estados Federados; Comunidades Autónomas, etc–. A ello habría que añadir las normas emanadas de Organismos internacionales cuya eficacia directa, o indirecta, afecta el poder legislativo de los Estados miembros.

Tampoco existe ya un único tipo de ley, sino que hoy en día existen varias categorías normativas que posteriormente serán indicadas.

Y por si esto no fuera suficiente, la complejidad del Estado actual, como Estado Social, ha determinado que se superen las primarias consideraciones rusonianas que configuraban la ley como expresión de la voluntad general, de manera que hoy no sea la generalidad un elemento determinante en la consideración de la ley. Frente a aquella definición de ley como «ordenación de la razón dirigida al bien común y promulgada por quien tiene a su cargo el cuidado de la comunidad», los ordenamientos democráticos actuales, como puede ser el español, admiten la posibilidad de leyes singulares, entendidas como aquellas «dictadas en atención a un supuesto de hecho concreto y singular que agotan su contenido y eficacia en la adopción y ejecución de la medida tomada por el legislador ante este supuesto de hecho, aislado en la ley singular y no comunicable con ninguno» , sin que el dogma de la generalidad de la ley sea obstáculo insalvable que impida al legislador dictar, con valor de ley preceptos específicos para supuestos únicos o sujetos concretos.

Una última, pero no menos importante, modificación en la consideración de la ley viene de la mano de la consideración actual de los Estados como Estados de Partidos, que ha dado lugar a que, en la práctica, quien legisla no es el Parlamento, sino que las decisiones legislativas se adoptan en el seno de los partidos; que las iniciativas parlamentarias legislativas ya vienen negociadas entre las distintas fuerzas políticas con representación parlamentaria, negociación que será más o menos dura dependiendo de las mayorías parlamentarias, y que la aprobación parlamentaria es una mera máscara democrática.

Hoy en día ya no existe un único concepto de ley, y la propia Constitución al enumerar las fuentes normativas, establece distintos tipos de ley, tanto desde consideraciones formales y materiales, como desde el propio centro de producción normativa, de manera que cuando la propia Constitución se refiere a la ley no está identificando un tipo de norma concreta, sino una categoría normativa.

Ahora bien, desde la propia consideración de la definición del Estado español como Estado de Derecho, que proclama el artículo 1.1. CE, se determina la unidad de la Constitución y la unidad del ordenamiento jurídico; la supremacía de la Constitución y la interpretación de todo el ordenamiento jurídico conforme a la Constitución; la vinculación de todos los poderes públicos a la propia Norma Suprema y al resto del ordenamiento jurídico, y la realización de los principios de seguridad jurídica y legalidad, y los que de ellos se derivan.

2. EL PRINCIPIO DE LEGALIDAD

El Estado de Derecho se fundamenta, básicamente, además de en el reconocimiento y respeto de derechos y libertades, en tres grandes principios: la división de poderes, el principio de legalidad y la responsabilidad del Estado. El principio de legalidad concentra la propia esencia del Estado de Derecho ya que exige a todos los poderes públicos que respeten y cumplan todo lo establecido en la ley y en todas las demás fuentes del Derecho.

El principio de legalidad, o principio de primacía de la ley, es un principio fundamental conforme al cual todo ejercicio de un poder público debería realizarse acorde a la ley vigente y sometida a la jurisdicción y no a la voluntad de las personas.

La seguridad jurídica requiere que las actuaciones de los poderes públicos estén sometidas al principio de legalidad. El principio se considera como la «regla de oro» del Derecho, y es una condición necesaria para afirmar que un Estado es un Estado de Derecho, pues el poder tiene su fundamento y límite en las normas jurídicas.

El principio de legalidad constituye una de las consagraciones del Estado de Derecho y, al tiempo, se convierte en uno de los elementos más importantes sobre el que se edifica este tipo de Estado.

Como ha indicado ALZAGA[1], la Constitución está redactada desde una aceptación entusiasta y sin reservas del «principio de legalidad», lo que determina que en numerosas ocasiones se proclame la necesidad de que una determinada materia sea regulada por ley, bien a través de las «reservas de ley», bien, simplemente, en aplicación del principio de legalidad.

El art. 9.1[2], CE recoge un requisito esencial de todo Estado de Derecho: *el sometimiento de los ciudadanos y, sobre todo, de los poderes públicos al Derecho* y del mismo se desprende que la Constitución ocupa un lugar preferente en el ordenamiento jurídico. En palabras de GARCÍA DE ENTERRÍA, de este precepto «no se deduce sólo el carácter vinculante general de la Constitución sino algo más, el carácter de esta vinculación como «vinculación más fuerte», en la tradicional expresión del constitucionalismo norteamericano».

Como señala el artículo 9.1 CE, este principio vincula tanto a los ciudadanos como a los poderes públicos si bien de forma distinta. Así, el Tribunal

---

[1] ALZAGA VILLAAMIL, O, et alli, *Derecho político español según la Constitución de 1978*. Vol. I, Madrid, CERA, 3ª Ed, 2001, pág. 371.

[2] No existen precedentes en la historia constitucional española con igual o análoga redacción. En el Derecho Comparado, encontramos dos referencias: El artículo 20.3 de la Constitución alemana que afirma que «el poder legislativo está sometido al ordenamiento constitucional; los poderes ejecutivo y judicial a la Ley y al Derecho». Y, el artículo 5 de la Constitución francesa, en virtud del cual «el Presidente de la República velará por el respeto a la Constitución y asegurará por su mediación el funcionamiento regular de los poderes públicos así como la continuidad del Estado».

Constitucional en su STC 101/1983, ha manifestado que mientras que los ciudadanos tienen un deber general negativo de abstenerse de cualquier actuación que vulnere la Constitución, sin perjuicio de los supuestos en que la misma establece deberes positivos, los titulares de los poderes públicos tienen además un deber general positivo de realizar sus funciones de acuerdo con la Constitución.

El principio de legalidad es una consecuencia de lo que se expresa en el Preámbulo como finalidad de la Constitución: «Consolidar un Estado de Derecho que asegura el imperio de la ley como expresión de la voluntad popular». Y, como ha afirmado el Tribunal Constitucional (STC 108/1986, de 26 de julio) estamos ante un dogma básico de todo sistema democrático.

Ello determina la importancia del principio de legalidad, como elemento determinante de la propia definición del Estado español. El Estado de Derecho es una forma política en la que los poderes públicos están sujetos a la Constitución y al resto del ordenamiento (STC 67/1984, de 7 de junio) y la primacía del principio de legalidad implica la sumisión del poder ejecutivo a la ley, así como la estricta legalidad de la acción administrativa y el control jurisdiccional de la misma (STC 43/1983, de 20 de mayo) y la independencia y la imparcialidad de la justicia y el respeto de los fallos judiciales y su efectivo cumplimiento por los poderes públicos (STC 167/1987, de 28 de septiembre).

La ley es la expresión de la voluntad popular, y es un principio básico del sistema democrático cuyo origen se residencia en el Poder legislativo, al que corresponde la aprobación, modificación, suspensión y derogación.

El imperio de la ley tiene dos plasmaciones específicas en la Constitución de 1978:

A) El principio de legalidad penal[3]. En el artículo 25 encontramos una concreción del principio de legalidad en el ámbito sancionador. En virtud de su apartado primero, «nadie puede ser condenado o sancionado por acciones u omisiones que en el momento de producirse no constituyan delito, falta o infracción administrativa, según la legislación vigente en aquel momento». La legalidad penal es un límite a la potestad punitiva del Estado, y está integrada por dos elementos[4]:

---

[3] RUBIO LLORENTE, F.- «El principio de legalidad». *Revista Española de Derecho Constitucional*, nº 39 (Septiembre/Diciembre 1993), Madrid, Centro de Estudios Políticos y Constitucionales, págs. 9-42.

[4] Vid. LAMARCA PÉREZ, C.-. «Principio de legalidad penal». *Eunomía. Revista en Cultura de la Legalidad*, nº 1, (septiembre 2011-febrero 2012) Tirant lo Blanch.

1) *La legalidad en sentido formal:* implica, *la reserva absoluta y sustancial de ley*, por medio de leyes que han de ser Orgánicas.

2) *La legalidad en sentido material*: implica una serie de exigencias: a) Las leyes penales han de ser precisas; b) La prohibición de la retroactividad de las leyes penales: como regla general las normas penales son irretroactivas, excepto cuando sean más favorables para el reo; c) La prohibición de que el poder ejecutivo o la administración dicte normas penales; d) La prohibición de la analogía en materia penal, es decir, generar razonamientos y conductas basándose en la existencia de semejanza con otra situación parecida.

B) Principio de legalidad administrativa: El principio de legalidad, cobra un especial significado en el ámbito de la Administración que se concreta en la sumisión a la ley de la actividad administrativa –artículo 103.1 CE– y que supone, en palabras de GARRIDO FALLA[5], de un lado, la sumisión de los actos administrativos concretos a las disposiciones vigentes de carácter general, y de otro, la sumisión de los órganos que dictan disposiciones generales al ordenamiento jerárquico de las fuentes del Derecho.

Es el Derecho el que condiciona y determina, de manera positiva, la acción administrativa, que no es válida si no responde a una previsión normativa vigente. El principio de legalidad opera entonces como una cobertura legal previa de toda potestad: cuando la Administra actúa conforme a ella, su actuación es legítima (doctrina de la vinculación positiva)[6].

3. LA RESERVA DE LEY

En íntima conexión con el principio de legalidad, la institución de la reserva de Ley obliga a regular la materia concreta con normas que posean rango de ley, particularmente aquellas materias que tienen que ver la intervención del poder público en la esfera de derechos del individuo. La reserva de ley, al resguardar la afectación de ciertas materias al Poder legislativo, refleja la doctrina liberal de la separación de poderes.

Esta relación entre el principio de legalidad y el de reserva de la ley esta generalmente establecida –en una democracia– en el llamado ordenamiento jurídico.

---

[5] Vid. GARRIDO FALLA, F.- *Comentarios a la Constitución*, 3ª Ed. Madrid, Cívitas, 2001.

[6] Vid. GARCÍA DE ENTERRÍA, E.- *Curso de derecho administrativo* T. I, Madrid, Cívitas, 2004.

El principio de reserva de ley, entraña, en efecto una garantía esencial de nuestro Estado de Derecho, y como tal ha de ser preservado. Su significado último es el de asegurar que la regulación de los ámbitos de libertad que corresponden a los ciudadanos dependa exclusivamente de la voluntad de sus representantes. Por lo que tales ámbitos han de quedar exentos de la acción del ejecutivo y, en consecuencia, de sus productos normativos propios, que son los reglamentos.

Nuestra Constitución establece con cierta frecuencia mandatos a los poderes públicos, al incluir expresiones tales como «sólo por ley», «la ley regulará», etc, para que sea el legislador el encargado de regular determinadas materias. Para estas materias que establece la Constitución, existe reserva de ley.

El principio de reserva de ley no excluye, sin embargo, la posibilidad de que las leyes contengan remisiones a normas reglamentarias, pero sí que tales remisiones hagan posible una regulación independiente y no claramente subordinada a la ley, lo que supondría una degradación de la reserva formulada por la Constitución a favor del legislador (STC 83/1984, de 24 de julio).

Cuando la Constitución contiene una reserva para la regulación por ley de diversos ámbitos, esta materia queda sustraída a la normación reglamentaria, más no en el sentido de que las disposiciones del Gobierno no puedan, cuando así lo requiera la ley, colaborar con ésta para complementar o particularizar, en aspectos instrumentales y con la debida sujeción, la ordenación legal de la materia reservada, pues esta colaboración que, en términos de política legislativa, habrá de resultar pertinente en muchos casos, no será contradictoria con el dictado de la Constitución cuando la remisión al reglamento lo sea, estrictamente, para desarrollar y complementar una previa determinación legislativa.

En este ámbito, por lo tanto, habrá de ser sólo la ley la fuente introductoria de las normas reclamadas por la Constitución, con las consecuencias de que la potestad reglamentaria no podrá desplegarse aquí innovando o sustituyendo a la disciplina legislativa, no siéndole tampoco posible al legislador disponer de la reserva misma a través de remisiones incondicionales o carentes de límites ciertos y estrictos, pues ello entrañaría un desapoderamiento del Parlamento a favor de la potestad reglamentaria que sería contrario a la norma constitucional creadora de la reserva. Incluso con relación a los ámbitos reservados por la Constitución a la regulación por ley no es pues, imposible una intervención auxiliar o complementaria del reglamento, pero siempre que estas remisiones «sean tales que restrinjan, efectivamente, el ejercicio de esta potestad (reglamentaria) a un complemento de la regulación legal, que sea, indispensable por motivos técnicos o para optimizar el cumplimiento de las finalidades propuestas por la Constitución o por la propia ley», de tal modo que no se llegue a «una total abdicación por parte del legislador de su facultad para establecer reglas limitativas, transfiriendo esta facultad al titular de la potestad reglamentaria, ni fijar ni siquiera cuales son los fines u objetivos que la reglamentación ha de perseguir « (STC 87/1999, de 11 de junio).

No obstante estas afirmaciones, como ha puesto de manifiesto el TC, la CE en su artículo 66, determina taxativamente que las Cortes Generales representan al pueblo español y ejercen la potestad legislativa del Estado. Esta declaración constitucional, pilar sobre el que cimenta el régimen democrático y parlamentario hoy vigente en España, conlleva: a) el reconocimiento indiscutible de que las Cortes Generales son las depositarias de la potestad legislativa en su ejercicio ordinario; b) la primacía de la ley, norma sancionada y promulgada por el Rey (art. 62), en cuanto expresión de la voluntad soberana del pueblo representado por las Cortes, únicamente sometida a la supremacía de la Constitución (...) (STC 29/1982, de 31 de mayo).

Esto, junto a la falta en nuestro sistema constitucional de una reserva reglamentaria inaccesible al legislativo (STC 18/1982, de 4 de mayo), determina que no resulte contrario a la Constitución que el legislador asuma una tarea que anteriormente había encomendado al poder reglamentario, de tal suerte que, dentro del marco de la Constitución, y respetando sus específicas limitaciones, la ley puede tener en nuestro ordenamiento jurídico cualquier contenido, no estándole en modo alguno vetada la regulación de materias antes atribuidas al poder reglamentario (SSTC 73/2000, de 14 de marzo; 273/2000, de 15 de noviembre).

No contiene, sin embargo, nuestra Constitución una reserva general de ley. Lo que hace nuestro Texto constitucional es establecer diversas reservas de ley, bien a ley ordinaria, con sus múltiples variantes, bien a la ley orgánica, acogiendo una especie de concepción material de esta reserva.

La reserva de ley más importante que establece nuestra Constitución es la contenida en el art. 53.1, al imponer que *«sólo por ley, que en todo caso deberá respetar su contenido esencial»*, podrá regularse el ejercicio de los derechos y libertades reconocidos en el Capítulo Segundo del Título I (Derechos y libertades).

La vinculación que se impone a los poderes públicos respecto a los derechos y libertades, lo es para todos los poderes públicos, sin embargo, cuando el art. 53.1 proclama que *«sólo por ley, que en todo caso deberá respetar su contenido esencial, podrá regularse el ejercicio de tales derechos y liberta-*

des», se deriva un plus de vinculación respecto al poder legislativo, y ese plus de vinculación se residencia en el respeto al contenido esencial.

La garantía del contenido esencial que proclama la Constitución se deriva del art. 10.1 cuando eleva a la categoría de fundamento del orden político y de la paz social los derechos inherentes a la dignidad humana.

De esta forma la garantía del contenido esencial que preceptúa el art. 53.1 no actuaría sólo como un límite a la actuación normativa del legislador, como tradicionalmente ha sido entendida, y el contenido esencial no sería el último parámetro defensivo o el límite de los límites, sino que se constituiría en el instrumento más adecuado para dotarles de la eficacia necesaria. Ello permitiría, por ejemplo, establecer de una forma justa los mecanismos adecuados para una efectivo ejercicio de derechos y libertades que lo puedan exigir como el derecho de reunión o de manifestación, los cuales, sin una regulación procedimental legislativa exigirían de una importante labor interpretativa, tanto administrativa, como judicial, para cada uno de los supuestos que pudiera englobar, y en cada una de las modalidades de su ejercicio. En otros supuestos la actuación del legislativo consistiría en conformar y precisar el contenido del derecho, dando cumplimento a la certeza que exige el principio constitucional de seguridad jurídica, o incluso ampliar el ámbito constitucional del derecho o la libertad en cuestión. Sin embargo en esta labor de conformación y precisión, el legislativo está sometido a su contenido constitucionalmente declarado, así como tampoco puede consistir en una actividad delimitadora que imponga una serie tal de formalismos que impida el ejercicio de un derecho o de una libertad que es directamente ejercitable y de eficacia directa sin necesidad de desarrollo legislativo.

Nuestro TC, desde sus primeras sentencias (STC 11/1981, de 8 de abril) indicó los pasos necesarios para delimitar el concepto de contenido esencial, y lo hizo a través de dos caminos: el primero consiste en tratar de acudir a la naturaleza jurídica de cada derecho o al modo de configurar o de concebir cada derecho *«que se considera preexistente al momento legislativo, para lo que hay que establecer la relación entre el lenguaje que utilizan las disposiciones normativas y las ideas generalizadas y convicciones admitidas entre los juristas, de forma que éstos puedan responder si lo que el legislador ha regulado se ajusta o no la lo que generalmente se entiende por un derecho de tal tipo»*, en otro momento el TC ha reiterado que el contenido esencial viene determinado por la ideas generalizadas y las convicciones admitidas generalmente entre juristas, jueces y especialistas del Derecho, ideas y convicciones que contribuyen a delimitar la imagen del derecho y resultan indispensables para reconocerlo o no en las regulaciones de las que puede ser objeto (STC 341/1993, de 18 de noviembre), este primer camino identifica contenido esencial a recognoscibilidad del derecho respecto a uno u otro tipo a través de las facultades o posibilidades de actuación.

El segundo camino corresponde a los «intereses jurídicamente protegidos como núcleo y médula de los derechos subjetivos», estableciendo que se lesionará el contenido esencial cuando el derecho quede sometido a limitaciones que lo hagan impracticable, lo dificulten más allá de lo razonable o lo despojen de la necesaria protección. Se trata, además, de dos métodos de delimitar el contenido esencial que no son alternativos, sino complementarios por poder ser utilizados conjuntamente para la determinación del contenido esencial.

Estas manifestaciones que el TC constituye en métodos para la determinación del contenido esencial de los derechos, y que recogen, en gran parte, las influencias de la dogmática alemana, manifiestan la idea de que al constituir los derechos fundamentales y las libertades públicas, facultades ejercitables frente al Estado, el legislador puede limitarlas como mecanismo de defensa propia y de defensa respecto a los individuos.

Si los poderes públicos, y en este caso el legislador estatal que es el único capacitado, por vía del art. 53.1, para regular el ejercicio de uno de los derechos y libertades a que se hace mención, están vinculado a los derechos y libertades constitucionales, podemos entender que cuando regule, que no limite, un derecho o una libertad, lo que la Constitución le ordena «no es que se abstenga de afectar al contenido esencial de los derechos, sino que al ejercer la regulación del ejercicio de los derechos, respete su contenido esencial, es decir, lo desarrolle adecuadamente y le dispense una protección eficaz»[7], y ello implica un efecto positivo y progresivo en los derechos y libertades que puede provenir del mandato del art. 9.2.

Y es que, en muchas ocasiones, cuando la Constitución remite en los diversos preceptos en los que se reconocen derechos y libertades, a su regulación por ley, lo que está haciendo es imponer al legislador la necesidad de desarrollar positivamente, y de la manera más adecuada al contenido esencial de los derechos, el contenido constitucionalmente declarado, y creemos que la Constitución española ofrece múltiples ejemplos de ello:

---

[7] MARTÍNEZ-PUJALTE, A.L.- *La garantía del contenido esencial de los derechos fundamentales*, Madrid, CEC, 1997, pág. 85.

– «La ley regulará un procedimiento de habeas corpus para producir la inmediata puesta a disposición judicial de toda persona detenida ilegalmente» para dotar de efectividad al derecho a la libertad personal (art. 17.4)

– «Así mismo por ley se determinará el plazo máximo de duración de la prisión provisional» (art. 17.4), al objeto de evitar privaciones del derecho a la libertad que sean manifiestamente inconstitucionales.

– «La ley ... garantizará el acceso a dichos medios –se refiere a los medios de comunicación social dependientes del Estado o de cualquier ente público– de los grupos sociales y políticos significativos, respetando el pluralismo de la sociedad y de las diversas lenguas de España» (art. 20.3) como manifestación del derecho a la libertad de pensamiento y en cumplimiento del valor pluralismo.

– «Mediante ley podrán regularse los deberes de los ciudadanos en caso de grave riesgo...» (art. 30.4) para dar efectividad a los derechos de los demás.

– Cuando la Constitución prohíbe que se produzca indefensión (art. 24.1), o indica que «Las penas privativas de libertad y las medidas de seguridad estarán orientadas hacia la reeducación y la reinserción social», está imponiendo, al legislador y a la propia Administración, la obligación de adoptar las medidas adecuadas para dar efectividad y cumplimiento al derecho a la tutela judicial efectiva, o a la dignidad de la persona humana y los derechos que le son inherentes.

No es esta, sin embargo, la posición predominante en la doctrina ni en la jurisprudencia constitucional. Como ha indicado ALZAGA[8], el constituyente español fue consciente de que la reserva de ley que contemplaba el art. 53.1 CE habilitaba al legislador a establecer unas regulaciones que pudieran incorporar límites al ejercicio de los derechos, por lo que quiso poner un límite a esos límites potenciales que pudieran crear las regulaciones de los derechos por ley. La garantía del contenido esencial nace, por lo tanto, de la desconfianza frente a los abusos en que puede incurrir el legislador ordinario, y como consecuencia de dos premisas que se consideran indispensables por la mayor parte de la doctrina: la necesaria regulación legislativa de los derechos y libertades, y su carácter ilimitado, aspecto éste último sobre el que volveremos más adelante.

---

[8] ALZAGA VILLAAMIL, O.- *Derecho Político español...*, Vol. II. Op. cit, págs. 229 y 230.

4. LAS CATEGORÍAS NORMATIVAS EN LA CONSTITUCIÓN ESPAÑOLA

Al inicio del estudio de la ley, afirmábamos que nuestra Constitución no contempla un único tipo de ley, sino que reconocía la existencia de diversas normas que tienen rango de ley, es por ello que debemos considerar la referencia que se hace a la ley como una categoría normativa.

4.1. Sobre el «rango de ley» y el «valor de ley»

Por eso es preciso distinguir, previamente, dos conceptos o categorizaciones referidas a las normas: el «rango de ley»[9] y el «valor de ley»[10].

La expresión «rango de ley» se ha entendido en referencia a la posición jerárquica de las normas. Cuando hablamos de normas con rango de ley estamos hablando de que nos hallamos ante normas que se encuentran situadas por debajo de la Constitución, y por encima de los reglamentos.

Conocemos como «valor de ley», el rasgo fundamental de las normas que poseen rango de ley: las normas que tienen rango de ley son controladas por el Tribunal Constitucional mediante los procedimientos de inconstitucionalidad.

La noción de «rango de ley» se ha entendido así vinculada al principio de jerarquía de las normas. En un nivel jerárquico superior a la ley sólo se encontraba la Constitución y, por tanto, las normas con «rango de ley» exclusivamente podían ser impugnadas ante el Tribunal Constitucional, es decir, tenían «valor de ley».

Como indica RUBIO LLORENTE[11], las expresiones «rango de ley» y «valor de ley» parecen englobar, junto con la ley misma, una serie de disposiciones nor-

---

[9] La expresión «rango de ley» la emplea la Constitución en los artículos 82 (que .se refiere a los decretos legislativos), 161.1 *a)* (que regula el recurso de. inconstitucionalidad)y 163 (que regula las cuestiones de inconstitucionalidad).

[10] La «fuerza de ley» fue durante décadas el carácter o elemento más definitorio de la ley, su idea eje. La doctrina clásica distinguía dos dimensiones, la activa y la pasiva. La fuerza activa de la describía su capacidad de innovar el ordenamiento jurídico previo; la fuerza pasiva de la ley se refería a que no podía ser derogada ni modificada sino por otra ley (única norma dotada de fuerza activa de ley).

Actualmente dado el número de tipos de leyes que contempla nuestra Constitución y la variedad de principios que la atienden, la expresión «fuerza de ley» resulta carente de toda capacidad ordenadora para poder ser empleado en establecer el concepto de ley.

Los conceptos de rango de ley o valor de ley durante mucho tiempo fueron entendidos, bien como sinónimos, bien como interdependientes del ya referido de «fuerza de ley»: una norma con rango de ley tenía fuerza de ley y, a la recíproca, una norma con fuerza de ley tenía siempre rango de ley.

[11] RUBIO LLORENTE, F.- «Rango de ley, fuerza de ley, valor de ley» en *RAP*, nº 100-102, Enero-diciembre, 1983, págs. 417 y ss.

mativas, o incluso de actos, que comparten con ella una característica común. Como tal característica común no es, ni la de proceder de un mismo órgano (pues, por ejemplo, las leyes del Estado y las de las Comunidades autónomas tienen idéntico rango de ley o valor de ley, aún procediendo de órganos distintos), ni tampoco la de ocupar el mismo lugar en la jerarquía normativa, en el supuesto de que continúe siendo posible hablar de estructura jerárquica de nuestro ordenamiento, cabe pensar que este elemento o nota común de las disposiciones de distinto origen en el que el rango o el valor consisten, estriba sólo en la susceptibilidad, que todas estas disposiciones con rango o valor de ley tienen por igual, de ser sometidas a control de constitucionalidad ante el Tribunal Constitucional. Lo que caracteriza a las normas con rango o valor de ley es el hecho de ser las únicas que pueden ser impugnadas ante el Tribunal Constitucional a través del recurso o cuestión de inconstitucionalidad.

Creemos que hoy en día, dado el número de tipos de leyes que contempla nuestra Constitución y la variedad de principios que la atienden, la expresión «fuerza de ley» resulta carente de toda capacidad ordenadora para poder ser empleado en establecer el concepto de ley. Tampoco la teorización que sobre las expresiones «rango» y «valor» de ley se ha defendido tradicionalmente, mantiene vigencia ya entre nosotros.

El tratamiento que la Constitución española hace de las normas con rango de ley, nos permite hacer determinadas afirmaciones:

1.- La CE utiliza en varias ocasiones la expresión «disposiciones normativas con rango de ley». Recurre a esta expresión para referirse a los Decretos legislativos y a los Decretos-ley, pero también para referirse a las «leyes autonómicas», aunque prefiere hablar de las «disposiciones normativas con fuerza de ley» de sus Asambleas Legislativas, por reservar el nombre de «la ley» a la de origen estatal.

2.- La expresión «disposiciones normativas con fuerza de ley» es más amplia que la de «ley» y que abarca otras categorías de normas con una fuerza de ley, abandonando el concepto de ley unitario.

3.- Para asegurar que todas las disposiciones normativas con fuerza de ley emanadas de las Asambleas legislativas de las Comunidades Autónomas están sujetas al control del TC, se traslada la misma terminología a la relación que de las competencias de éste efectúa el art. 161 CE.

4.- En la redacción del art. 161.1 a) CE, el empleo de una «y» en la redacción «leyes y disposiciones normativas con fuerza de ley», puede indicar que no se considera a ambos términos equivalentes.

5.- La forma en que se utiliza la expresión «rango de ley», determina, consiguientemente, que para nuestra CE el rango de ley y la fuerza de ley, no son atributos exclusivos de la ley.

6.- Estas expresiones no significan que las normas que los posean sean las únicas susceptibles de ser controladas por el TC, sino tan sólo el que son las únicas que pueden ser impugnadas ante el TC, vía proceso de inconstitucionalidad. El TC, por vía de amparo, puede enjuiciar la constitucionalidad de una disposición reglamentaria, en cuya aplicación se haya dictado una resolución judicial a la que se imputa la vulneración de algún derecho fundamental.

4.2. Distintas categorías normativas en la Constitución

Si ánimo de ser exhaustivos, y aunque cada una de ellas será desarrollada más ampliamente a lo largo de los siguientes Capítulos, podemos recoger las siguientes clases de normas con rango de ley en la Constitución:

- **Por el órgano del que emanan, a nivel estatal:**
  - Emanadas del Poder Legislativo:
    - Ley ordinaria
    - Ley orgánica
  - Emanadas del Gobierno:
    - Decretos Legislativos. En relación con los Decretos Legislativos, podemos definir la *Ley de bases* como la norma aprobada por las Cortes Generales, por la que se delega en el Gobierno la potestad de dictar un texto articulado con rango de ley, que adoptará la forma de decreto legislativo, y que deberá seguir los principios y criterios contenidos en aquélla. Conforme a la Constitución Española (art. 83), las leyes de bases no pueden autorizar la modificación de la propia ley de bases ni facultar para dictar normas de carácter retroactivo.
    - Decretos-Ley

- **Por su ámbito territorial:**
  - Leyes autonómicas (aprobadas por las Asambleas legislativas de las CCAA)
  - Leyes estatales de ámbito general

- Leyes estatales de ámbito territorial:
  - *Leyes de transferencia*. Son una categoría especial de ley orgánica, mediante las que el Estado amplía el ámbito competencial de forma extraestatutaria. Mediante estas leyes, se transfieren a las CCAA bloques enteros de materias, lo cual implica la facultad de legislar, de dictar disposiciones reglamentarias de desarrollo de leyes dictadas y de gestionar los servicios que pasan al ámbito competencial autonómico con la consiguiente asignación presupuestaria.
  - *Leyes de delegación*. Al igual que las leyes de transferencia, también con rango de ley orgánica, amplían el ámbito competencial de las CCAA, pero la esfera es más restringida y no conlleva necesariamente el otorgamiento a la Comunidad Autónoma de potestad legislativa. La delegación no tiene porqué implicar el traspaso de la competencia.
  - *Leyes de armonización*[12]. Se aprueban por las Cortes Generales para armonizar las diversas regulaciones autonómicas sobre una misma materia, que se considera no convenientes para el interés nacional. Podemos entender que estas leyes vienen a ordenar la variedad competencial autonómicas, pero constituyen límites a las competencias autonómicas. No cabe deducir que la armonización prevista en el artículo 150.3 de la Constitución se refiera únicamente al ejercicio de las competencias exclusivas de las Comunidades Autónomas. No es contrario a la Constitución que las leyes de armonización sean utilizadas cuando, en el caso de las com-

[12] Sobre las leyes de armonización, existe un único, y frustrado precedente: el del Proyecto de Ley Orgánica de Armonización del Proceso Autonómico (LOAPA). El texto de la misma, aprobado en junio de 1982 por el Congreso de los Diputados, fue impugnado –antes de su publicación– mediante el más tarde suprimido recurso previo de inconstitucionalidad contra leyes orgánicas (art. 79 LOTC, derogado por Ley Orgánica, 4/1985, de 7 de junio). La sentencia recaída en dicho recurso, la STC 76/1983, de 5 de agosto, declaró inconstitucional buena parte del contenido de la proyectada LOAPA, cuya parte no declarada inconstitucional acabó finalmente aprobándose, aunque desprovista ya de su carácter orgánico y armonizador, como Ley 12/1983, de 14 de octubre, del Proceso Autonómico. La doctrina constitucional sobre las leyes de armonización que se sienta en la STC 76/1983 se expresa, en lo esencial, en los siguientes puntos: En primer lugar, la consecución de la igualdad entre las Comunidades Autónomas no puede sin más justificar la necesidad de armonizar, ya que sin la diversidad del status jurídico público de las entidades territoriales «no existiría verdadera pluralidad ni capacidad de autogobierno, notas que caracterizan al Estado de las Autonomías». Además, el artículo 150.3 constituye una norma de cierre del sistema, aplicable sólo a aquellos supuestos en que el legislador estatal no disponga de otros cauces constitucionales para el ejercicio de su potestad legislativa o éstos no sean suficientes para garantizar la armonía exigida por el interés general (...) Las leyes de armonización vienen a complementar, no a suplantar, las demás previsiones constitucionales.

petencias compartidas, se precise que el sistema de distribución de competencias es insuficiente para evitar que la diversidad de disposiciones normativas de las Comunidades Autónomas produzca una desarmonía contraria al interés general de la Nación.

- *Leyes-marco.* Son leyes mediante las cuales, las Cortes Generales autorizan a alguna, o a todas, las CCAA para que aprueben leyes en materias de competencia estatal pero sometidas a unos límites que deberán respetar. Las Cortes se reservan el control sobre esas leyes autonómicas para asegurar que no superan los límites establecidos y autorizados. El Estado mantiene la titularidad de la competencia.
- *Legislación básica.* Legislación dictada en desarrollo del artículo 149 de la Constitución, cuando reserva al Estado la regulación de las «bases» o «legislación básica» sobre una determinada materia, de forma que las Comunidades Autónomas pueden asumir en sus Estatutos de Autonomía competencias para el desarrollo de aquélla. Por «bases», a las que se hace una constante mención en el art. 149, podemos entender, con el propio Tribunal Constitucional: «los criterios generales de regulación de un sector del ordenamiento jurídico o de una materia jurídica que deben ser comunes a todo el Estado», manifestando un sentido positivo que alude a «los objetivos, fines y orientaciones generales para todo el Estado, exigidos por la unidad del mismo y por la igualdad sustancial de todos sus miembros», y en un sentido negativo en cuanto «constituye el límite dentro del cual tienen que moverse los órganos de las Comunidades Autónomas en el ejercicio de sus competencias (...)» (STC 32/1981). En consonancia con ello, el carácter básico de una normativa no tiene rasgos formales sino sustanciales, y por ello una norma no es básica por estar contenida en una ley y ser calificada como tal por el legislador, –y de hecho se alude en muchas ocasiones a «bases» y no a «legislación básica»–, sino que sería preciso atender al carácter básico desde su contenido material, teniendo en esta labor un papel predominante el propio Tribunal Constitucional (STC 61/1997).

– **Por su forma:**

  - Leyes ordinarias, pudiendo distinguir en este caso que estén aprobadas en Pleno o en Comisiones. Determinadas peculiaridades dentro de las leyes ordinarias tiene la Ley de Presupuestos Generales del Estado.

Leyes orgánicas. Dentro de éstas, adquieren ciertas peculiaridades las leyes orgánicas que aprueban los Estatutos de Autonomía, y las leyes de transferencia o delegación, que también adoptan la forma de ley orgánica.

5. EL PROCEDIMIENTO LEGISLATIVO

El artículo 66.2 CE establece que les corresponde a las Cortes Generales el ejercicio de la potestad legislativa del Estado. Es razonable que un órgano que representa al pueblo español (artículo 66.1) exprese la voluntad del pueblo a través de normas que son reflejo de la voluntad general. En el desarrollo de la función legislativa se ha producido un progresivo redimensionamiento de la posición del Gobierno sobre el parlamento, sobre todo en virtud de la dificultad técnica que supone la actividad legislativa.

El procedimiento legislativo es el conjunto de trámites que sigue un proyecto o proposición de ley que se desarrolla en el Congreso de los Diputados y en el Senado.

Considerando que no es este el lugar de estudiar en profundidad el procedimiento, o los diversos procedimientos legislativos, si entendemos por éstos las múltiples variantes que establecen en la elaboración de los distintos tipos normativos, sí creemos, por el contrario, que es el lugar de hacer referencia a la iniciativa legislativa, la tramitación, aunque de manera reducida, y el proceso final de sanción, publicación y entrada en vigor.

5.1. El inicio del procedimiento legislativo. La iniciativa legislativa

Dispone nuestra Constitución, que **la iniciativa legislativa** corresponde al Gobierno, al Congreso y al Senado; a las Asambleas Legislativas de las Comunidades Autónomas, y al pueblo.

La iniciativa legislativa del Gobierno se ejerce mediante *proyectos de ley*. Los proyectos de ley serán aprobados en Consejo de Ministros, que los someterá al Congreso, acompañados de una exposición de motivos y de los antecedentes necesarios para pronunciarse sobre ellos.

La iniciativa legislativa de las Cámaras legislativas adopta la forma de *proposiciones de ley*. La tramitación de las proposiciones de ley se regulará por los Reglamentos de las Cámaras, sin que la prioridad debida a los proyectos de ley impida el ejercicio de la iniciativa legislativa en los términos regulados por el artículo 87. Las proposiciones de ley que, de acuerdo con el artículo 87, tome en consideración el Senado, se remitirán al Congreso para su trámite en éste como tal proposición.

Las Asambleas de las Comunidades Autónomas podrán solicitar del Gobierno la adopción de un proyecto de ley o remitir a la Mesa del Congreso una proposición de ley, delegando ante dicha Cámara un máximo de tres miembros de la Asamblea encargados de su defensa.

La iniciativa legislativa del pueblo se ejerce mediante la iniciativa legislativa popular. Una ley orgánica regulará las formas de ejercicio y requisitos de la iniciativa popular para la presentación de proposiciones de ley. En todo caso se exigirán no menos de 500.000 firmas acreditadas. No procederá dicha iniciativa en materias propias de ley orgánica, tributarias o de carácter internacional, ni en lo relativo a la prerrogativa de gracia.

La iniciativa legislativa que ha adquirido mayor importancia en nuestro sistema constitucional es la gubernamental, si bien la preferencia de los proyectos de ley en su tramitación respecto a las proposiciones, que deben ser tomadas, previamente, en consideración, no puede, como indica la Constitución, menoscabar la iniciativa legislativa parlamentaria.

Respecto a la iniciativa popular, la Constitución ha establecido una serie de prevenciones, número mínimo de firmas; acreditación suficiente de las mismas, y limitación material, que menoscaban el ejercicio de esta figura de democracia directa.

5.2. La fase intermedia. La tramitación legislativa

La **tramitación parlamentaria** de los proyectos y las proposiciones de ley se efectuará de acuerdo con lo establecido en los Reglamentos de las Cámaras. A este efecto, el Reglamento del Congreso de 10 de febrero de 1982, dedica su Título V a la regulación del procedimiento legislativo, y el Reglamento, y el Texto refundido del Reglamento del Senado de mayo de 1994, lo hace en su Título IV.

Sin ánimo de entrar detalladamente en el estudio de la tramitación parlamentaria, puesto que ello sobrepasaría de largo el contenido de esta obra, entendemos que es preciso hacer referencia a un dato regulado constitucionalmente, y que pone de manifiesto la preminencia legislativa del Congreso sobre el Senado en el proceso de aprobación legislativa.

Así, dispone el art. 90 CE que aprobado un proyecto de ley ordinaria u orgánica por el Congreso de los Diputaciones, su Presidente dará inmediata cuenta del mismo al Presidente del Senado, el cual lo someterá a la deliberación de éste. El Senado en el plazo de dos meses, a partir del día de la recepción del texto, puede, mediante mensaje motivado, oponer su veto o introducir enmiendas al mismo. El veto deberá ser aprobado por mayoría absoluta. El proyecto no podrá ser sometido al Rey para sanción sin que el Congreso ratifique por mayoría absoluta, en caso de veto, el texto inicial, o por mayoría simple, una vez transcurridos dos meses desde la interposición del mismo, o se pronuncie sobre las enmiendas, aceptándolas o no por mayoría simple. El plazo de dos meses de que el Senado dispone para vetar o enmendar el proyecto se reducirá al de veinte días naturales en los proyectos declarados urgentes por el Gobierno o por el Congreso de los Diputados.

La falta de equilibrio entre las dos Cámaras legislativas en el proceso de tramitación parlamentaria de la ley, pone de manifiesto la asimetría con que nuestro constituyente concibió nuestro sistema parlamentario. El hecho de que el Congreso pueda levantar el veto introducido por el Senado en uno u otro plazo, dependiendo de cual sea la mayoría parlamentaria que sustenta al Gobierno, convierte al veto del Senado en un instrumento casi inservible, reduciéndolo a una simple oposición de carácter político.

5.3. La fase final. El perfeccionamiento del procedimiento legislativo

Finalmente, el art. 91 CE, establece que el Rey sancionará en el plazo de quince días las leyes aprobadas por las Cortes Generales, y las promulgará y ordenará su inmediata publicación.

La **sanción** regia, en la actualidad, y superada su consideración histórica como consentimiento real, es un acto debido del Rey, sin que éste pueda negarse a sancionar ninguna ley emanada del Parlamento, ni implique el ejercicio de una actividad especial por su parte, puesto que la ley es ley desde el momento en que es aprobada por las Cortes Generales.

La **promulgación** de la ley por el Rey, sí implica que el Monarca da fe y notifica a los órganos del Estado la existencia de un nuevo texto legal.

Por último, la **publicación** es el acto en virtud del cual se da a conocer públicamente la ley y se establece su obligatoriedad. Las leyes se publican en el BOE, y entran en vigor a los veinte días de su publicación, salvo que la ley establezca un plazo mayor o menor. Este período que media entre la publicación y la entrada en vigor, conocido como «vacatio legis», tiene como finalidad principal, dar publicidad al texto legal, para su conocimiento público.

La sanción, promulgación y publicación de las leyes y demás normas con rango de ley determinan la eficacia de la norma y su obligatoriedad.

5.4. Los procedimientos legislativos especiales

Junto al procedimiento legislativo común, u ordinario, la Constitución y los Reglamentos de las Cámaras, regulan otros *procedimientos legislativos especiales.*

Los procedimientos legislativos especiales pueden ser clasificados por razón de la materia que regulan determinadas normas jurídicas (leyes orgánicas, Ley de presupuestos, Estatutos de Autonomía y su reforma) y por razón del tiempo que dura su tramitación (procedimiento de aprobación integra en Comisión, procedimiento de lectura única y procedimiento de urgencia).

– *Procedimiento de aprobación íntegra en Comisión*

Nuestro texto constitucional permite que las Cámaras deleguen en las Comisiones Legislativas Permanentes la aprobación de proyectos o proposiciones de ley, si bien el Pleno podrá recabar en cualquier momento el debate y votación final de estos. No obstante quedan excluidos de este procedimiento especial la reforma constitucional, las cuestiones internacionales, las leyes orgánicas y de bases y los Presupuestos Generales del Estado.

Los Reglamentos de las Cámaras han regulado esta competencia legislativa de forma distinta.

En el Congreso, el acuerdo del Pleno por el que se delega la competencia legislativa plena a las Comisiones se presume para todos los proyectos y proposiciones de ley que sean constitucionalmente delegables.

Por lo que se refiere al Senado, el acuerdo para que un proyecto o proposición de ley sea aprobado en Comisión con competencia legislativa plena corresponde al Pleno, a propuesta de la Mesa (oída la Junta de Portavoces), de un Grupo parlamentario o de 25 Senadores.

– *Procedimiento de lectura única*

Cuando La naturaleza de un proyecto o proposición de ley tomada en consideración lo aconseje, o su simplicidad de formulación lo permita, el Pleno de la Cámara, a propuesta de la Mesa, oída la Junta de Portavoces, podrá acordar que se tramite directamente y en lectura única.

Se trata de un procedimiento excepcional que se debe aplicar sólo en aquellos proyectos o proposiciones de ley que no admitan matizaciones o sobre los que exista un garantizado consenso.

– *Procedimiento de urgencia*

El procedimiento de urgencia supone simplemente un acortamiento de los plazos de las diversas fases del procedimiento legislativo común.

En el Congreso, el acuerdo para que un asunto se tramite por este procedimiento corresponde a la Mesa, a petición del Gobierno, de dos Grupos parlamentarios o de 1/5 de los Diputados.

En este tipo de procedimiento, los plazos tendrán una duración de la mitad de lo establecido con carácter ordinario.

Por lo que respeta al Senado, la propia Constitución prescribe en su art. 90.3 que «El plazo de dos meses de que el Senado dispone para vetar o enmendar el proyecto se reducirá al de veinte días naturales en los proyectos declarados urgentes por el Gobierno o por el Congreso de los Diputados».

Para concluir este epígrafe, no podemos resistirnos a afirmar que es el propio procedimiento legislativo, y sus garantías, lo que determina la importancia de la ley como fuente del Derecho.

6. LA IRRETROACTIVIDAD DE LA LEY

Uno de los principios más elementales que rigen la aplicación de la ley es su irretroactividad, que significa que esta no debe tener efectos hacia atrás en el tiempo; sus efectos solo operan después de la fecha de su promulgación.

Desde los canonistas antiguos, se consideraba que, para que una ley fuese retroactiva, debía tener unas razones muy especiales que ameritaran tal efecto extraordinario. Los estudiosos del derecho canónico estimaban la irretroactividad como derecho divino, al paso que la retroactividad era de derecho humano.

La irretroactividad nace en el derecho romano y se extiende luego por el mundo, convirtiéndose en un principio de aplicación de la ley aceptado universalmente.

La irretroactividad de las leyes penales estuvo ya consagrada en la Declaración de los Derechos del Hombre y del Ciudadano dictada por la Asamblea Nacional durante la Revolución Francesa de 1789. El artículo 11 inciso 2 de la Declaración Universal de los Derechos Humanos de 1948, también dispone que nadie pueda ser susceptible de condena si sus acciones u omisiones no eran delito según el derecho de su país o el internacional en el momento de cometerlos o abstenerse.

El *fundamento* de la irretroactividad estaría justificado por razones de orden público. Las personas tienen confianza en la ley vigente, y conforme a ella celebran sus transacciones y cumplen sus deberes jurídicos. Dar efecto retroactivo a una ley equivaldría a destruir la confianza y seguridad que se tiene en las normas jurídicas. *La irretroactividad proporciona seguridad jurídica*, de manera que si no hay una estabilidad en cuanto a la consecuencia jurídica, obviamente no pueden los destinatarios de la ley estar gozando del derecho a la seguridad. La irretroactividad de la ley es una medida técnica escogida para dar seguridad al ordenamiento jurídico.

El artículo 2.3 del Código Civil establece que «las leyes no tendrán efecto retroactivo si no dispusieren lo contrario», irretroactividad que igualmente proclama el art. 9.3 de la Constitución Española en relación con las disposiciones sancionadoras no favorables o restrictivas de derechos individuales.

El Código Civil, y la Constitución Española impiden el carácter retroactivo de las leyes, pero el Tribunal Constitucional y el Tribunal Supremo admiten la aplicación retroactiva de las normas en casos concretos.

Así, como ha indicado el Tribunal Supremo en su sentencia de 30 de mayo de 1984, el principio de la irretroactividad se asienta en «los deseos de certeza y seguridad jurídica y el respeto de los derechos adquiridos y a las situaciones jurídicas beneficiosas». El TC ha reconocido la retroactividad de las disposiciones cuando sean favorables, beneficiosas, y no limiten derechos subjetivos (STC 8/1981).

El Tribunal Constitucional y el Tribunal Supremo admiten la aplicación retroactiva de las normas a hechos, actos o relaciones jurídicas nacidas al amparo de la legislación anterior, siempre que los efectos jurídicos de tales actos no se hayan consumado o agotado y siempre, claro está, que no se perjudiquen derechos consolidados o situaciones beneficiosas para los particulares, infiriéndose, en estos casos, la retroactividad del sentido, el espíritu o la finalidad de la Ley.

El principio constitucional de irretroactividad se aplica a dos tipos de disposiciones:

- las disposiciones sancionadoras no favorables, lo que, interpretado a contrario sensu, supone que la Constitución garantiza la retroactividad de la ley penal favorable.
- las disposiciones restrictivas de derechos individuales, que han de entenderse referidas, según opinión generalizada, al ámbito de los derechos fundamentales y de las libertades públicas, esto es, a los regulados en la Sección 1.ª del Capítulo 2.º del Título 1.º de la Constitución.

La naturaleza jurídica del principio de irretroactividad es la premisa según la cual, en la generalidad de las circunstancias se prohíbe, con base en la preservación del orden público y con la finalidad de plasmar la seguridad y estabilidad jurídicas, que una ley tenga efectos con anterioridad a su vigencia, salvo circunstancias especiales que favorezcan, tanto al destinatario de la norma como a la consecución del bien común, de manera concurrente.

BIBLIOGRAFÍA

ALZAGA VILLAMIL, O. Y otros.- *Derecho Político Español*. Volumen I. Ed. CERA. Madrid, 5ª. Ed. 2011.

- «La publicidad y el diálogo como principios cualificados de las leyes» en *TRC*, nº 14, 2004.

BALAGUER CALLEJÓN, F.- *Fuentes de Derecho*. Ed. Técnos. Madrid. 1991.

BARATTA, A, y otros.- *Las fuentes del Derecho*, Universidad de Barcelona, 1983.

CARRERAS, F.- «La ley en el constitucionalismo y en la Constitución española» en *Revista de la Facultad de Derecho UC*, nº 100-102, 1989.

DIEZ–PICAZO, L. Mª.- Concepto de ley y tipos de leyes» en *REDC*, nº 24, 1988.

FERNÁNDEZ, T.R.- *Las leyes orgánicas y el Bloque de la constitucionalidad*, Madrid, Cívitas, 1981.

GARCÍA DE ENTERRÍA, E.- *La Constitución jurídica en la teoría del Derecho contemporáneo*, Madrid, CEC, 1999.

GARRORENA MORALES, A.- «Comentario al artículo 164 CE. Condiciones y efectos de las sentencias del TC», en ALZAGA VILLAMIL, O. (dir).*Comentarios a la Constitución Española de 1978*, Edersa-Cortes Generales, Tomo XII, 1999.

- *El lugar de la ley en la Constitución española*, Madrid, CEC, 1980.

LAMARCA PÉREZ, C.-. «Principio de legalidad penal». *Eunomía. Revista en Cultura de la Legalidad*, nº 1, (septiembre 2011-febrero 2012) Tirant lo Blanch.

OTTO, I de.- *Derecho Constitucional. Sistema de fuentes*, Barcelona, Ariel, 1987.

PÉREZ ROYO, J.- *Las fuentes del Derecho*, Técnos, Madrid, 1984.

RUBIO LLORENTE, F.- «El principio de legalidad». *Revista Española de Derecho Constitucional*, nº 39 (Septiembre/Diciembre 1993), Madrid, Centro de Estudios Políticos y Constitucionales.

SÁNCHEZ GONZÁLEZ, S. y MELLADO PRADO, P.: *El sistema de fuentes en el ordenamiento español*, Madrid, CERA, 2010.

Capítulo IX
La Ley Orgánica

Capítulo IX.
La Ley Orgánica

María Acracia Núñez Martínez

1. SOBRE LA LEY ORGÁNICA

En Derecho comparado, el antecedente jurídico más inmediato de las leyes orgánicas se encuentra en el Derecho francés, en particular en la Constitución francesa de 1958, que estableció un escalón intermedio entre la norma constitucional y las leyes ordinarias.

La ley orgánica se configura como una de las innovaciones más importantes –y más polémicas– que nuestra Constitución ha introducido en su sistema de fuentes.

Aunque depende de cada legislación nacional, las leyes orgánicas suelen ser vistas como un nexo o etapa intermedia entre las leyes ordinarias y la Constitución. Las características particulares de las leyes orgánicas exigen la amplia mayoría parlamentaria (por tratarse de temas muy sensibles para la sociedad) y la mayor rigidez en la regulación (las leyes orgánicas no pueden modificarse con facilidad o por voluntad de un gobernante), al menos en su origen.

La regulación constitucional de la ley orgánica es el resultado de la transformación experimentada por el texto constitucional a lo largo del debate parlamentario, desde su redacción inicial –desarrollo de los Títulos I y II de la Constitución– hasta la final aprobada, y pone de manifiesto la preocupación del legislador por precisar qué materias habrían de quedar sujetas a la reserva de Ley Orgánica.

La razón de que los constituyentes españoles optaran por incluir este nuevo tipo de ley ha sido justificada con bastante claridad por ALZAGA[1], y puede encontrarse en varios motivos. No podemos olvidar que nuestra Constitución es fruto del consenso que presidió todo el proceso constituyente, es quizás por ello que los constituyentes quisieron mantener, a la vez que una «especie» de poder constituyente, el consenso necesario para la regulación de determinadas materias consideradas sensibles. Pero también, la importancia de las materias para las que la Constitución exige regulación por ley orgánica –desarrollo de derechos y libertades; régimen electoral general, o las leyes que aprueban Estatutos de autonomía– determinaría que en la regulación de estas materias se exigiese una mayoría reforzada que impidiera que un solo grupo parlamentario con una mayoría holgada pudiera modificarlas libremente, quedando, por consiguiente, a expensas de los sucesivos cambios gubernamentales el ámbito de estas materias. Ello, unido a la necesidad de defender la autonomía, y conceder cierta estabilidad al sistema de reparto del poder político y territorial pueden ser las causas de la presencia de la ley orgánica en la Constitución. Además del consenso citado anteriormente, según ALZAGA, las motivaciones son las siguientes: dar estabilidad a la legislación sobre derechos fundamentales e instituciones básicas del Estado; garantizar un consenso mínimo para aquellas materias para las que no fue posible encontrarlo en el proceso constituyente; prolongar el consenso más allá del proceso constituyente; asegurar estabilidad al régimen electoral; garantizar el correcto desarrollo de derechos y libertades fundamentales; eliminar las materias de posible legislación por parte de las Asambleas autonómicas, o fijar la naturaleza jurídica de los Estatutos de Autonomía.

Dos razones, principalmente, podemos observar en la necesaria inclusión de esta categoría normativa en la Constitución: de un lado, garantizar que los temas más delicados se regulen siempre a través de la mayoría de los votos parlamentarios; procurar que, por otro lado, las leyes que son más propensas a futuras modificaciones, dada su naturaleza menos estática, no requieran de un camino tan estricto para ser aprobadas.

Nuestra Constitución no contiene una definición de lo que por ley orgánica debemos entender, sino una descripción de las mismas. El concepto de ley orgánica que establece nuestra Constitución, se caracteriza por tener un ámbito material determinado constitucionalmente –criterio material– y porque

[1] ALZAGA VILLAAMIL, O. GUTIÉRREZ GUTIÉRREZ, I, y RODRÍGUEZ ZAPATA, J.- *Derecho Político español. Constitución y fuentes del derecho*, Vol. I, Madrid, CERA, 1997, págs. 346 a 350.

requiere para su aprobación una mayoría reforzada del Congreso de los Diputados en una votación final sobre el conjunto del proyecto –criterio formal–.

En efecto, el artículo 81 CE establece[2]:

> *1. Son leyes orgánicas las relativas al desarrollo de los derechos fundamentales y de las libertades públicas, las que aprueben los Estatutos de Autonomía y el régimen electoral general y las demás previstas en la Constitución.*
> *2. La aprobación, modificación o derogación de las leyes orgánicas exigirá mayoría absoluta del Congreso, en una votación final sobre el conjunto del proyecto.*

De esta conceptualización podemos extraer la existencia de dos concepciones de ley orgánica en la Constitución: un concepto material, y un concepto formal.

2. CONCEPTO MATERIAL DE LEY ORGÁNICA. MATERIAS RESERVADAS A LEY ORGÁNICA

Nuestro constituyente, al configurar la denominada Ley Orgánica lo ha hecho de modo restrictivo y excepcional en cuanto excepcional es también la exigencia de mayoría absoluta, y no la mayoría simple, para su votación y decisión parlamentaria.

Ello supone que sólo habrá de revestir la forma de Ley Orgánica aquellas materias previstas de manera expresa por el constituyente, sin que el alcance de la interpretación pueda ser extensivo al tiempo que, por lo mismo, dichas materias deberán recibir una interpretación restrictiva.

Cuando el artículo 81.1 CE establece que: *Son leyes orgánicas las relativas al desarrollo de los derechos fundamentales y de las libertades públicas, las que aprueban los Estatutos de Autonomía y el régimen electoral general y las demás previstas en la Constitución*, está haciendo una primera delimitación material que ha sido completada e interpretada por el TC de manera especialmente restrictiva en cuanto a su alcance.

De acuerdo con el art. 81.1 CE el ámbito reservado a las leyes orgánicas sería:

---

[2] Un interesante estudio sobre la ley orgánica puede verse en LINDE PANIAGUA, E.- *Leyes orgánicas*, Madrid, Linde Eds. 1990.

A) Leyes relativas al régimen electoral general

En lo que al *«régimen electoral»* se refiere, el Tribunal Constitucional, de manera correcta, ha indicado que la reserva de ley orgánica que contiene en esta materia el art. 81.1 CE, comprende, tanto al régimen de las elecciones generales como al de los restantes procesos electorales que contempla la Constitución. **Para que una Ley merezca el calificativo de electoral es necesario que contenga, por lo menos, el núcleo central de la normativa atinente al proceso electoral, materia en que se comprende a quién y cómo se puede elegir, por cuanto tiempo y también bajo qué criterios organizativos desde el punto de vista procedimental y territorial.** Utilizando una nomenclatura que es cara a nuestra Constitución puede decirse que existe un contenido esencial de la Ley Electoral que se cumple cuando el legislador regula las referidas materias, materias que constituyen un conjunto de problemas y situaciones entrelazadas y próximas entre sí que requieren «ex Constitutione» una «unidad de legislación» que es la que proporciona la LOREG (STC 72/1984, de 14 de junio).

El TC ha admitido como regímenes especiales únicamente: 1) La elección de Senadores por las Asambleas de las CCAA. 2) La elección de diputados en las elecciones autonómicas, regulada en los propios EEAA. 3) El régimen electoral de los municipios y provincias del País Vasco, en ciertos aspectos.

De este régimen debe formar parte, sin duda, el modo de resolver las divergencias surgidas en torno al resultado del proceso alrededor del cual gira tal sistema, el proceso electoral, en concreto los órganos y procedimientos y, dentro de éstos, los plazos en los cuales hayan de resolverse los litigios electorales (STC 80/2002, de 8 de abril).

Este ámbito material reservado a la regulación por ley orgánica no ha planteado ningún problema de interpretación.

B) Las leyes que aprueban los Estatutos de autonomía.

Tampoco parece revestir ninguna dificultad la reserva realizada para «las que aprueban Estatutos de autonomía», con la excepción hecha de que parece indicarse la diferencia entre el Estatuto de Autonomía y la ley orgánica en cuya virtud se aprueba, así como que no cualquier ley orgánica podrá modificar el contenido estatutario, sino que dicha modificación habrá que atenerse a los procedimientos previstos en los propios Estatutos.

C) Las demás leyes previstas en la Constitución

A lo largo de todo el Texto constitucional aparecen constantes reservas a la regulación por ley orgánica. Sin ánimo de ser exhaustivo, no parece haber una línea de continuidad en las materias para las que la Constitución exige un desarrollo por ley orgánica, por la heterogeneidad que se observa, aunque sí podemos considerar que se trata de aspectos de gran trascendencia para nuestro sistema político. Así, se establece la regulación por ley orgánica para órganos constitucionales de gran trascendencia, como el Defensor del Pueblo; Consejo de Estado; Poder Judicial, o el Tribunal Constitucional, aunque la regulación de los órganos que, en definitiva dirigen la vida del Estado, el Gobierno y las Cortes Generales, se hará por ley, y por Reglamento respectivamente.

También se reserva la regulación por ley orgánica de ciertas instituciones de democracia directa, como el referéndum o la iniciativa legislativa popular; temas de política autonómica – Policías autonómicas; autorizaciones para el acceso a la autonomía; etc; de política municipal, o la regulación de determinadas instituciones como las Fuerzas y Cuerpos de seguridad.

Todos los Títulos de la Constitución, salvo el X, contienen referencias a reservas de ley orgánica, incluyendo algunas de las que se justifica difícilmente su carácter y omitiendo otras (Ley del Gobierno) que bien podían haber sido incluidas. La Constitución prevé las siguientes materias: art.8.2, bases de la organización militar; art. 54, Defensor del Pueblo; art. 55.2, suspensión individual de determinados derechos fundamentales; art. 57.5, abdicaciones y renuncias, y cualquier duda de hecho o de derecho que ocurra en el orden de sucesión a la Corona; art. 87.3, iniciativa legislativa popular; art. 92.3, modalidades de referéndum; art. 93, autorización de celebración de Tratados por los que se atribuye a organizaciones o instituciones internacionales el ejercicio de competencias derivadas de la Constitución: art. 104.2, funciones, principios básicos de actuación y Estatutos de las Fuerzas y Cuerpos de la Seguridad del Estado; art. 107, Consejo de Estado; art. 116, estados de alarma, excepción y sitio; art. 122.1, Poder Judicial; art. 136.4, Tribunal de Cuentas; art.141.1, alteración de los límites provinciales; art.144, autorización de la constitución de una Comunidad Autónoma y sustitución de la iniciativa de las Corporaciones Locales; art. 149.1.29ª, Policía de las CCAA; art. 151.1, referéndum para ratificar la iniciativa autonómica; art. 157.3, ejercicio de las competencias financieras de las CCAA, y art. 165, Tribunal Constitucional

D) Las leyes relativas al desarrollo de los derechos fundamentales y las libertades públicas

Los principales problemas de interpretación han surgido respecto a la reserva relativa *«al desarrollo de los derechos fundamentales y libertades públicas»*, problemas que han requerido de una especial atención de la jurisprudencia constitucional, en la que el TC ha adoptado un criterio ampliamente restrictivo.

La primera restricción que entiende el TC subsumida en el propio espíritu constitucional, es la relativa al alcance de la reserva en materia de derechos y libertades, entendiendo que: (...) **los derechos fundamentales y libertades públicas cuyo «desarrollo» está reservado a la Ley Orgánica por el art. 81.1 CE son los comprendidos en la Sección Primera del Capítulo Segundo del Título I (arts. 15 a 29 CE)** y no a cualquiera otros derechos y libertades reconocidos en el texto constitucional (STC 116/1999, de 17 de junio, en la que se reitera la inicial STC 70/1983 dictada en la materia).

El art. 81.1 prevé que son leyes orgánicas «las relativas al desarrollo de los derechos fundamentales y libertades públicas», entendiendo (...), que **el desarrollo legislativo de un derecho** proclamado en abstracto en la Constitución **consiste**, precisamente, **en la determinación de su alcance y límites en relación con otros derechos y con su ejercicio por las demás personas**, cuyo respeto, según el art. 10.1 de la CE, es uno de los fundamentos del orden político y de la paz social.

A la hora de establecer garantías para los diversos derechos enunciados en la Constitución, el rango de la norma aplicable –es decir, que se trate de una norma con rango de ley o con rango inferior– y, en su caso, el tipo de ley a la que se encomienda la regulación o desarrollo de un derecho –ley orgánica o ley ordinaria– representan un importante papel en cuando a las características formales de la norma (como son la determinación de su autor y el procedimiento para su elaboración y aprobación), suponen evidentemente límites y requisitos para la acción normativa de los poderes públicos que son otras tantas garantías de los derechos constitucionalmente reconocidos. El que se requiera que la materia se contenga en una Ley Orgánica, que exige un procedimiento específico de elaboración y aprobación, añade una garantía –frente al mismo legislador– a las demás constitucionalmente previstas para proteger el derecho. No puede hablarse por ello de un «derecho al rango de ley orgánica», sino más bien de que el derecho incluye todas las garantías previstas en los diversos preceptos constitucionales cuya vulneración supone la del mismo derecho (STC 140/1986, de 11 de noviembre).

Sin embargo, no sólo las materias objeto de reserva de Ley Orgánica, en este caso los derechos fundamentales y libertades públicas, sino también la expresión «desarrollo» que la Constitución emplea para delimitar en este extremo el objeto de las Leyes Orgánicas, ha recibido una interpretación restrictiva por el TC. **Tal expresión se refiere al desarrollo «directo» de los derechos fundamentales** (STC 6/1982), puesto que el instrumento de la ley orgánica «no puede extremarse hasta el punto de convertir el ordenamiento jurídico entero en una mayoría de Leyes Orgánicas, ya que es difícil concebir una norma que no tenga una conexión, al menos remota, con un derecho fundamental, habida cuenta, además, de que el instrumento de la Ley Orgánica «convierte a las Cortes en «constituyentes permanentes». Es por ello, por lo que el TC ha precisado que el desarrollo legislativo de un derecho proclamado en abstracto en la Constitución consiste, precisamente, en la determinación de su alcance y límites en relación con otros derechos y con su ejercicio por las demás persona; siendo, no obstante, cierto que el dato de que la Constitución requiera que una norma se contenga en una Ley Orgánica, con un procedimiento específico añade una garantía frente al propio legislador.

La función de «garantía adicional» que cumple el art. 81.1 de la Constitución en materia de derechos fundamentales conduce a reducir su aplicación a las normas que establezcan restricciones de esos derechos y libertades o los desarrollen de modo directo, en cuanto regulen aspectos consustanciales de los mismos, excluyendo, por tanto, aquellas otras que simplemente afecten a elementos no necesarios sin incidir directamente sobre su ámbito y límites (STC 101/1991, que invoca las SSTC 160/1987;161/1987;57/1989 y 132/1989).

En suma, cualquier disciplina legal que «afecte» a los derechos fundamentales no viene constitucionalmente obligada a ser aprobada por Ley Orgánica, sino que una «regulación» de tales derechos se adentra inevitablemente en la reserva del art. 81.1 CE –en vez de en la reserva de ley ordinaria del art. 53.1– cuando «desarrolle» la Constitución de manera directa y en elementos esenciales para la definición del derecho fundamental, ya sea en una regulación directa, general y global del mismo o en una parcial o sectorial, pero, igualmente, relativa a aspectos esenciales del derecho y no, por parcial, menos directa o encaminada a contribuir a la delimitación y definición legal del derecho. Puede por eso razonarse que cuando las Cortes Generales en Ley Orgánica desarrollan un derecho fundamental, están, en realidad, desarrollando y concretando la norma constitucional reconocedora del derecho –a menudo dotada de considerables dosis de abstracción– en sus espacios abiertos a la libertad de configuración normativa del legislador de los derechos fundamentales. (STC127/1994, de 5 de mayo).

De esta forma, el TC ha puesto de manifiesto cómo Constitución y Ley Orgánica de desarrollo de un derecho fundamental se integran estrechamente, sin perjuicio de la evidente superioridad jerárquica de las normas constitucionales, además de mantener la falta de coincidencia entre el Poder constituyente originario y el papel del legislador como posible «poder constituyente permanente» que se podría determinar de una interpretación expansiva del alcance y contenido de su actividad legisladora orgánica:

Este concepto material de la ley orgánica y el carácter restrictivo con que lo ha contemplado el TC, ha llevado al planteamiento de la cuestión de si existe una reserva de ley orgánica en la Constitución.

Cuando en la Constitución se contiene una reserva de ley ha de entenderse que tal reserva lo es a favor de ley orgánica –y no una reserva de ley ordinaria– **sólo en los supuestos que de modo expreso se contienen en la norma fundamental** (art. 81.1 y conexos). La reserva de ley orgánica no puede interpretarse de forma tal que cualquier materia ajena a dicha reserva por el hecho de estar incluida en una ley orgánica haya de gozar definitivamente del efecto de congelación de rango y de la necesidad de una mayoría cualificada para su ulterior modificación (art. 81.2 CE), pues tal efecto puede y aun debe ser excluido por la misma ley orgánica o por sentencia del Tribunal Constitucional que declaren cuales de los preceptos de aquella no participan de tal naturaleza (STC 5/1981, de 13 de febrero).

Llevada a su extremo, la concepción formal de la ley orgánica podría producir en el ordenamiento jurídico una petrificación abusiva en beneficio de quienes en un momento dado gozasen de la mayoría parlamentaria suficiente y en detrimento del carácter democrático del Estado, ya que nuestra Constitución ha instaurado una democracia basada en el juego de las mayorías, previendo tan sólo para supuestos tasados y excepcionales una democracia de acuerdo basada en mayoría cualificadas o reforzadas (STC 5/1981, de 13 de febrero).

Por ello hay que afirmar que si es cierto que existen materias reservadas a leyes orgánicas (art. 81.1 CE) también lo es que las leyes orgánicas están reservadas a estas materias y que por tanto sería disconforme con la Constitución la ley orgánica que invadiera materias reservadas a la ley ordinaria (STC 5/1981, de 13 de febrero).

Si bien existen en la Constitución algunas concretas y determinadas reservas de Ley Orgánica, el hecho de que el legislador constituyente haya optado por determinaciones específicas de reserva de ley Orgánica y no por una previsión generalizada, hace imposible la extensión de esas reservas a otras materias por considerarlas de análoga importancia. Dada la congelación de rango que éstas suponen, la rigidez del ordenamiento jurídico no puede llevarse más allá de los supuestos específicamente tasados. En un sistema democrático como el instaurado por nuestra Constitución, basado en el juego de las mayorías parlamentarias, la exigencia de que éstas sean cualificadas o reforzadas sólo puede tener carácter excepcional y ha de ser explícitamente prevista en la Constitución (STC 76/1983, de 5 de agosto).

Conforme ha declarado el Tribunal Constitucional, el uso de la ley orgánica viene caracterizado por la excepcionalidad, la interpretación restrictiva de su ámbito material y el carácter tasado de los supuestos en los que resulta posible el uso de esta modalidad normativa con el fin de evitar una excesiva rigidificación del ordenamiento jurídico, efecto que indiscutiblemente posee la ley orgánica al requerir una mayoría cualificada para su aprobación. Así la STC 5/1981 señala que «nuestra Constitución ha instaurado una democracia basada en el juego de las mayorías, previendo tan sólo para supuestos tasados y excepcionales una democracia basada en mayorías cualificadas o reforzadas». Por su parte, la STC 76/1983 ha razonado que si bien «es cierto que existen materias reservadas a Ley Orgánica, también lo es que las leyes orgánicas están reservadas a estas materias», por lo que «el hecho de que el legislador constituyente haya optado por determinaciones específicas de reserva de ley y no por una previsión generalizada hace imposible la extensión de reservas a otras materias por considerarlas de análoga importancia».

3. CONCEPTO FORMAL DE LEY ORGÁNICA. EL PROCEDIMIENTO DE ELABORACIÓN

El segundo criterio de distinción entre ley orgánica y ley ordinaria, viene constituido por el procedimiento de elaboración.

Cuando el art. 81.2 CE establece que la aprobación, modificación o derogación de las leyes orgánicas exigirá mayoría absoluta del Congreso, en una votación final sobre el conjunto del proyecto, está estableciendo un procedimiento legislativo que se aparta del procedimiento legislativo común.

La ley orgánica posee, simultáneamente a la diferenciación material, un procedimiento específico de aprobación, requiriendo un concurso de voluntades más amplio del que se exige para la ley ordinaria[3]. Se requiere, por tanto, una votación cualificada en el Congreso, la mayoría absoluta, frente a la exigencia normal para aprobar un proyecto de ley de mera mayoría simple. Esta votación por mayoría absoluta debe efectuarse sobre el texto final del proyecto. De acuerdo con la regulación del Reglamento del Congreso, dicha votación se produce al finalizar su discusión en la Cámara y antes de su envío al Senado, y ha de repetirse nuevamente tras su paso por esta Cámara si en ella se ha producido modificación del texto remitido por el Congreso.

Existen, además, algunos límites adicionales:

- puesto que su tramitación parlamentaria ha de incluir necesariamente el paso por el Pleno de las Cámaras, está excluida la delegación de su aprobación en las Comisiones Legislativas Permanentes (Art. 75.3 CE);
- las materias reservadas a ley orgánica no pueden ser reguladas por Decretos Legislativos (Art. 82.1 CE) o por Decretos-leyes (Art. 86.1 CE);
- las materias reservadas a la ley orgánica son materias excluidas de la iniciativa legislativa popular (Art. 87.3 CE).
- las materias propias de leyes orgánicas son, por su propia naturaleza, competencia legislativa del Estado, puesto que solo a éste pertenece dicho instrumento normativo por lo que no existen – no puede haberlas– leyes orgánicas autonómicas.

Los Reglamentos de las Cámaras prevén procedimientos especiales para la aprobación de las leyes orgánicas.

Además de las prohibiciones constitucionales de delegación en Comisión o en el Gobierno y de iniciativa popular, la exigencia de aprobación de las leyes orgánicas por mayoría absoluta del Congreso en una votación final sobre el conjunto del proyecto provoca especialidades en el procedimiento legislativo reguladas por los artículos 130 a 132 del Reglamento de la Cámara Baja. Estas especialidades se manifiestan:

- En la calificación de los proyectos o proposiciones de ley como orgánicos por la Mesa del Congreso.

[3] Vid. GARCÍA-ESCUDERO, P.- *El procedimiento legislativo ordinario en las Cortes Generales*, CEC, Madrid, 2006. También *Técnica legislativa y seguridad jurídica: ¿hacia el control constitucional de la calidad de las leyes?*, Madrid, Aranzadi, 2010.

- En las Enmiendas. Según el artículo 130.3 RC, las enmiendas que contengan materias reservadas a ley orgánica que se hayan presentado a un proyecto de ley ordinaria sólo podrán ser admitidas a trámite por acuerdo de la Mesa del Congreso, a consulta de la correspondiente ponencia, estándose en su caso a lo previsto en el apartado anterior en cuanto a calificación por la Mesa y retroacción del debate iniciado por la Comisión.
- En la votación.

La tramitación en el Senado de los proyectos y proposiciones de ley orgánica no presenta especialidad alguna, y de hecho su Reglamento no contiene referencias a este tipo de leyes. No obstante, dos cuestiones relevantes pueden resultar de su actuación:

- El Senado puede aprobar un veto a un proyecto o proposición de ley orgánica, cuyo levantamiento requiere en todo caso la ratificación del texto inicial por la mayoría absoluta de los miembros del Congreso, según prescribe el artículo 132.1° RC, con lo que no sería posible el levantamiento por mayoría simple transcurridos dos meses que permite el artículo 90.2 de la Constitución.
- Si el Senado introduce enmiendas a un proyecto o proposición de ley orgánica y éstas (todas o alguna) son aceptadas por el Pleno del Congreso por mayoría simple, según el artículo 90.2 CE, el texto resultante de su incorporación debe ser sometido a una votación de conjunto, que requiere mayoría absoluta para su aprobación (132.2° RC). De no alcanzarse dicha mayoría, queda ratificado el texto inicial del Congreso (que obtuvo mayoría absoluta en su momento) y rechazadas todas las enmiendas propuestas por el Senado.

4. LA POSICIÓN DE LA LEY ORGÁNICA EN EL SISTEMA DE FUENTES

Esta diferencia procesal en la tramitación parlamentaria de la ley orgánica ha llevado al planteamiento del posible **rango normativo** superior de la ley orgánica respecto a la ley ordinaria. Frente a los que consideran que la ley orgánica se sitúa en una posición superior respecto a la ley ordinaria en la jerarquía normativa, se encuentran aquellos que consideran que la ley orgánica es un tipo especial de ley y que, por tanto, su relación con la ley ordinaria no puede hacerse en base al criterio de jerarquía, sino al principio de competencia.

No cabe duda de que la introducción de la ley orgánica en la Constitución ha venido a alterar los criterios interpretativos tradicionales para la resolución de los posibles conflictos entre normas. Si bien también es cierto que estos criterios han sido también modificados con el reconocimiento de potestades legislativas a las Comunidades Autónomas.

Tradicionalmente ha sido **el principio de jerarquía** el encargado de resolver las relaciones entre las distintas fuentes. El principio de jerarquía hace referencia a la relación entre el órgano que produce las normas, su forma, la rigidez y su fuerza. De esta manera, el principio de jerarquía se aplicaba en la ordenación de fuentes producidas por los distintos órganos productores de Derecho (Ley, Reglamento, etc), distinguiendo entre órganos superiores e inferiores en la producción normativa, y en la existencia de un procedimiento específico y distinto que garantiza el rango. Por el principio de jerarquía se garantiza un orden entre las normas, de manera que las normas superiores prevalecen sobre las normas inferiores, no pudiendo éstas ni modificar ni derogar a aquéllas. Sin embargo, el sistema de fuentes diseñado por la Constitución ha dado lugar a que el criterio de jerarquía no pueda ser el único válido para resolver las antinomias normativas.

Para la resolución de los problemas derivados de la relación internormativa que se da entre las distintas categorías normativas que regula nuestra Constitución es preciso también recurrir al **principio de competencia**. Este principio que es propio de ordenamientos complejos desde el punto de vista del reparto del poder territorial, implica, la existencia de una reserva material entre los distintos centros o entes productores de Derecho. De esta manera, cada ente legislaría en las materias de su competencia. Este criterio que es aplicable a nuestro sistema autonómico, también se defiende entre las distintas normas que tienen su origen en el mismo órgano, o entre las distintas normas que tienen el mismo rango. Así, si hemos estudiado que existe una reserva material a favor de la ley, y que existe un concepto material de ley orgánica, en virtud del cual las leyes orgánicas deben reservarse para la regulación de determinadas materias, las relaciones entre la ley orgánica y la ley ordinaria pueden ser explicadas desde el principio de competencia. Lo mismo podríamos aplicar a las relaciones entre la ley y las disposiciones normativas con fuerza de ley emanadas del Gobierno, bien en caso urgencia, bien por delegación legislativa.

Entre estos dos criterios existe una diferencia que se convierte en su elemento esencial: mientras el principio de jerarquía se basa en el criterio de «obediencia», de manera que la ley inferior no puede ir en contra de la ley superior, el criterio que inspira el principio de competencia es el de «respeto» de tal forma que en la relaciones ley ordinaria-ley orgánica; ley estatal-ley autonómica, o ley-norma con rango de ley, de lo que se trata es de que ninguna de ellas invada competencias materiales que no le son propias.

Estas afirmaciones nos llevan al convencimiento de que en nuestro ordenamiento jurídico conviven hoy los criterios de jerarquía y de competencia en el estudio de las relaciones entre las distintas fuentes.

En lo que a la relación entre la ley ordinaria y la ley orgánica se refiere, el TC dejó ya establecido en fecha temprana (STC 5/1981) y ha reiterado con posterioridad (SSTC 224/1993; 127/1994; 254/1994) que la relación entre unas y otras leyes viene dada por las materias que se reserven las leyes orgánicas en virtud del art. 81.1 CE, afirmando explícitamente «**que las leyes orgánicas y ordinarias no se sitúan, propiamente, en distintos planos jerárquicos** (STC 137/1986). De suerte que es claro que el principio de jerarquía normativa no es fundamento adecuado para enjuiciar la posible inconstitucionalidad de una ley ordinaria por supuesta invasión del ámbito reservado a la ley orgánica (STC 213/1996, de 19 de diciembre).

Por esta posición se ha decantado nuestro Tribunal Constitucional al considerar que el concepto de ley orgánica es un concepto material, básicamente, de manera que es el principio de competencia el que deba presidir las relaciones entre ley orgánica y ley ordinaria.

Sin embargo, también es cierto que el propio TC ha sido consciente de la dificultad de establecer una diferenciación taxativa entre ambos principios.

Los posibles conflictos entre ley orgánica y ley ordinaria han de resolverse distinguiendo en primer término si la ley ordinaria procede –como la orgánica– de las Cortes Generales o si, por el contrario, emana del órgano legislativo de una Comunidad Autónoma. En el primer caso, dada la existencia de ámbitos reservados a cada tipo de ley, solo se planteará el conflicto si ambas leyes inciden sobre una misma materia, en cuya hipótesis la ley orgánica habrá de prevalecer sobre la ordinaria ya que no puede ser modificada por ésta (art. 81.2 CE). En el segundo supuesto, el conflicto habrá de resolverse en virtud del principio de competencia para determinar qué materias han quedado constitucionalmente y estatutariamente conferidas a los órganos legislativos de las Comunidades Autónomas y cuales corresponden a las Cortes Generales (STC 5/1981 de 13 de febrero),reconociendo, en alguna manera, la posible aplicación de otros criterios.

En esta misma posición, ALZAGA[4] ha constatado cómo, si bien el criterio material es un elemento necesario para delimitar conceptualmente la ley orgá-

---

[4] Opus cit. pág. 352 y ss.

nica, la indeterminación de muchas de las materias propias de ley orgánica, hace que este criterio resulte insuficiente y habrá que atender al criterio formal.

El tema concerniente a *materias conexas* –cuestiones relacionadas con la materia propia de ley orgánica–, parece haber sido salvado por el Tribunal Constitucional al admitir el principio de colaboración internormativa entre la ley orgánica y otras fuentes normativas reconocidas en la Constitución, al mantener que la ley orgánica puede contener preceptos no orgánicos relativos a materias conexas (STC 76/198de 5 de agosto).

La ley orgánica sólo puede incluir preceptos que excedan del ámbito estricto de la reserva cuando su contenido desarrolle el núcleo orgánico y siempre que constituyan un complemento necesario para su mejor inteligencia, debiendo, en todo caso el legislador concretar los preceptos que tienen tal carácter (STC 76/1983, de 5 de agosto).

El que una ley orgánica pueda contener preceptos no orgánicos no significa que sea suficiente la existencia de algún precepto de contenido orgánico para que pueda atribuirse a toda la ley dicho carácter. Es preciso, en primer lugar, que el núcleo de la ley afecte a materias reservadas a la ley orgánica, de acuerdo con lo establecido en el artículo 81.1 CE, y la conexión no puede consistir en yuxtaponer preceptos referidos a materias distintas de las reservadas a tal tipo de ley. Así mismo, el TC, consciente de que la inclusión de una materia en una ley orgánica puede implicar, en principio, una especie de «congelación de rango» de la misma, de manera que su regulación en el futuro podría quedar vedada al legislador ordinaria, ha establecido que como la inclusión produce la congelación de rango, salvo excepción expresa, el legislador debe precisar en la ley orgánica cuales sean tales preceptos no orgánicos, sin perjuicio de la competencia del Máximo Intérprete, para concretarlos mediante sentencia, en caso de impugnación de la ley (STC 76/1983, de 5 de agosto).

Cuando se de el supuesto de que en una misma ley orgánica concurran materias estrictas y materias conexas, hay que afirmar que en principio éstas quedaran sujetas al régimen de congelación de rango señalado en el artículo 81.2 CE y así debe ser en defensa de la seguridad jurídica (art. 9.3 CE). Pero este régimen puede ser excluido por la propia ley orgánica en relación con algunos de sus preceptos, indicando cuales de ellos contienen sólo materias conexas y pueden ser alterados por una ley ordinaria de las Cortes Generales o, en su caso, por leyes de las Comunidades Autónomas. Si tal declaración no se incluyere en la ley orgánica, o si su contenido no fuese ajustado a Derecho a juicio del Tribunal Constitucional, será la sentencia correspondiente de éste la que, dentro del ámbito propio de cada recurso de inconstitucionalidad, deba indicar qué preceptos de los contenidos en una ley orgánica pueden ser modificados por leyes ordinarias. (STC 5/1981, de 13 de febrero).

En definitiva, debemos mantener que en el ordenamiento jurídico español, la relación de las leyes orgánicas con las leyes ordinarias no es de carácter jerárquico, como sí ocurre en las relaciones entre ley y reglamento, sino que es una relación por razón de la materia. Es decir, que las materias reservadas a las leyes orgánicas no pueden ser reguladas mediante ley ordinaria, estableciéndose una relación entre ambas leyes de índole material, resultando que no pueden inmiscuirse la una en los ámbitos de actuación de la otra. Esta idea es el punto de partida para considerar qué tipo de Ley habrá de ser la prevalente para un caso determinado y no una supuesta jerarquía entre ambos tipos de Ley.

Defendemos que no existe un rango distinto entre las leyes ordinarias y orgánicas: ambas son normas con rango de ley. No obstante, cuando solo algunos aspectos de una materia deben ser regulados por ley orgánica, es posible que se produzca una colaboración internormativa entre un tipo y otro de normas, remitiendo la ley orgánica el desarrollo o la integración de algunos de sus preceptos.

El TC ha admitido este principio de colaboración internormativa. Las leyes ordinarias pueden regular aspectos no orgánicos de materias reservadas a ley orgánica.

El TC admite, por otra parte, que el legislador, al elaborar una ley orgánica incluya en ella normas ajenas a la reserva (regulables por ley ordinaria), que por razones de conexión temática o sistematicidad o buena práctica legislativa, considere oportuno incluir junto a las materias reservadas a ley orgánica. Pero el TC considera que, salvo que el legislador especifique este último caso, se produciría una congelación de rango de dicha normativa. Este es el caso de las leyes parcialmente orgánicas. Estas leyes deben incluir cláusulas de deslinde que indiquen que partes de la ley se pueden modificar o derogar mediante ley ordinaria.

Estas leyes parcialmente orgánicas se han convertido en una alternativa técnica a regular mediante dos leyes distintas la misma materia (valga como ejemplo la Ley Orgánica 1/1996, de protección jurídica del menor).

BIBLIOGRAFÍA

ALZAGA VILLAMIL, O. y otros.- *Derecho Político Español*. Volumen I. Ed. CERA. Madrid, 5ª. Ed. 2011.

– «En torno al concepto de ley orgánica en la Constitución» en *TRC*, nº 5, 2000.

Balaguer Callejón, F.- *Fuentes de Derecho*. Ed. Técnos. Madrid. 1991.

Baratta, A., y otros.- *Las Fuentes del Derecho,* Universidad de Barcelona, 1983

Barceló i Serramalera, M.- *La ley orgánica. Ámbito material y posición en el sistema de fuentes,* Barcelona, Atelier, 2005.

Carreras, F.- «La ley en el constitucionalismo y en la Constitución española» en *Revista de la Facultad de Derecho UC*, nº 100-102, 1989.

Diez–Picazo, L. Mª.- Concepto de ley y tipos de leyes» en *REDC*, nº 24, 1988.

Fernández, T.R.- *Las leyes orgánicas y el Bloque de la constitucionalidad*, Madrid, Cívitas, 1981

García de Enterría, E.- *La Constitución jurídica en la teoría del Derecho contemporáneo*, Madrid, CEC, 1999.

Garrorena Morales, A.- *El lugar de la ley en la Constitución española*, Madrid, CEC, 1980.

Linde Paniagua, E.- *Leyes orgánicas*, Madrid, Linde Eds. 1990.

Otto, I de.- *Derecho Constitucional. Sistema de fuentes*, Barcelona, Ariel, 1987.

Pérez Royo, J.- *Las fuentes del Derecho*, Técnos, Madrid, 1984.

Sánchez González, S. y Mellado Prado, P.- *El sistema de fuentes en el ordenamiento español*, Madrid, CERA, 2010.

Capítulo X
La potestad legislativa del gobierno:
El Decreto-Ley y el Decreto Legislativo

CAPÍTULO X.
La potestad Legislativa del Gobierno: El Decreto-Ley y el Decreto Legislativo

Juan Manuel Goig Martínez

1. EL DECRETO-LEY

Dispone el artículo 86 CE: «En caso de extraordinaria y urgente necesidad, el Gobierno podrá dictar disposiciones legislativas provisionales que tomarán la forma de Decretos-Ley». Con ello, el constituyente está otorgando al Ejecutivo, un auténtico poder para legislar en determinadas circunstancias. Pero el Gobierno deberá ejercer esta facultad con sometimiento a determinados límites de forma que no rompa el equilibrio constitucional existente, ni trate de sustituir la función que corresponde a las Cortes Generales.

Pocas fuentes del Derecho Constitucional como el Decreto ley han dado lugar a tanta actividad doctrinal y tanta jurisprudencia constitucional. En el fondo de tanta producción científica podemos situar la determinación de si la regulación constitucional del Decreto-ley es lo suficientemente segura para disuadir al Gobierno de intervenir en aquellos campos en que le está vedada su actuación legislativa, a fin de desplazar la función legislativa del Parlamento y utilizar el Decreto-ley en beneficio propio, o por el contrario el Decreto-ley es un arma puesta en manos del Ejecutivo para suplantar la función legislativa de las Cámaras.

1.1. El presupuesto de hecho habilitante. La «extraordinaria y urgente necesidad». Su naturaleza jurídica

El artículo 86 CE faculta al Gobierno a dictar disposiciones legislativas provisionales en situaciones de «extraordinaria» y «urgente» necesidad. Sin embargo la falta de una definición constitucional de lo que debemos entender como situaciones de necesidad urgente y extraordinaria nos lleva, necesariamente, a la determinación de tales conceptos.

En cualquier caso nos encontramos ante un auténtico «poder» otorgado por la Constitución al Gobierno que, a diferencia de lo que sucede con los Decretos Legislativos, no surge como consecuencia de una delegación o autorización parlamentaria, pero que se debe ejercer cuando sea estrictamente necesario.

La idea central del hecho habilitante es la necesidad, pero la fórmula constitucional otorga un carácter excepcional a la necesidad a que el Decreto-ley debe atender: a) tanto en su aspecto cualitativo (ha de ser **extraordinaria**), b) como en un requerimiento temporal (ha de ser **urgente)**[1]. Se trata de hacer frente a situaciones que exigen una actuación para evitar un mal al interés general, situación imprevisible que necesita una rápida solución o remedio al que no se puede hacer frente a través de la regla general o común. De esta forma el hecho habilitante debe ser entendido en su conjunto. No basta sólo con una situación de necesidad, sino que ésta debe ser extraordinaria y urgente.

La utilización del Decreto-ley debe entenderse referida a la existencia de una necesidad urgente de regulación normativa que no puede ser satisfecha a través del cauce parlamentario en el que está prevista la actuación legislativa. La existencia de esta potestad legislativa en manos del Gobierno puede encontrar su justificación en la necesidad de dar soluciones a las perspectivas cambiantes de la vida actual.

El TC ha establecido que la necesidad justificadora de los decretos-ley no se puede entender como una necesidad absoluta que suponga un peligro grave para el sistema constitucional o para el orden público entendido como normal ejercicio de los derechos fundamentales y libertades públicas y normal funcionamiento de los servicios públicos, sino que hay que entenderlo con mayor amplitud, como necesidad *relativa* respecto de situaciones concretas de los objetivos gubernamentales que, por razones difíciles de prever, requieren una acción normativa inmediata en un plazo más breve que el

---

[1] RODRÍGUEZ ZAPATA, J.- *Teoría y Práctica del Derecho Constitucional*, Técnos, Madrid, 1996, pág. 152.

requerido por la vía normal o por el procedimiento de urgencia para la tramitación parlamentaria de las leyes» (STC 6/83 de 4 de febrero).

La utilización del Decreto-ley «**es constitucionalmente lícita en todos aquellos casos en que hay que alcanzar los objetivos marcados para la gobernación del país, que, por circunstancias difíciles o imposibles de prever, requiere una acción normativa inmediata...**» (STC 111/83 de 2 de diciembre).

Este punto de vista abre enormes posibilidades expansiva al Decreto-ley, y dejar en manos del Gobierno la apreciación «discrecional» de la concurrencia del presupuesto habilitante, reservando, en último extremo, al TC el control de esta apreciación cuando sea manifiestamente abusiva o arbitraria, supone, en la práctica, afirmar que tal requisito entra en el ámbito de los estrictamente político y de oportunidad[2].

La doctrina del TC remite a la valoración política del Gobierno la existencia o inexistencia de las circunstancias de extraordinaria y urgente necesidad, lo que supone «subjetivizar» en sentido ampliado dichas circunstancias, y permitir, en principio, que cualquier interés pueda ser objeto de regulación por decreto-ley, toda vez que restringe de forma importante el control del mismo.

El presupuesto habilitante de la legislación de urgencia debe de estar determinado, exclusivamente, por la extraordinaria y urgente necesidad de regular una situación con normas de rango legal cuando no sea posible hacerlo por los cauces ordinarios, porque requiera una pronta respuesta. Ahora bien, al no haber ningún requisito formal previo, es al propio Gobierno a quien corresponde apreciar, por sí mismo, si existe o no dicha necesidad urgente y extraordinaria, y esta apreciación supone un amplio margen de libertad.

No podemos olvidar que la evolución del Estado contemporáneo, como tuvimos ocasión de estudiar, otorga al Gobierno un importante peso en la vida política, lo que determina conceder a los órganos políticos una cierta discrecionalidad en la elección de los instrumentos más oportunos para ejercer la función de gobierno.

Sin embargo el reconocimiento a los órganos políticos de un razonable margen de discrecionalidad no significa convertir la cláusula «extraordinaria y urgente necesidad» en un concepto puramente político y jurídicamente indefendible, puesto que desvirtuaría, a todas luces, las limitaciones establecidas en el artículo 86.1 y situaría al Gobierno en una posición de sustitución de la actividad parlamentaria.

---

[2] SALAS, J- «Los Decretos-leyes en la teoría y en la práctica constitucional» en *Estudios sobre la Constitución. Libro homenaje al Prof. Enterría*, T.I. Cívitas, Madrid, 1991, pág. 275.

Esta posición permisiva adoptada por el TC ha abierto un enorme campo expansivo al uso del decreto-ley como instrumento normativo puesto en manos del Gobierno al que se le ha reconocido un amplio margen de libertad en la apreciación del presupuesto habilitante, del que los distintos Gobiernos que se han sucedido hasta el momento vienen abusando.

En los últimos años, el TC ha matizado su doctrina inicial sobre la necesaria concurrencia de las circunstancias de extraordinaria y urgente necesidad que constituyen el presupuesto habilitante exigido al Gobierno por el art. 86.1 CE para hacer uso de la facultad legislativa excepcional de dictar Decretos-leyes. Dicha doctrina ha sido sintetizada en las recientes SSTC 189/2005, de 7 de julio, y 329/2005, de 15 de diciembre, siguiendo la contenida en anteriores resoluciones del Tribunal, esencialmente en las SSTC 182/1997, de 28 de octubre, 11/2002, de 17 de enero, y 137/2003, de 3 de julio. En ellas, tras reconocer el peso que en la apreciación de la extraordinaria y urgente necesidad ha de concederse «al juicio puramente político de los órganos a los que incumbe la dirección del Estado», declaró que «la necesaria conexión entre la facultad legislativa excepcional y la existencia del presupuesto habilitante» conduce a que el concepto de extraordinaria y urgente necesidad que se contiene en la Constitución no sea, en modo alguno, «una cláusula o expresión vacía de significado dentro de la cual el lógico margen de apreciación política del Gobierno se mueva libremente sin restricción alguna, sino, por el contrario, la constatación de un límite jurídico a la actuación mediante decretos-leyes».

Es cierto que el TC ha declarado que el Gobierno dispone de un amplio margen de discrecionalidad política en la apreciación de la extraordinaria y urgente necesidad, margen que no puede ser ignorado o desconocido en el ejercicio del control constitucional, por lo que el control que corresponde al Tribunal Constitucional en este punto es un control externo, en el sentido de que debe verificar, pero no sustituir, el juicio político o de oportunidad que corresponde al Gobierno (STC 182/1997, de 30 de octubre). Pero también ha afirmado que ello «no puede ser obstáculo para extender también el examen sobre la competencia habilitante al conocimiento del Tribunal Constitucional, en cuanto sea necesario para garantizar un uso del Decreto-ley adecuado a la Constitución». Y en ese sentido, sin perjuicio del peso que en la apreciación de lo que haya de considerarse como caso de extraordinaria y urgente necesidad haya de concederse al juicio puramente político de los órganos a los que incumbe la dirección del Estado, en especial en el caso de las actuaciones desarrolladas en los ámbitos de la política social y económica, es, sin embargo, función propia del Tribunal Constitucional «el aseguramiento de estos límites, la garantía de que en el ejercicio de esta facultad, como de cualquier otra, los poderes se mueven dentro del marco trazado por la Constitución»(STC 68/2007, de 28 de marzo).

1.2. La limitación material a la legislación de urgencia

Sentada la necesidad de establecer límites a la potestad legislativa del Gobierno por vía de extraordinaria y urgencia necesidad, se hace necesario definir el marco dentro del cual se hacen efectivos dichos límites.

En principio, parece ser que el ámbito propio de regulación del Decreto-ley es el de las materias reservadas a la ley, de forma que donde la Constitución requiera una ley para regular una materia y esta actividad no pueda ser resuelta por las Cámaras por el procedimiento legislativo ordinario o de urgencia, por la necesidad urgente y extraordinaria de hacerle frente, pueda utilizarse el Decreto-ley.

Podemos delimitar las materias vedadas al Decreto-ley mediante cuatro grandes círculos:

1.2.1. *Materias reservadas a regulación por ley orgánica*

La reserva contenida en la Constitución en beneficio de regulación por ley orgánica, entendida ésta como un supuesto extraordinario de actuación, supone que las materias para cuya regulación se requiere este tipo de ley, con la consiguiente modificación de mayorías respecto del procedimiento legislativo normal, constituye una reserva absoluta, en su vertiente positiva y negativa, que ninguna otra norma puede invadir. Así lo ha entendido el TC al reconocer que *«cualquier Decreto-ley que afecte a una materia que debe ser regulada mediante ley orgánica es «eo ipso» inconstitucional, sea cual fuere su contenido material y su urgencia»* (STC 60/1986 de 20 de mayo).

1.2.2. *Materias que deben de ser reguladas específicamente por las Cortes Generales*

Existen una serie de materias cuya regulación requiere, de acuerdo con el texto constitucional, la expresa intervención de las Cortes Generales, y que, por tanto, en un sentido negativo, excluye toda intervención de legislación gubernativa en su regulación[3]. Entre ellas, se encuentran los Tratados Internacionales (arts. 93 y 94); la reforma constitucional (Título X); la autorización y prórroga de los estados excepcionales regulados en el artículo 116; la adopción de medidas para obligar a las CCAA a cumplir obligaciones constitucionales (art. 155); la autorización de las Cortes Generales para la celebración de acuerdos de cooperación (art. 145.2); la distribución del Fondo de Compensación Interterritorial (art. 158.2); las materias relacionadas con el Título II relativas a la provisión de sucesor, regente o tutor en los supuestos previstos constitucionalmente, o la apreciación de la inhabilitación regia; o todas aquellas normas que determinen modificaciones en el sistema ordinario de producción de fuentes del Derecho como la propia convalidación de Decretos-ley o las leyes de bases del artículo 82.

1.2.3. *Materias reservadas a ley que exigen una acción de control por parte del Parlamento*

Otra limitación importante a la actividad legislativa gubernamental, no siempre respetada,[4] la constituyen **aquellas materias que contienen una acción de control parlamentario sobre el Gobierno**, entre las que se encuentra la aprobación de los Presupuestos Generales del Estado, la emisión de deuda pública o la ampliación de créditos, entre otras, y que, por exigirse que provengan del órgano parlamentario excluyen la actuación gubernamental.

1.2.4. *Los límites derivados y ámbitos sustraídos al Decreto-ley por vía del artículo 86.1 CE*

Junto a los límites, de carácter implícito, que acotan el ámbito material sobre el que puede legítimamente proyectarse un Decreto-ley, y que en algunos supuestos han sido vulnerados por los correspondientes Gobiernos, el artículo 86 CE ha establecido ciertos límites materiales expresos.

---

[3] En sentido análogo puede verse ASTARLOA UARTE, I.- «Comentario al art. 86» en ALZAGA VILLAAMIL, O (dir) *Comentarios a la Constitución española de 1978*, T. VIII, Madrid, Edersa-Cortes Generales, 1998, pág. 133 y ss; y SANTAOLAYA MACHETTI, P.- *El régimen constitucional de los Decretos-leyes*, Madrid, Tecnos; 1988 151 y ss.

[4] Véase, por ejemplo, el Decreto-ley 4/1983 sobre ampliación de créditos.

El artículo 86. 1 ha delimitado negativamente el ámbito de los Decretos-ley al disponer que «*no podrán afectar al ordenamiento de las instituciones básicas del Estado, a los derechos, deberes y libertades de los ciudadanos regulados en el Título I, al régimen de las Comunidades Autónomas, ni al derecho electoral general*».

La delimitación expresa que realiza el artículo 86.1 ha planteado no pocos problemas de interpretación, que se han manifestado en un doble sentido: por un lado en la delimitación de los ámbitos sustraídos a la decretación de urgencia; por otro al tipo de incidencia que sobre estos ámbitos ha querido descartar la Constitución, es decir, al sentido que se le ha querido otorgar al término «afectar».

Uno de los mayores problemas a la hora de enfrentarse con la cláusula restrictiva del artículo 86.1 es la relativa al sentido que se ha querido dar al término «**afectar**». Lo que por «afectar» pueda ser entendido dará respuesta al problema de interpretación del que depende que se pueda hacer uso o no del Decreto-ley, puesto que si recurrimos a los distintos Diccionarios que sobre la lengua castellana existen, podemos encontrar como significados del término «afectar» acepciones tan dispares como «menoscabar», «perjudicar», «producir alteración o mudanza en alguna cosa», «dañar», «atañer», «tocar», «referirse a», «relacionarse con», etc.

Lo que ha sustentado el TC es que una expansión de la limitación contenida en el artículo 86.1 CE, otorgando al verbo «afectar» un contenido literal, se sustenta en una idea tan restrictiva del Decreto-ley que lleva en su seno el vaciamiento de la figura y la hace inservible para la regulación de las materias contenidas en este artículo, convirtiendo en un simple adorno la inclusión en el texto fundamental de esta figura, sin tener en cuenta la aparente intención del constituyente de reducir al máximo el ámbito de aplicación del Decreto-ley. Se ha identificado la expresión «afectar» con la regulación general de las materias a que se refiere el artículo 86.1 o con la incidencia en el contenido esencial o en los elementos esenciales o estructurales de dichas materias.

Pasemos a examinar, por separado, cual es el ámbito de limitación que parece haberse reservado a la legislación de urgencia en las materias enunciadas por el artículo 86.1 CE.

A. El ordenamiento de las instituciones básicas del Estado

La falta de una definición constitucional de lo que debe ser entendido por instituciones básicas del Estado nos obliga, primeramente, a un intento delimitador de lo que por las mismas debe ser entendido.

Por instituciones básicas del Estado deberemos entender aquellas que conforman la forma de ser del propio Estado, caracterizadas por una cierta «indefectibilidad» que obligaría a mantenerlas tal como son, bajo pena de deformar la forma de gobierno establecida por la Constitución[5]. En esta definición tendrían cabida los órganos constitucionales y los órganos lateral-constitucionales previstos en la Constitución y cuyo ejercicio es reservado a ley orgánica, pero también otras instituciones previstas constitucionalmente y que vienen a definir el sistema político instaurado por el texto constitucional. De forma que deberemos entender dentro de las instituciones básicas del Estado aquellas instituciones públicas cuya regulación está reservada a la ley, orgánica u ordinaria, tanto en sentido estricto, como en sentido amplio.

Este ha sido el criterio adoptado por el TC al admitir como instituciones básicas «*aquellas organizaciones públicas sancionadas en el propio texto constitucional cuya regulación reclama una ley*» (STC 60/1986 de 20 de mayo.).

B. Derecho electoral general

Constituye esta limitación la que menos problemas de interpretación ha planteado, puesto que la opinión mayoritaria de la doctrina hace coincidir esta expresión con la de «régimen electoral general» contenida en el artículo 81.1. CE, por lo que existe una correspondencia plena, en este punto, entre lo reservado a la ley orgánica y lo que se veda a la legislación de urgencia por el artículo 86.1. Evidentemente, la incidencia del Decreto-ley sobre materias electorales es hartamente peligrosa y permitiría poner en manos del Gobierno un arma de utilización partidista que puede alterar el sistema representativo y participativo instaurado por la Constitución. Sin embargo, como hemos dicho anteriormente, la remisión a su regulación por ley orgánica, supone una prohibición de regulación gubernamental cuya justificación queda fuera de toda duda.

Como ha expuesto el TC, la legislación electoral deberá contener el núcleo central de la normativa ateniente al proceso electoral, materia que deberá comprender aquellos aspectos relativos a quiénes pueden elegir y ser elegidos y bajo qué condiciones, durante qué período de tiempo y bajo qué criterios organizativos desde el punto de vista procedimental y territorial (STC 72/1984 de 14 de junio).Entendiéndose que el régimen electoral general está

[5] RODRÍGUEZ ZAPATA, J.- Op. cit, pág. 154.

compuesto por las normas electorales válidas para la generalidad de las instituciones representativas del Estado en su conjunto y de las entidades territoriales en que éste se organiza (STC 38/1983 de 16 de mayo). Todos ellos aspectos que quedan vedados a una regulación mediante Decreto-ley, no solamente que afecte a su configuración general, sino que incida, aunque sea indirectamente en ella.

C. Régimen de las Comunidades Autónomas

Del régimen constitucional de las CCAA, forman parte los Estatutos, que, en cuanto que deben de ser aprobados y reformados mediante ley orgánica (arts. 81.1 y 147.3 CE) no pueden ser alterados por un Decreto-ley, pero también se incluyen otras leyes estatales atributivas de competencias, que forman parte del bloque de constitucionalidad, así como las leyes atributivas de competencia del artículo 150.1 CE, las leyes de armonización del artículo 150.3 y las leyes orgánicas a que se refiere el artículo 150.2. Por tanto, el Decreto-ley no puede regular objetos propios de aquellas leyes que, conforme al artículo 28. 1 LOTC, hayan sido aprobadas, dentro del marco constitucional, para delimitar las competencias del Estado y de las diferentes CCAA o para regular o armonizar el ejercicio de las competencias de éstas.

Ahora bien, mediante interpretación del TC acorde con lo que en su día entendió que significaba el término «afectar», cuando la Constitución veda al Decreto-ley «afectar» al régimen de las CCAA, se refiere a una delimitación directa y positiva de las competencias mediante tal instrumento normativo, y no al cualquier regulación que indirectamente «incida» en las competencias autonómicas (STC 23/1993).

D. Los derechos, deberes y libertades de Título I

De las cuatro limitaciones que contiene el artículo 86.1, ésta ha sido la que mayores dificultades ha planteado, y ello es así por dos motivos: a) porque el Título I a que remite el enunciado abarca tanto derechos fundamentales y libertades públicas, derechos y deberes, como principios rectores de la política social y económica, y b) por el alcance con que el término «afectar» ha sido interpretado.

El ámbito material al que se debe de referir la prohibición, viene constituido no por todas las materias tratadas en los preceptos del Título I, sino únicamente por las de aquellos que contienen la proclamación de un derecho, un deber o una libertad.

De acuerdo con la jurisprudencia constitucional el Decreto-ley puede incidir en los derechos, deberes y libertades del Título I, en su sentido más amplio, pero de acuerdo con dos limitaciones: a) no puede regular el **régimen general** de los mismos, cuya regulación está reservada a ley, y en algunos casos a ley orgánica, b) ni podrá atentar contra el **contenido esencial de los derechos, deberes y libertades o a sus elementos esenciales.**

1.3. El control sobre la actividad gubernamental. Los efectos de la legislación de urgencia

Los efectos que se derivan de la actuación gubernamental y su carácter provisional determinan la necesaria e inmediata actuación parlamentaria, para otorgarle o no pervivencia, de acuerdo con lo establecido en el artículo 86: «Los Decretos– leyes deberán ser inmediatamente sometidos a debate y votación de totalidad al Congreso de los Diputados, convocado al efecto si no estuviese reunido, en el plazo de los treinta días siguientes a su promulgación. El Congreso habrá de pronunciarse expresamente dentro de dicho plazo sobre su convalidación o derogación, para lo cual el Reglamento establecerá un procedimiento especial y sumario. Durante el plazo establecido en el apartado anterior las Cortes podrán tramitarlo como proyecto de ley por el procedimiento de urgencia».

Los apartados 2 y 3 del artículo 86 regulan, de acuerdo con la nota de provisionalidad de la legislación de urgencia, dos procedimientos de intervención parlamentaria que suponen el ejercicio de actividades de control sobre la potestad normativa que se pone en manos del Gobierno, aunque con diferencias.

En el trámite de convalidación o derogación, el sujeto de este medio de control es exclusivamente el Congreso de los Diputados, o su Diputación Permanente en el supuesto de que la Cámara se hallase disuelta o hubiese expirado su mandato (art. 78.2 CE). Lo que parece indicar la Constitución es un acto típico de «ratificación» parlamentaria. Si el Congreso ratifica, lo que sucede es que la disposición gubernamental pierde su provisionalidad y se integra, de forma estable, en el ordenamiento jurídico (STC 6/1983 de 4 de febrero).

El Congreso puede convalidar o derogar un Decreto-ley independientemente de los motivos que le lleven a adoptar cualquiera de las decisiones posibles. La derogación podrá hacerse, tanto atendiendo a razones de legitimidad constitucional –incumplimiento del presupuesto habilitante o la afectación de aquellas materias que quedan vedadas a la decretación de urgencia– como a razones de oportunidad, o incluso, de conveniencia política.

Con este control no se obtiene, la plena garantía de que el órgano gubernamental ha respetado los límites materiales y formales que la Constitución impone a la legislación de urgencia. Y ello es así porque un Gobierno que cuente con una mayoría suficiente, o a falta de ella obtenga los apoyos parlamentarios suficientes, tendrá mucho más fácil el camino para que el Congreso convalide un Decreto-ley. En la situación contraria se encontraría un Gobierno minoritario que vería, por motivos de pura oportunidad política, rechazados todos, o al menos la mayoría, los Decretos-ley que pudiera dictar, incluso en el supuesto de que las circunstancias exigieran una actuación dentro de los parámetros que la Constitución impone.

El procedimiento de convalidación que acabamos de estudiar no es la única intervención parlamentaria sobre el Decreto-ley que contempla el artículo 86. El apartado tercero dispone que durante el mismo plazo establecido para la convalidación o derogación, las Cortes Generales **puedan tramitarlo como proyecto de ley por el procedimiento de urgencia.**

El procedimiento, que se diferencia esencialmente del anterior en que lo que con él se persigue es la elaboración de una ley de Cortes, y no la simple convalidación de una acto legislativo emanado del Gobierno, tiene como finalidad esencial permitir la introducción de modificaciones en el texto a través de la presentación de enmiendas.

El resultado final de la actuación parlamentaria será una ley, que requiere formalmente de todos los actos necesarios para que surta efectos, pero no una ley de conversión o sustitución que, necesariamente, deba arrastrar los vicios que pudiera contener el Decreto-ley convalidado.

Nos encontramos, por tanto, en presencia de una norma con dos vidas y naturaleza distintas[6]. El Decreto-ley convalidado es una norma de naturaleza distinta a la ley posterior, y ello debe ser así en aras a mantener las limitaciones que impone el propio artículo 86.1, puesto que si fuera considerada de otra forma, como ley de sustitución, no se permitiría controlar la actuación gubernamental en base a que la ley de «conversión» entraría a regular materias que como ley no le están vedadas, pero que sí lo están como legislación de urgencia.

---

[6] ALZAGA, O.- Op. cit, pág. 452.

Si, como hemos tenido ocasión de estudiar, nuestra Ley Suprema no hubiese previsto otro tipo de control, la existencia y la vigencia del Decreto-ley que pudiera estar afectado de vicios que pondrían en serias dudas su legitimación, podrían quedar perfectamente a salvo con su convalidación por parte del Congreso de los Diputados.

Excluido el control de los Decretos-ley por la jurisdicción ordinaria a través del recurso contencioso-administrativo, debido a su rango formal de leyes, ya que la jurisdicción contencioso-administrativa solo puede operar sobre disposiciones generales con rango inferior a la ley[7], la única forma de control jurisdiccional sería el que lleve a cabo el TC.

El TC podrá declarar la inconstitucionalidad de un Decreto-ley por incompetencia, por defectos en el procedimiento de emanación, por considerar que se ha afectado, de acuerdo con la concepción que el TC ha adoptado respecto de la expresión «afectar», y que hemos tenido ocasión de estudiar, a las materias que expresa o implícitamente están excluidas de regulación, e incluso la falta de presupuesto habilitante, aspecto éste que encierra una significación de naturaleza puramente política.

Con respecto a la declaración de inconstitucionalidad del Decreto-ley convalidado, también corresponderá al TC declarar qué efectos de los producidos son válidos y cuales no por ser radicalmente ilícitos.

2. LA LEGISLACIÓN DELEGADA. LOS DECRETOS LEGISLATIVOS

2.1. Concepto y modalidades

El desplazamiento de las potestades legislativas al Gobierno, no sólo se produce a través de los Decretos-Ley, ya estudiados, sino que también se produce a través de los Decretos legislativos.

La justificación de este desplazamiento es, sin embargo, totalmente distinto. Mientras que en el supuesto de los Decretos-Ley, el Gobierno legisla para hacer frente a una situación de extraordinaria y urgente necesidad que no puede ser solucionada por el procedimiento legislativo de urgencia, en el supuesto de los Decretos Legislativos, lo que se produce es que el Parlamento delega en el Gobierno la regulación de determinadas materias, debido al conocimiento técnico del órgano ejecutivo de las mismas, toda vez que reduce su labor legisla-

[7] STS de 17 de mayo de 1983.

tiva, dedicando su actividad parlamentaria a la aprobación de leyes que considera más importantes y al control a la actividad gubernamental.

Otra diferencia importante se establece entre estas dos modalidades de normas con rango de ley. La actividad parlamentaria de control sobre el Decreto-Ley es más intensa, puesto que el Congreso deberá convalidarlo en un plazo determinado, o, en su caso, tramitarlo como ley, mientras que el control que el Parlamento realiza sobre el Decreto Legislativo, salvo que se establezcan fórmulas adicionales de control, es preventivo, lo cual no indica que la elaboración de Decretos legislativos esté exenta de control.

Dispone el art. 82 de la CE: Las Cortes Generales podrán delegar en el Gobierno la potestad de dictar normas con rango de ley sobre materias determinadas no incluidas en el artículo anterior –es decir sobre materias que deben ser reguladas mediante ley orgánica–.

Los Decretos Legislativos, en consecuencia, son normas con rango de ley, dictadas por el Gobierno, en el uso de la delegación legislativa que efectúan las Cortes Generales. No son normas provisionales, a diferencia de lo que sucede con los Decretos-Ley hasta que sean convalidados, sino que son normas cuya eficacia normativa es inmediata desde la elaboración gubernamental.

El art. 82.2 CE establece dos modalidades: La delegación legislativa deberá otorgarse mediante una ley de bases cuando su objeto sea la formación de textos articulados o por una ley ordinaria cuando se trate de refundir varios textos legales en uno solo.

Podemos hablar así de dos supuestos de delegación legislativa:

1.- *El de Ley de bases para la formulación de un texto articulado.* El supuesto de Ley de Bases para la formulación de un texto articulado se enmarca, con frecuencia, en un proceso de reforma legislativa. En estos casos, la ley delegante, en cuanto incide sobre materias que ya son objeto de regulación legal, establece el alcance de las exigencias de la reforma que el legislador delegante quiere introducir, dando a conocer así al poder delegado los cambios que sobre la legislación precedente deba llevar a cabo a través del Decreto legislativo (STC 205/1993, de 17 de junio).

2.- *El de refundir varios textos legales en uno sólo.* El artículo 82.3 y 5 CE establece, que la delegación legislativa –en este caso para refundir varios textos legales en uno sólo– habrá de otorgarse al Gobierno para materia concreta, y determinará el ámbito normativo a que se refiere el contenido de la delegación especificando si se circunscribe a la mera formulación de un texto único o si se incluye la de regularizar, aclarar y armonizar los textos legales que han de ser refundidos (STC 13/1992, de 6 de febrero). A diferencia del supuesto anterior, que implica una modificación del ordenamiento jurídico, en el supuesto de refundición de textos, no se admite una actividad innovadora por parte del Gobierno, puesto que ello sería impropio de esta técnica de delegación legislativa.

Las disposiciones del Gobierno que contengan legislación delegada recibirán el título de Decretos Legislativos.

2.2. Límites a la legislación delegada

La delegación legislativa puesta en manos del Gobierno no puede ser considerada un mandato incondicionado que permita al órgano que recibe la delegación una actuación totalmente libre o arbitraria.

La delegación legislativa ha de fijar los límites del poder normativo delegado, y ha de contener así una preclusión de la actividad legislativa delegada. La Constitución establece de manera muy precisa las condiciones bajo las cuales el Parlamento puede habilitar al Gobierno para que éste dicte normas con fuerza de ley. No solo exige una delegación expresa, excluyéndose la posibilidad de delegaciones tácitas o implícitas, y prevé un límite temporal para el ejercicio de la delegación, que se agota con su uso, sino que, además, impone que la delegación legislativa habrá de determinar expresamente la materia concreta, el objeto y alcance de la delegación legislativa y los principios y criterios que han de seguirse en su ejercicio.

La ley delegante habilita y, al mismo tiempo, limita el desarrollo de la actividad legislativa del Gobierno. La determinación del objeto, alcance, principios y criterios por parte de la ley de bases, circunscriben el campo de la delegación legislativa para asegurar que la delegación no se ejercite de modo divergente al objeto y la finalidad que la determina.

Podemos relacionar los siguientes límites:

Límites materiales:

- La delegación legislativa no podrá afectar a materias sujetas a reserva de ley orgánica.
- También está limitada la regulación mediante legislación delegada sobre materias específicamente reservadas a la ley por la Constitución.

Dentro de esta limitación habría que incluir, por su especial trascendencia, la reserva legislativa contenida en el art. 53.1 CE.

- Tampoco podrían ser reguladas mediante legislación delegada aquellas materias para cuya regulación se exigen procedimientos legislativos especiales.

Límites formales:

- La delegación sólo puede hacerse al Gobierno, entendido en el sentido en que lo hace el art. 97 CE, es decir, al Gobierno en bloque, sin que quepan delegaciones al Presidente, a los Vicepresidentes, o a los Ministros.
- Tampoco podrá permitir la subdelegación a autoridades distintas del propio Gobierno, o a órganos subordinados.
- La delegación legislativa habrá de otorgarse al Gobierno de forma expresa. No se admite, por consiguiente la delegación implícita o tácita.
- La delegación legislativa habrá de otorgarse al Gobierno para materia concreta.
- Las leyes de bases delimitarán con precisión el objeto y alcance de la delegación legislativa y los principios y criterios que han de seguirse en su ejercicio.
- La autorización para refundir textos legales determinará el ámbito normativo a que se refiere el contenido de la delegación, especificando si se circunscribe a la mera formulación de un texto único o si se incluye la de regularizar, aclarar y armonizar los textos legales que han de ser refundidos.
- Las leyes de bases no podrán en ningún caso:
  - a) Autorizar la modificación de la propia ley de bases.
  - b) Facultar para dictar normas con carácter retroactivo.

Límites temporales:

- La delegación legislativa habrá de otorgarse al Gobierno con fijación del plazo para su ejercicio. La delegación se agota por el uso que de ella haga el Gobierno mediante la publicación de la norma correspondiente. No podrá entenderse concedida de modo implícito o por tiempo indeterminado.
- Junto a estos límites que establecen las leyes delegantes, habría que añadir otros límites referidos a los propios Decretos legislativos una vez elaborados por el Gobierno:

- De acuerdo con lo establecido en el artículo 21 de la Ley Orgánica del Consejo de Estado, el Gobierno deberá someter los proyectos de Decretos legislativos al dictamen del Consejo de Estado.
- El Gobierno no podrá traspasar el plazo temporal establecido en la ley delegante, de manera que si se aprueba con posterioridad a este plazo, carecerá de validez.
- Agotada la delegación, no se podrá dictar otro Decreto legislativo sobre la misma materia que regule cuestiones que no han sido tratadas con anterioridad.

2.3. Los controles a la legislación delegada

La compleja naturaleza de los Decretos legislativos, puesta de manifiesto, por un lado en su condición de normas con rango de ley, unido al hecho de ser delegadas por una ley ordinaria de las Cortes Generales, determina que los Decretos Legislativos sean objeto de un doble control[8].

Existe un control parlamentario sobre la actuación gubernamental en relación con la delegación legislativa, puesto que no podemos olvidar que, en este supuesto, el Gobierno legisla por delegación del Parlamento, en cuyo caso habrá que averiguar si se han respetado los requisitos contenidos en las leyes delegantes. Pero, además, existe control jurisdiccional, dirigido a una doble averiguación: si el Decreto legislativo ha respetado las pautas marcadas por la ley delegante, por un lado, y, por otro, a determinar si el Decreto legislativo, como norma con rango de ley, y sujeta al control de constitucionalidad ha respetado los mandatos constitucionales. A estos controles podríamos añadir el que realiza el Consejo de Estado al Proyecto de Decreto legislativo.

El control parlamentario, se realiza a través de dos mecanismos:

1. Las fórmulas adicionales de control que pueden establecer la propias normas de delegación, y
2. Mediante el intento, en virtud de una proposición de ley o de una enmienda (art. 84 CE) de oponerse a la delegación legislativa en vigor. Cuando una proposición de ley o una enmienda fuere contraria a una delegación legislativa en vigor, el Gobierno está facultado para opo-

---

[8] Vid al respecto, GUTIÉRREZ GUTIÉRREZ, I.- *Los controles de la legislación delegada*, Madrid, CEC, 1995.

nerse a su tramitación. En tal supuesto, podrá presentarse una proposición de ley para la derogación total o parcial de la ley de delegación.

Los efectos jurídicos del control serán los que prevean la norma de delegación.

El control de los Tribunales ha planteado mayores problemas doctrinales.

Los Decretos legislativos, como anteriormente hemos indicado, están sujetos no sólo a la Constitución, sino también a las determinaciones de la Ley delegante en la que se basa el poder de aprobarlos. De ello se deduce un doble control, por un lado la determinación de si el Decreto legislativo infringe la ley de delegación, incurriendo entonces en lo que, tanto la doctrina como la jurisprudencia ha denominado «ultra vires», y de otro la observación de que el Decreto legislativo puede infringir la Constitución, incurriendo entonces en inconstitucionalidad.

En principio, los tribunales ordinarios tienen capacidad para enjuiciar la ilegalidad en que incurriría un Decreto legislativo que no respetara la ley de delegación.

En sentido distinto sería la competencia del TC, encargada, en principio, de contrastar la adecuación a la Constitución del Decreto legislativo.

Sin embargo, como ha indicado GUTIÉRREZ GUTIÉRREZ[9], nuestra jurisprudencia constitucional sostiene que el propio «ultra vires» no sólo supone una ilegalidad, sino , a la vez, una inconstitucionalidad indirecta, puesto que la infracción de la ley delegante es al mismo tiempo una infracción de la norma constitucional que impone el respeto del Decreto legislativo o la Ley de delegación, de lo que se determina que en caso de «ultra vires» se acumulan hoy dos controles : el del TC y el de la jurisdicción ordinaria.

BIBLIOGRAFÍA

ALZAGA VILLAMIL, O. Y otros.- *Derecho Político Español.* Volumen I. Ed. CERA. Madrid, 5ª. Ed. 2011

ASTARLOA UARTE, I.- «Comentario al art. 86» en ALZAGA VILLAAMIL, O (dir) *Comentarios a la Constitución española de 1978,* T. VIII, Madrid, Edersa-Cortes Generales, 1998.

[9] GUTIÉRREZ GUTIÉRREZ, I.- «El Decreto Legislativo» en Alzaga Villaamil, et alli.- *Derecho Político español según la Constitución de 1978,* Vol.I, 3ª Ed. CERA, Madrid, 2001.

Balaguer Callejón, F.- *Fuentes de Derecho.* Ed. Técnos. Madrid. 1991.

Baratta, A, y otros.- *Las fuentes del Derecho,* Universidad de Barcelona, 1983.

Carmona Contreras, A.Mª.- *La configuración constitucional del Decreto-ley,* Madrid, CEC, 1997

Carreras, F.- «La ley en el constitucionalismo y en la Constitución española» en *Revista de la Facultad de Derecho UC,* nº 100-102, 1989.

Diez–Picazo, L. Mª.- Concepto de ley y tipos de leyes» en *REDC,* nº 24, 1988.

Espín Templado, E.- «Separación de poderes, delegación legislativa y potestad reglamentaria en la Constitución española» en *RCG,* nº 6, 1985.

Freixes Sanjuan, T.- «La legislación delegada», en *REDC,* nº 28, 1990.

GARCÍA DE ENTERRÍA, E.- *La Constitución jurídica en la teoría del Derecho contemporáneo,* Madrid, CEC, 1999.

Gutiérrez Gutiérrez, I.- *Los controles de la legislación delegada,* Madrid, CEC, 1995.

– «El Decreto Legislativo» en Alzaga Villaamil, O., et alli.- *Derecho Político español,* Vol.I, 5ª Ed. CERA, Madrid, 2011.

Otto, I de.- *Derecho Constitucional. Sistema de fuentes,* Barcelona, Ariel, 1987.

Pérez Royo, J.- *Las fuentes del Derecho,* Técnos, Madrid, 1984.

Punset Blanco, R.- «Potestades normativas y forma de gobierno» en *REDC,* nº 87, 2009.

Rodríguez Zapata, J.- *Teoría y Práctica del Derecho Constitucional,* Técnos, Madrid, 1996.

Salas Hernández, J- «Los Decretos-leyes en la teoría y en la práctica constitucional» en *Estudios sobre la Constitución. Libro homenaje al Prof. Enterría,* T.I. Cívitas, Madrid, 1991.

Santaolaya Machetti, P.- *El régimen constitucional de los Decretos-leyes,* Madrid, Tecnos, 1988 151 y ss.

Soriano García, J.E.- «Los Decretos-leyes en la jurisprudencia constitucional española», en *RAP,* nº100-102, 1983.

Tur Alsina, R.- «A propósito de los decretos-leyes autonómicos: perspectivas y posibilidades» en *Corts. Anuario de Derecho Parlamentario,* nº 7, 1999.

Virgala Foruria, E.- «La delegación legislativa. Los Decretos legislativos» en Casas Bahamonde, Mª. E y Rodríguez Piñero, M (eds).- *Comentarios a la Constitución española,* Madrid, La ley, 2009.

Capítulo XI
Los Reglamentos

Capítulo XI.
Los Reglamentos

Mª Isabel Martín de Llano

1. CONCEPTO Y TIPOS DE REGLAMENTO

Con carácter general, se denomina Reglamento a la disposición normativa dictada por el Gobierno o, en su caso, por un órgano administrativo concreto del poder público ya sea de carácter estatal, autonómico, provincial o municipal. Dicha norma se caracteriza por encontrarse jerárquicamente subordinada a la Ley, es decir, un Reglamento en ningún caso puede modificar o derogar una Ley, pero sí es fuente de Derecho y como tal tiene eficacia jurídica y fuerza de obligar; en este sentido, el Tribunal Supremo en su Sentencia de 20 de diciembre de 1994[1] define el Reglamento como la «norma jurídica de valor subordinado a la Ley, a la que complementa. A través del Reglamento, la Administración participa en la elaboración del ordenamiento jurídico, de suerte que la norma reglamentaria queda integrada en el mismo. Pero la potestad reglamentaria no es incondicionada, sino que está sometida a la Constitución y a las Leyes».

En todo caso, los Reglamentos son normas de segunda clase, de rango inferior a la Ley, lo que asegura la preeminencia del Parlamento sobre el Poder Ejecutivo en la producción normativa. Esto significa que, aunque el Reglamento sea posterior a la Ley, no puede derogarla; por el contrario toda norma con rango de Ley tiene fuerza derogatoria sobre el Reglamento[2].

---

[1] STS, de 20 de diciembre de 1994. Fj. 3º (RJ 1994\10054).

[2] PARADA, R.: *Derecho Administrativo I*, Open Ediciones Universitarias, Madrid, 2013, pág. 62.

No obstante, junto a este concepto genérico de Reglamento nuestra legislación reconoce otro tipo de Reglamentos desvinculados del Poder Ejecutivo y es que el Reglamento es una manifestación normativa que está presente de forma necesaria en toda organización administrativa. En este sentido, nos encontramos:

- Reglamentos parlamentarios a través de los que se regula el funcionamiento interno de las Cortes Generales y de las Asambleas Legislativas de las Comunidades Autónomas.
- Reglamentos reguladores del funcionamiento interno del Tribunal Constitucional y del Consejo General del Poder Judicial.
- Reglamentos de otras entidades u organismos públicos.

Todos ellos presentan grandes diferencias entre sí hasta el punto de que los Reglamentos parlamentarios tienen valor de Ley. En este Capítulo estudiaremos el concepto de Reglamento en sentido estricto, esto es, aquella norma escrita de carácter general que procede de la potestad reglamentaria atribuida al Gobierno y a cada uno de sus miembros; así como los Reglamentos parlamentarios.

1.1. Tipos de Reglamento

Podemos distinguir distintos tipos de Reglamentos:

– *Reglamentos jurídicos o normativos,* es decir, aquellos de carácter general o que afectan a los derechos u obligaciones de los ciudadanos, teniendo efectos *ad extra* de la propia Administración pública. Estos Reglamentos se dictan en virtud de la relación general de sujeción que existe entre los ciudadanos y el Poder público[3].

En estos supuestos la Administración ejerce un poder sobre los ciudadanos por lo que necesita la existencia de una habilitación legal previa que legitime su actuación.

– *Reglamentos ejecutivos,* que desarrollan o complementan el contenido de una Ley o conjunto de Leyes. En este caso es posible que el Reglamento

[3] Por ejemplo, el Reglamento General de Circulación.

no se limite a establecer los medios técnicos que permitan la aplicación de una Ley[4] sino que también puede desarrollar o completar aspectos normativos previstos en la misma (STC 18/1982, de 4 de mayo, FJ. 3).

Esto Reglamentos se caracterizan por estar vinculados a una Ley o a un conjunto de Leyes y a sus preceptos concretos, por ello requieren el informe preceptivo[5] aunque no vinculante del Consejo de Estado con el fin de controlar la fidelidad del Reglamento a la Ley o Leyes que desarrolla (artículo 22.3 LOCE), así como «garantía «*ex ante*» de objetividad e imparcialidad y como garantía de perfección técnica y acierto en la elaboración de los mismos»[6]; así «la intervención del Consejo de Estado no se queda, por tanto, en un mero formalismo sino que actúa como garantía preventiva para asegurar en lo posible la adecuación a Derecho del ejercicio de la potestad reglamentaria»[7].

– *Reglamentos independientes*, regulan materias no comprendidas en el ámbito de la reserva de Ley, por ello se dictan para regular todo lo relativo a la organización administrativa, así como para regular el ejercicio de poderes que a la Administración les esté conferidos discrecionalmente. Este tipo de Reglamentos tienen como límites los derivados de su propia naturaleza, es decir, no pueden modificar ni derogar el contenido de una Ley, ni el contenido de otros Reglamentos de mayor jerarquía, ni tampoco pueden limitar derechos subjetivos ni situaciones jurídicas adquiridas[8].

– *Reglamentos de necesidad*: aquellos que se dictan para hacer frente de manera temporal a circunstancias excepcionales. Así, el artículo 116.2 de la Constitución habilita al Gobierno a declarar mediante Decreto el estado de alar-

---

4 Por ejemplo, Reglamentos que establecen los trámites o la organización de un registro como el Reglamento de la Ley del Registro Civil o el Reglamento Hipotecario.

5 Al ser el informe preceptivo, la inobservancia de este requisito conllevará la nulidad de pleno Derecho de la disposición reglamentaria.

6 STS, Sala 3ª, de 28 de enero de 1997, Fj. 1º (RJ 1997/534).

7 STS, Sala 3ª, de 5 de octubre de 2006, Fj. 2º (RJ 2006/6483). En el mismo sentido, el Tribunal Constitucional considera que la intervención del Consejo de Estado «supone en determinados casos una importantísima garantía del interés general y de la legalidad objetiva y, a consecuencia de ello, de los derechos y legítimos intereses de quienes son parte de un determinado procedimiento administrativo» (STC 204/1992, Fj. 4º, de 26 de noviembre).

8 STS, Sala 3ª, de 28 enero 1997, Fj. 1º (RJ 1997\534). En el mismo sentido, SSTS 10 marzo 1982 (RJ 1982\1245), 12 febrero 1986 (RJ 1986\1436) y 12 noviembre 1986 (RJ 1986\8063), entre otras muchas. El Tribunal Constitucional, por su parte, en la la Sentencia 108/1986, Fj. 24º, en cuanto a la admisibilidad constitucional del Reglamento independiente, señala que «no hay, por tanto, razones suficientes para admitir la limitación objetiva de la potestad reglamentaria...».

ma por un plazo de 15 días, pudiendo además, dictar durante ese periodo distintos Decretos relacionados con dicha situación excepcional (art. 8.2 LOEA).

Estos Reglamentos no requieren una derogación expresa ya que su vigencia decae en el momento en que cesan las condiciones extraordinarias que le han dado origen o una vez transcurrido el plazo por el que fueron aprobados.

2. LA POTESTAD REGLAMENTARIA

La titularidad de la potestad reglamentaria la atribuye la Constitución española al Gobierno al establecer en su artículo 97 que «*el Gobierno dirige la política interior y exterior, la Administración civil y militar y la defensa del Estado. Ejerce la función ejecutiva y la potestad reglamentaria de acuerdo con la Constitución y las leyes*»; como vemos se hace referencia a la potestad reglamentaria como una potestad independiente y separada de la función ejecutiva en cuanto tal.

Existen diversas razones para justificar el reconocimiento de esta facultad administrativa en nuestros días; la principal es la necesidad de que la Administración complete las tareas del legislador mediante la aprobación de una serie de normas complementarias o de desarrollo que concretan las Leyes de carácter general y abstracto aprobadas previamente por las Cortes Generales, dada la imposibilidad de que la Ley pueda prever con precisión todos los supuestos concretos que puedan plantearse. Además como afirma MARTÍNEZ SOSPEDRA, a través del «reglamento puede procederse a una adaptación progresiva de la ley a la realidad social, sin necesidad de incesantes modificaciones de la legalidad misma»[9].

Nos encontramos ante una potestad del Gobierno reconocida directamente por la Constitución, y que puede ejercerse de manera colegiada (Consejo de Ministros) o de forma individualizada por el Presidente del Gobierno o por cada uno de los Ministros. En este sentido la Ley del Gobierno reconoce la competencia del Consejo de Ministros para «*aprobar los reglamentos para el desarrollo y la ejecución de las leyes, previo dictamen del Consejo de Estado, así como las demás disposiciones reglamentarias que procedan*» (art. 5.1.h); al Presidente del Gobierno para «*crear, modificar y suprimir, por Real Decreto, los Departamentos Ministeriales, así como*

[9] MARTÍNEZ SOSPEDRA, M.: «El ejecutivo (IV)», en *Manual de Derecho Constitucional. Parte general*, Valencia, editorial Tirant lo Blanch, 2007, pág. 598.

las Secretarías de Estado. Asimismo, le corresponde la aprobación de la estructura orgánica de la Presidencia del Gobierno» (art. 2.2.j); y a los Ministros para «*ejercer la potestad reglamentaria en las materias propias de su Departamento*» (art. 4.1.b).

La potestad reglamentaria ejercida por el Presidente del Gobierno o por el Consejo de Ministros revestirá la forma de *Real Decreto*; éstos son expedidos por el Rey contando con el refrendo del Presidente del Gobierno o del Ministro correspondiente. Mientras que la potestad reglamentaria ejercida por cada uno de los Ministros revestirá la forma de *Orden Ministerial*.

Así, tal y como establece el art. 23.3 de la Ley del Gobierno, existe un orden de prelación entre los distintos Reglamentos aprobados por el Gobierno: *1º. Disposiciones aprobadas por Real Decreto del Presidente del Gobierno o del Consejo de Ministros; 2º. Disposiciones aprobadas por Orden Ministerial*. Ello significa que la validez y eficacia de una norma reglamentaria viene determinada por su posición jerárquica en el sistema de fuentes, de forma que en ningún caso el Reglamento dictado por un órgano inferior puede contradecir al dictado por un órgano superior; al tiempo que se reconoce el principio de *inderogabilidad singular* de los Reglamentos, es decir, «son nulas las *resoluciones administrativas* que vulneren lo establecido en un Reglamento, aunque hayan sido dictadas por órganos de igual o superior jerarquía que el que lo haya aprobado» (artículo 23.4 LG).

3. REGLAMENTO Y LEY: JERARQUÍA Y RESERVA DE LEY

La Constitución establece que el Gobierno ejerce la potestad reglamentaria «de acuerdo con la Constitución y las Leyes» (artículo 97) y que la Administración actúa «con sometimiento pleno a la Ley y al Derecho» (artículo 103.1[10]); además la Ley de Régimen Jurídico de las Administraciones Públicas y del Procedimiento Administrativo Común[11] en su art. 51 establece que «*1. Las disposiciones administrativas no podrán vulnerar la Constitución o las Leyes» 2 Ninguna disposición administrativa podrá vulnerar los preceptos de otra de rango superior. 3. Las disposiciones administrativas se ajustarán al orden de jerarquía que establezcan las leyes*». Por ello, la relación entre la Ley

---

[10] En el mismo sentido, art. 2.1 de la Ley 6/1997, de 14 de abril, de Organización y Funcionamiento de la Administración General del Estado (LOFAGE).

[11] Ley 30/1992, de 26 de noviembre.

y el Reglamento se articula en base a los principios de jerarquía normativa y de reserva de ley que actúan como límites a la potestad reglamentaria.

En el **plano jerárquico** el Reglamento *está subordinado* a la Ley, de manera que la Ley y las normas con rango de ley tienen fuerza activa y pasiva frente a los Reglamentos; esto es, la norma con rango de ley deroga cualquier norma reglamentaria preexistente opuesta a su contenido y a su vez goza de fuerza pasiva, de forma que una Ley no puede ser modificada o derogada por un Reglamento posterior.

Es decir, los titulares de la potestad reglamentaria no podrán dictar Reglamentos de contenido o sentido contrario a las Leyes ya que incurrirán en causa de nulidad; nulidad que será de pleno derecho, esto es, que se produce *ex lege* por lo que no es necesaria una declaración expresa de nulidad[12]. Así lo establece el art. 62.2 de la LRJ-PAC «*serán nulas de pleno derecho las disposiciones administrativas que vulneren la Constitución, las leyes u otras disposiciones administrativas de rango superior*»; en este sentido, hemos de recordar además, como hemos señalado en el epígrafe anterior, que la Ley del Gobierno prevé un orden de prelación jerárquica entre los distintos Reglamentos en función de quien los haya dictado, así como reconoce el principio de inderogabilidad singular de los Reglamentos.

Por otra parte, la **reserva de ley** requiere que el Poder Legislativo regule, mediante una Ley o norma con rango de ley, los aspectos sustanciales de una determinada materia con el fin de asegurar a los ciudadanos que el contenido de dicha regulación depende exclusivamente de la voluntad de sus representantes, impidiendo que el Gobierno a través de su potestad reglamentaria proceda a su regulación[13]. La materia que puede regular un Reglamento está limitada por las reservas de ley que establece la Constitución y las posibles reservas que el propio legislador haya dispuesto.

En este sentido, el artículo 23.2 de la Ley del Gobierno establece que «*los Reglamentos no podrán regular materias objeto de reserva de Ley, ni infringir normas con dicho rango. Además, sin perjuicio de su función de desarrollo o colaboración con respecto a la Ley, no podrán tipificar delitos, faltas o infracciones administrativas, establecer penas o sanciones así como tributos, cánones u otras cargas o prestaciones personales o patrimoniales de carácter público*». Y el art. 62.2 de la LJC-PAC afirma que «*serán nulas de pleno derecho las disposiciones administrativas (...) que regulen materias reservadas a*

[12] Véase Sentencia del Tribunal Supremo de 30 enero de 2012 (RJ 2012/3248).
[13] En este sentido SSTC 58/1982 y 83/1984.

la Ley y las que establezcan la retroactividad de disposiciones sancionadoras no favorables o restrictivas de derechos».

En la práctica el problema estriba en determinar los límites del Reglamento, es decir, existiendo la reserva de Ley respecto a una materia concreta qué es lo que puede regular el Reglamento. Sobre esta cuestión, el Tribunal Constitucional, si bien considera que la remisión que realice la Ley al Reglamento no puede hacerse con absoluta precisión –entre otras razones, porque depende de la materia de que se trate–, señala que el legislador no puede ni deslegalizar la materia reservada a la Ley, ni realizar habilitaciones genéricas o en blanco al Reglamento[14]. Así, por ejemplo, se permite regular por Reglamento materias sobre la cuales existe la reserva de Ley Orgánica del art. 81 de la C.E., «siempre que la remisión al Reglamento no suponga deferir a la normación del Gobierno el objeto mismo reservado; (...) cuando el «desarrollo» del mismo lo haya realizado cumplidamente el legislador, la remisión al Reglamento no será, sólo por ello, inconstitucional, y hasta ha de decidirse que esa misma remisión resultará, en muchos casos, debida y obligada por la naturaleza de las cosas, pues no hay Ley en la que se pueda dar entrada a todos los problemas imaginables, muchos de los cuales podrán tener solución particular y derivada en normas reglamentarias»[15].

Por otra parte, puede producirse la denominada «*congelación del rango*» que se produce cuando no está prevista la reserva de Ley para regular una materia concreta y sin embargo el legislador decide regularla a través de una Ley; en este caso esta materia no podrá regularse posteriormente por una norma de rango inferior al quedar «congelado» su rango. Aparece así una reserva de Ley que no tiene su origen en la Constitución sino en la labor del Poder Legislativo; en este supuesto si la materia fuera regulada por un Reglamento este debe respetar en todos los aspectos la regulación legal, ya que en caso contrario el Reglamento sería nulo.

Finalmente, también se puede producir la llamada *deslegalización*, esto es, cuando el Poder Legislativo aprueba una Ley mediante la cual descongela el «rango de ley» de una materia concreta, autorizando a la Administración para regularla en lo sucesivo por un simple Reglamento. En este sentido el Tribunal Supremo considera que la figura jurídica de la deslegalización de una determinada materia, consiste en la autorización al Gobierno para que mediante el ejercicio de la potestad reglamentaria pueda, en el futuro, dispo-

[14] STC 83/1984, de 24 julio, FJ 4° y 5°.

[15] STC 77/1985, Fj 14. En el mimo sentido STC 101/1991, Fj. 3°.

ner la regulación de tal materia anteriormente regulada por ley ordinaria a través del mecanismo de modificación o derogación de tal norma legal[16].

4. PROCEDIMIENTO DE ELABORACIÓN DE LOS REGLAMENTOS

El procedimiento de elaboración de los Reglamentos viene establecido en el artículo 24 de la Ley del Gobierno, conforme al cual el procedimiento se inicia por el Centro directivo competente mediante la elaboración de un proyecto, al que se acompañará un informe sobre la necesidad y oportunidad del mismo, así como una memoria económica que contenga la estimación del coste a que dará lugar.

Además, a lo largo del proceso de elaboración deberán recabarse los informes, dictámenes y aprobaciones previas que sean preceptivos y cuantos estudios y consultas se estimen convenientes para garantizar el acierto y la legalidad del texto[17].

Cuando se trate de una disposición que afecte a los derechos e intereses legítimos de los ciudadanos, se les dará audiencia durante un plazo razonable y no inferior a quince días hábiles, bien directamente o a través de las organizaciones y asociaciones reconocidas por la ley que los agrupen o los representen y cuyos fines guarden relación directa con el objeto de la disposición. También, cuando la naturaleza de la disposición lo aconseje, será sometida a información pública durante el plazo indicado. Este trámite podrá ser abreviado hasta el mínimo de siete días hábiles por razones debidamente motivadas, e incluso, podrá omitirse cuando existan graves razones de interés público que en todo caso deberán explicitarse.

Todos los proyectos de Reglamento deben ser informados por la Secretaría General Técnica correspondiente, sin perjuicio del dictamen del Consejo de Estado en los casos legalmente previstos[18]. Además, será necesario informe pre-

---

[16] STS de 28 de noviembre de 1994, Fj.4º (RJ 1994/8.955).

[17] En este sentido el Tribunal Supremo, en su Sentencia de 09/02/2010 (Sec. 4ª), considera que pese a la expresión «se estimen convenientes», a la Administración no se le concede una potestad enteramente libre, sólo regida por su criterio, sino que queda sujeta a la interdicción de la arbitrariedad de los poderes públicos que garantiza el art. 9.3 de la Constitución y al designio de servir con objetividad los intereses generales que como principio rector de su actuación proclama e impone el art. 103.1 del mismo Texto; por ello, serán susceptibles de nulidad los Reglamento en los que se haya omitido todo estudio y consulta dirigidos a garantizar el acierto y legalidad de la disposición.

[18] El artículo 22 de la LOCE establece que la Comisión Permanente del Consejo de Estado deberá ser consultada cuando se trate de «2. Disposiciones reglamentarias que se dicten en ejecución, cumplimiento y desarrollo de tratados, convenios o acuerdos internacionales. 3. Reglamentos o disposiciones de carácter general que se dicten en ejecución de las Leyes, así como sus modificaciones».

vio del Ministerio de Administraciones Públicas cuando la norma reglamentaria pudiera afectar a la distribución de las competencias entre el Estado y las Comunidades Autónomas. También, la Ley Orgánica para la Igualdad efectiva de mujeres y hombres[19] establece que «*Los proyectos de disposiciones de carácter general y los planes de especial relevancia económica, social, cultural y artística que se sometan a la aprobación del Consejo de Ministros deberán incorporar un informe sobre su impacto por razón de género*».

Hemos de señalar que, según reiterada Jurisprudencia del Tribunal Supremo, el incumplimiento de cualquiera de los trámites señalados será causa de nulidad de pleno derecho de la disposición reglamentaria[20].

Una vez que el Gobierno haya aprobado el Reglamento será necesaria su publicación íntegra en el Boletín Oficial del Estado para su entrada en vigor. El Tribunal Supremo considera que la publicación de los Reglamentos es un acto preceptivo y el instrumento necesario para determinar la fecha de su entrada en vigor, exteriorizando la eficacia y obligatoriedad de las disposiciones generales[21].

5. EL CONTROL DE LA POTESTAD REGLAMENTARIA

Las disposiciones reglamentarias están sometidas a una serie de requisitos formales y materiales cuya inobservancia conllevaría la nulidad del mismo. En este sentido, se atribuye la competencia para declarar la nulidad de los reglamentos a la propia Administración, a los Tribunales ordinarios y al Tribunal Constitucional.

A) La declaración de nulidad por la **Administración** aparece regulada en el artículo 102.2 de la LRJ-PAC que establece «*asimismo, en cualquier momento, las Administraciones públicas de oficio, y previo dictamen favorable del Consejo de Estado (...) podrán declarar la nulidad de las disposiciones administrativas en los supuestos previstos en el artículo 62.2*», esto es, «*las disposiciones*

---

[19] Art. 19, Ley Orgánica 3/2007, de 22 de marzo.

[20] SSTS 1 marzo 1988 (RJ 1988/1640), 21 de noviembre de 1990 (RJ. RJ 1991\1578), 20 enero 1992 (RJ 1992/622), 8 de julio 1994 (RJ 1994/5677), 16 de diciembre de 1994 (RJ 1994/10.046), 3 junio 1996 (RJ 1996/4923), 13 marzo 1997(RJ 1997/2226), 10 abril 2000 (RJ 2000/2585), 25 febrero 2002 (RJ 2002/1630), 5 octubre 2006 (RJ 2006/6483), entre otras muchas.

[21] En la STS de 16 de diciembre de 1997, Fj. 2º (RJ 1997/8.785), el TS sienta la doctrina jurisprudencial respecto al carácter que tiene la publicación de los Reglamentos del Estado.

administrativas que vulneren la Constitución, las leyes u otras disposiciones administrativas de rango superior, las que regulen materias reservadas a la Ley y las que establezcan la retroactividad de disposiciones sancionadoras no favorables o restrictivas de derechos individuales» (art. 62.2 LRJ-PAC).

B) Respecto al control por parte de los **Tribunales ordinarios**, el artículo 106.1 de la Constitución establece que «*los Tribunales controlan la potestad reglamentaria y la legalidad de la actuación administrativa, así como el sometimiento de ésta a los fines que la justifican*», mientras que el artículo 6 de la LOPJ señala que «*los Jueces y Tribunales no aplicarán los Reglamentos o cualquier otra disposición contrarios a la Constitución, a la Ley o al principio de jerarquía normativa*», por ello debemos distinguir entre la inaplicación de un Reglamento y la declaración de nulidad del mismo.

En el primer caso cuando un órgano judicial a la hora de resolver un caso concreto considere que un Reglamento, de cuya validez depende el fallo, es contrario a la Ley, se limitará a **inaplicar** dicho Reglamento. «La privación de la eficacia del Reglamento se justifica en este caso en que su aplicación implicaría la desobediencia a una norma de carácter superior: la Ley que dicho Reglamento ha vulnerado»[22].

La inaplicación del Reglamento únicamente tendría efectos *inter partes* y en el caso concreto que se está conociendo, por ello el art. 27 de la LJCA[23] regula la denominada *cuestión de ilegalidad* cuya finalidad es declarar la nulidad *erga omnes* del Reglamento inaplicado al caso concreto y depurar así el Ordenamiento Jurídico. Incluso si el órgano judicial que inaplica el Reglamento, fuera el competente para declarar también su ilegalidad podría hacerlo constar en la misma Sentencia del caso concreto en el que esté conociendo (art. 27.2 LJCA).

Pero además, el Ordenamiento atribuye a la Jurisdicción Contencioso-administrativa la competencia para declarar la **nulidad** de un Reglamento. Para ello se prevén dos mecanismos: el recurso directo y el indirecto. En el *recurso directo* los demandantes reclamarán la declaración de ilegalidad y la anulación de uno o varios artículos del Reglamento impugnado; mientras que en el *recurso indirecto* lo que se impugna son los actos administrativos generados por la aplicación de un Reglamento que se considera ilegal. En ambos casos, la anulación del Reglamento «*producirá efectos para todas las personas afectadas. Las Sentencias firmes que anulen una disposición general tendrán*

[22] PARADA, R.: *Derecho Administrativo I*, Open Ediciones Universitarias, Madrid, 2013, pág. 71.

efectos generales desde el día en que sea publicado su fallo y preceptos anulados en el mismo periódico oficial en que lo hubiera sido la disposición anulada» (artículo 72.2 LJCA). Ahora bien, las Sentencias firmes que anulen un precepto de una disposición general no afectarán a la eficacia de las Sentencias o actos administrativos firmes que lo hubiesen aplicado, salvo en el caso de que la anulación del precepto supusiera la exclusión o la reducción de sanciones aún no ejecutadas completamente (artículo 73 LJCA)[24].

C) En cuanto a la competencia del **Tribunal Constitucional**, desde un principio el mismo señaló que «Como es obvio, no es objeto propio de la competencia de este Tribunal el pronunciamiento sobre la validez de todas estas disposiciones de rango infralegal, cuyo control de legalidad y constitucionalidad corresponde a los órganos del Poder Judicial y en especial a los del orden contencioso-administrativo en los términos que dicen el art. 106.1 de la Constitución y la Ley de la Jurisdicción Contencioso-Administrativa. Dentro de esta vía, al Tribunal Constitucional le compete tan sólo el examen de la constitucionalidad de la Ley»[25].

Sin embargo, se ha planteado si la declaración de inconstitucionalidad de una Ley conlleva también la de sus Reglamentos ejecutivos. Pues bien conforme al art. 39.1 de la LOTC la Sentencia declarará «*la nulidad de los preceptos impugnados, así como, en su caso, la de aquellos otros de la misma Ley, disposición o acto con fuerza de Ley a los que deba extenderse por conexión o consecuencia*». Por tanto, la declaración de nulidad únicamente afecta a la Ley y no a sus posibles Reglamentos ejecutivos; así lo ha manifestado el TC en distintas ocasiones: «como resumen de cuanto hemos expuesto, si bien entraña la imposibilidad de que, al amparo de la norma que declaramos contraria a la Constitución se dicten nuevos Reglamentos reguladores del establecimiento de oficinas de farmacia, ni significa la ilegitimidad constitucional del principio de limitación, ni implica la invalidez de las normas reglamentarias ya existentes»[26].

No obstante, existen una serie de competencias atribuidas al Tribunal Constitucional a través de cuyo ejercicio éste puede llegar a declarar la nulidad de una disposición reglamentaria. Así en las relaciones entre el Estado y

---

23 Ley 29/1998, de 13 de julio, reguladora de la Jurisdicción Contencioso-Administrativa.

24 En este sentido, Sentencia del Tribunal Supremo de 25 de septiembre de 1999 (RJ 1999/ 1.796).

25 STC 83/1984 Fj 5º.

26 STC 83/1984 Fj 5º. En el mismo sentido SSTC11/1981, Fj. 27º y 88/1986, Fj. 8ºd.

las Comunidades Autónomas, el art. 76 de la LOTC establece que «*dentro de los dos meses siguientes a la fecha de su publicación o, en defecto de la misma, desde que llegare a su conocimiento, el Gobierno podrá impugnar ante el Tribunal Constitucional las disposiciones normativas sin fuerza de ley y resoluciones emanadas de cualquier órgano de los Comunidades Autónomas*». En la misma línea, el Tribunal Constitucional tiene competencia para declarar la nulidad de un Reglamento por la vía de los conflictos de competencia entre el Estado y las Comunidades Autónomas o entre éstas entre sí, cuando dicho conflicto se plantee por la existencia de un Reglamento que invade competencias de otra Administración (art. 66 LOTC). Y finalmente, el Tribunal Constitucional a través de la resolución de un recurso de amparo puede declarar la nulidad de los Reglamentos que lesionen derechos fundamentales, ya que el art. 55.1ª) de la LOTC establece que «*la Sentencia que otorgue el amparo contendrá (...) la declaración de nulidad de la decisión, acto o resolución que hayan impedido el pleno ejercicio de los derechos o libertades protegidos*»[27].

6.- LOS REGLAMENTOS PARLAMENTARIOS

Como hemos señalado al inicio de este Capítulo junto a la categoría genérica de Reglamento existen otras normas denominadas Reglamentos que no están vinculadas al Ejecutivo; una de estas normas son los llamados Reglamentos parlamentarios. La Constitución establece que tanto el Congreso de los Diputados como el Senado deben configurar su propia organización y funcionamiento interno a través de una fuente del Derecho específica denominada *Reglamento parlamentario*.

Las Cortes Generales gozan de una singular preeminencia frente al resto de órganos del Estado en la medida en que es la institución mayormente legitimada al haber sido elegidos sus miembros por el conjunto del pueblo español a quien las Cortes Generales representan. Por ello, tradicionalmente se ha considerado que el Reglamento parlamentario constituye una de las garantías para salvaguardar la independencia y autonomía del Poder Legislativo frente a la posible injerencia del Ejecutivo; sin embargo, en la actualidad dado el sistema de partidos implantado en donde el Ejecutivo se apoya para gobernar en los miembros de su propio partido que integran las Cortes Generales, el

[27] En este sentido SSTC 167/1986, Fj. 4º y STC 61/1990.

Reglamento parlamentario no se configura tanto como garante de la autonomía parlamentaria en esa lucha frente al Ejecutivo sino como garantía interna del pluralismo político existente en ambas Cámaras. Como afirma GARCÍA-ESCUDERO MÁRQUEZ la autonomía parlamentaria debe «permitir la participación plural de todos los grupos integrantes de la Cámara en el proceso de formación de la voluntad, sin perjuicio de que en el resultado final prime la decisión mayoritaria. La garantía de los derechos de las minorías y la conservación del principio de la Cámara como órgano deliberante –deliberación de la que ha de obtenerse la voluntad colectiva– frente a la imposición de sus dictados por la mayoría, constituyen el fundamento de la autonomía parlamentaria en el Estado de nuestro tiempo»[28].

Así, el Congreso de los Diputados y el Senado se rigen por sus propios Reglamentos aprobados de manera autónoma y sin interferencias de ningún otro órgano.

6.1. La naturaleza del Reglamento parlamentario

La Constitución regula aspectos básicos en relación con la estructura y funcionamiento interno del Congreso de los Diputados y del Senado (por ejemplo, artículos 67.3, 79.2, 80), al tiempo que para su concreción remite al Reglamento parlamentario. Por ello estas materias no son reguladas ni por Ley ni por normas aprobadas por el Ejecutivo sino por el Reglamento de cada una de las Cámaras que, como afirma el Tribunal Constitucional[29], «se encuentran directamente incardinados a la Constitución» a la que están directa y únicamente subordinados.

Lo anterior conlleva que el Reglamento parlamentario se considere una norma con fuerza de Ley, esto es, en el Ordenamiento Jurídico se sitúa como una norma inmediatamente subordinada a la Constitución ocupando la misma posición jerárquica que la Ley. De manera que la relación entre el Reglamento parlamentario y la Ley se produce a través del principio de competencia y no de jerarquía. En ese sentido, el artículo 27 de la LOTC prevé la posibilidad de interponer un recurso de inconstitucionalidad contra los Reglamentos de las Cámaras, lo que vendría a confirmar el valor de ley de los

---

[28] GARCÍA-ESCUDERO MÁRQUEZ, P.: *Reglamentos del Congreso de los Diputados y del Senado*», Madrid, Centro de Estudios Políticos y Constitucionales, 1999, pág. 17.

[29] STC 101/1983, Fj 3º.

Reglamentos parlamentarios; en esa línea, el TC en su Sentencia 118/1988 Fj. 3º, afirma que «*La asimilación de los Reglamentos parlamentarios a las Leyes y disposiciones normativas con fuerza de Ley permite su impugnación directa y completa y un control pleno de su constitucionalidad a través del recurso de inconstitucionalidad*».

No obstante, este carácter de Ley que se atribuye a los Reglamentos parlamentarios debe ser matizado por la singularidad de los mismos. En primer lugar, no es una Ley en sentido formal ya que su elaboración no está sujeta a las exigencias del procedimiento legislativo, es aprobado por una sola Cámara, no es sancionado ni promulgado por el Rey y su entrada en vigor no se vincula a su publicación en el Boletín Oficial del Estado que sólo se realiza a efectos de conocimiento. En segundo lugar, no surte efectos sobre terceros ya que no se trata de una norma general dirigida al conjunto de la sociedad sino que únicamente regula aspectos internos de la Cámara; así, el Tribunal Constitucional[30] reconoce que siendo una norma con valor de Ley se halla desprovista de la fuerza propia de la ley en la medida en que toda su fuerza se despliega en el seno de una Cámara concreta al regular su propia organización y funcionamiento.

Otra cuestión planteada es si el Reglamento parlamentario entraría a formar parte del denominado *bloque de constitucionalidad* de las Leyes[31]. Pues bien, dada la singularidad de los mismos no se les considera directamente elementos de dicho bloque; sin embargo, dado que el incumplimiento del procedimiento legislativo que aparece regulado en estos Reglamentos puede dar lugar a la declaración de inconstitucionalidad de una Ley, sí se consideran elementos a tener en cuenta a la hora de valorar la constitucionalidad o no de una norma. En este sentido, el Tribunal Constitucional en su sentencia 99/1987 señala que podrían incorporarse al parámetro o canon de constitucionalidad «tanto por la invulnerabilidad de tales reglas de procedimiento frente a la acción del legislador como, sobre todo, por el carácter instrumental que esas reglas tienen respecto de uno de los valores superiores de nues-

---

[30] STC 119/1990, Fj.2º.

[31] Cuando el Tribunal Constitucional analiza si una Ley es contraria o no a la Constitución no solamente toma como parámetro ésta sino también un conjunto de Leyes que integran el denominado *bloque de constitucionalidad*. En este sentido, el artículo 28.1 de la LOTC dispone que «para apreciar la conformidad o disconformidad con la Constitución de una Ley, disposición o acto con *fuerza de Ley del Estado o de las Comunidades Autónomas, el Tribunal considerará, además de los preceptos constitucionales, las Leyes que, dentro del marco constitucional se hubieran dictado para delimitar las competencias del Estado y las diferentes Comunidades Autónomas o para regular o armonizar el ejercicio de las competencias de éstas*».

tro Ordenamiento, el pluralismo político (CE 1.1), la inobservancia de los preceptos que regulan el procedimiento legislativo podría viciar de inconstitucionalidad la ley, cuando esa inobservancia altere de modo sustancial el proceso de formación de voluntad en el seno de las Cámaras»[32].

6.2 Aprobación de los Reglamentos parlamentarios

Los Reglamentos parlamentarios son aprobados por las propias Cámaras sin la intervención de ningún otro Poder u órgano del Estado, esta competencia no se incardina en el ámbito de la función legislativa del Parlamento en la medida en que no se trata de una norma general dirigida al conjunto de los ciudadanos sino que se trata de una norma, que como hemos señalado más arriba, tiene por finalidad regular la organización y funcionamiento de cada Cámara.

La importancia que se atribuye a estos Reglamentos se pone de manifiesto en que para su aprobación y reforma la Constitución exige mayoría absoluta en una votación final sobre la totalidad (artículo 72.1); con ello se trata de garantizar la participación en su elaboración de partidos políticos con representación minoritaria frente a los partidos políticos mayoritarios presentes en las Cámaras, lo que en la práctica se traduce en la protección de las minorías frente a una utilización partidista que de los Reglamentos pudiera hacer en su día la mayoría parlamentaria.

Por otra parte, para su entrada en vigor únicamente se requiere su publicación en el Boletín Oficial de cada Cámara respectiva; es decir, a diferencia de las Leyes, los Reglamentos parlamentarios no son ni sancionados ni promulgados por el Rey y únicamente se publican en el Boletín Oficial del Estado a los efectos de publicidad general para todos los ciudadanos[33].

Finalmente, hemos de señalar que el artículo 72.2 de la Constitución prevé la aprobación de un Reglamento de las Cortes Generales con el fin de regular las sesiones conjuntas que celebren el Congreso de los Diputados y el Senado; dicho Reglamento deberá ser aprobado por la mayoría absoluta de

[32] STC 99/1987, Fj. 1°.

[33] No obstante, el Tribunal Constitucional en su Sentencia 179/1989 Fj. 4°, de 2 noviembre, en relación con un recurso de inconstitucionalidad planteado frente a un precepto del Reglamento del Parlamento de Navarra, señaló que no resulta suficiente publicar el Reglamento de la Cámara en su Boletín interno, siendo necesario publicarlo en «instrumento oficial previsto para la publicación de las normas generales de la Comunidad Foral, esto es, el «Boletín Oficial de Navarra».

cada Cámara, sin embargo, a día de hoy todavía no ha sido aprobado el Reglamento de las Cortes Generales.

6.3. Ámbito material del Reglamento parlamentario

La Constitución establece las materias que deben ser reguladas a través de los Reglamentos parlamentarios. En este sentido el artículo 72.1 CE contiene la reserva general del Reglamento parlamentario por la que se atribuye a las Cámaras la competencia para regular su organización y funcionamiento internos; mientras que en otros artículos la Constitución especifica materias concretas que se atribuyen a las Cámaras y cuyo desarrollo específico deberá establecerse en los Reglamentos de cada Cámara.

Así, por ejemplo la Constitución establece que las Cámaras «eligen sus respectivos Presidentes y los demás miembros de sus Mesas» (art. 72.2), «funcionarán en Pleno y por Comisiones» (art. 75.1), «podrán nombrar Comisiones de investigación sobre cualquier asunto de interés público» (art. 76.1), para adoptar acuerdos «deben estar reunidas reglamentariamente y con asistencia de la mayoría de sus miembros» (art. 79.1). Pero además, se atribuye a los Reglamentos parlamentarios la regulación concreta de aspectos fundamentales como el desarrollo del procedimiento legislativo o los instrumentos dirigidos al control parlamentario del Gobierno, así «la tramitación de las proposiciones de ley se regulará por los Reglamentos de las Cámaras» (art. 89. 1), «el Gobierno y cada uno de sus miembros están sometidos a las interpelaciones y preguntas que se le formulen en las Cámaras» (art. 111.1), el Presidente del Gobierno «puede plantear ante el Congreso de los Diputados la cuestión de confianza» (art. 112), «el Congreso de los Diputados puede exigir responsabilidad política del Gobierno mediante la adopción por mayoría absoluta de la moción de censura» (art. 113.1).

Todas las materias arriba referidas, y otras previstas en la Constitución, aparecen reguladas de manera detallada por los Reglamentos parlamentarios. Por ello, la importancia de estos Reglamentos es que no sólo tienen influencia en el ámbito interno de las Cámaras sino que además pueden producir efectos *ad extra* en la medida en que, por ejemplo, el Congreso de los Diputados elige al Presidente del Gobierno y puede provocar el cese de éste por la pérdida de una cuestión de confianza o de una moción de censura, con la trascendencia que ello conlleva para la gobernación del país.

6.4. Interpretación y control del Reglamento parlamentario

Con el fin de cubrir las posibles lagunas que se puedan plantear en un momento determinado, tanto el Reglamento del Congreso de los Diputados como el del Senado atribuyen a su Presidente la competencia para interpretar el Reglamento «*en los casos de duda y supliéndolo en los de omisión*», no obstante, «*cuando en el ejercicio de esta función supletoria se propusiera dictar una resolución de carácter general, deberá mediar el parecer favorable de la Mesa y de la Junta de Portavoces*» (artículos 32.2 RC y 37.7.8 y 44 RS).

Como hemos señalado anteriormente, se considera que el Reglamento parlamentario es una norma con fuerza de Ley, por lo que el artículo 27 de la LOTC prevé la posibilidad de interponer un recurso de inconstitucionalidad contra los Reglamentos de las Cámaras. Pues bien, en el mismo sentido, el Tribunal Constitucional considera que las Resoluciones generales de la Presidencia adquieren el mismo valor que el Reglamento parlamentario, de manera que sólo pueden ser derogadas o modificadas mediante una reforma del Reglamento o de una resolución posterior de la Presidencia; ello conlleva que estas resoluciones sean susceptibles de un recurso de inconstitucionalidad[34] y de recursos de amparo cuando contradigan o innoven el Reglamento parlamentario –ya que implicaría una quiebra de la reserva reglamentaria así como la vulneración, en su caso, del artículo 23.2 de la Constitución–[35] o cuando dichas resoluciones lesionen derechos fundamentales y libertades públicas[36]

BIBLIOGRAFÍA

Álvarez Vélez, Mª. I. (Coord.): *Lecciones de Derecho Constitucional*, Valencia, Tirant lo Blanch, 2010.

Alzaga Villaamil, O. (y otros): *Derecho Político Español según la Constitución de 1978, Tomo I*, Madrid, Editorial Universitaria Ramón Areces, 2011.

García-Escudero Márquez, P.: *Reglamentos del Congreso de los Diputados y del Senado*, Madrid, Centro de Estudios Políticos y Constitucionales, 1999.

Parada Vázquez, R.: *Derecho Administrativo I*, Madrid, Open Ediciones Universitarias, Madrid, 2013.

---

34 SSTC 118/1988, Fj. 4º y 119/1990 Fj. 5º.

35 STC 119/90 FJ. 5º.

36 STC 44/1995 Fj. 5º y 6º.

Meseguer Yebra, J.: *El recurso indirecto contra reglamentos y la cuestión de ilegalidad*, Barcelona, Editorial Bosch, S.A., 2001.

Sánchez Morón, M.: *Derecho Administrativo-Parte General*, Madrid, Tecnos, 2013.

Santamaría Pastor, J.A.: *Principios de Derecho Administrativo General – I*, Madrid, Iustel, 2009.

Capítulo XII
Los Tratados Internacionales

Capítulo XII. Los Tratados Internacionales

Mª Isabel Martín de Llano y Juan Manuel Goig Martínez

1. CONCEPTO

Los Tratados internacionales están sujetos a un doble régimen, ya que desde el punto de vista del Derecho Internacional, les será de aplicación la Convención de Viena sobre el Derecho de los Tratados de 1969[1], que codifica con vocación universal las cuestiones esenciales del proceso de celebración y entrada en vigor de los tratados internacionales celebrados entre Estados, así como su observancia, aplicación e interpretación[2]; mientras que, desde el punto de vista del Derecho interno, también han de ajustarse a la Constitución española, pues una vez concluido el Tratado, éste pasa a formar parte del Ordenamiento jurídico interno.

Desde la perspectiva internacional, España es Estado parte de la Convención de Viena de 1969 sobre el Derecho de los Tratados; mientras que en nuestro ordenamiento jurídico interno la única norma específica regula-

---

[1] España se adhirió el 2 de mayo de 1972; y prestó su consentimiento en obligarse por la Convención de Viena de 1986 el 24 de julio de 1990, si bien esta última no ha entrado en vigor.

[2] La Convención de Viena sobre el Derecho de los Tratados, de 23 de mayo de 1969, no abarca la regulación de todas las cuestiones relacionadas con la materia. La Convención de Viena sobre el Derecho de los Tratados entre Estados y Organizaciones internacionales o entre organizaciones internacionales, de 21 de marzo de 1986, que aún no ha entrado en vigor, completa el ámbito de aplicación material de la Convención de 1969 y regula los tratados entre uno o varios Estados y una o varias organizaciones internacionales, así como los tratados celebrados entre organizaciones internacionales. España es Estado parte de la Convención de Viena de 1969 sobre el Derecho de los Tratados y prestó el consentimiento en obligarse por la Convención de 1986 el 24 de julio de 1990.

dora de los tratados fue el Decreto 801/1972, de 24 de marzo, *sobre ordenación de la actividad de la Administración del Estado en materia de tratados internacionales*. En su momento, este decreto logró acomodar el ordenamiento jurídico español a las exigencias de Derecho Internacional en materia de tratados internacionales y dio respuesta a las remisiones al Derecho interno que hacía la Convención de Viena de 1969. Sin embargo, con el paso del tiempo el Decreto 801/1972 quedó obsoleto tanto por el notable desarrollo experimentado por el Derecho Internacional, como por los profundos cambios políticos y constitucionales vividos por España desde 1972; de hecho gran parte de su articulado quedó derogado con la entrada en vigor de la Constitución de 1978[3]. Así, en el año 2014 las Cortes Generales aprobaron la *Ley de Tratados y otros Acuerdos Internacionales* (en adelante LTAI) con el fin de regular de forma sistemática y actualizada la actividad del Estado en esta materia.

Conforme a la Convención de Viena y a la LTAI se entiende por Tratado internacional el acuerdo escrito regido por el Derecho internacional y celebrado entre Estados, Estados y organizaciones internacionales, o entre organizaciones internacionales entre sí, y que genera derechos y obligaciones para los firmantes del Tratado.

Por tanto, son cuatro las notas fundamentales de un Tratado internacional: que se trate de un acuerdo escrito; que los firmantes sean sujetos de Derecho internacional capaces de generar derechos y obligaciones –algo que queda reservado a los Estados y a las organizaciones internacionales–; que se trate de auténticos derechos y obligaciones y no de meros compromisos formales o declaraciones de buena voluntad carentes de carácter normativo; y que tales derechos y obligaciones se sometan a las reglas propias del Derecho internacional. Si se dan estos cuatro elementos nos encontraremos ante un Tratado

---

[3] En efecto, el Derecho Internacional contemporáneo ha conocido un desarrollo que lo ha colocado en una situación que poco tiene ya que ver con la existente en el momento de aprobación del Decreto 801/1972, de 24 de marzo. En segundo término, hay que tener presente que la práctica en materia convencional se ha ido haciendo cada vez más intensa, compleja y fértil sobre la base del principio de autonomía de la voluntad, lo cual ha dado origen a nuevas formas de acuerdos y nuevos problemas de aplicación. Asimismo, el diseño territorial del Estado realizado tras la entrada en vigor de la Constitución Española de 1978 ha significado el reconocimiento a las Comunidades Autónomas, a través de sus respectivos Estatutos de Autonomía, de relevantes competencias en materia de acción exterior. Igualmente la pertenencia de España a la Unión Europea tiene profundas repercusiones en el ámbito de la celebración de tratados internacionales y otros acuerdos internacionales. No en vano la Unión goza de personalidad jurídica propia y de amplias competencias en materia exterior, lo cual se traduce en la posibilidad de celebrar acuerdos internacionales con países terceros u organizaciones internacionales.

internacional independientemente de que se haya podido utilizar otra denominación como convenios, acuerdos, protocolos, etc.[4].

2. LOS TRATADOS INTERNACIONALES Y SU POSICIÓN EN EL SISTEMA DE FUENTES DEL DERECHO

El artículo 96 CE establece que «Los tratados internacionales válidamente celebrados, una vez publicados oficialmente en España, formarán parte del ordenamiento interno. Sus disposiciones solo podrán ser derogadas, modificadas o suspendidas en la forma prevista en los propios tratados o de acuerdo con las normas generales del Derecho Internacional», lo que obliga a plantearnos cuál es la posición que ocupan los Tratados internacionales en el sistema de fuentes.

Pues bien, el rango normativo de los Tratados se deberá plantear de distinta manera dependiendo del plano desde el cual sea abordado, puesto que en el ámbito Internacional, no cabe duda, como claramente ha indicado el Convenio de Viena sobre el Derecho de los Tratados, de que los Tratados prevalecen sobre las normas internas de los Estados firmantes, y éstos no podrán invocar su propio derecho para justificar su incumplimiento.

Sin embargo, en el plano interno, la posición del Tratado es distinta si su rango normativo se toma respecto de la Constitución o respecto del resto del ordenamiento jurídico. La doctrina es prácticamente unánime en considerar que los Tratados están subordinados jerárquicamente a la Constitución, primero por la configuración de *la Constitución como Norma Suprema* –conforme al art. 9 CE–, y específicamente en relación con los Tratados, se tiene en cuenta lo previsto en el artículo 95 CE que reconoce de forma directa que «*La celebración de un tratado internacional que contenga estipulaciones contrarias a la Constitución exigirá la previa revisión constitucional*» (a pesar de que la dicción literal del precepto pueda dar a entender que es la Constitución la que se somete al Tratado, en realidad ocurre lo contrario, puesto que mientras que la Constitución no sea reformada, dicho Tratado no puede ser celebrado); así como el hecho de que es la Constitución la que regula los procedimientos de celebración de un Tratado internacional para que pueda ser incorporado de forma válida al Ordenamiento español. Todo ello con-

[4] En este sentido, GUTIÉRREZ GUTIÉRREZ, I.: «El derecho internacional» en *Derecho político español, según la Constitución de 1978 (Tomo I)*, Madrid, Editorial Universitaria Ramón Areces, 2012, pág. 659.

lleva que los Tratados estén sometidos al control de constitucionalidad de las leyes por parte del Tribunal Constitucional español, como veremos más adelante.

En cuanto a la relación entre los Tratados y el resto de normas con rango de ley, no es algo que deba resolverse atendiendo a los principios de jerarquía y competencia sino que, como ya señaló DE OTTO[5], debe observarse desde el prisma de las reglas referentes a la aplicación y la eficacia. De forma que las *normas anteriores* que se opongan a los Tratados son derogadas por éstos porque absorben la materia; mientras que *las normas posteriores*, además de tener que interpretar de la forma más favorable los derechos y libertades de acuerdo con las obligaciones internacionales contraídas por el Estado español, no pueden modificar, suspender o derogar los Tratados o su contenido. Los Tratados Internacionales, en principio, prevalecen sobre la normativa unilateral interna, la cual no podrá afectar el contenido dispositivo de los Tratados; en este sentido el art. 32 de la Ley de Tratados y otros Acuerdos Internacionales establece que «*Las normas jurídicas contenidas en los tratados internacionales válidamente celebrados y publicados oficialmente prevalecerán sobre cualquier otra norma del ordenamiento interno en caso de conflicto con ellas, salvo las normas de rango constitucional*».

Por ello, ningún Tratado internacional recibe del art. 96.1 de la Constitución más que la consideración de norma que, dotada de la fuerza pasiva que el precepto le otorga, forma parte del ordenamiento interno; de manera que la supuesta contradicción de los Tratados con las Leyes o con otras disposiciones normativas posteriores no es cuestión que afecte a la constitucionalidad de éstas y que, por tanto deba ser resuelto por el Tribunal Constitucional, sino que serán los Tribunales ordinarios los que ante el caso concreto que deban resolver inaplicarán la Ley que contradiga lo previsto en un Tratado en vigor, es decir, estaremos ante un puro problema de selección del Derecho aplicable al caso concreto.

3. LOS TIPOS DE TRATADO INTERNACIONAL

Nuestra Constitución, contempla en el Capítulo Tercero del Título III, la posibilidad de que el Estado español celebre diversos tipos de Tratados, estableciendo para su ratificación distintos procedimientos dependiendo de su

[5] DE OTTO, I.- *Derecho Constitucional. Sistema de fuentes.*, Ariel, Barcelona, 1987, págs. 126 y ss.

trascendencia para el Estado. En este sentido, se diferencian los Tratados de carácter ordinario y los de carácter extraordinario.

A) Tratados extraordinarios

En este tipo de Tratados se encuentran los previstos en los artículos 93 y 95 de la Constitución.

1) El art. 93 CE autoriza al Gobierno la celebración de Tratados por los que se atribuya a una organización o institución internacional la regulación y el ejercicio de competencias derivadas de la Constitución, pudiendo tratarse de competencias legislativas, ejecutivas o judiciales.
Al tratarse de Tratados o Convenios que implican la transferencia de competencias a una organización internacional, la celebración de los mismos exigirá autorización de las Cortes Generales mediante Ley Orgánica; esta Ley Orgánica no tiene un contenido material propio sino que su único objeto es autorizar la ratificación del Tratado.
Corresponde a las Cortes Generales o al Gobierno, según los casos, la garantía del cumplimiento de estos Tratados y de las resoluciones emanadas de los organismos internacionales o supranacionales titulares de la cesión.
Dentro de este grupo podríamos situar la firma del Tratado por el que España ingresó en la Unión Europea, y el resto del Derecho originario de la UE[6], así como la ratificación por España del Estatuto de la Corte Penal Internacional[7].

2) Por otra parte, el artículo 95 CE prevé la posibilidad de que el Estado celebre un Tratado internacional que contenga estipulaciones contrarias a la Constitución, en cuyo caso se exigirá la previa revisión constitu-

---

[6] Adhesión de España a la Comunidad Europea (L.O. 10/1985, de 2 de agosto, por la que se autorizó la ratificación del Tratado). Ratificación del Acta Única Europea (L.O. 4/1986), del Tratado de la Unión Europea (L.O.10/1992, en vigor desde el 1 de noviembre de 1993), del Tratado de Ámsterdam (L.O. 9/1998, en vigor desde el 1 de mayo de 1999), del Tratado de Niza (L.O. 3/2001, de 6 de noviembre, en vigor desde el 1 de febrero de 2003) y del Tratado de Lisboa, firmado el 13 de diciembre de 2007 (L.O. 1/2008 de de 30 de julio, en vigor desde el 1 de diciembre de 2009).

[7] L.O. 6/2000; las resoluciones de la Corte Penal Internacional son obligatorias y tienen efecto directo en España.

cional. En este supuesto, el Gobierno o cualquiera de las Cámaras puede requerir al Tribunal Constitucional para que declare si existe o no esa contradicción; mientras el Tribunal Constitucional resuelve «la tramitación del Tratado o convenio se interrumpirá y sólo podrá reanudarse si el criterio del Tribunal es favorable a la constitucionalidad de las estipulaciones contenidas en aquél» (artículo 157.2 RCD).

B) Tratados ordinarios

Dentro de este tipo de Tratados se distinguen entre los previstos en el artículo 94.1 y 94. 2 de la Constitución.

1) El artículo 94.1 se refiere a los Tratados de carácter político, de carácter militar, a los que afecten a la integridad territorial del Estado o a los derechos y deberes fundamentales establecidos en el Título I, los que impliquen obligaciones financieras para la Hacienda Pública y los Tratados o convenios que supongan modificaciones o derogación de alguna ley o exijan medidas legislativas para su ejecución.
   La prestación del consentimiento del Estado para obligarse por medio de estos Tratados o convenios requerirá la previa autorización de las Cortes Generales. La autorización es sobre el conjunto del convenio, de manera que las Cortes no pueden modificar el texto del Tratado; únicamente podrían hacer reservas permitidas por el Tratado o declaraciones interpretativas previstas también en el mismo.
   Dicha autorización no tiene que revestir la forma de ley sino que bastará un simple Acuerdo adoptado por mayoría de cada Cámara; en el caso de existir discrepancias entre el Congreso y el Senado se constituirá una Comisión mixta que elaborará una propuesta y si no hubiera acuerdo el Congreso decidirá por mayoría absoluta (art. 74.2 de la Constitución).
   En este grupo se encontraría los Tratados de condonación de deuda exterior, el Tratado OTAN, etc.

2) Mientras, el artículo 94.2 CE establece que la conclusión del resto de Tratados o Convenios será comunicada al Congreso y al Senado. Esto es, para la celebración de estos Tratados se atribuye la competencia con carácter exclusivo al Gobierno que únicamente dará cuenta de su con-

clusión a las dos Cámaras a través de sus Comisiones parlamentarias de Asuntos Exteriores.

4. OTROS ACUERDOS INTERNACIONALES

Con el fin de regular una práctica de dos importantes modalidades de acuerdos internacionales de relevancia creciente en la práctica internacional por parte de las distintas Administraciones españolas en materia internacional, la Ley de Tratados y otros Acuerdos Internacionales regula dos tipos de Acuerdos internacionales carentes, sin embargo, del carácter de Tratado Internacional.

1.- «Acuerdo internacional administrativo»: Los órganos, organismos y entes de las Administraciones Públicas podrán celebrar acuerdos internacionales administrativos ***en ejecución y concreción*** de un tratado internacional cuando el propio tratado así lo prevea. Estos Acuerdos sólo podrán ser firmados por las autoridades designadas en el propio tratado internacional o, en su defecto, por los titulares de los órganos, organismos y entes de las Administraciones Públicas competentes por razón de la materia. En todo caso deberán respetar el contenido del tratado internacional que les otorgue cobertura, así como los límites que dicho tratado haya podido establecer para su celebración (arts. 2 y 40 LTAI).

- Los acuerdos internacionales administrativos no exigirán la tramitación prevista para los Tratados Internacionales. Los signatarios tendrán autonomía para decidir el procedimiento que habrá de respetar, en todo caso, lo establecido en el tratado que le dé cobertura.
- El Consejo de Ministros, tomará conocimiento de la celebración de los acuerdos internacionales administrativos cuando su importancia o alcance así lo aconseje.
- De conformidad con la legislación en vigor, los acuerdos internacionales administrativos se publicarán en el Boletín Oficial correspondiente a la Administración pública que los firme, con indicación de la fecha de su entrada en vigor. Siempre se publicarán en el BOE a efectos de información.
- Los acuerdos internacionales administrativos válidamente celebrados una vez publicados en el «Boletín Oficial del Estado» formarán parte del ordenamiento interno.

2.- «Acuerdo internacional no normativo»: acuerdo de carácter internacional no constitutivo de tratado ni de acuerdo internacional administrativo que se celebra por el Estado, el Gobierno, los órganos, organismos y entes de la Administración General del Estado, las Comunidades Autónomas y Ciudades de Ceuta y Melilla, las Entidades Locales, las Universidades públicas y cualesquiera otros sujetos de derecho público con competencia para ello, que contiene declaraciones de intenciones o establece compromisos de actuación de contenido político, técnico o logístico, y no constituye fuente de obligaciones internacionales ni se rige por el Derecho Internacional (art. 2 LTAI)

- Los acuerdos internacionales no normativos no exigirán la tramitación prevista para los Tratados Internacionales. Los signatarios tienen autonomía para decidir el procedimiento.
- El Consejo de Ministros, tomará conocimiento de la celebración de los acuerdos internacionales no normativos cuando su importancia así lo aconseje.
- Una vez firmado el acuerdo internacional no normativo, se remitirá una copia del mismo al Ministerio competente para su inscripción en el registro administrativo de dichos acuerdos.

5. PROCEDIMIENTO DE CELEBRACIÓN DEL TRATADO INTERNACIONAL

El procedimiento de producción de un Tratado internacional se denomina conclusión. Dicho procedimiento está constituido por distintas fases:

a) *negociación* entre los distintos partícipes del futuro Tratado; en esta fase se elabora el texto del Tratado.

b) *adopción del texto,* que consiste en que las partes intervinientes manifiestan su acuerdo sobre el texto de un Tratado (art. 9 Convenio de Viena).

c) *autenticación del mismo,* acto por el que las partes establecen que el texto del Tratado es el correcto, auténtico y definitivo (art. 10 Convenio de Viena).

d) *firma del Tratado o manifestación del consentimiento de obligarse* (arts. 11 a 17 Convenio de Viena).

Como consecuencia de lo previsto en el apartado tercero del artículo 149.1 de la Constitución Española, el Estado posee una competencia de carácter exclusivo en materia de relaciones internacionales que, con base en una asentada jurisprudencia del Tribunal Constitucional, incluye en su núcleo duro precisamente la capacidad de celebrar tratados internacionales, el llamado *ius ad tractatum*. No obstante, las Comunidades Autónomas tienen competencia para desplegar ciertas actividades de acción exterior entre las que cabe, por ejemplo, la celebración de acuerdos internacionales no normativos. También disponen de competencia para celebrar acuerdos internacionales administrativos, en concreción o ejecución de un tratado. Gozan, además, de competencias en otros aspectos de la acción exterior que también tienen consecuencias en la propia política exterior del Estado en materia de celebración de tratados internacionales y que deben ser objeto de regulación para garantizar su adecuada inserción dentro de la competencia exclusiva del Estado derivada de los artículos 97 y 149.1.3 de la Constitución Española. Tal es el caso, por ejemplo, del derecho de las Comunidades Autónomas a proponer la apertura de negociaciones para la celebración de tratados sobre materias respecto de las que acrediten un interés justificado, el derecho a ser informadas de la negociación de tratados internacionales que afecten a sus competencias o el derecho a solicitar al Gobierno formar parte de la delegación española que negocie un tratado internacional que afecte a competencias de las Comunidades Autónomas.

Ahora bien, en España corresponde al Gobierno la iniciativa para la negociación, la adopción, autenticación y firma de un Tratado puesto que es el Gobierno quien dirige la política exterior (art. 97 CE); algo reiterado en el artículo 149.1.3 de la Constitución que atribuye al Estado la competencia exclusiva en las relaciones internacionales, así como en el artículo 5 de la Ley del Gobierno que establece que corresponde al Consejo de Ministros acordar la negociación y firma de Tratados internacionales, así como su aplicación provisional. Para mayor concreción, la LTAI, en su art. 5 establece que corresponde a los departamentos ministeriales en las áreas que sean de su competencia: la iniciativa en la negociación del tratado; el planteamiento, desarrollo y conclusión de la negociación; la propuesta al Consejo de Ministros, conjuntamente con el Ministerio de Asuntos Exteriores y de Cooperación, de la firma del Tratado; así como la aplicación y seguimiento de los tratados.

Además, la LTAI establece la creación de la *Comisión interministerial de coordinación en materia de tratados y otros acuerdos internacionales* como órgano colegiado de intercambio de información y coordinación de los Departamentos ministeriales, y para hacer efectiva la cooperación entre la Administración General del Estado y las Comunidades Autónomas y las Ciudades de Ceuta y Melilla con finalidad informativa, y hacer efectiva su participación en el cumplimiento de los compromisos internacionales formalizados por España.

No obstante, con carácter previo a la prestación del consentimiento en obligarse por un tratado, el Gobierno está obligado a solicitar Dictamen a la Comisión Permanente del Consejo de Estado para calificar el tipo de Tratado a celebrar, es decir, determinar si estamos ante un Tratado ordinario o extraordinario y en base a ello seguir el procedimiento correspondiente (art. 22 LOCE[8]); dicho Dictamen aunque es preceptivo no tiene carácter vinculante a pesar de que en nuestro caso la calificación del Tratado a los efectos de su tramitación es clave (art. 2.2 LOCE).

La siguiente fase se produce con la intervención de las Cortes Generales para autorizar al Gobierno la celebración del Tratado internacional. Como hemos visto más arriba esta intervención de las Cortes dependerá del tipo de Tratado ante el que nos encontremos, es decir, si se trata de un Tratado de cesión de competencias, las Cortes Generales deben autorizarlo mediante una Ley Orgánica; mientras que si se trata de Tratados ordinarios las Cortes Generales o bien lo autorizan mediante un simple Acuerdo de ambas Cámaras o bien únicamente son informadas por el Gobierno de la conclusión del Tratado –en este último caso realmente no se produce la intervención de las Cortes en la tramitación del Tratado–. El procedimiento concreto a través del cual intervienen el Congreso de los Diputados y el Senado aparece regulado en los Reglamentos de cada Cámara[9].

En la siguiente fase, el Estado debe manifestar su consentimiento para obligarse por el Tratado. La Convención de Viena establece en el artículo 11 que dicho consentimiento puede otorgarse por distintos medios: la firma de un representante autorizado, el intercambio de instrumentos que constituyen el Tratado, la ratificación, la aceptación, la aprobación o adhesión o cualquier otro medio que se convenga. Pues bien, en el caso de España, corresponde al Rey prestar dicho consentimiento (art. 63.2 CE), aunque se trata de una acto

---

[8] Ley Orgánica del Consejo de Estado (LO 3/1980, de 22 de abril).

[9] Arts. 154 y ss. RCD; y arts.144 y ss. RS. Respecto a este procedimiento, aunque sigue las líneas generales del procediendo legislativo ordinario, el Tribunal Constitucional en su Sentencia 155/2005 – FJ 9º, señala que «*Para las autorizaciones previstas en el art. 94.1 CE, el art. 74.2 de la Constitución establece un procedimiento parlamentario específico y diverso del legislativo ordinario o común, del que singularmente le distingue la circunstancia de que la posición del Senado se define en términos de mayor equilibrio frente a la que habitualmente es propia del Congreso de los Diputados (..) de manera que, en principio, es obligado entender que la autorización parlamentaria previa a la prestación del consentimiento internacional del Estado ha de conformarse por ese específico procedimiento*».

puramente formal ya que es una función debida a la que el monarca no puede oponerse[10].

Finalmente, para que el Tratado pase a formar parte del Ordenamiento jurídico español es necesaria su publicación en el Boletín Oficial del Estado.

Por otra parte, mencionar que corresponde al Consejo de Ministros, a propuesta del Ministro de Asuntos Exteriores y de Cooperación, en coordinación con el Ministerio competente por razón de la materia objeto del tratado, acordar la denuncia o la suspensión de la aplicación de un tratado internacional, si bien los tratados internacionales comprendidos en los artículos 93 y 94.1 de la Constitución Española sólo podrán ser denunciados previa autorización de las Cortes Generales.

Para ejecutar, en representación de España cualquier acto internacional relativo a un tratado y, en particular, para negociar, adoptar y autenticar su texto, así como para manifestar el consentimiento de España en obligarse por el tratado, la persona o personas que los lleven a cabo deberán estar provistas de una plenipotencia firmada por el Ministro de Asuntos Exteriores, o equivalente, en nombre del Rey.

No necesitarán plenipotencia para representar a España:

- El Rey, el Presidente del Gobierno y el Ministro de Asuntos Exteriores y de Cooperación.
- Los Jefes de Misión Diplomática y de Representación Permanente ante una Organización Internacional para la negociación, adopción y autenticación del texto de un tratado internacional entre España y el Estado u Organización ante los que se encuentran acreditados.
- Los Jefes de Misión Especial enviados a uno o varios Estados extranjeros para la negociación, adopción y autenticación del texto de un tratado internacional entre España y cualquiera de los Estados a los que ha sido enviada la Misión.

---

[10] No obstante, el Tribunal Constitucional considera que no es necesaria la intervención regia en todo tipo de Convenio; así, en su ATC 114/1991 FJ 4º afirma que «*el Gobierno, y sus agentes diplomáticos, pueden concluir aquellos convenios que se limitan a desarrollar las previsiones contenidas previamente en tratados, los cuales si deben haber sido concluidos mediante los Instrumentos formales de ratificación o de adhesión previstos en nuestro ordenamiento*» y añade que el canje de los instrumentos es fórmula «*que se encuentra en nuestro Derecho plenamente reconocida como forma de manifestar el consentimiento del Estado para obligarse internacionalmente, debido a la incorporación al ordenamiento español del Convenio de Viena sobre el Derecho de los Tratados (23 de mayo de 1969. Instrumento de adhesión de 2 de mayo de 1972. «Boletín Oficial del Estado» de 13 de junio de 1980, arts. 11 y 13)*».

- Los representantes acreditados ante una conferencia internacional o ante una Organización internacional o uno de sus órganos, para la negociación, adopción y autenticación del texto de un tratado internacional elaborado en el seno de tal conferencia, organización u órgano.

La ejecución de un acto internacional relativo al proceso de celebración de un tratado internacional por persona no provista de plenipotencia no surtirá efectos jurídicos, salvo que el Ministro de Asuntos Exteriores, o equivalente, convalide el acto.

La LTAI, contempla la posibilidad de *aplicación provisional* de los Tratados Internacionales. La aplicación provisional no podrá autorizarse respecto de los tratados internacionales a que se refiere el artículo 93 de la Constitución Española. En el supuesto de que se trate de un Tratado Internacional comprendido en alguno de los supuestos del artículo 94.1 de la Constitución Española, si las Cortes Generales no concedieran la preceptiva autorización para la conclusión de dicho tratado, el Ministro de Asuntos Exteriores, o equivalente, notificará de inmediato a los otros contratantes, entre los que el Tratado se aplica provisionalmente, la intención de España de no llegar a ser parte en el mismo, terminando en ese momento su aplicación provisional.

5.1. La Participación de las Comunidades Autónomas en materia de Tratados Internacionales

Como se ha indicado con anterioridad, los artículos 56, 63.2 y 93 a 96 de la Constitución Española de 1978 regulan la actividad exterior del Estado en materia de tratados internacionales. Como consecuencia de lo previsto en el apartado tercero del artículo 149.1 de la Constitución Española, el Estado posee una competencia de carácter exclusivo en materia de relaciones internacionales que, con base en una asentada jurisprudencia del Tribunal Constitucional, incluye en su núcleo duro precisamente la capacidad de celebrar tratados internacionales. No obstante, las Comunidades Autónomas tienen competencia para desplegar ciertas actividades de acción exterior.

Además de la celebración de acuerdos internacionales no normativos, también disponen de competencia para celebrar acuerdos internacionales administrativos, en concreción o ejecución de un tratado. Gozan, además, de competencias en otros aspectos de la acción exterior que también tienen consecuencias en la propia política exterior del Estado en materia de celebración de tratados internacionales.

Las Comunidades Autónomas podrán participar en la celebración de tratados internacionales. Asimismo, las Comunidades Autónomas y ciudades de Ceuta y Melilla y las Entidades Locales podrán establecer otros acuerdos internacionales en el marco de las competencias que les otorgan los tratados internacionales, la Constitución Española, los Estatutos de Autonomía y el resto del ordenamiento jurídico, en los términos establecidos en el título V de la LTAI.

Las Comunidades Autónomas podrán solicitar al Gobierno la apertura de negociaciones para la celebración de tratados internacionales que tengan por objeto materias de su competencia o interés específico, o por afectar de manera especial a su respectivo ámbito territorial. El Gobierno resolverá motivadamente acerca de dicha solicitud, sobre su adecuación al orden constitucional de distribución de competencias, y del competente por razón de la materia.

El Gobierno, remitirá a las Comunidades Autónomas información sobre la negociación de aquellos tratados internacionales que tengan por ámbito materias de su competencia o interés específico o por afectar de manera especial a su respectivo ámbito territorial, y éstas, podrán remitir al Ministerio de Asuntos Exteriores, o equivalente, las observaciones que estimen convenientes sobre la negociación. La decisión adoptada sobre las observaciones deberá ser motivada y comunicada a las Comunidades Autónomas. Las Comunidades Autónomas serán informadas de los tratados concluidos por España que afecten a sus competencias, sean de su específico interés o incidan de manera especial en su ámbito territorial.

También las Comunidades Autónomas y las Ciudades de Ceuta y Melilla podrán solicitar al Gobierno formar parte de la delegación española que negocie un tratado internacional que tenga por objeto materias de su competencia o interés específico o por afectar de manera especial a su respectivo ámbito territorial. En tales casos, El Gobierno decidirá motivadamente acerca de la procedencia de dicha participación. La decisión adoptada sobre la solicitud deberá ser comunicada a las Comunidades y Ciudades Autónomas.

6. EL CONTROL DE CONSTITUCIONALIDAD DE LOS TRATADOS INTERNACIONALES

El artículo 95.1 de la Constitución exige que el Tratado se ajuste en todo caso al marco constitucional español –«*la celebración de un tratado interna-*

cional que contenga estipulaciones contrarias a la Constitución exigirá la previa revisión constitucional»–, en base a ello, el mismo artículo en su apartado segundo prevé la posibilidad de requerir al Tribunal Constitucional para que se pronuncie sobre la posible inconstitucionalidad de un Tratado que se debe de ratificar; pero además la Ley Orgánica del Tribunal Constitucional atribuye a dicho Tribunal la competencia para conocer de la constitucionalidad de los Tratados ya concluidos (art. 27.2.c LOTC).

A) El control *previo* de constitucionalidad de los Tratados

Si durante la tramitación del Tratado existieran dudas sobre su posible contradicción con la Constitución, tanto el Gobierno como cualquiera de las Cámaras podrán requerir al Tribunal Constitucional para que declare si existe o no esa contradicción; con ello se trata de impedir la conclusión de Tratados que sean contrarios a la Constitución así como, en su caso, estudiar cuál sería la vía más adecuada para incorporar a nuestro Ordenamiento jurídico dicho Tratado.

En el caso del Congreso de los Diputados, será su Pleno el que, a iniciativa de dos Grupos parlamentarios o de una quinta parte de los Diputados, acuerde dirigir la petición al Tribunal Constitucional (artículo 157 RCD); en el caso del Senado, la Cámara adoptará el acuerdo tras la iniciativa de un Grupo parlamentario o 25 Senadores (artículo 147 RS). El requerimiento al TC se realizará durante la tramitación del texto del Tratado, cuando esté definitivamente fijado, pero aún no se haya prestado el consentimiento (artículo 78 LOTC); mientras el Tribunal Constitucional resuelve, la tramitación del Tratado se interrumpirá. La decisión del Alto Tribunal no adopta en estos casos la forma de Sentencia sino la de *declaración*, si bien no por ello deja de tener carácter vinculante y como tal produce efectos *erga omnes* y de cosa juzgada[11].

Si el Tribunal Constitucional considera que el Tratado que se pretende concluir es contrario a la Constitución, «cabrían tres opciones: la primera sería reformar la Constitución, lo que puede dar lugar a un proceso largo y com-

[11] DTC 1/1992. Por otra parte, señalar que se recurrió a este procedimiento en dos ocasiones, ambas referidas a la Unión Europea: en la DTC 1/1992 se declaró la existencia de contradicción entre el art. 13 de la Constitución española y el Tratado de Maastrich –lo que conllevó la reforma del art. 13 de nuestra Constitución-; y la DTC 1/2004, que no encontró contradicción entre la Constitución y el Tratado por el que se establecía una Constitución para Europa –Tratado que no llegó a entrar en vigor en la UE–.

plicado dado el carácter rígido de aquélla; la segunda, sería tratar de modificar el propio Tratado, lo cual plantearía también problemas porque en este momento del proceso de celebración, el Tratado habrá sido ya autenticado, es decir contará con la aprobación inicial del Gobierno[12]; la tercera, y la más factible, sería autorizar la celebración del Tratado con las oportunas reservas, es decir, introduciendo una declaración en virtud de la cual se excluyan o se modifiquen los efectos jurídicos de aquellas disposiciones del Tratado que se estimen anticonstitucionales»[13].

B) El control *a posteriori* de constitucionalidad de los Tratados

La Ley Orgánica del Tribunal Constitucional prevé la posibilidad de impugnar un Tratado internacional vigente, tanto por la vía del recurso de inconstitucionalidad como por la vía de la cuestión de inconstitucionalidad[14].

Si el Alto Tribunal declarase la inconstitucionalidad del Tratado, este sería declarado *inaplicable* pero no nulo puesto que el Tribunal Constitucional no tiene ni puede tener jurisdicción internacional y la nulidad de un Tratado sólo puede fundamentarse en causas previstas en el Derecho internacional; así lo corrobora el artículo 96.1 de nuestra Constitución al establecer que las disposiciones de los Tratados internacionales válidamente celebrados *«sólo podrán ser derogadas, modificadas o suspendidas en la forma prevista en los propios Tratados o de acuerdo con las normas generales del Derecho internacional»*. En este caso el Tratado seguirá siendo válido en el ámbito del Derecho internacional y el Estado español tendría que hacer frente a las responsabilidades internacionales en que incurriera como consecuencia de su incumplimiento.

Cuestión distinta sería que el Tribunal Constitucional declarara la inconstitucionalidad del Tratado por no haberse seguido los trámites formales de celebración del mismo conforme al Derecho interno español, siempre que dicho trámite tuviera carácter sustancial (por ejemplo, que las Cortes Generales no hubiesen dado su autorización a través de la Ley Orgánica en los casos en que

[12] El Decreto 801/1972 define la autenticación como el acto internacional mediante el cual los Estados negociadores certifican que el texto de un tratado es correcto y auténtico y lo establecen de forma definitiva (artículo 2 d).

[13] SÁNCHEZ GONZÁLEZ, S.: en SÁNCHEZ GONZÁLEZ, S y MELLADO PRADO, P.: *El sistema de fuentes en el ordenamiento español*, Madrid, CERA, 2010. págs. 271 y 272.

[14] Artículos 27.2.c, 31, 32.1 y 35 LOTC.

así se requiere); en estos casos, consideramos que el Tratado no sería declarado inaplicable sino *nulo* y el Estado no quedaría en ningún caso vinculado por lo previsto en el Tratado. En este sentido, el artículo 46 de la Convención de Viena sobre el Derecho de los Tratados establece que «.1 El hecho de que el consentimiento de un Estado en obligarse por un Tratado haya sido manifiesto en violación de una disposición de su Derecho interno concerniente a la competencia para celebrar Tratados no podrá ser alegado por dicho Estado como vicio de su consentimiento, a menos que *esa violación sea manifiesta y afecte a una norma de importancia fundamental de su Derecho interno*. 2. Una violación es manifiesta si resulta objetivamente evidente para cualquier Estado que proceda en la materia conforme a la práctica usual y de buena fe».

C) El control *indirecto* de constitucionalidad de los Tratados

Si los Tratados Internacionales son susceptibles de ser declarados inconstitucionales, nada se opone a que dicha declaración se produzca por el mecanismo previsto en el art. 55.2 de la LOTC. Ello no altera la naturaleza del recurso de amparo que ha de seguirse tramitando y resolviendo como remedio que es frente a vulneraciones singulares de derechos fundamentales, ya que la eventual inaplicación de la ley para la concesión del amparo limita sus efectos al caso concreto decidido, sin que este Tribunal deba entonces, juzgando en amparo, hacer pronunciamiento general alguno sobre la contradicción entre dicha ley y la Constitución, pronunciamiento al que sólo cabrá llegar en estos supuestos, a través del procedimiento establecido en el citado art. 55.2 LOTC (STC 187/1991, de 3 de octubre)

D) La interpretación de los Tratados Internacionales

De acuerdo con lo establecido en la LTAI, Las normas jurídicas contenidas en los tratados internacionales válidamente celebrados y publicados oficialmente prevalecerán sobre cualquier otra norma del ordenamiento interno en caso de conflicto con ellas, salvo las normas de rango constitucional.

Respecto a las reglas de interpretación, la LTAI, establece:

- Las disposiciones de los tratados internacionales se interpretarán de acuerdo con los criterios establecidos por las normas generales de Derecho Internacional, en particular las de los artículos 31 a 33 de las Convenciones de Viena sobre el Derecho de los Tratados, así como los criterios contenidos en el propio tratado.

- En la interpretación de los tratados internacionales constitutivos de Organizaciones internacionales y de tratados adoptados en el ámbito de una Organización internacional, se tendrá en cuenta toda norma pertinente de la Organización.
- Las disposiciones de tratados internacionales afectadas por declaraciones formuladas por España se interpretarán conforme al sentido conferido en ellas.
- Las disposiciones dictadas en ejecución de tratados internacionales en los que España sea parte se interpretarán de conformidad con el tratado que desarrollan.
- Las dudas y discrepancias sobre la interpretación y el cumplimiento de un tratado internacional del que España sea parte se someterán al dictamen del Consejo de Estado, de acuerdo con lo dispuesto en la Ley Orgánica 3/1980, de 22 de abril, por el Ministro de Asuntos Exteriores, o equivalente.

7. LOS TRATADOS INTERNACIONALES EN MATERIA DE DERECHOS Y LIBERTADES

La Constitución española establece que «*las normas relativas a los derechos fundamentales y las libertades que la constitución reconoce se interpretarán de conformidad con la declaración universal de derechos humanos y los tratados y acuerdos internacionales sobre las mismas materias ratificados por España*» (artículo 10.2 CE).

Por ello, los Tratados Internacionales en materia de Derechos y Libertades ratificados por España adquieren especial importancia, principalmente la Declaración Universal de los Derechos Humanos, el Pacto Internacional de Derecho Civiles y Políticos, y el Convenio Europeo para la Protección de los Derechos Humanos y Libertades Fundamentales; planteándose además si tales Tratados, en virtud del art. 10.2 CE, se pudieran incluir como *canon de la constitucionalidad* de las Leyes españolas.

Pues bien, nuestra Jurisprudencia constitucional ha afirmado en reiteradas ocasiones la utilidad de los textos internacionales ratificados por España «para configurar el sentido y alcance de los derechos fundamentales, de conformidad con lo establecido en el art. 10.2 CE» (SSTC 38/1981, de 23 de noviembre; 84/1989, de 10 de mayo).

Sin embargo, también el TC ha precisado que el significado de la «interpretación» a la que alude el art. 10.2 CE, «no convierte a tales tratados y acuerdos internacionales en canon autónomo de validez de las normas y actos de los poderes públicos desde la perspectiva de los derechos fundamentales. Si así fuera, sobraría la proclamación constitucional de tales derechos, bastando con que el constituyente hubiera efectuado una remisión a las Declaraciones internacionales de derechos humanos o, en general, a los tratados que suscriba al Estado español sobre derechos fundamentales y libertades públicas. Por el contrario, realizada la mencionada proclamación, no puede haber duda de que la validez de las disposiciones y actos impugnados en amparo debe medirse sólo por referencia a los preceptos constitucionales que reconocen los derechos y libertades susceptibles de protección en esta clase de litigios, siendo los textos y acuerdos internacionales del art. 10.2 una fuente interpretativa que contribuye a la mejor identificación del contenido de los derechos cuya tutela se pide a este Tribunal Constitucional» (STC 64/1991, de 22 de marzo).

Es decir, el art. 10.2 CE conlleva establecer una conexión entre nuestro propio sistema de derechos fundamentales y libertades, de un lado, y los Convenios y Tratados internacionales sobre las mismas materias en los que sea parte España, de otro, y no da rango constitucional a los derechos y libertades internacionalmente proclamados en cuanto no estén también consagrados por nuestra propia Constitución, si bien, obliga a interpretar los correspondientes preceptos de ésta de acuerdo con el contenido de dichos Tratados o Convenios, de modo que en la práctica este contenido se convierte en cierto modo en el contenido constitucionalmente declarado de los derechos y libertades que enuncia el capítulo segundo del título I de nuestra Constitución. Es evidente, no obstante, que cuando el legislador o cualquier otro poder público adopta decisiones que, en relación con uno de los derechos fundamentales o las libertades que la Constitución enmarca, limita o reduce el contenido que al mismo atribuyen los citados Tratados o Convenios, el precepto constitucional directamente infringido será el que enuncia ese derecho o libertad, sin que a ello añada nada la violación indirecta y mediata del art. 10.2 CE, que por definición no puede ser nunca autónoma, sino dependiente de otra, que es la que este Tribunal habrá de apreciar en su caso.» (STC 36/1991, de 14 de febrero).

Por todo ello, una eventual contradicción de los Tratados con las leyes o con otras disposiciones normativas internas tampoco puede fundamentar la pretensión de inconstitucionalidad de esa ley por oposición a un derecho fundamental, «puesto que las normas constitucionales que reconocen los derechos y libertades han de interpretarse «de conformidad con la Declaración Universal de Derechos Humanos y los Tratados y acuerdos internacionales sobre las mismas materias ratificados por España» (art. 10.2 CE). Sin embargo, tampoco en un supuesto de esta naturaleza se convertiría *per se* el tratado en medida de la constitucionalidad de la ley examinada, pues tal medida seguiría estando integrada por el precepto constitucional definidor del derecho o libertad, si bien interpretado, en cuanto a los perfiles exactos de su contenido, de conformidad con el tratado o acuerdo internacional.» (STC 28/1991, de 14 de febrero).

Por otra parte, el legislador español, al regular los derechos de los extranjeros, resulta limitado, en virtud del art. 10.2 CE, por los Tratados Internacionales ratificados por España. El art. 13 CE autoriza al legislador a establecer restricciones y limitaciones a los derechos de los extranjeros en España, pero sin afectar «al contenido delimitado para el derecho por (..) los Tratados Internacionales» (STC 242/1994), que debe observar para configurar el sentido y alcance de los derechos fundamentales. Como cualquier otro poder público, también el legislador está obligado a interpretar los correspondientes preceptos constitucionales de acuerdo con el contenido de dichos Tratados o Convenios, que se convierte así en el «contenido constitucionalmente declarado» de los derechos y libertades que enuncia el capítulo segundo del título I de nuestra Constitución (SSTC 94/1993; 242/1994; 24/2000), pues de los Tratados en materia de derechos y libertades, se derivan límites a las posibilidades abiertas al legislador, pero no convierte a estos Tratados en «canon de constitucionalidad».

En suma pues, en la materia que estamos estudiando, al TC le corresponde determinar si el legislador ha respetado los límites impuestos en virtud del art. 10.2 CE por las normas internacionales, que le obligan a interpretar de acuerdo con ellas los derechos y libertades consagrados en nuestra Constitución. Pero el tratado o convenio internacional invocado no se convierten en sí mismos en canon de constitucionalidad. Las normas legales impugnadas deben ser contrastadas con los correspondientes preceptos constitucionales que proclaman los derechos y libertades de los extranjeros en España, interpretados de acuerdo con el contenido de dichos Tratados o Convenios. En consecuencia, sólo podrá declararse su inconstitucionalidad si aquellas normas con rango de ley vulneran el contenido constitucionalmente declarado de tales derechos y libertades. (STC 36/2007, de 7 de noviembre)

BIBLIOGRAFÍA

Andrés Saénz de Santa María, P.- «Art. 96» en Casas Bahamonde, Mª.E y Rodríguez Piñero, M (eds).- Comentarios a la Constitución española, Madrid, La Ley, 2009.

Carrillo Salcedo, J.A.- *Curso de Derecho Internacional Público. Introducción a su estructura, dinámica y funciones*, Madrid, Tecnos, 1991.

Diez de Velasco Vallejo, M.- *Instituciones de Derecho Internacional público*, Madrid, Técnos, 2009.

Gutiérrez Gutiérrez, I.: «El derecho internacional» *en Derecho político español, según la Constitución de 1978 (Tomo I)*, Madrid, Editorial Universitaria Ramón Areces, 2012.

Jiménez Piernas, C.- *Introducción al Derecho Internacional Público. Práctica española*, Madrid, Técnos, 2009

Otto, I de.- *Derecho Constitucional. Sistema de fuentes*, Ariel, Barcelona, 1987.

Pastor Ridruejo, J.A.- *Curso de Derecho Internacional Público y Organizaciones Internacionales*, Madrid, Técnos, 2010.

Remiro Brotons, A y otros.- *Derecho Internacional. Curso General*, Valencia, Tirant lo Blanc, 2ª Ed. 2010.

Sánchez González, S. y Mellado Prado, P.: *El sistema de fuentes en el ordenamiento español*, Madrid, CERA, 2010.

Capítulo XIII
Las fuentes del Derecho de la Unión Europea I

Capítulo XIII. Las Fuentes del Derecho de la Unión Europea I

Pilar Mellado Prado

1. LA UNIÓN EUROPEA: UN PROYECTO ABIERTO E INACABADO

La Unión Europea es un proyecto abierto que sigue evolucionando a lo largo de los años. La historia de la construcción europea es la historia de pasos hacia delante y de pasos hacia atrás. En este sentido, el hecho de que el Reino Unido no se incorporara desde el principio como país fundador, o el intento frustrado de crear una *Comunidad Europea de la Defensa* (Plan Pléven) cuyo Tratado, una vez firmado en París, en mayo de 1952, rechazaría la Asamblea Nacional francesa el 30 de agosto de 1954 (por una votación conjunta de gaullistas y comunistas), o el «no» de los franceses y holandeses en 2005 al Tratado por el que se establecía una Constitución para Europa, son ejemplos ilustrativos de que la construcción europea no es tarea fácil y aún está por concluir. Y para entender qué es hoy la Unión Europea, y qué puede ser en el futuro inmediato, es necesario conocer los antecedentes de su formación así como la evolución del proceso de su creación.

Tras la Segunda Guerra mundial, el panorama europeo era desolador. Sin embargo, la esperanza de muchos pro-europeístas se concretó de alguna forma el 9 de mayo de 1950, justo cinco años después de la firma de la capitulación de Berlín, cuando el Ministro de Asuntos Exteriores de la República francesa, Robert Schuman –inspirado por Jean Monnet– leyó una Declaración en la Sala del Reloj del Quai d'Orsay, sede del Ministerio de Asuntos Exteriores, lanzando un llamamiento a Alemania Occidental y a todos los países europeos que lo desearan para crear una Comunidad Económica Sectorial, con el fin de someter, bajo una única autoridad común, sus respectivas producciones de acero y carbón. La que se conoce como *Declaración Schuman,* es el origen de la creación de la *Comunidad Europea del Carbón y del Acero (CECA)* que se extinguió en 2002, una vez cumplida su misión.

Alemania, a través de su Canciller Konrad Adenauer, acogió con entusiasmo la propuesta. En la primavera de 1951, se firmó en París el *Tratado de la Comunidad Europea del Carbón y del Acero (CECA)* por parte de Alemania, Francia, Italia, Países Bajos, Bélgica y Luxemburgo (conocidos como «los seis»), que lograron el entendimiento necesario para favorecer el intercambio de las materias primas necesarias en la siderurgia, acelerando de esta forma la dinámica económica, con el fin de dotar a Europa de una capacidad de producción autónoma. El órgano decisorio (*Alta Autoridad*) de la CECA fue presidido por Jean Monnet entre 1952 y 1955.

Posteriormente, y a iniciativa italiana, durante los días 1 y 2 de junio de 1955, se reunieron en *Messina* los seis ministros de Asuntos Exteriores de la CECA. El ministro belga Paul Henry Spaak recibió el encargo de presidir una Comité Intergubernamental de Expertos, con el fin de redactar un informe sobre cómo relanzar la construcción europea. El *Informe Spaak* de 21 de abril de 1956, presentado en Venecia, proponía crear una unión aduanera y un mercado común que debía desarrollarse en un plazo de 12 años (en realidad fueron 35) sobre la base de las cuatro libertades (de establecimiento y desplazamiento de las personas, y de circulación de bienes, servicios y capitales) y una comunidad para el desarrollo de la energía atómica. Este Informe fue el origen de la creación de la *Comunidad Económica Europea (CEE) y de la Comunidad Europea de la Energía Atómica (CEEA o EURATOM),* cuyos Tratados se firmarían en Roma el 25 de marzo de 1957 y entrarían en vigor el 1 de enero de 1958.

En lo que se refiere a las adhesiones de nuevos Estados, la primera de ellas dio entrada al Reino Unido, Irlanda y Dinamarca en 1973. Hay que recordar que el Reino Unido no quiso incorporarse al inicio del proceso y que posteriormente el General De Gaulle, Presidente de la República Francesa, vetó su adhesión en dos ocasiones.

En segundo lugar, se produjo la incorporación de Grecia en 1981; y en 1986, España y Portugal. En 1995, la cifra de Estados miembros llegó a 15 con la adhesión de Suecia, Finlandia y Austria, tras rechazar el pueblo noruego, por segunda vez, su incorporación a las Comunidades Europeas. Posteriormente, y como consecuencia principalmente de la extinción de la URSS, tuvo lugar la mayor y más heterogénea de las ampliaciones de la Unión Europea, con la adhesión el 1 de mayo de 2004, de diez nuevos Estados (Estonia, Letonia, Lituania, Polonia, República Checa, Eslovaquia, Hungría, Eslovenia, Chipre y Malta); y el 1 de enero de 2007, con la incorporación de Bulgaria y Rumania. Por último, el 1 de julio de 2013 se hizo efectiva la adhesión de Croacia, con lo que la Unión Europea cuenta en la actualidad con 28 Estados miembros.

Por otra parte, y como hemos señalado al principio, la Unión Europea tiene una historia llena de altibajos. Una de las crisis más importantes fue la denominada *crisis de la silla vacía*, provocada por Francia entre julio de 1965 y enero de 1966, a la que puso fin el *compromiso de Luxemburgo*[1].

En 1986, el *Acta Única Europea* (entró en vigor en julio de 1987) revisó los Tratados de Roma para reactivar la integración europea y llevar a cabo la realización del mercado interior. Modificó las normas de funcionamiento de las instituciones europeas y amplió las competencias comunitarias, especialmente en el ámbito de la investigación y el desarrollo, y el medio ambiente e impulsó una iniciativa común en materia de política exterior (*la Cooperación Política Europea*) así como una incipiente cooperación en materia de seguridad.

Posteriormente, el *Tratado de la Unión Europea, firmado en Maastricht* el 7 de febrero de 1992, y cuya entrada en vigor se produjo en 1993, marca una nueva etapa en la integración europea, al permitir la puesta en marcha de la integración política. Creó una Unión Europea, formada por tres pilares: el pilar comunitario (las Comunidades Europeas), la Política Exterior y de Seguridad Común (PESC) y la Cooperación policial y judicial en materia penal (JAI). Esta Unión Europea se creaba como una organización política superior a las Comunidades Europeas, si bien no tendrá personalidad jurídica propia hasta la entrada en vigor del Tratado de Lisboa el 1 de diciembre de 2009.

El *Tratado de la Unión Europea* creó también la ciudadanía europea, con una serie de derechos aparejados como circular y residir libremente en los

---

[1] La llama *crisis de la silla vacía* fue la crisis más grave de la Europa de los 6 y se produjo cuando Francia decidió, el 30 de junio de 1965, ausentarse del Consejo de Ministros y no participar más en las decisiones comunitarias. El pretexto fue una propuesta de Reglamento presentada por el entonces Presidente de la Comisión, W. Hallstein, cuyo objetivo era asegurar la financiación de la política agrícola común con recursos propios. Pero la causa era más profunda: el General De Gaulle no quería someterse a la votación por mayoría cualificada en el seno del Consejo, cuyas primeras decisiones debían aplicarse a partir del 1 de enero de 1966. Después de seis meses de ausencia, los representantes franceses aceptaron el llamado *Compromiso de Luxemburgo*, en virtud del cual Francia rehusaba aceptar la posibilidad de recurrir a una votación por mayoría cualificada desde el momento en que un Estado miembro invocara un «interés nacional esencial». Esta situación, que obstaculizó durante años el proceso decisorio comunitario al recurrirse frecuentemente a la amenaza de veto por asuntos menores, quedó corregida por el Acta Única Europea, que amplió el campo de competencias comunitarias que podían ser objeto de decisiones mayoritarias.

países de la comunidad, o el derecho de sufragio activo y pasivo de todos los ciudadanos de los países miembros que residan en un Estado miembro diferente al de origen, en las elecciones europeas y municipales. Asimismo, reforzaba los poderes del Parlamento Europeo y decidía la creación de una Unión Económica y Monetaria.

Pero con la perspectiva que nos da el tiempo transcurrido, resulta evidente que la Unión Europea debió enfrentarse prematuramente, en la Conferencia Intergubernamental (CIG) de 1996 para la reforma del Tratado de Maastricht, a la necesidad de conseguir un sistema organizativo sencillo, transparente y eficaz. No parece que el *Tratado de Ámsterdam,* firmado el 2 de octubre de 1997, lo consiguiera. Y lo cierto es que si no se conseguía una reforma institucional en profundidad antes que la ampliación de la Unión, no podríamos evitar que perdiera su naturaleza y se produjera, previsiblemente, un bloqueo institucional irreversible. Conviene recordar que en el *Consejo Europeo de Luxemburgo de diciembre de 1998,* los Quince dejaron claro que esta reforma institucional era una «cuestión previa para la ampliación».

Además, el *Tratado de Ámsterdam* que no entró en vigor hasta el 1 de mayo de 1999, desarrolló el concepto de ciudadanía europea, completando la lista de los derechos civiles de los que se benefician los ciudadanos de la Unión y precisando la relación entre ciudadanía nacional y ciudadanía europea. Asimismo, el Tratado integraba un acuerdo social reforzado que preveía, entre otras cosas, la lucha contra la marginación social, y que consolidaba la igualdad de trato entre el hombre y la mujer. Y creaba la figura del Alto representante para la PESC (Política Exterior y de Seguridad Común), con objeto de dar mayor visibilidad y coherencia a dichas políticas.

Por su parte, el *Protocolo nº 11 del Tratado de Ámsterdam sobre las Instituciones en la perspectiva de la ampliación de la Unión Europea,* disponía que «al menos un año antes de que el número de Estados miembros de la U.E. exceda de veinte, se convocará una Conferencia de representantes de los gobiernos de los Estados miembros con el fin de efectuar una revisión global de las disposiciones de los Tratados sobre la composición y el funcionamiento de las instituciones».

Cumpliendo este mandato, *el Consejo Europeo de Colonia de junio de 1999,* acordó convocar para primeros del año 2000 una Conferencia Intergubernamental, con el fin de resolver las cuestiones institucionales que quedaron pendientes en el Tratado de Ámsterdam y que requerían una solución antes de la próxima ampliación de la Unión.

Así, y antes de cumplirse un año de la entrada en vigor del Tratado de Ámsterdam, el 14 de febrero de 2000 se inauguró en Bruselas, bajo Presidencia portuguesa, dicha Conferencia Intergubernamental, que finalizó sus trabajos en diciembre del mismo año, bajo Presidencia francesa.

La imprescindible reforma de las instituciones para adaptarlas a la ampliación de hasta trece nuevos países –como se acordó en el *Consejo Europeo de Helsinki en diciembre de 1999*– reabría en la CIG' 2000 un debate delicado, aparcado deliberadamente en la CIG' 1996, sobre tres puntos esenciales determinados ya por el *Consejo de Colonia de junio de 1999:*

- El tamaño y la composición de la Comisión.
- La reponderación de los votos de los Estados miembros en el Consejo y la revisión del umbral de la mayoría cualificada.
- Y la posibilidad de ampliar los supuestos de voto por mayoría cualificada en el seno del Consejo, así como las demás modificaciones que requiera el tratado, en la medida en que afecten a las instituciones en relación con los tres puntos anteriores, y que se deriven de la aplicación del Tratado de Ámsterdam.

Así pues, las negociaciones del *Consejo Europeo de Niza* de diciembre de 2000 tenían como principal objetivo completar lo que el Tratado de Ámsterdam no pudo lograr (los famosos «*flecos*» de Ámsterdam) es decir, la resolución de las dos cuestiones institucionales pendientes: el tamaño y la composición de la Comisión; y la reponderación de los votos de los Estados miembros en el Consejo.

El objetivo central de los cinco grandes Estados miembros era hacer frente al creciente deterioro del peso específico de estos cinco países más poblados, ya iniciado en el momento de concluirse la ampliación de 12 a 15 miembros, y que se aceleraría irreversiblemente con la entrada de 11 países medianos y pequeños del Este de Europa y del Mediterráneo, y de sólo uno grande (Polonia). A esto se añadió la extensión de la mayoría cualificada y las cooperaciones reforzadas.

El *Tratado de Niza* –firmado por los representantes de los Gobiernos de los Estados miembros el 26 de febrero de 2001[2]– concluyó, sólo en parte, la reforma institucional de la Comisión Europea y del Consejo, preparando a la Unión Europea para la adhesión de nuevos Estados miembros.

---

[2] El Tratado de Niza entró en vigor el 1 de febrero de 2003.

No obstante, en la *Declaración sobre el futuro de la Unión,* aneja al Acta Final, la Conferencia Intergubernamental 2000 solicitaba un debate más amplio y profundo sobre el desarrollo futuro de la Unión Europea. En este sentido, en el año 2001, las Presidencias sueca y belga, en colaboración con la Comisión y con la participación del Parlamento Europeo, favorecieron un amplio debate con todas las partes interesadas: representantes de los Parlamentos nacionales y todos los medios que reflejan la opinión pública. En este proceso participaron también los Estados candidatos.

1.1. La Constitución Europea y el Tratado de Lisboa de 13 de diciembre de 2007

Tras el informe presentado en Gotemburgo en junio de 2001, el Consejo Europeo de Laeken, de diciembre de 2001, acordó una declaración, conocida como la *Declaración de Laeken* en la que se acordó que, tras una serie de medidas preparatorias, se constituiría una *Convención* (que comenzó sus trabajos el 28 de febrero de 2002, bajo Presidencia española) con el fin de preparar el proyecto de reforma de los Tratados que sería objeto de una nueva Conferencia de los Representantes de los Gobiernos de los Estados miembros en el año 2004. Con este proceso se pretendía mejorar y supervisar permanentemente la legitimidad democrática y la transparencia de la Unión y de sus instituciones, con el fin de aproximarlas a los ciudadanos de los Estados miembros.

La *Convención sobre el futuro de Europa,* al igual que la convocada anteriormente para la elaboración de la *Carta de los Derechos Fundamentales de la Unión Europea*[3], iniciaba una nueva etapa en el proceso de integración europea, al constituir un nuevo método de reforma de los Tratados, un método híbrido entre el derecho diplomático del siglo XIX, es decir, de la negociación de los tratados a puerta cerrada, y el inicio de la participación activa en el debate de la reforma, de instituciones que sólo difícilmente podían hacerse oír en épocas anteriores, como el Parlamento Europeo y los Parlamentos nacionales, e incluso, al menos aparentemente, la sociedad civil. De esta forma, por primera vez en la historia de la Unión Europea, el proceso de refor-

[3] La Carta fue proclamada por las Instituciones en Niza, en diciembre de 2000 y entró en vigor a la vez que el Tratado de Lisboa, el 1 de diciembre de 2009 (DO C 364, de 18 de diciembre de 2000 y DO C 83 de 30 de marzo de 2010).

ma de los Tratados no sería obra exclusiva de los Estados miembros en una Conferencia Intergubernamental, aunque evidentemente siempre tendrían la última palabra.

La *Convención*, presidida por el ex Presidente de la República francesa, Valéry Giscard D'Estaing, estaba integrada en su gran mayoría (cerca de dos tercios) por parlamentarios (europeos, de los parlamentos nacionales de los Estados miembros y de los países candidatos). Junto a ellos, representantes de los gobiernos de los Estados miembros y de la Comisión Europea, sin olvidar la presencia, en calidad de observadores, de los interlocutores sociales, del Comité Económico y Social Europeo, del Comité de las Regiones, así como del Defensor del Pueblo Europeo, que reforzaron el carácter representativo de la Convención, si bien su plena participación en ella le habría otorgado una legitimidad aún mayor.

Los diversos Informes y Dictámenes que las Instituciones y sus órganos auxiliares dirigieron a la Conferencia Intergubernamental consideraban que la Convención funcionó en general de manera eficaz, transparente y abierta, permitiendo a los ciudadanos, en la medida de lo posible, acceder a sus trabajos y documentos. También hay que destacar la integración de los parlamentos nacionales, hasta ahora ajenos en gran medida a las fases iniciales de los grandes debates europeos. Asimismo, la Convención posibilitó la participación de los países candidatos, que intervinieron en los trabajos con los mismos derechos *de facto* que los Estados miembros: sólo se les privó de un derecho de voto que la Convención no llegó a ejercer al decidir desde un primer momento adoptar los acuerdos por consenso[4].

Pues bien, un año y cuatro meses después de su apertura, la Convención –superado el desafío que alguien describió como estar «*atrapada en la dialéctica de lo imposible y lo indispensable*»- concluyó sus trabajos adoptando por consenso un «*Proyecto de Tratado por el que se establece una Constitución para Europa*»[5], proyecto que fue presentado al Presidente del Consejo Europeo en Roma el 18 de julio de 2003 (CONV 850/03).

---

[4] Como señaló B. Donelly («The european Convention. Work in progress», 2003, *http://www.fed-trust.co.uk*) frente a las ideas de la mayoría y la unanimidad, el consenso se canalizó a través de la exigencia de considerar los diferentes orígenes de los miembros que integraban la Convención, descartando cualquier combinación que excluyera total o mayoritariamente a alguno de sus componentes o a alguna de las grandes agrupaciones ideológicas, o que no tuviera en cuenta la representación de las grandes opciones para la construcción europea.

[5] Resulta interesante el breve análisis del Proyecto de Tratado Constitucional, emanado de la Convención, que hace C. PHILIP en *La Constitution Européenne,* Colección Que sais-je?, PUF, Paris, 2004.

Hay que subrayar que la Conferencia Intergubernamental que debía concluir el Proyecto de Constitución europea –y que adelantó sus trabajos al segundo semestre de 2003, bajo presidencia italiana– no constituiría, en ningún caso, un obstáculo o una condición previa al proceso de ampliación. Además, se invitaba a participar en ella a aquellos Estados candidatos que hubieran concluido las negociaciones de adhesión con la Unión, así como, en calidad de observadores, a aquellos candidatos que no las hubieran cerrado.

La noche del 18 de junio de 2004 –sólo un mes y medio después de la gran ampliación– los Jefes de Estado y de Gobierno de los 25 Estados miembros aprobaron el Proyecto de Tratado constitucional, llamado a ser la «*ley de leyes*» para 455 millones de europeos de 25 países. Finalmente, el 29 de octubre, los líderes de los 25 Estados miembros firmaron el Proyecto de Constitución Europea en el Palacio del Capitolio de Roma, el mismo escenario que en 1957 acogió el lanzamiento de la construcción europea con la firma de los Tratados constitutivos de la Comunidad Económica Europea (TCEE) y de la Comunidad Europea para el desarrollo de la Energía Atómica (TEURATOM).

Aunque excesivamente largo (tenía 448 artículos y 36 Protocolos que formaban parte del Tratado desde el punto de vista jurídico) farragoso y complejo, lo verdaderamente importante era que el *Tratado por el que se establece una Constitución para Europa*[6] –que hubiera tenido que ser ratificado en el plazo de dos años por los Parlamentos nacionales de los Estados miembros, o por los ciudadanos a través de un referéndum, como fue el caso de España[7], lograra el objetivo central de una definitiva y coherente arquitectura institucional europea, que hiciera efectiva una mayor transparencia en la adopción de las decisiones y un mayor control político de las mismas.

Pero el resultado negativo de los referendos celebrados en Francia y Holanda, en mayo de 2005, desembocó en un largo *impasse* de más de dos años, por lo que resultó evidente que la ampliación de la Unión Europea, la más extensa, difícil y heterogénea de su historia, se produjo a expensas de una Unión más profunda.

Después del «No» francés y holandés, y cuando más de diez Estados miembros habían ratificado ya el Tratado, la mayoría de los países que quedaban por ratificarlo se apresuraron a paralizar los procesos de ratificación. Para

6 Diario Oficial de la Unión Europea C 310, de 16 de diciembre de 2004.

7 El referéndum se celebró el 20 de febrero de 2005. Los resultados fueron los siguientes: Participación: 42,32%; votos a favor: 10.804.464 (76,73%); votos en contra: 2.428.409 (17,24%); votos en blanco: 849.093 (6,03%); y votos nulos: 122.697 (0,86%).

algunos gobiernos de Estados miembros, los resultados negativos de Francia y Holanda –dos países fundadores– fue como un regalo inesperado. Y no nos referimos sólo al Reino Unido, país en el que resultaba más que improbable un resultado favorable en un referéndum sobre la Constitución, y por lo que no pudo sorprendernos que la mayor parte de la clase política británica afirmara contundentemente que *«la Constitución está muerta y no resucitará»*. Resultan, en este sentido, muy ilustrativas las palabras de Denis McShane, diputado laborista y ex Ministro para Europa del Gobierno Blair, publicadas el 4 de junio de 2006: *«Giscard D'Estaing va de capital en capital insistiendo en que su criatura nacida muerta alcanzará la edad adulta, pero semejante necrofilia política carece de gusto, razón o lógica»*[8].

Pero curiosamente, unos años antes, en noviembre de 2001, en Birmingham, el Primer Ministro británico Tony Blair parafraseó la famosa frase de Churchill acerca de la *«tragedia de Europa»*, para referirse a la *«tragedia británica»*, que describió como la incapacidad para entender que el interés nacional británico consistía en apostar decisivamente por Europa. Entonces ironizó con la posición históricamente mantenida por los británicos respecto a la integración europea: *«Primero dijimos que no ocurriría; luego que no funcionaría; por último que no la necesitábamos»*.

Como es sabido, el Reino Unido no influyó en el diseño de la Comunidad Económica Europea, tampoco en la Unión Económica y Monetaria; pero sí en el Tratado constitucional. Pero cuando su labor era más necesaria, y lo vimos en su Presidencia del segundo semestre de 2005, el Reino Unido invirtió su posición y volvió a instalarse en la contradicción que siempre ha dominado su política europea: intentar liderar Europa desde fuera, sin comprometerse a fondo, sin participar en sus políticas más importantes y sin aceptar otra regla que no sea la unanimidad[9].

Pero no, no sólo nos referimos al Reino Unido, sino también a algunos Estados que se adhirieron el 1 de mayo de 2004, y en los que sorprende el enorme contraste entre el europeísmo entusiasta de algunos, sólo de algunos, de sus líderes, y la apatía, cuando no el rechazo, de sus ciudadanos hacia la Unión.

Por todo ello, resultó decepcionante que en esas circunstancias, los gobernantes europeos, en el Consejo Europeo de 17 de junio de 2005, a través de

---

[8] Diario *El País*, de 4 de junio de 2006, p. 19.

[9] Por su enorme interés, véase Ahijado, M.: *Los británicos y Europa. ¿De la reluctancia a la integración plena en la Unión Europea?*, Ediciones Académicas, Madrid, 2007.

una *Declaración sobre la ratificación del Tratado,* decidieran «abrir una reflexión común a escala nacional y europea», aplazando *de facto* el proceso de ratificación hasta 2007, después de las elecciones presidenciales francesas, no siendo capaces de afrontar el problema de fondo que no es otro que la Europa que queremos los ciudadanos. Como señaló un analista norteamericano, un crecimiento tan rápido y extenso de la Unión había provocado «en los miembros fundadores de Europa un caso agudo de indigestión. La ampliación ha diluido la sensación de identidad común y de solidaridad que iba unida a una Europa más pequeña»[10].

Es cierto que no debería sorprendernos: las uniones suelen fallar cuando se amplían y ahí está el caso de Estados Unidos cuya ampliación al Oeste estuvo a punto de despedazar la Unión, al promover las gravísimas disputas políticas que provocaron la guerra civil. Pero el error de la Unión Europea no ha sido ampliarse hacia el Este y el mediterráneo, sino ampliarse sin haber hecho antes la profundización de la que hablábamos anteriormente, dejando a la Unión preparada para funcionar eficazmente con una composición más amplia. Además, la ampliación se podía haber hecho más lentamente, preparando también a los ciudadanos europeos. Quizás así se hubiera podido evitar que los electores franceses y holandeses se desquitaran con Europa por su frustración económica, cuando la integración significa en última instancia más prosperidad. Porque la Unión es parte de la solución, no el problema. En este sentido, la Unión Europea se convirtió en el chivo expiatorio de los fallos de los gobiernos nacionales.

Todos coincidimos en que el Tratado Constitucional no era perfecto, pero tampoco aspiraba a serlo. Se trataba de un texto claramente mejorable en el fondo y en la forma. Ninguna *Constitución* resuelve los problemas, no tiene ningún poder taumatúrgico; sólo aspira a fijar los valores de una colectividad, a proporcionar unas reglas del juego justas, a configurar unas instituciones y unos mecanismos eficaces, y a proporcionar unos principios generales con los que resolver los problemas que surjan.

El Tratado Constitucional respondía a la necesidad de clarificar la identidad política y el desarrollo del modelo social y de cohesión, característico de Europa; y a la de solucionar la falta de democracia, eficacia y presencia en el mundo, que es lo que demandan los ciudadanos. Pero como dijo J. Delors –el más activo de los últimos Presidentes de la Comisión Europea– en una entrevista en la televisión francesa en 2006, «los políticos europeos llevan meses cantando el

---

[10] KUPCHAN, CH.: «Lecciones del no», en el Diario *El País*, de 12 de junio de 2005.

estribillo de la famosa canción de finales de los años treinta *Tout va très bien Madame La Marquise*, sin recordar que lo gracioso es que sonaba mientras el hermoso castillo de la Sra. Marquesa ardía por los cuatro costados».

Europa atravesaba la peor crisis de su historia hasta entonces y era más irrelevante que nunca en el escenario mundial. Pero la Comisión y los líderes políticos europeos –incapaces de emprender alguna iniciativa– sólo decían que hacía falta tiempo. Y el tiempo pasó. Por fin, el Consejo Europeo de 21 y 22 de junio de 2007, sin dedicarle ni un honroso epitafio a la Constitución Europea, convocó una Conferencia Intergubernamental con el fin de reformar el Tratado de la Unión Europea y el Tratado de la Comunidad Europea. Y, desgraciadamente resultaron ciertas las palabras de un prestigioso analista sobre el mandato de la CIG'2007: *«el tono de las Conclusiones del Consejo Europeo de junio es el de un padre frustrado que trata de imponer disciplina entre sus hijos rebeldes»*.

La Conferencia Intergubernamental se inauguró bajo presidencia portuguesa en julio de 2007, y en la Cumbre de Lisboa celebrada los días 18 y 19 de octubre del citado año, se acordó que el nuevo Tratado de Reforma de los Tratados vigentes, es decir, del Tratado de la Unión Europea y del Tratado de la Comunidad Europea (ahora llamado *Tratado de Funcionamiento de la Unión Europea*), se firmara dos meses después, antes de concluir la presidencia de Portugal. Y así fue: el nuevo Tratado de reforma se firmó en Lisboa el 13 de diciembre de 2007[11].

Con el *Tratado de Lisboa*, desaparecen la forma y los símbolos de la Constitución, manteniéndose el esquema tradicional de los Tratados. Y aunque se incorpora el 90% del contenido de la antigua Constitución, se ha añadido una considerable complejidad, hasta el punto de que el entonces Primer Ministro luxemburgués lo calificó de «*Tratado espeleológico*», prácticamente ininteligible para los ciudadanos.

En definitiva, el Tratado de Lisboa supone, por una parte, una vuelta a la forma tradicional de reformar los Tratados «a puerta cerrada»; y por otra –consecuencia de la anterior– la construcción de una Europa «a la medida de los gobiernos» ya que se ha hecho «desde los gobiernos y para los gobiernos», con el riesgo gravísimo de que «toda reforma será una ocasión para el chantaje»[12]. Se trataba de conseguir una ratificación sin sobresaltos, una fórmula

---

[11] Tratado por el que se modifica el Tratado de la Unión Europea y el Tratado de la Comunidad Europea, de 13 de diciembre de 2007 (DO C 306, de 17 de diciembre de 2007).

[12] MANGAS, A.: «Europa a la medida de los gobiernos», en *Revista General de Derecho Europeo* nº 14, 2007 (www.iustel.com).

que pudiera ser aprobada por casi todos por la vía parlamentaria, sin tener que recurrir a los referendos, lo que en algunos países, como Irlanda, no es posible, ya que lo exigen sus normas constitucionales.

Y precisamente Irlanda nos trajo de nuevo la incertidumbre en el proceso de integración europea: nada más y nada menos que cuatro años después de la firma de la Constitución Europea, y tres desde los «noes» francés y holandés, otra vez el resultado negativo del referéndum irlandés, celebrado el 12 de junio de 2008, volvía a hacer imposible que el nuevo *Tratado de Lisboa,* firmado el 13 de diciembre de 2007 por los representantes de los Gobiernos de los 27 Estados miembros, pudiera entrar en vigor el 1 de enero de 2009.

Pues bien, en las Conclusiones de las Presidencia del Consejo Europeo celebrado los días 19 y 20 de junio de 2008, éste «tomó nota» del resultado del referéndum celebrado en Irlanda sobre el Tratado de Lisboa e hizo un balance de la situación a partir de una primera evaluación ofrecida por el Primer Ministro irlandés, Brian Cowen. Asimismo, el Consejo Europeo consideró que hacía falta más tiempo para analizar la situación, y esperaría a que el Gobierno irlandés realizara las oportunas consultas, tanto internas como con los demás Estados miembros, «para proponer un camino común a seguir». En este sentido, el Consejo Europeo acordó, a iniciativa de Irlanda, volver a tratar el asunto en su reunión de 15 de octubre con el fin de estudiar una salida a la crisis.

En un contexto marcado por la crisis económica y financiera internacional, el Consejo Europeo de 15 y 16 de octubre de 2008, celebrado con el Tratado de Lisboa ratificado por 24 de los 27 países, escuchó de nuevo el análisis del Primer Ministro irlandés. Basándose en esta intervención, el Consejo Europeo acordó volver sobre la cuestión en su reunión de diciembre de 2008 con el fin de «definir los elementos de una solución y de una vía común de avance».

Un elemental sentido común nos dictaba entonces que el progreso de 500 millones de europeos no podía ser paralizado por la opinión adversa de menos de un 1% de sus integrantes, por muy respetable que fuera. Además, no era de recibo que el Gobierno irlandés insinuara que sólo estaría en condiciones de convocar un segundo referéndum en 2009 si se garantizaba que Irlanda tendría en la Comisión un miembro permanente cada 5 años (idea a la que se sumaron de inmediato otros países pequeños como Bélgica). Este claro chantaje, al reclamar que se alterara la composición de la Comisión prevista en el nuevo Tratado, garantizando a todos los países un comisario como hasta ahora, para camuflarlo diluido en una especie de «café para todos», era absolutamente inaceptable.

Pero el Consejo Europeo de diciembre de 2008 aceptó el chantaje e Irlanda sometió a referéndum de nuevo el Tratado de Lisboa el 2 de octubre de 2009. De las urnas irlandesas salió esta vez el sí, y tras depositar en Roma los correspondientes instrumentos de ratificación los Estados de Irlanda y Polonia, el Tratado de Lisboa entró en vigor el 1 de diciembre de 2009.

2. EL ORDENAMIENTO JURÍDICO DE LA UNIÓN EUROPEA: CARACTERES ESENCIALES

El Derecho de la Unión Europea *constituye un ordenamiento jurídico propio*, integrado en el ordenamiento jurídico de los Estados miembros, que vincula a sus órganos jurisdiccionales, y no un mero agregado de normas. Asimismo, es un *ordenamiento jurídico autónomo* respecto del Derecho Internacional y respecto del Derecho Interno, aunque se integre en los sistemas jurídicos nacionales, como afirmó el Tribunal de Justicia de las Comunidades Europeas en su Sentencia de 15 de julio de 1964, en el asunto Costa c. ENEL[13].

El Derecho de la Unión Europea *tiene su origen* en la transferencia a las Comunidades Europeas (CECA, CEE y EURATOM)[14] y a la Unión Europea de competencias de los Estados miembros; transferencias que se producen a través de los sucesivos Tratados que cada Estado miembro suscribe de conformidad a las previsiones fijadas en su Derecho nacional. Así pues, la característica principal del ordenamiento jurídico de la Unión es constituir *un ordenamiento jurídico derivado de las competencias transferidas por los Estados miembros* que se ejercen por instituciones independientes de éstos.

Por otra parte, son *sujetos del Derecho Europeo*: los Estados miembros, las instituciones comunitarias, y las personas físicas y jurídicas, públicas y privadas, susceptibles de ser sujetos de derechos y obligaciones en los Estados miembros, en el marco de las competencias europeas.

Pues bien, este auténtico ordenamiento jurídico *autónomo* –aceptado por España en virtud de lo establecido en el artículo 93 de nuestra Constitución y

---

[13] STJCE de 15 de julio de 1964, Asunto 6-64, *Flaminio Costa contra ENEL*, f.3

[14] *El Tratado constitutivo de la Comunidad Europea del Carbón y del Acero (CECA)* se firmó en París el 18 de abril de 1951, y entró en vigor el 23 de julio de 1952. Cincuenta años después, el 23 de julio de 2002, la CECA se extinguió de acuerdo con lo dispuesto en el artículo 97 del Tratado que la creó.

del Tratado de Adhesión de España a las Comunidades de Europeas[15]– tiene su propio sistema de fuentes, sin duda complejo y peculiar. Por una parte, los Tratados –tanto los constitutivos de las Comunidades Europeas como los de su reforma, y los de Adhesión de los distintos Estados miembros– forman lo que se denomina el *Derecho originario* o *primario;* y por otra, las normas que emanan de las instituciones, órganos y organismos de la Unión Europea en el ejercicio de sus competencias, constituyen el llamado *Derecho derivado*. La relación entre el Derecho originario y el Derecho derivado es similar a la que existe entre las Constituciones de los Estados miembros y sus respectivos ordenamientos jurídicos, en el sentido de que la validez del Derecho derivado depende de su adecuación al Derecho originario. En este sentido, el Tribunal de Justicia de las Comunidades Europeas, en su sentencia de 23 de abril de 1986, declaró que «la Comunidad Económica Europea es una Comunidad de Derecho, en la medida en que ni sus Estados miembros ni sus instituciones pueden sustraerse al control de la conformidad de sus actos con la *carta constitucional fundamental* que constituye el Tratado»[16].

3. EL DERECHO ORIGINARIO

El *Derecho Originario* –que constituye la norma fundamental de la Unión Europea– está integrado por numerosos Tratados, que E. LINDE[17] clasifica con acierto en *Tratados Constitutivos* (también conocidos como *Tratados Fundacionales*), que crearon la Comunidad Europea del Carbón y del Acero (extinguida en 2002), la Comunidad Económica Europea, y la Comunidad Europea de la Energía Atómica; *Tratados de reforma puntual* de los Tratados Constitutivos, como son el Convenio de Roma de 1957, los Tratados de Bruselas de 1965, 1975 y 1984, y de Luxemburgo de 1970; *Tratados de reforma sustancial* de los Tratados constitutivos, como son el Acta Única Europea de 1986, el Tratado de la Unión Europea (o Tratado de Maastricht) de 1992, el Tratado de Ámsterdam de 1997, el Tratado de Niza de 2000, y el Tratado de Lisboa de 2007; y finalmente, los *Tratados de Adhesión* de Dinamarca, Irlanda y Reino Unido; de Grecia; de Portugal y España; de Austria, Suecia y Finlandia;

---

[15] El Tratado de Adhesión de España a las Comunidades Europeas fue firmado el 12 de junio de 1985 y entró en vigor el 1 de enero de 1986 (DO L 302, de 15 de noviembre de 1985; BOE nº 1, de 1 de enero de 1986).

[16] STJCE de 23 de abril de 1986, Asunto 294/83, *Los Verdes c. el Parlamento Europeo*, f.23.

[17] LINDE, E: *Principios de Derecho de la Unión Europea*, 6ª Edición, COLEX, Madrid 2012, p. 322.

de Estonia, Letonia, Lituania, Polonia, República Checa, Eslovaquia, Hungría, Eslovenia, Chipre y Malta; de Bulgaria y Rumanía; y de Croacia.

Sin ánimo de ser exhaustivos, *la cronología de los Tratados* que conforman el Derecho Originario es la siguiente:

- *Tratado de París,* de 18 de abril de 1951, constitutivo de la Comunidad Europea del Carbón y del Acero (CECA) que entró en vigor el 23 de julio de 1952.
- *Tratado de Roma,* de 25 de marzo de 1957, constitutivo de la Comunidad Económica Europea (CEE) que entró en vigor el 1 de enero de 1958.
- *Tratado de Roma,* de 25 de marzo de 1957, constitutivo de la Comunidad Europea de la Energía Atómica (CEEA o EURATOM) que entró en vigor el 1 de enero de 1958.
- *Tratado de Bruselas,* de 8 de abril de 1965, también conocido como *Tratado de Fusión de los Ejecutivos,* ya que instituía un Consejo único y una Comisión única de las Comunidades Europeas. Entró en vigor el 1 de julio de 1967 y fue derogado expresamente por el Tratado de Ámsterdam de 1997.
- *Tratado de Luxemburgo,* de 22 de abril de 1970, que modificaba algunas instituciones en materia presupuestaria de los Tratados fundacionales y del Tratado de Fusión de los Ejecutivos. Entró en vigor el 1 de enero de 1971.
- *Acta Única Europea,* firmada en Luxemburgo el 17 de febrero, y en la Haya el 28 de febrero de 1986. Entró en vigor el 1 de julio de 1987.
- *Tratado de la Unión Europea,* firmado en Maastricht el 7 de febrero de 1992. Entró en vigor el 1 de noviembre de 1993.
- *Tratado de Ámsterdam,* firmado el 2 de octubre de 1997. Entró en vigor el 1 de mayo de 1999.
- *Tratado de Niza,* firmado el 26 de febrero de 2001. Entró en vigor el 1 de febrero de 2003.
- *Tratado de Lisboa,* firmado el 13 de diciembre de 2007. Entró en vigor el 1 de diciembre de 2009.
- *Tratados de Adhesión* de todos los Estados miembros.

Todos estos Tratados van acompañados de *Anexos, Protocolos* (como el Protocolo sobre el Estatuto del Tribunal de Justicia de las Comunidades Europeas; o el Protocolo del Sistema Europeo de Bancos Centrales y del Banco Central Europeo) *y Declaraciones.* Los Anexos y los Protocolos forman parte de los Tratados y tienen el mismo valor jurídico que ellos.

Los Tratados que integran el Derecho originario *tienen el mismo valor y el mismo rango* –ocupan el vértice de la pirámide normativa europea– si bien su significado, como hemos comprobado, es bien diferente.

Además, *el Tratado de Lisboa,* en el artículo 6.1 del Tratado de la Unión Europea, reconoce los derechos, libertades y principios enunciados en la *Carta de los Derechos Fundamentales de la Unión Europea de 7 de diciembre de 2000,* tal y como fue adaptada el 12 de diciembre de 2007 en Estrasburgo, la cual tiene el mismo valor jurídico que los Tratados[18].

3.1. Ámbitos de aplicación del Derecho Originario

A) Ámbito material

En virtud del llamado *principio de atribución,* el artículo 5 del *Tratado de la Unión Europea* (TUE) hace una delimitación con carácter general al disponer que «La Unión perseguirá sus objetivos por los medios apropiados, de acuerdo con las competencias que se le atribuyen en los Tratados». En este sentido, toda competencia no atribuida a la Unión en los Tratados corresponde a los Estados miembros (art. 6.1 TUE).

B) Ámbito temporal

Por lo que se refiere *al ámbito temporal de aplicación* del Derecho originario, el artículo 53 del *Tratado de la Unión Europea* (TUE) y 356 del *Tratado de Funcionamiento de la Unión Europea* (TFUE)[19] disponen que dichos Tratados «se concluye(n) por un período de tiempo ilimitado». Esta fórmula de vigencia en el tiempo es idéntica a la establecida en los Tratados constitutivos de la CEE y del EURATOM. Sin embargo, el Tratado constitutivo de la CECA previó, en su artículo 97, una vigencia de 50 años, por lo que aquélla expiró el 23 de julio de 2002.

Para que los Tratados puedan entrar en vigor, *deben ser ratificados* por las Altas Partes Contratantes –por todos los Estados miembros si se trata de los Tra-

[18] De esta forma, el Tratado de Lisboa incorpora la Carta de los Derechos Fundamentales de la Unión Europea por referencia, no incluyendo su «corpus» como hacía la *non nata* Constitución Europea.

[19] Antes del Tratado de Lisboa era denominado *Tratado de la Comunidad Europea.*

tados constitutivos o de modificación de los mismos; y por los Estados candidatos, si se trata de Tratados de Adhesión– de conformidad con sus respectivas normas constitucionales. Los instrumentos de ratificación *deben ser depositados* ante el Gobierno de la República italiana. La fecha de entrada en vigor puede variar y viene determinada por la fecha en que realice el último depósito.

Los Tratados se redactan en ejemplares únicos, en todas las lenguas de los Estados signatarios: en la actualidad, 24 lenguas[20].

Como es lógico, la vigencia de las normas constitutivas puede alterarse por *la revisión* de las mismas. En este sentido, el artículo 48 TUE dispone que los Tratados podrán modificarse con arreglo a un procedimiento de revisión ordinario, así como de acuerdo a procedimientos de revisión simplificados.

- *Procedimiento de revisión ordinario*

La *iniciativa* para presentar al Consejo proyectos de revisión de los Tratados corresponde al Gobierno de cualquier Estado miembro, al Parlamento Europeo y a la Comisión. Estos proyectos podrán tener por finalidad, entre otras cosas, aumentar o reducir las competencias atribuidas a la Unión en los Tratados. Los proyectos serán remitidos por el Consejo al Consejo Europeo, y serán también notificados a los Parlamentos nacionales.

Si el Consejo Europeo, previa consulta al Parlamento Europeo y a la Comisión, adopta por mayoría simple una decisión favorable al examen de las modificaciones propuestas, el Presidente del Consejo Europeo convocará una *Convención* compuesta por representantes de los Parlamentos nacionales, de los Jefes de Estado o de Gobierno de los Estados miembros, del Parlamento Europeo y de la Comisión. Cuando se trate de modificaciones institucionales en el ámbito monetario, se consultará también al Banco Central Europeo.

La *Convención examinará los proyectos de revisión y adoptará por consenso* una recomendación dirigida a una Conferencia de representantes de los Gobiernos de los Estados miembros, la cual será convocada por el Presidente del Con-

---

[20] El número de Estados miembros es superior al número de lenguas oficiales, lo cual se debe principalmente a que varias lenguas se hablan en más de un país. Por ejemplo, el neerlandés es oficial en los Países Bajos y Bélgica; el francés, en Francia, Bélgica y Luxemburgo; y el griego, en Grecia y Chipre. El alemán, por su parte, es oficial en Alemania, Austria, Luxemburgo y Bélgica. El inglés es oficial en el Reino Unido y mayoritario en Irlanda. También se debe a que no todas las lenguas oficiales han sido reconocidas como lenguas oficiales de la UE: el luxemburgués, lengua oficial de Luxemburgo desde 1984 y el turco, lengua nacional de Chipre.

sejo, con el fin de que se aprueben de común acuerdo las modificaciones que deban introducirse en los Tratados. Las modificaciones entrarán en vigor después de haber sido ratificadas por todos los Estados miembros de conformidad con sus respectivas normas constitucionales.

Pero *el Consejo Europeo podrá decidir por mayoría simple, previa aprobación del Parlamento Europeo, no convocar una Convención* cuando la importancia de las modificaciones no lo justifique. En este último caso, el Consejo Europeo establecerá un mandato para una Conferencia de representantes de los Gobiernos de los Estados miembros.

Si, transcurrido un plazo de dos años desde la firma de un Tratado modificativo de los Tratados, las cuatro quintas partes de los Estados miembros lo han ratificado y uno o varios Estados miembros han encontrado dificultades para proceder a dicha ratificación, el Consejo Europeo examinará la cuestión.

• *Procedimientos de revisión simplificados*

El Gobierno de cualquier Estado miembro, el Parlamento Europeo o la Comisión podrán presentar al Consejo Europeo proyectos de revisión de la totalidad o parte de las disposiciones del Título III del *Tratado de Funcionamiento de la Unión Europea* (TFUE) relativas a las políticas y acciones internas de la Unión.

Corresponde exclusivamente al Consejo Europeo adoptar una decisión que modifique la totalidad o parte de las disposiciones del referido Título III del TFUE. El Consejo Europeo se pronunciará por unanimidad previa consulta al Parlamento Europeo y a la Comisión, así como al Banco Central Europeo en el caso de modificaciones institucionales en el ámbito monetario. Dicha decisión sólo entrará en vigor una vez que haya sido aprobada por los Estados miembros, de conformidad con sus respectivas normas constitucionales. La decisión que adopte el Consejo Europeo sobre la revisión no podrá aumentar las competencias atribuidas a la Unión.

Por otra parte, cuando el *Tratado de Funcionamiento de la Unión Europea* (TFUE) o el Título V del *Tratado de la Unión Europea* (TUE) dispongan que el Consejo se pronuncie por unanimidad en un ámbito o en un caso determinado, el Consejo Europeo podrá adoptar una decisión que autorice al Consejo a pronunciarse por mayoría cualificada en dicho ámbito o en dicho caso. De esta posibilidad quedan excluidas las decisiones que tengan repercusiones militares o en el ámbito de la defensa.

Cuando el TFUE disponga que el Consejo adopte actos legislativos con arreglo a un procedimiento legislativo especial, el Consejo Europeo podrá adoptar una decisión que autorice a adoptar dichos actos con arreglo al procedimiento legislativo ordinario.

En estos dos últimos casos, el Consejo Europeo deberá transmitir cualquier iniciativa a los Parlamentos nacionales, que podrán pronunciarse en un plazo de seis meses desde su transmisión. La oposición de un solo Parlamento nacional, notificada al Consejo Europeo, en el plazo de esos seis meses, impedirá adoptar la reforma. En el caso de no recibir oposición alguna, el Consejo Europeo podrá llevar a cabo la reforma, por unanimidad, previa aprobación del Parlamento Europeo, que se pronunciará por mayoría de los miembros que lo componen.

C) *Ámbito territorial*

En cuanto al *ámbito territorial de aplicación del Derecho originario,* hay que señalar que el Tratado de Lisboa ha dispuesto que los Tratados se aplicarán en los 28 Estados miembros (art. 52.1 TUE). No obstante, el artículo 355 *del Tratado de Funcionamiento de la Unión Europea* (TFUE), recoge hasta seis regímenes jurídicos de territorios de Estados de la Unión y de territorios que mantienen relaciones especiales con Estados de la Unión. En este sentido, podemos distinguir los siguientes:

1.Las disposiciones de los Tratados se aplicarán a Guadalupe, la Guayana Francesa, Martinica, La Reunión, San Bartolomé, San Martín, Las Azores, Madeira y las Islas Canarias, teniendo en cuenta su situación estructural social y económica, caracterizada por su gran lejanía e insularidad, reducida superficie, clima, etc... En consecuencia, recibirán un *trato preferente derivado de su condición de regiones ultraperiféricas* (art. 349 TFUE).

2. Los países y territorios de ultramar, cuya lista figura en el Anexo II del Tratado (21 países y territorios, como Groenlandia, Nueva Caledonia...) estarán sometidos al *régimen de asociación,* definido en los artículos 198 a 204 del TFUE. Los Tratados *no se aplicarán* a los países y territorios de ultramar no mencionados en el Anexo II citado que mantengan relaciones especiales con el Reino Unido de Gran Bretaña e Irlanda del Norte.

3. Las disposiciones de los Tratados se aplicarán a los territorios europeos cuyas relaciones exteriores asuma un Estado miembro.

4. Las disposiciones de los Tratados se aplicarán a las Islas Åland de conformidad con las disposiciones del Protocolo nº 2 del Acta relativa a las condiciones de Adhesión de la República de Austria, de la República de Finlandia y del Reino de Suecia.

5. Los Tratados no se aplicarán a las Islas Feroe, a las zonas de soberanía del Reino Unido de Akrotiri y Dhekelia en Chipre.

6. Las disposiciones de los Tratados sólo serán aplicables a las Islas del Canal y a la Isla de Man en la medida necesaria para asegurar la aplicación del régimen previsto para dichas islas en el Tratado relativo a las Adhesión de nuevos Estados miembros de 1972.

Además, el artículo 355. 6 TFUE dispone que el Consejo Europeo, por iniciativa del Estado miembro de que se trate, podrá adoptar por unanimidad, previa consulta a la Comisión, una Decisión que modifique el estatuto respecto de la Unión de alguno de los países y territorios daneses, franceses o neerlandeses que figuran en los puntos 1 y 2 arriba señalados.

3.2. Eficacia del Derecho originario

El Derecho de la Unión Europea tiene *eficacia directa*, es decir, permite que aquél despliegue toda su plenitud de efectos de manera uniforme en todos los Estados miembros desde su entrada en vigor, sin depender de textos nacionales destinados a concretarlos. Este principio incrementa la eficacia del Derecho de la Unión y la protección de los derechos de los particulares, al permitir que puedan oponer una norma europea, al margen de que existan o no textos de origen interno.

La eficacia directa es un principio jurisprudencial sentado por el Tribunal de Justicia de las Comunidades Europeas en la célebre Sentencia *Van Gend & Loos*, de 5 de febrero de 1963. En dicha sentencia, el Tribunal considera que «el Derecho comunitario (...) al igual que crea obligaciones a cargo de los particulares, está destinado a generar derechos que se incorporan a su patrimonio jurídico (...) y genera derechos individuales que los órganos jurisdiccionales nacionales deben proteger»[21]. En este asunto se ponía en tela de juicio la impo-

[21] STJCE de 5 de febrero de 1963, asunto 26/62, *N.V. Algemene Transport en Expeditie Onderneming Van Gend & Loos* c. *Administration Fiscale Néerlandaise*, Rec. 1963, p.21.

sición por las autoridades holandesas de una tarifa aduanera por ser presumiblemente contraria al artículo 12 del Tratado de la Comunidad Económica Europea, que disponía que «los Estados miembros se abstendrán de introducir entre ellos cualquier nuevo arancel sobre las importaciones o las exportaciones, o de cualquier tasa que produzca un efecto equivalente, y de incrementar los que ya aplican en el comercio entre unos y otros.» Los demandados arguyeron que el Tratado creaba obligaciones entre los Estados, y que, por lo tanto, los particulares no estaban legitimados para exigir a los poderes públicos el cumplimiento de las obligaciones contraídas por la firma del Tratado.

El Tribunal de Justicia desestimó esa alegación, manifestando que el Tratado era más que un acuerdo meramente generador de obligaciones mutuas entre los Estados contratantes, y que afectaba también a los pueblos y a los ciudadanos de los Estados miembros, que eran también sujetos del nuevo ordenamiento. Y, asimismo, que los Estados habían reconocido al Derecho comunitario una eficacia susceptible de ser invocada por sus nacionales ante sus propios órganos jurisdiccionales.

En este sentido, el Tribunal de Justicia precisó que el artículo 12 TCEE «contiene una prohibición clara e incondicional que es una obligación negativa», obligación que «además no es combinada con reserva alguna en favor de los Estados de subordinar su ejecución a un acto positivo de Derecho interno», lo que provoca que «se preste perfectamente, por su misma naturaleza, para producir efectos directos en las relaciones jurídicas entre los Estados miembros y sus justiciables». Asimismo, para el Alto Tribunal, la aplicación del artículo 12 no requiere intervención legislativa de los Estados[22].

En definitiva, el grado de eficacia del Derecho Originario depende, en última instancia, de la interpretación que del Derecho europeo hace el Tribunal de Justicia de la Unión Europea, una institución clave en el proceso de construcción europea y en la creación del Derecho europeo.

BIBLIOGRAFÍA

ALONSO, R.: *Sistema jurídico de la Unión Europea*, 2ª Edición, Civitas-Thomson Reuters, Madrid 2010.

LINDE, E. y MELLADO, P.: *Iniciación al Derecho de la Unión Europea. Adaptado al Tratado de Lisboa de 13 de diciembre de 2007,* 5ª Edición, COLEX, Madrid 2010.

[22] STJCE, Cit., Rec. 1963, p.24.

Tajadura, J.: *El futuro de Europa. Luces y sombras del Tratado de Lisboa*, Editorial COMARES, Granada 2010.

Mangas, A. y Liñán, D.: *Instituciones y Derecho de la Unión Europea*, 7ª Edición, TECNOS, Madrid 2012.

Mellado, P., Sánchez, S. y Martín, I.: *Fundamentos de Derecho de la Unión Europea*, Editorial CERA, Madrid 2012.

VVAA: «La integración política de Europa (I), en *Teoría y Realidad Constitucional* nº 32, 2º semestre de 2013.

VVAA: «La integración política de Europa (y II), en *Teoría y Realidad Constitucional* nº 33, 1º semestre de 2014.

Capítulo XIV
Las fuentes del derecho de la Unión Europea II

CAPÍTULO XIV.
Las fuentes del Derecho de la Unión Europea II

Pilar Mellado Prado

1. EL DERECHO DERIVADO DE LA UNIÓN EUROPEA

1.1. Instituciones de las que emana el Derecho Derivado

El Derecho Derivado *está integrado por el conjunto de normas y actos emanados de las Instituciones de la Unión Europea,* en virtud de las habilitaciones genéricas o específicas contenidas en el Derecho Originario. De esas instituciones trataremos brevemente a continuación.

A) La Comisión Europea

En el marco general de las instituciones europeas, *la Comisión representa a la Unión Europea,* al encarnar el interés supranacional frente a los intereses particulares de los Estados miembros.

En la actualidad, la Comisión está compuesta por 28 miembros, es decir, un nacional por cada uno de los Estados miembros, incluidos su Presidente y el Alto Representante de la Unión para Asuntos Exteriores y Política de Seguridad, que es uno de sus Vicepresidentes[1].

---

[1] Art. 17.4 TUE.

Pero los artículos 17.5 TUE y 244 TFUE disponen que a partir del 1 de noviembre de 2014, la Comisión estará compuesta por un número de miembros correspondiente a los dos tercios del número de Estados miembros, que incluirá a su Presidente y al Alto Representante para Asuntos Exteriores y Política de Seguridad, *a menos que el Consejo Europeo decida por unanimidad modificar dicho número*. Los miembros de la Comisión serán seleccionados de entre los nacionales de los Estados miembros mediante un sistema de rotación estrictamente igual entre los Estados miembros que permita tener en cuenta la diversidad demográfica y geográfica del conjunto de dichos Estados.

Sin embargo, la cesión que el Consejo Europeo de diciembre de 2008 –ratificada en el Consejo Europeo de junio de 2009– hizo a Irlanda para que celebrara un nuevo referéndum sobre el Tratado de Lisboa en octubre de 2009, ha dejado por ahora en suspenso los citados preceptos. El Consejo Europeo acordó el 22 de mayo de 2013 que la Comisión siga incluyendo a un nacional de cada Estado miembro[2]. Este acuerdo del Consejo Europeo produce un claro debilitamiento de la Comisión como órgano supranacional y reduce considerablemente su eficacia y solvencia.

Las *condiciones requeridas* por los Tratados *para ser elegido Comisario son tres:* ser nacional de un Estado miembro, estar dotado de «competencia general», y ofrecer «plenas garantías de independencia». Por lo que se refiere al segundo requisito –estar dotado de *«competencia general»*- parece claro que no se trata de poseer una cualificación especial o determinada, sino simplemente de ser titular de un curriculum adecuado al papel que se va a ejercer. En este sentido, la Comisión se nutre mayoritariamente de políticos de prestigio, antiguos miembros de gobiernos nacionales, etc.

En cuanto a la exigencia de ofrecer *«plenas garantías de independencia»*, no hay que olvidar que la Comisión representa, al menos formalmente, el interés europeo y, en consecuencia, sus componentes no son representantes de los Estados miembros de la Unión. Esta independencia se exige no sólo respecto de los gobiernos de los Estados (*"los miembros de la Comisión no solicitarán ni aceptarán instrucciones de ningún gobierno, institución, órgano u organismo»*), sino también respecto de cualquier entidad pública o privada que pudiera interferir en las funciones asignadas a los Comisarios (*"Se abstendrán de todo acto incompatible con sus obligaciones*

---

[2] Decisión de Consejo Europeo de 22 de mayo de 2013 (DO L 165, de 18 de junio de2013).

o con el desempeño de sus funciones»)[3]. El Tratado de Lisboa añade que los miembros de la Comisión también serán elegidos en razón de su «*compromiso europeo*».

El nuevo Tratado de Lisboa exige por primera vez al Consejo Europeo[4] que en la designación del candidato a Presidente de la Comisión tenga en cuenta «*el resultado de las elecciones europeas*».El Parlamento Europeo elegirá al candidato por mayoría de los miembros que lo componen. Si el candidato no obtiene la mayoría necesaria, el Consejo Europeo propondrá en el plazo de un mes, por mayoría cualificada, un nuevo candidato, que será elegido por el Parlamento Europeo por el mismo procedimiento (artículo 17.7 TUE).

El Tratado de Lisboa dispone también que el Consejo, *de común acuerdo con el Presidente electo, adoptará la lista de las demás personalidades a las que se proponga nombrar miembros de la Comisión*, de acuerdo con los criterios mencionados anteriormente (artículo 17.7 TUE).

Asimismo, el *Alto Representante para Asuntos Exteriores y Política de Seguridad*, nombrado por el Consejo Europeo por mayoría cualificada, con la aprobación del Presidente de la Comisión, será uno de los Vicepresidentes de la Comisión. Como tal, se encargará, dentro de la Comisión, de las responsabilidades que incumben a la misma en el ámbito de las relaciones exteriores y de la coordinación de los demás aspectos de la acción exterior de la Unión. En el ejercicio de estas responsabilidades y exclusivamente por lo que respecta a las mismas, el Alto Representante estará sujeto a los procedimientos por los que se rige el funcionamiento de la Comisión en la medida en que ello sea compatible con sus funciones como mandatario del Consejo para la política exterior y de seguridad común y como Presidente del Consejo de Asuntos Exteriores (artículo 18 TUE).

Pues bien, una vez designados de este modo el Presidente, el Alto Representante de la Unión para Asuntos Exteriores y Política de Seguridad (que será

[3] Artículo 17.3 TUE.

[4] El Consejo Europeo está compuesto por «*los Jefes de Estado o de Gobierno de los Estados miembros, así como por su Presidente y por el Presidente de la Comisión*» (artículo 15.2 del TUE). De esta forma, el Tratado de Lisboa incluye en la composición del Consejo Europeo una nueva figura, el Presidente del Consejo Europeo, elegido por el propio Consejo Europeo *por mayoría cualificada para un mandato de dos años y medio, que podrá renovarse una sola vez.* El Presidente del Consejo Europeo «*no podrá ejercer mandato nacional alguno*» (art. 15.6 *in fine* TUE). Y el mismo precepto dispone también que «participará en sus trabajos» otra nueva figura, *el Alto Representante de la Unión para Asuntos Exteriores y Política de Seguridad*, que será también uno de los Vicepresidentes de la Comisión Europea (artículo 18.4 TUE). El Consejo Europeo no tiene competencia legislativa alguna.

uno de los Vicepresidentes de la Comisión) y los demás miembros de la Comisión, deberán someterse colegiadamente al voto de aprobación del Parlamento Europeo; no obstante, *una vez obtenida dicha aprobación, el Presidente y los demás miembros de la Comisión serán nombrados por el Consejo Europeo por mayoría cualificada* (artículo 17.7 TUE).

En términos generales, a la Comisión le compete promover el interés general de la Unión y, específicamente, velar por la aplicación, desarrollo y cumplimiento de los Tratados y del conjunto de las normas europeas. De ahí que sea llamada la «Guardiana de los Tratados». Asimismo, los actos legislativos de la Unión sólo podrán adoptarse a propuesta de la Comisión, excepto cuando los Tratados dispongan otra cosa. La Comisión es también una institución diseñada para asumir en la estructura político-administrativa europea la función ejecutiva, por cuanto dispone de poderes de gestión de las políticas comunitarias y de ejecución del presupuesto. E incluso su iniciativa legislativa –que no es sino una concreción de la función de la Comisión como impulsora del interés europeo– es considerada como la expresión de una competencia ejecutiva.

Además, el Tratado de Lisboa ha dispuesto que, con excepción de la Política Exterior y de Seguridad Común, y de los demás casos previstos en los Tratados, la Comisión asumirá la representación exterior de la Unión (artículo 17.1 y 2 TUE).

B) El Consejo

En el esquema de la organización europea, el Consejo (de Ministros) representa, en general, el interés de los Estados miembros, y en particular, de sus gobiernos.

La originalidad institucional de esta institución europea deriva de la tensión dialéctica entre las ideas de supranacionalidad e intergubernamentalidad, es decir, entre las concepciones divergentes de integración y cooperación a las que la Unión (antes la Comunidad Europea) ha estado sometida desde sus orígenes. En este sentido, las reticencias de algunos Estados miembros respecto a la cesión de parcelas cada vez mayores de soberanía ha contribuido a reforzar la posición central del Consejo y a definir su modo de funcionamiento real.

El Consejo está «*compuesto por un representante de cada Estado miembro, de rango ministerial, facultado para comprometer al Gobierno del Estado miembro al que represente y para ejercer el derecho de voto»* (art.16.2 TUE).

En primer lugar hay que subrayar que corresponde a cada Estado miembro determinar de qué modo estará representado en el Consejo[5], por lo que la interpretación de la expresión «*rango ministerial*» resulta en la práctica muy flexible[6], facilitando la participación de representantes de rango ministerial con carácter regional y autonómico –y no sólo de miembros de gobiernos de Estados federados– siempre que estén facultados por el Estado miembro para actuar en su nombre y comprometer su voluntad. En este sentido, la participación de las Comunidades Autónomas españolas en el proceso de adopción de decisiones de la Unión Europea, y concretamente su presencia en las sesiones del Consejo cuando éste trate cuestiones de competencia exclusiva de aquéllas, sigue siendo un debate abierto y controvertido.

Los *Acuerdos de 9 de diciembre de 2004 de la Conferencia para Asuntos relacionados con las Comunidades Europeas (CARCE)*[7] regulan la participación de las Comunidades Autónomas en las sesiones de las distintas formaciones del Consejo, permitiendo que un Consejero o miembro del Consejo de Gobierno de una Comunidad Autónoma acuda, junto al representante del Gobierno nacional con rango ministerial, a las reuniones del Consejo en representación de todas las Administraciones autonómicas[8].

---

[5] Anexo I del Reglamento Interno del Consejo: Decisión (2009/37/UE) del Consejo, de 1 de diciembre de 2009, por la que se aprueba su Reglamento interno (DOUE L 325, de 11 de diciembre de 2009).

[6] En sentido estricto el rango ministerial se correspondería en Derecho español con el rango de ministro, ya que la *Ley 50/1997, de 27 de noviembre, del Gobierno* establece en su artículo 1.2 que el Gobierno «*está integrado por el Presidente, los Vicepresidentes, en su caso, y los Ministros.*

[7] La Conferencia para Asuntos relacionados con las Comunidades Europeas fue creada por la *Ley 2/1997, de 13 de marzo* (BOE nº 64, de 15 de marzo de 1997). Véase la *Resolución de 28 de febrero de 2005, de la Secretaría de Estado de Cooperación Territorial, por la que se ordena la publicación de los Acuerdos de 9 de diciembre de 2004, de la Conferencia para Asuntos relacionados con las Comunidades Europeas, sobre la Consejería para Asuntos Autonómicos en la Representación Permanente de España ante la Unión Europea y sobre la participación de las Comunidades Autónomas en los grupos de trabajo del Consejo de la Unión Europea; y sobre el sistema de representación autonómica en las formaciones del Consejo de la Unión Europea* (BOE nº 64, de 16 de marzo de 2005, p. 9372 y ss.).

[8] Con carácter previo a la puesta en marcha de estos Acuerdos, la participación de las Comunidades Autónomas en el Consejo de la Unión Europea sólo se produjo en dos casos: en la reunión del Consejo de Ministros de Agricultura, celebrada el 22 de noviembre de 2004, y a la que asistió el Consejero de Agricultura de la Junta de Castilla y León; y en la reunión del Consejo de Ministros de Pesca, celebrada el 21 de diciembre de 2004, y a la que asistió el Consejero de Pesca y Asuntos Marítimos de la Xunta de Galicia. En ambos casos, los Consejeros contaron con el respaldo del resto de las Comunidades Autónomas, que expresaron su satisfacción y su deseo de participar en futuras reuniones.

Los Acuerdos mencionados permiten este sistema de representación autonómica en las siguientes formaciones del Consejo: Empleo, Política Social, Sanidad y Consumidores; Agricultura y Pesca; Medio Ambiente; y Educación, Juventud y Cultura.

Aunque el Consejo es un órgano único, desde 1958 se reúne en *formaciones diferentes* según la materia que se vaya a tratar. Hasta el Tratado de Lisboa, las diferentes formaciones del Consejo de Ministros se regulaban en su Reglamento interno, en ejercicio del principio de autoorganización de la institución, si bien algunas formaciones fueron consecuencia de la decisión de algún Consejo Europeo, como por ejemplo el de Helsinki de 1999 o el de Sevilla de 2002.

Sin embargo, con la entrada en vigor del Tratado de Lisboa, el Consejo se reune en diferentes formaciones, cuya lista es adoptada por el Consejo Europeo por mayoría cualificada, regulando expresamente sólo dos de ellas: el *Consejo de Asuntos Generales y el Consejo de Asuntos Exteriores.*

Aunque existieran precedentes como los señalados de Helsinki y Sevilla, la decisión del Tratado de dejar en manos del Consejo Europeo la adopción de las formaciones del Consejo de Ministros –excepcionando las de Asuntos Generales y Asuntos Exteriores– quiebra el principio de autoorganización del Consejo y rezuma una absoluta desconfianza en la capacidad del Consejo de regular sus formaciones de manera razonable.

En todo caso, y por más que en los últimos años la lista fuera excesiva y sea evidente que la eficacia requiere un número reducido de formaciones, resulta injustificable haber privado al Consejo de esta facultad de autoorganización. En la actualidad las formaciones se han reducido a diez[9].

Las sesiones del Consejo **se celebran** en Bruselas y Luxemburgo (en abril, junio y octubre) y están **presididas** por los Ministros del Estado miembro que ostenta la Presidencia del Consejo durante seis meses. La excepción la constituye el Consejo de Asuntos Exteriores, que es presidido por la Alta Representante de la Unión para Asuntos Exteriores y Política de Seguridad.

Por otra parte, el Tratado prevé tres *sistemas de votación* para adoptar acuerdos: *mayoría simple, mayoría cualificada y unanimidad.*

La *mayoría simple* se alcanza cuando **15 miembros del Consejo,** como

[9] Asuntos Generales –Asuntos Exteriores – Asuntos Económicos y Financieros (incluido el presupuesto)- Justicia y Asuntos de Interior (incluyendo la protección civil) – Empleo, Política Social, Sanidad y Consumidores –Competitividad (Mercado Interior, Industria, Investigación y Espacio) – Transporte, Telecomunicaciones y Energía – Agricultura y Pesca– Medio ambiente – Educación, Juventud, Cultura y Deporte (incluyendo asuntos audiovisuales).

mínimo, votan a favor. Pero el Consejo se pronunciará por *mayoría cualificada,* excepto cuando los Tratados dispongan otra cosa (artículo 16 TUE), debiendo estar presentes (para proceder a la votación) la mayoría de los miembros del Consejo que, en aplicación de los Tratados, puedan participar en la votación (*quorum*).

Las *mayorías cualificadas* pretenden, en principio, que la formación de la voluntad institucional resulte de la conjunción del voto de los Estados «grandes» y los «pequeños» y «medianos»; es decir, se trata de evitar que los Estados «grandes» puedan imponerse sobre los «pequeños» y viceversa. Sin embargo, después de la ampliación de la Unión Europea en 1995 a Austria, Suecia y Finlandia –de nuevo Estados «pequeños»- la situación cambió radicalmente y la ponderación marcada por los Tratados se reveló gravemente discriminatoria a favor de los Estados «pequeños» y «medianos» (en la actualidad son 22 sobre 28) que estaban sobrerrepresentados en el Consejo.

El equilibrio global entre Estados y población, garantizado en la fundación de la Comunidad (con 6 Estados miembros) se rompió definitivamente –en detrimento de los Estados más poblados– al haberse ido aplicando mecánicamente, en las sucesivas ampliaciones, el mismo criterio de reparto de votos, y al no haberse modificado proporcionalmente el «*umbral*» de la mayoría cualificada, es decir, el número mínimo de votos requerido para adoptar un acuerdo. Así, por ejemplo, antes del Tratado de Niza de 2001, Portugal, con 9.700.000 habitantes tenía 5 votos; España, con cuatro veces más habitantes, sólo 8. Portugal y Bélgica suman apenas 20 millones de habitantes y tenían juntos más votos que España, que los dobla en población.

Así pues, con la ponderación de los votos en el Consejo que existía antes de Niza, los más de cien millones de habitantes de la Europa del Sur (España, Italia y Grecia) no podían impedir una decisión del Consejo que les perjudicara gravemente, mientras que menos de cincuenta millones de habitantes de diversos países «pequeños o medianos» podían hacerlo sin mayores dificultades.

En la actualidad, y hasta el 31 de octubre de 2014, en virtud del *Protocolo nº 36 sobre las disposiciones transitorias,* anejo al Tratado de Lisboa, los votos de los Estados miembros se ponderarán del modo previsto en el Tratado de Niza: Bélgica, 12; Bulgaria, 10; República Checa, 12; Croacia: 7; Dinamarca, 7; Alemania, 29; Estonia, 4; Grecia, 12; España, 27; Francia, 29; Irlanda, 7; Italia, 29; Chipre, 4; Letonia, 4; Lituania, 7; Luxemburgo, 4; Hungría, 12; Malta, 3; Países Bajos, 13; Austria, 10; Polonia, 27; Portugal, 12; Rumanía, 14; Eslovenia, 4; Eslovaquia, 7; Finlandia, 7; Suecia, 10; y Reino Unido, 29. En total, 352 votos.

Para su adopción, los acuerdos requerirán al menos 260 votos que representen la votación favorable de la mayoría de los miembros (15), cuando en virtud de los Tratados deban ser adoptados a iniciativa de la Comisión. En los demás casos, requerirá al menos 260 votos que representen la votación favorable de dos tercios de los miembros como mínimo.

Además, cuando el Consejo Europeo o el Consejo adopten un acto por mayoría cualificada, cualquier miembro del Consejo Europeo o del Consejo podrá solicitar que se compruebe que los Estados miembros que constituyen la mayoría cualificada representen como mínimo el 62% de la población total de la Unión. Si se pusiere de manifiesto que esta condición no se cumple, el acto en cuestión no será adoptado.

La introducción de esta red de seguridad basada en el requisito de la verificación demográfica (el 62% de la población total de la Unión) fue una compensación a Alemania en el Consejo Europeo de Niza, al ceder finalmente en su pretensión de tener más votos que Francia. Con ello, Alemania ha conseguido una gran capacidad de bloqueo y consolida, así, su posición como Estado más influyente, posición que se ve reforzada con la ampliación al Este.

El *Tratado de Lisboa*, siguiendo lo dispuesto en la *non nata* Constitución Europea, modifica sustancialmente el sistema de votación por mayoría cualificada al establecer *una doble mayoría: de Estados y de población*. En este sentido, el artículo 16.4 del TUE prevé que a partir del 1 de noviembre de 2014, la mayoría cualificada se definirá como un mínimo del 55% de los miembros del Consejo que incluya al menos a 15 de ellos y representen a Estados miembros que reúnan como mínimo el 65% de la población de la Unión. Una minoría de bloqueo estará compuesta por al menos cuatro miembros del Consejo, a falta de lo cual la mayoría cualificada se considerará alcanzada. No obstante, cuando el Consejo no actúe a propuesta de la Comisión o del Alto Representante de la Unión para Asuntos Exteriores y Política de Seguridad, la mayoría cualificada se definirá como un mínimo del 72% de los miembros del Consejo que represente a Estados miembros que reúnan como mínimo el 65% de la población de la Unión (artículo 238.2 TFUE).

Asimismo, a partir del 1 de noviembre de 2014, en aquellos casos en que, en aplicación de los Tratados, no todos los miembros del Consejo participen en la votación, la mayoría cualificada se definirá como un mínimo del 55% de los miembros del Consejo que representen a Estados miembros participantes que reúnan como mínimo el 65% de la población de dichos Estados. Una minoría de bloqueo estará compuesta al menos por el número mínimo de miembros del Consejo que represente más del 35 % de la población de los Estados miembros participantes, más un miembro a falta de lo cual la mayoría cualificada se considerará alcanzada (artículo 238.3 TFUE).

Ahora bien, las reticencias del algunos países, en especial de Polonia, en la aplicación de estas mayorías cualificadas a partir del 1 de noviembre de 2014, tuvieron como consecuencia un nueva disposición transitoria en el *Protocolo nº 36*, anejo al Tratado de Lisboa, en virtud de la cual «entre el 1 de noviembre de 2014 y el 31 de marzo de 2017, cuando un acuerdo deba adoptarse por mayoría cualificada, cualquier miembro del Consejo podrá solicitar que el acuerdo se adopte por la mayoría cualificada prevista (para el período anterior al 1 de noviembre de 2014)».

Pues bien, el objetivo de las nuevas definiciones de la mayoría cualificada es garantizar que el Consejo no pueda adoptar decisiones por una minoría o una mayoría de Estados sin el respaldo de la población. Evidentemente, se trata de una opción que pretende obtener una mayor legitimidad democrática de las decisiones del Consejo, pero también es cierto que el mecanismo legislativo debe reflejar el hecho de que la Unión Europea es una unión de Estados y de ciudadanos. Al compartir el poder legislativo el Parlamento y el Consejo, uno de los dos legisladores debe representar esencialmente a los ciudadanos y el otro a los Estados. Si el peso demográfico es determinante en los dos, el equilibrio se rompe.

Y por último, el nuevo Tratado dispone también que algunas decisiones se adopten por *unanimidad*. La adopción de decisiones por unanimidad acentúa el carácter intergubernamental de la Unión frente a su carácter integrado o supranacional, simbolizado por el voto mayoritario. Además, en la unanimidad está implícito el derecho de veto, que entorpece considerablemente el buen funcionamiento del Consejo. Por eso, desde el inicio de los años noventa, tanto la Comisión como el Parlamento Europeo han propuesto en numerosas ocasiones que se extendiera la mayoría cualificada a todas las materias comunitarias, salvo las que podríamos denominar «constitucionales» (revisión de los Tratados, adhesión de nuevos Estados). No obstante, el Consejo sigue votando por unanimidad en cierto número de **asuntos que los Estados miembros consideran *sensibles*, como** determinadas disposiciones en el ámbito de la justicia y los asuntos de interior, o la armonización de las legislaciones nacionales en el ámbito de la seguridad social y de la protección social. Pero es necesario subrayar que en una votación por unanimidad**, las abstenciones** no impiden que se adopte la decisión.

Por lo que se refiere a sus funciones, el Consejo concentra esencialmente el poder de decisión política y ejerce el poder legislativo –junto al Parlamento Europeo– aprobando, modificando o rechazando las propuestas de la Comisión. El Tratado de Lisboa, en el artículo 16 del TFUE, dispone que «*el Consejo ejercerá conjuntamente con el Parlamento Europeo la función legislativa y la función presupuestaria. Ejercerá funciones de definición políticas y de coordinación, en las condiciones establecidas en los Tratados*».

C) El Parlamento Europeo

El Tratado de Lisboa, en su artículo 9A (artículo 14.2 del TUE) dispone que el Parlamento Europeo estará compuesto por *representantes de los ciudadanos de la Unión* y su número no excederá de 750 *más el Presidente*. La representación de los ciudadanos será *decrecientemente proporcional*, con un mínimo de 6 diputados por Estado miembro y no se asignará a ningún Estado miembro más de 96 escaños.

Con este criterio, en la Legislatura 2014/2019, el reparto de escaños es el siguiente: Alemania, 96; Francia, 74; Reino Unido, 73; Italia, 72+1[10]; España, 54; Polonia, 51; Rumanía, 32; Países Bajos, 26; Grecia, Portugal, Bélgica, República Checa y Hungría, 21; Suecia, 20; Austria, 18; Bulgaria, 17; Dinamarca, Eslovaquia y Finlandia, 13; Irlanda, Croacia y Lituania, 11; Letonia y Eslovenia, 8; Estonia, Chipre, Luxemburgo y Malta, 6.

Desde 1952 a 1979, los miembros del Parlamento Europeo eran designados por los Parlamentos nacionales de los Estados miembros. A partir de 1960, los proyectos sobre su elección por sufragio universal directo se sucedieron sin éxito hasta que en 1974 el Consejo Europeo de París avaló la iniciativa del Parlamento (*Informe Patjin*) sobre la cual el Consejo redactó el *Acta relativa a la elección de los representantes en la Asamblea por sufragio universal directo*, que fue aprobada por unanimidad el 20 de septiembre de 1976. Su entrada en vigor se produjo el 1 de julio de 1978, y se aplicó por primera vez en las elecciones al Parlamento Europeo de junio de 1979.

Pero el Acta de 1976 no establece un procedimiento electoral uniforme, sino que contiene únicamente algunos principios y criterios comunes imprescindibles en todo proceso electoral democrático. Desde entonces, se han

[10] El Gobierno de Romano Prodi amenazó con no firmar el Tratado si a Italia no se le atribuía el mismo número de escaños que a Francia y Reino Unido. Finalmente, mediante una *Declaración relativa a la composición del Parlamento Europeo* (D. nº 4) se establece que «*el escaño adicional* (recordemos que el Tratado establece que el número de diputados no excederá de 750 *más el Presidente*) *se asignará a Italia*», con lo que su número de escaños se equipara a Reino Unido.

sucedido los intentos por parte del Parlamento Europeo de establecer un procedimiento electoral único, si bien hasta la fecha todos ellos han tropezado con los recelos del Consejo que ha temido siempre un reforzamiento de la legitimidad democrática de aquél.

El Parlamento Europeo está organizado y funciona de un modo similar a los Parlamentos nacionales.

Entre sus funciones destacan *la función de control político* de la Comisión, a la que puede formular preguntas y contra la que puede presentar una moción de censura; el *control político de la PESC* (Política Exterior y de Seguridad Común); la *función legislativa,* ya que desde la entrada en vigor del Tratado de Lisboa, se convierte en un co-legislador real, en paridad con el Consejo; y asume también funciones de integración de otros órganos de la Unión, como, por ejemplo, la elección del Defensor del Pueblo Europeo.

D) El Banco Central Europeo

Creado por el Tratado de la Unión Europea en 1992, desde el inicio de la tercera fase de la Unión Económica y Monetaria, el Banco Central Europeo (BCE) es el eje de la adopción de decisiones en materia monetaria en los países de la Unión que han adoptado el euro como moneda única.

El Banco Central Europeo, con sede en Frankfurt, constituye el núcleo del Eurosistema y del Sistema Europeo de Bancos Centrales (SEBC). Comenzó sus trabajos en junio de 1998, sustituyendo a su predecesor, el Instituto Monetario Europeo.

Los órganos rectores del BCE son el Consejo de Gobierno y el Comité Ejecutivo. Además, los Estatutos del SEBC y del BCE prevén, como tercer órgano rector, la existencia de un órgano transitorio, el Consejo General, que será disuelto cuando todos los Estados miembros de la Unión hayan adoptado el euro como moneda única.

El *Consejo de Gobierno* del BCE *está formado* por los miembros del Comité Ejecutivo del BCE y los gobernadores de los bancos centrales nacionales de los Estados miembros cuya moneda sea el euro (art. 283.1 TFUE). El *Comité Ejecutivo* del BCE *está compuesto* por el Presidente, el Vicepresidente y otros cuatro miembros, nombrados por el Consejo Europeo, por mayoría cualificada, sobre la base de una recomendación del Consejo y previa consulta al Parlamento Europeo y al Consejo de Gobierno del BCE. Los miembros del Comité Ejecutivo son nombrados entre personalidades –de los Estados miembros–

de reconocido prestigio y experiencia profesional en asuntos monetarios o bancarios. Su mandato es de ocho años, no renovable (art. 283.2 TFUE). Y el *Consejo General es un órgano transitorio formado* por el Presidente y el Vicepresidente del BCE y por los gobernadores de los Bancos Centrales nacionales de los 27 Estados miembros de la Unión. Así pues, en el Consejo General quedan incluidos los representantes de los Bancos Centrales de los quince países de la zona euro y de los doce que no pertenecen a la misma.

Aparte de *funciones consultivas y sancionadoras*, el Banco Central Europeo tiene funciones *normativas*. En este sentido, para el ejercicio de las funciones encomendadas al Sistema Europeo de Bancos Centrales, el BCE puede (artículo 132 TFUE) *elaborar reglamentos* en la medida en que ello sea necesario para el ejercicio de las funciones definidas en los Estatutos del SEBC y BCE, y en los casos que se establezcan en determinados actos del Consejo.

2. CLASES DE DERECHO DERIVADO

Como hemos señalado al principio de estas páginas, el Derecho Derivado de la Unión Europea está integrado por el conjunto de normas y actos comunitarios emanados de las Instituciones de la Unión Europea, en virtud de las habilitaciones genéricas o específicas contenidas en el Derecho Originario. En este sentido, el artículo 288 del *Tratado de Funcionamiento de la Unión Europea* (TFUE) dispone que para ejercer las competencias de la Unión, las instituciones *adoptarán reglamentos, directivas, decisiones, recomendaciones y dictámenes.*

Aunque el Tratado de Lisboa conserva la tipología de los actos jurídicos previstos en el TCE (reglamentos, directivas, decisiones, recomendaciones y dictámenes) ha introducido dos novedades fundamentales:

a) Los actos de la Unión se clasifican en *actos legislativos* de carácter obligatorio para sus destinatarios, y *actos no legislativos,* que pueden ser obligatorios o no obligatorios para sus destinatarios.
b) Y los *actos legislativos* pueden ser adoptados conforme al *procedimiento legislativo ordinario o a procedimientos legislativos especiales.*

2.1. Actos legislativos

Los actos legislativos pueden ser de dos tipos, según se adopten por el procedimiento legislativo ordinario, o por un procedimiento legislativo especial.

El artículo 294 del TFUE señala las características de los *actos legislativos adoptados por el procedimiento legislativo ordinario:*

- Son propuestos por la Comisión Europea al Parlamento Europeo y al Consejo
- Son actos conjuntos del Parlamento Europeo y el Consejo.
- Tienen la forma de reglamento, directiva o decisión.
- En ocasiones, el Tratado exige –para completar el procedimiento legislativo ordinario– la consulta al Comité de las Regiones[11], al Comité Económico y Social[12], o a ambos, o al Banco Central Europeo.

Por su parte, los *actos legislativos adoptados por un procedimiento legislativo especial*:

- Son propuestos por la Comisión Europea, por un grupo de Estados miembros o del Parlamento Europeo, por recomendación del Banco Central Europeo, o a petición del Tribunal de Justicia, o del Banco Europeo de Inversiones.
- Son actos adoptados por el Consejo con la participación del Parlamento Europeo; o adoptados por el Parlamento Europeo con la participación del Consejo.

---

[11] Creado por el Tratado de la Unión Europea, el Comité de las Regiones es un órgano auxiliar de carácter consultivo compuesto por «representantes de los entes regionales y locales *que sean titulares de un mandato electoral en un ente regional o local, o que ostenten responsabilidad política ante una asamblea elegida*» (art. 300.3 TFUE). Actualmente, y tras la adhesión de Rumanía y Bulgaria el 1 de enero de 2007, el Comité de las Regiones *se compone de 344 miembros*, nombrados por el Consejo por *mayoría cualificada* de conformidad con las propuestas presentadas por cada Estado miembro, por un período renovable de *cuatro años*. La *delegación española* está formada por 21 miembros e idéntico número de suplentes. La *composición de la delegación española* es fijada por el Gobierno, de conformidad con lo dispuesto en una *Moción del Senado aprobada el 20 de octubre de 1993*, en virtud de la cual 17 de los 21 puestos de la delegación corresponden a las Comunidades Autónomas, y los 4 restantes a los Municipios.

[12] El Comité Económico y Social es un órgano auxiliar de carácter consultivo, formado por 344 miembros, representantes de las organizaciones de empresarios, de trabajadores y de otros sectores representativos de la sociedad civil, en particular, de los ámbitos socioeconómico, cívico, profesional y cultural (art. 300.2 TFUE). Sus miembros son elegidos mediante una decisión del Consejo, de conformidad con las propuestas presentadas por cada Estado miembro, y *previa consulta a la Comisión*. Además, el Consejo podrá recabar la opinión de las organizaciones europeas representativas de los diferentes sectores económicos y sociales, y de la sociedad civil a los que conciernan las actividades de la Unión (art. 302 TFUE). Los miembros del Comité Económico y Social, nombrados para un período de cinco años, no representan a los Estados miembros, sino a las diferentes categorías de la vida económica y social. En este sentido, el Comité tiene una *estructura tripartita: Grupo I (Empresarios); Grupo II (Trabajadores) y Grupo III (Actividades diversas)*.

- Tienen la forma de reglamento, directiva o decisión.
- En determinados casos, el Tratado puede exigir la unanimidad del Consejo, la consulta o aprobación del Parlamento Europeo, así como la consulta al Comité de las Regiones, al Comité Económico y Social, o al Banco Central Europeo.

2.2. Actos no legislativos

Así como el Tratado de Lisboa identifica con bastante claridad qué debemos entender por acto legislativo, nada dice sobre los actos no legislativos. En este sentido, como apunta E. LINDE, «podría concluirse por exclusión que (salvo lo dicho anteriormente) *son actos no legislativos todos los actos de la Unión que no son legislativos*»[13].

El TFUE ha clasificado los actos no legislativos en *actos delegados y actos de ejecución:*

a) Los actos delegados

A tenor de lo dispuesto en el artículo 290 TFUE, un acto legislativo podrá delegar en la Comisión los poderes para adoptar actos no legislativos de alcance general que completen o modifiquen *elementos no esenciales del acto legislativo.*

Los actos legislativos de delegación deberán limitar de forma expresa los objetivos, el contenido, el alcance y la duración de dicha delegación. Asimismo, los actos legislativos deben fijar de forma expresa las condiciones a las que estará sujeta la delegación, como, por ejemplo, que el Parlamento Europeo o el Consejo puedan decidir revocar la misma.

b) Los actos de ejecución

Según el artículo 291 TFUE, los Estados miembros adoptarán todas las medidas de Derecho interno necesarias para la ejecución de los actos jurídicamente vinculantes de la Unión Europea.

---

[13] Linde, E.: Ob. Cit. 212.

Cuando se requieran condiciones uniformes de ejecución, los actos jurídicamente vinculantes de la Unión conferirán competencias de ejecución a la Comisión. A tal efecto, el Parlamento Europeo y el Consejo deberán establecer previamente mediante reglamentos adoptados conforme al procedimiento legislativo ordinario, las normas y principios generales relativos a las modalidades de control por parte de los Estados miembros, del ejercicio de las competencias de ejecución de la Comisión.

Asimismo, en casos específicos y debidamente justificados, se podrá conferir competencias de ejecución al Consejo.

3. LOS REGLAMENTOS

Los reglamentos constituyen el ejemplo más ilustrativo de lo que el Tribunal de Justicia de la Unión Europea denominó «el sistema legislativo de la Comunidad».

El reglamento, de acuerdo con lo dispuesto en el artículo 288 TFUE, «tendrá un alcance general, será obligatorio en todos sus elementos y directamente aplicable en cada Estado miembro».

Desde la entrada en vigor del Tratado de Lisboa, el 1 de diciembre de 2009, es necesario diferenciar entre reglamentos que contienen actos legislativos y reglamentos que no los contienen[14].

Los reglamentos, en particular los que contienen actos legislativos (reglamentos-legislativos) constituyen la más clara expresión de la vertiente supranacional de la Unión Europea, ya que la regulación por su parte de una determinada materia significa que las competencias sobre la misma han sido totalmente transferidas a la Unión Europea por parte de los Estados miembros, con lo que su regulación en el futuro corresponde única y exclusivamente a las instituciones de la Unión, de tal manera que los Estados miembros quedan excluidos del ejercicio de dicha competencia.

Los reglamentos-legislativos no deben confundirse en ningún caso con el Reglamento nacional, que es una norma subordinada a la Ley. Por el contrario, los reglamentos-legislativos de la Unión –como afirma E. LINDE[15]– no tie-

---

[14] Independientemente de contener o no actos legislativos, los efectos que el artículo 288 TFUE atribuye a los reglamentos son comunes para los dos tipos.

[15] LINDE, E., en MELLADO, P.; LINDE, E. Y GÓMEZ DE LIAÑO, M.: *Instituciones de Derecho Comunitario*, COLEX, Madrid 2009, p. 300.

nen norma superior en el Derecho derivado de la Unión Europea, desplazan a cualesquiera normas de un Estado miembro sobre una determinada materia y excluyen a cualesquiera normas futuras nacionales de cualquier rango sobre la materia regulada por el reglamento. En este sentido, los Reglamentos son, de alguna manera, las leyes generales de la Unión, como reconocía la *non nata* Constitución Europea que los denominó leyes europeas.

Sin embargo, los reglamentos delegados o de ejecución quedan subordinados a los reglamentos-legislativos, por lo que en este caso sí podrían establecerse similitudes con los reglamentos nacionales.

El reglamento *tiene alcance general*, lo cual nos permite distinguirlo de otros actos normativos obligatorios, especialmente de las decisiones. Básicamente, y como de forma reiterada ha puesto de manifiesto el Tribunal de Justicia de la Unión Europea[16], «al tener una naturaleza legislativa, un Reglamento es aplicable no a un número limitado de personas, determinadas o identificables, sino a categorías de personas consideradas en abstracto y en su totalidad» (STJCE de 29 de mayo de 1972, en el caso Confederación).

---

[16] El Tribunal de Justicia es una de las instituciones fundamentales de la Unión Europea –sobre cuya fisonomía ha influido considerablemente– a la que los Tratados atribuyen la función de garantizar el respeto del Derecho en la interpretación y aplicación de los mismos. El Tribunal de Justicia de la Unión Europea ha contribuido al desarrollo del sistema comunitario en sentido «federal», sosteniendo la competencia legislativa de la Comunidad, o forzando al Consejo o a la Comisión a actuar. Asimismo, ha impulsado el desarrollo del orden comunitario con una jurisprudencia avanzada que ha convertido los Tratados en una «Constitución material». En este sentido, el Tribunal de Luxemburgo desempeña –en palabras de uno de sus antiguos Presidentes– una función de Tribunal Constitucional de la Comunidad a través de diferentes labores de naturaleza constitucional: el control de la adecuación del Derecho Comunitario Derivado a los Tratados; la garantía del equilibrio institucional; la delimitación de competencias entre la Unión y los Estados miembros; la protección de los derechos fundamentales; y el control preventivo de la constitucionalidad de los acuerdos de la Comunidad con Terceros países.

Así pues, el Tribunal de Justicia de la Unión Europea es el intérprete y garante supremo del ordenamiento jurídico comunitario.

Se compone de 28 jueces, uno por cada Estado miembro; y está asistido por ocho abogados generales, encargados de presentar públicamente, con toda imparcialidad e independencia, conclusiones motivadas sobre los asuntos promovidos ante el Tribunal de Justicia, con el fin de asistirle en el cumplimiento de su misión. Los jueces y los abogados generales *son designados de común acuerdo por los gobiernos de los Estados miembros* «entre personalidades que ofrezcan absolutas garantías de independencia y que reúnan las condiciones requeridas para el ejercicio, en sus países respectivos, de las más altas funciones jurisdiccionales, o que sean jurisconsultos de reconocida competencia» tras consultar a un *Comité*, que se pronuncie sobre la idoneidad de los candidatos, compuesto por siete personalidades elegidas de entre antiguos miembros del Tribunal de Justicia de la Unión Europea y del Tribunal General, miembros de los órganos jurisdiccionales nacionales superiores y juristas de reconocida competencia, *uno de los cuales será propuesto por el Parlamento Europeo*» (arts. 253 y 255 TFUE). Los jueces y los abogados generales son nombrados por un período de *seis años, y su mandato es renovable indefinidamente*. No obstante, cada tres años se procede a una renovación parcial.

El reglamento es una norma *obligatoria en todos sus elementos,* lo que significa que «no se podría admitir que un Estado miembro aplicara de manera incompleta o selectiva sus disposiciones, de manera que frustrara la aplicación de ciertas disposiciones de la legislación comunitaria respecto de las cuales hubiera manifestado su oposición o las hubiera estimado contrarias a ciertos intereses nacionales» (STJCE de 7 de febrero de 1973, en el caso Comisión c. Italia).

Podemos distinguir varios *tipos de reglamentos.* En primer lugar, podemos distinguir entre reglamentos que no precisan colaboración alguna de los Estados miembros para su completa efectividad (*Reglamentos self executing);* y reglamentos que precisan la colaboración de los Estados miembros, o de otros actos normativos para su efectividad. Ahora bien, en este último supuesto, el Tribunal de Justicia de la Unión Europea ha dejado muy claro que no puede concluirse que la eficacia de estos reglamentos –que exigen el desarrollo de normas por parte de los Estados miembros para su eficacia– quede suspendida hasta que las normas nacionales se produzcan (STJCE de 17 de mayo de 1972, en el caso Leonesio c. Ministerio Italiano de Agricultura).

Los reglamentos-legislativos son *elaborados* por el Parlamento Europeo y el Consejo conjuntamente, a través del procedimiento legislativo ordinario establecidos en el artículo 294 TFUE, o por el Parlamento Europeo con el Consejo o el Consejo con el Parlamento mediante un procedimiento legislativo especial. También pueden adoptar reglamentos no legislativos, el Consejo, la Comisión, así como el Banco Central Europeo.

Y por último, el reglamento (legislativo y no legislativo) es, a tenor de lo dispuesto en el artículo 288 TFUE, *directamente aplicable en todos los Estados miembros.* Su aplicación directa implica su recepción automática en los ordenamientos jurídicos nacionales. Y supone, además, que no precisa ninguna medida nacional para que obligue a todos sus destinatarios, ya sean particulares o personas jurídicas, públicas o privadas.

Así pues, los reglamentos *son normas que no necesitan ser adaptadas o transpuestas por normas de los Estados miembros,* ya que en ellas mismas contienen todos los elementos para su aplicación directa desde su publicación en el *Diario Oficial de la Unión Europea,* en la fecha que las mismas establezcan o, en su caso, previstas por los Tratados. Ello significa que el reglamento es un tipo normativo «tendencialmente autosuficiente», es decir, que no requiere de ninguna medida (legislativa, administrativa o judicial) para producir sus efectos[17], lo cual

---

[17] Mangas, A. y Liñán, D.: *Instituciones y Derecho de la Unión Europea,* 4ª edición, TECNOS, Madrid 2004, p. 366.

no significa que en determinadas ocasiones «el reglamento en cuestión deje la responsabilidad a los Estados miembros de adoptar ellos mismos las medidas legislativas, reglamentarias, administrativas y financieras necesarias para que las disposiciones del Reglamento puedan ser efectivamente aplicadas» (STJCE de 30 de noviembre de 1978, en el caso Bussonne c. Ministerio italiano de Agricultura).

Así pues, el reglamento entra en vigor sin la colaboración de ningún órgano estatal, desplazando inmediatamente todas aquellas normas vigentes sobre la materia en cada Estado miembro, sin que sea necesario derogarlas expresamente. Además, los particulares, las administraciones públicas y los jueces quedan sujetos.

4. LAS DIRECTIVAS

El artículo 288 TFUE dispone que «*la directiva obligará al Estado miembro destinatario* en cuanto al resultado que deba conseguirse, dejando, sin embargo, a las autoridades nacionales la elección de la forma y de los medios».

Las directivas, a diferencia de los reglamentos, son normas que tienen a los Estados por destinatarios de modo inmediato, en la medida en que tienen como objetivo la aproximación de las legislaciones o de las políticas de los Estados miembros, sobre la base de que aquéllas se adapten al modelo que supone la directiva, en el plazo previsto por ésta.

Además, *las directivas no son, como los reglamentos, directamente aplicables*, ya que imponen a los Estados la obligación de adoptar las normas internas necesarias (*transposición)* para el cumplimiento del objetivo previsto en la directiva con el margen de discrecionalidad que implica la elección de la forma y de los medios. En este sentido, la directiva sería una *norma de resultado* que no condiciona ningún elemento, formal o material, del proceso de cada Estado para llevar a cabo la *transposición* de la misma a cada uno de los Derechos nacionales[18].

Así pues, los Estados deben elegir la forma que estimen más adecuada para la adaptación de la directiva, interpretar correctamente el objetivo que ésta impone y hacerlo en el plazo previsto por ella.

Por otra parte, y aunque ya hemos subrayado que las directivas no son directamente aplicables, sus disposiciones pueden tener «efecto directo»

[18] Linde, E.: Ob.cit., p. 224.

sobre los particulares frente al Estado miembro destinatario cuando éste no hubiera adoptado los actos internos necesarios para su ejecución o no hubiera ejecutado correctamente la directiva en el marco de la legislación nacional (STJCE de 29 de enero de 1983, en el caso Smit Transport).

Las *directivas-legislativas pueden ser elaboradas* por el Parlamento Europeo y el Consejo, conjuntamente, a través del procedimiento legislativo ordinario establecido en el artículos 294 TFUE, así como por el Parlamento con el Consejo o por el Consejo con el Parlamento mediante un procedimiento legislativo especial. Asimismo, *pueden adoptar directivas no legislativas* el Consejo y la Comisión, de acuerdo con los procedimientos previstos en el TFUE.

5. LAS DECISIONES

Las decisiones «*son obligatorias en todos sus elementos. Cuando designe destinatarios sólo será obligatoria para éstos*» (art. 288 TFUE).

A través de las decisiones, las instituciones comunitarias persiguen la regulación de asuntos concretos en relación con los Estados miembros o particulares (personas físicas o jurídicas) a las que vayan dirigidas.

Las *decisiones-legislativas pueden ser adoptadas* por el Parlamento Europeo y el Consejo, conjuntamente, a través del procedimiento legislativo ordinario, o por el Parlamento con el Consejo, o el Consejo con el Parlamento mediante un procedimiento legislativo especial. Por lo que se refiere a *las decisiones no legislativas*, pueden ser adoptadas por el Consejo, la Comisión, y el Banco Central Europeo a través del procedimiento de elaboración previsto en la norma habilitante.

Tanto los Estados miembros como los particulares pueden ser *destinatarios de una decisión*. A tenor de lo dispuesto en el artículo 297 TFUE, las decisiones-legislativas y las que no indican destinatarios deben publicarse en el *Diario Oficial de la Unión Europea*, entrando en vigor en la fecha indicada en las mismas, y en su defecto, a los veinte días de su publicación. Las demás decisiones deben ser notificadas a sus destinatarios y surtirán efecto en virtud de dicha notificación.

Las decisiones también pueden tener «efecto directo» en determinadas condiciones, especialmente en función de sus destinatarios y de su contenido (STJCE de 6 de octubre de 1970, en el caso Franz Grad).

6. CARACTERES COMUNES A LOS REGLAMENTOS, LAS DIRECTIVAS Y LAS DECISIONES

Los actos normativos comunitarios de carácter obligatorio o vinculante, previstos en al artículo 288 TFUE, es decir, los reglamentos, las directivas y las decisiones, presentan una serie de características comunes:

a) Deben ser conformes a los Tratados constitutivos, es decir, al Derecho Originario.
b) Deberán ser motivados (art. 296 TFUE).
c) Los reglamentos, así como las directivas que tengan por destinatarios a todos los Estados miembros, así como las decisiones legislativas o que no indiquen destinatario, se publicarán en el *Diario Oficial de la Unión Europea.* Entrarán en vigor en la fecha que ellos mismos fijen, o en su defecto, a los veinte días de su publicación (art. 297.2 TFUE). Las demás directivas, así como las decisiones que indiquen un destinatario, se notificarán a sus destinatarios y surtirán efecto a partir de dicha notificación (art. 297.2 TFUE).
d) Su legalidad puede ser objeto de control por el Tribunal de Justicia de la Unión Europea (art. 263 TFUE).

7. ACTOS JURÍDICOS NO OBLIGATORIOS: LAS RECOMENDACIONES Y LOS DICTÁMENES

Las recomendaciones y los dictámenes constituyen un medio para que las instituciones comunitarias puedan obtener de su destinatario una conducta a seguir (*recomendación*) o expresar una opinión o valoración sobre una situación concreta (*dictamen*). No son nunca vinculantes (art. 288 TFUE).

Pueden elaborar recomendaciones el Consejo, la Comisión, y el Banco Central Europeo. Sus *destinatarios* suelen ser los Estados miembros, pero también pueden serlo otras instituciones. Tanto unos como otras no están vinculados jurídicamente a la recomendación, si bien ésta puede ser preceptiva para la elaboración de otros actos comunitarios (art. 140 TFUE) o pueden ser un requisito indispensable para iniciar determinadas actividades, como por ejemplo, la negociación de acuerdos internacionales (art. 207.3 TFUE).

Por lo que se refiere a los *dictámenes,* pueden ser elaborados por las instituciones de la Unión y el Banco Central Europeo (art. 288 y 132 TFUE). Sus *destinatarios* pueden ser otras instituciones o los Estados miembros.

Al carecer de fuerza vinculante, no pueden ser objeto de control de legalidad por parte del Tribunal de Justicia de la Unión Europea, ni tampoco de un procedimiento prejudicial relativo a su validez o interpretación. Ahora bien, como ha señalado D. LIÑÁN, la carencia de obligatoriedad de las recomendaciones y dictámenes no los priva del carácter jurídico, sino, exclusivamente, de sanción directa[19].

8. LA INICIATIVA LEGISLATIVA POPULAR

El Tratado de Lisboa ha introducido la iniciativa legislativa popular en el artículo 11 TUE. En este sentido, «un grupo de al menos un millón de ciudadanos de la Unión, que sean nacionales de un número significativo de Estados miembros, podrá tomar la iniciativa de *invitar* a la Comisión Europea, en el marco de sus atribuciones, a que presente una propuesta adecuada sobre cuestiones que estos ciudadanos estimen que requiere un acto jurídico de la Unión para los fines de la aplicación de los Tratados».

De acuerdo con el artículo 24 TFUE, el Parlamento Europeo y el Consejo adoptaron el *Reglamento (UE) 211/2011, de 16 de febrero de 201, sobre la iniciativa ciudadana*[20], en el que se contienen las disposiciones relativas a los procedimientos y condiciones preceptivos para la presentación de una iniciativa ciudadana, incluido el número de Estados miembros de los que han de proceder los ciudadanos que la presenten.

9. LA PRIMACÍA DEL DERECHO DE LA UNIÓN EUROPEA SOBRE EL DERECHO NACIONAL

Ante la ausencia de disposiciones explícitas en los Tratados Constitutivos a este respecto, el Tribunal de Justicia de la Unión Europea ha establecido la primacía absoluta del Derecho Comunitario en caso de conflicto con el Derecho nacional, y la ha fundamentado en la naturaleza específica del Derecho Comunitario en relación al Derecho Internacional clásico (STJCE de 15 de julio de 1964, caso Costa c. *ENEL*)[21].

---

[19] LIÑÁN, D., en MANGAS, A. Y LIÑÁN, D.: Ob. Cit., p. 375.

[20] DO L 65, de 13 de marzo de 2011.

[21] La citada sentencia afirma en su FJ 3: «A diferencia de los Tratados internacionales ordinarios, el Tratado de la CEE creó un ordenamiento jurídico propio integrado en el sistema jurídico de

La *non nata* Constitución Europea incorporaba, en su artículo I-6, el *principio de primacía* al disponer que «*la Constitución y el Derecho adoptado por las Instituciones de la Unión en el ejercicio de sus competencias que le atribuyen a ésta primarán sobre el Derecho de los Estados miembros*». Sin embargo, y a pesar de que el principio de primacía había operado sin problema alguno en nuestro sistema jurídico durante casi veinte años, algunos autores consideraron que este precepto alteraba el orden de las fuentes consagrado en nuestra Constitución de 1978, por lo que, a su juicio, era absolutamente necesario proceder a su reforma. Sin embargo, el Tribunal Constitucional español, a requerimiento del Gobierno, en su *Declaración 1/2004, de 13 de diciembre*, se pronunció en sentido contrario, al mantener que no existía contradicción entre la Constitución española y el artículo I-6 del Tratado Constitucional europeo, por lo que no era necesario reformar aquélla.

El Tratado de Lisboa *no ha reconocido este principio* de origen jurisprudencial y lo ha relegado a la Declaración nº 17, aneja al Tratado, en la que se reconoce su vigencia.

Para el Tribunal de Luxemburgo, la primacía del Derecho Comunitario opera sobre el Derecho nacional anterior y posterior a aquél; y se predica de todas sus fuentes, originarias y derivadas, directamente aplicables o no.

El Tribunal de Justicia mantiene que la Comunidad está dotada de poderes efectivos «que emanan de una limitación de competencias o transferencia de atribuciones de los Estados a la Comunidad», transferencia que supone una limitación definitiva, en esas esferas delimitadas, de sus derechos soberanos a favor del orden jurídico comunitario.

---

los Estados miembros desde la entrada en vigor del Tratado y que vincula a sus órganos jurisdiccionales. Al instituir una comunidad de duración ilimitada, dotada de Instituciones propias, de personalidad, de capacidad jurídica, de capacidad de representación internacional, y más en particular de poderes reales derivados de una limitación de competencia o de una transferencia de atribuciones de los Estados a la Comunidad, éstos han limitado su soberanía y han creado así un cuerpo normativo aplicable a sus nacionales y a sí mismos. Esta integración, en el Derecho de cada país miembro, de disposiciones procedentes de fuentes comunitarias, y más en general los términos y el espíritu del Tratado, tienen como corolario la imposibilidad de que los Estados miembros hagan prevalecer, contra un ordenamiento jurídico por ellos aceptado sobre una base de reciprocidad, una medida unilateral posterior, que no puede por tanto oponerse a dicho ordenamiento, toda vez que al Derecho creado por el Tratado, nacido de una fuente autónoma, no se le puede oponer ante los órganos jurisdiccionales, en razón de su específica naturaleza original, una norma interna, cualquiera que sea ésta, sin que al mismo tiempo pierda aquél su carácter comunitario y se ponga en tela de juicio la base jurídica de la misma Comunidad. La transferencia realizada por los Estados, de su ordenamiento jurídico interno en favor del comunitario, de los derechos y obligaciones correspondientes a las disposiciones del Tratado, entraña por tanto una limitación definitiva de su soberanía.»

Es fundamental subrayar que *el principio de primacía no es equivalente ni se subsume en el principio de supremacía o jerarquía.*

Las relaciones entre el Derecho Comunitario y el Derecho interno *se rigen por el principio de competencia, no de jerarquía*; esto es, si determinadas competencias son transferidas a las instituciones comunitarias, y son reguladas por éstas, la norma comunitaria «impide la formación válida de nuevos actos legislativos nacionales incompatibles con ella» y «hace inaplicable de pleno derecho, desde su entrada en vigor, toda disposición contraria de la legislación nacional existente» (STJCE de 9 de marzo de 1978, caso Simmenthal). Este mismo principio de competencia se predica igual, por poner un ejemplo con el sistema de fuentes español, de las relaciones entre el Derecho estatal y el Derecho autonómico, e incluso de la relación entre la ley ordinaria y la ley orgánica.

BIBLIOGRAFÍA

ALONSO, R.: *Sistema jurídico de la Unión Europea*, 2ª Edición, Civitas-Thomson Reuters, Madrid 2010.

LINDE, E. y MELLADO, P.: *Iniciación al Derecho de la Unión Europea. Adaptado al Tratado de Lisboa de 13 de diciembre de 2007*, 5ª Edición, COLEX, Madrid 2010.

TAJADURA, J.: *El futuro de Europa. Luces y sombras del Tratado de Lisboa*, Editorial COMARES, Granada 2010

MANGAS, A. y LIÑÁN, D.: *Instituciones y Derecho de la Unión Europea*, 7ª Edición, TECNOS, Madrid 2012.

MELLADO, P., SÁNCHEZ, S. y MARTÍN, I.: *Fundamentos de Derecho de la Unión Europea*, Editorial CERA, Madrid 2012.

VVAA: «La integración política de Europa (I), en *Teoría y Realidad Constitucional* nº 32, 2º semestre de 2013.

VVAA: «La integración política de Europa (y II), en *Teoría y Realidad Constitucional* nº 33, 1º semestre de 2014.

Capítulo XV
Incidencia del Estado autonómico en el sistema de fuentes

Capítulo XV. Incidencia del Estado autonómico en el sistema de fuentes

Juan Manuel Goig Martínez

1. EL ESTADO AUTONÓMICO

La Constitución de 1978 ha venido a modificar de manera sustancial las bases tradicionales de la organización territorial del Estado español. España, si exceptuamos el proyecto de Constitución de 1876 y la Constitución republicana de 1931, se ha asentado sobre el modelo estructural de Estado-Nación unitario y centralizado que se impone en Europa a partir de la Revolución francesa[1].

El reconocimiento del derecho a la autonomía de nacionalidades y regiones y, por consiguiente la nueva configuración territorial del poder, que realiza el artículo 2 de nuestra Constitución ha constituido, sin duda, una de las mayores innovaciones y uno de los mayores retos a los que se ha enfrentado la Constitución de 1978, máxime si tenemos en cuenta la falta de tradición estable en la importante cuestión de la distribución del poder.

La CE introduce en España el Estado autonómico. Se trata de un tipo intermedio entre el estado unitario y el Estado federal. En el Estado unitario existe un único centro de poder, un único ordenamiento constitucional, un único poder constituyente y una sola fuente creadora de leyes. Por el contrario, en

---

[1] QUINTANA, J.M.-*Las autonomías y el Título VIII de la Constitución*, Mallorca, Instituto de estudios baleares, 1981, pág. 9.

el Estado federal existe una pluralidad de ordenamientos constitucionales, una pluralidad de titulares de la autonomía y una pluralidad de fuentes creadoras de leyes.

En el Estado autonómico existe un ordenamiento constitucional y un único poder constituyente, pero una pluralidad de fuentes legislativas[2].

Como ha indicado el TC en su Sentencia de 25 de marzo de 2014[3], solo el pueblo español es soberano, y lo es de manera exclusiva e indivisible, a ningún otro sujeto u órgano del Estado o a ninguna fracción de ese pueblo puede un poder público atribuirle la cualidad de soberano, de manera que ninguna parte del pueblo, tiene soberanía por sí misma, porque ello iría ir en contra de la soberanía de todo el pueblo. El art. 1.2 CE proclama que «la soberanía nacional reside en el pueblo español, del que emanan los poderes del Estado». El precepto, «base de todo nuestro ordenamiento jurídico» (STC 6/1981), atribuye, por tanto, con carácter exclusivo la titularidad de la soberanía nacional al pueblo español, unidad ideal de imputación del poder constituyente y, como tal, fundamento de la Constitución y del Ordenamiento jurídico y origen de cualquier poder político (SSTC 12/2008; 13/2009; 31/2010).

El Estado autonómico es un Estado nacional que reconoce el derecho a la autonomía de las nacionalidades y regiones sobre las que se ha constituido la historia[4].

Aunque podemos encontrar cierto denominador común entre la Constitución española de 1931, que instaura el llamado Estado integral, el Estado regional que define la Constitución italiana de 1947 y la CE de 1978, el Estado autonómico va más allá de las formas regional e integral[5].

Es evidente que la tarea de desmontar el modelo de estado centralizado y sustituirlo por un nuevo sistema de distribución del poder que reconociera cierto protagonismo político a los distintos pueblos y comunidades, suponía cierta dificultad. y esta dificultad sólo podía superarse por la vía del consenso. Y ello, sobre todo, porque la importante originalidad del nuevo modelo

---

[2] FERRANDO BADÍA, J.- *El Estado unitario, el federal y el Estado autonómico*, Madrid, Técnos, 1986, págs. 256 y ss.,

[3] Dictada contra la Resolución del Parlamento de Cataluña 5/X, de 23 de enero de 2013, por la que se aprueba la Declaración de soberanía y del derecho a decidir del pueblo de Cataluña. El artículo 1 de dicha resolución indica: Primero. Soberanía. El pueblo de Cataluña tiene, por razones de legitimidad democrática, carácter de sujeto político y jurídico soberano.

[4] SÁNCHEZ AGESTA, L.- *Sistema político de la Constitución española de 1978*, Madrid, Editora Nacional, 1980, pág. 344.

[5] SÁNCHEZ, S Y MELLADO, P.-*Fundamentos de Derecho Político*, Madrid, UNED, 1993, pág. 306.

de configuración del Estado instaurado por la Constitución de 1978, radica en la necesidad de articular «la indisoluble unidad de la Nación española» que proclama el artículo 2 CE con el derecho a la autonomía de las nacionalidades y regiones que la integran.

La Constitución de 1978 debía de intentar dar respuesta a varios problemas: articular la convivencia política entre la variedad de pueblos, nacionalidades y regiones, solventar viejas reclamaciones históricas y configurar un proyecto político de renovación estructural del Estado en el que todos tuvieran cabida. Todos estos problemas han tenido su plasmación en la configuración que de la organización territorial realiza el Título VIII.

Se trata de un sistema plagado de imprecisiones, ambigüedades e inconcreciones, debidas a la forma en que se obtuvo el acuerdo necesario entre las diversas fuerzas políticas y que se ha ido concretando a través de un largo proceso que todavía no se ha cerrado.

También la falta de una definición constitucional a cerca de lo que constituye la autonomía ha contribuido, de forma importante, a dicha ambigüedad, y ha obligado al TC a realizar una auténtica labor de definición desde sus primeras sentencias. Descartada la idea de que autonomía equivale a soberanía, el principio de autonomía es **un principio general de la organización del Estado, que informa todo el ordenamiento jurídico** (STC 4/1981) **que consagra, no sólo un poder administrativo, sino un poder «potencialmente» político** (STC 84/1982). Por ello, otro de los problemas que plantea la nueva configuración territorial del poder político en España, está referido a la integración de un nuevo sistema de fuentes normativas provenientes de las CCAA, y su relación con el resto de fuentes del ordenamiento jurídico estatal.

A falta de una definición constitucional sobre lo que debe entenderse por CCAA, podemos afirmar que **la Comunidad Autónoma se configura como un ente de derecho público de carácter territorial, con personalidad jurídica propia, a la que se reconoce capacidad de autogobierno en virtud del cual se dota de su propio ordenamiento autonómico y establece su propia organización interna, todo ello dentro del ordenamiento general del Estado, del que forma parte, de acuerdo con lo dispuesto en el Estatuto de autonomía y en la Constitución**[6]. Respecto su naturaleza jurídica, el TC ha afirmado que las CCAA están incluidas entre los poderes públicos a que alude la Constitución (STC 64/1982) y que son «lato sensu» órganos del Estado (STC 32/1983).

---

[6] PANIAGUA, J.L Y ALVARADO, E.- *Introducción al estudio de las Comunidades Autónomas*, Madrid, Universitas, 1997, págs. 37 y 38.

1.1. Fases en la construcción del mapa autonómico

El inicio en la construcción del Estado autonómico español tiene su origen antes de la promulgación de la Constitución. Las presiones políticas que actuaban sobre el tema de las autonomías hicieron que, a partir de la Ley de 4 de enero de 1977, se iniciase un proceso preautonómico de rápida generalización.

En 1977 se aprobó el régimen preautonómico para Cataluña, y a lo largo de 1978 se aprobarían los regímenes preautonómicos del País Vasco, Galicia, Aragón, Canarias, País Valenciano, Andalucía, Baleares, Extremadura, Castilla y León, Asturias, Murcia y Castilla-La Mancha. El resto de CCAA accedería a la autonomía una vez promulgada la Constitución y sin haber contado con régimen preautonómico.

La instauración de estos regímenes llevaba aparejada la promulgación de una serie de Decretos por los que se trasfería a los entes preautonómicos competencias que hasta entonces eran detentadas por la Administración central.

El proceso de preautonomías, que funcionó como una especie de ensayo general, a pesar de sus fallos, tuvo efectos positivos[7]: a) ayudó a la generalización posterior de las autonomías; b) creó sentimientos de convivencia regional inexistentes en algunos casos, y c) facilitó el trazado autonómico.

La entrada en vigor de la Constitución permitió un rápido acceso de los distintos territorios a la autonomía, pero originó una serie de problemas y desigualdades que se han intentado resolver, mediante distintos procesos:

1. *Los Pactos autonómicos de 1981.*
2. *La Ley orgánica de Armonización del proceso autonómico de 1982*[8] (LOAPA).
3. *Los Pactos autonómicos de 1992.*
4. *Los Pactos autonómicos de 1997.*
5. *El último proceso de reformas estatutarias*: El triunfo del PSOE en las elecciones de 2004, y el cumplimiento de su programa electoral en el sentido de desarrollar y potenciar el proceso autonómico, abrió un nuevo proceso de reformas estatutarias que, a diferencia de los períodos anteriores, no ha gozado, en todos los casos, del necesario consenso entre las principales fuerzas políticas con representación parlamentaria.

---

[7] MARTÍN MATEO, R.- *Manual de Derecho Administrativo*, Madrid, Trivium, 1994, pág. 199.

[8] Declarada, en parte, inconstitucional por STC 76/1983 de 5 de agosto.

A pesar del reconocimiento del nivel de descentralización y autogobierno alcanzado hasta este momento, en el fondo existe una cierta insatisfacción por el nivel de autonomía política alcanzado, y por la actuación estatal en materia autonómica, que tiene como causas principales: a) la intromisión estatal en las competencias autonómicas a través de legislación básica, y del ejercicio estatal de competencias horizontales; b) la insuficiente participación autonómica en la política de la UE; c) la escasa descentralización de los órganos estatales como el Tribunal Constitucional o el Consejo General del Poder Judicial, y d) el sistema de financiación autonómico.

El primer paso de esta nueva etapa se inicia en el País Vasco, mediante un Proyecto de reforma de Estatuto en 2004, conocido como «Plan Ibarretxe», y cuya tramitación no fue tomada en consideración por el Congreso de los Diputados en febrero de 2005, bajo el pretexto de carecer del necesario consenso en el Parlamento vasco, aunque en el fondo el rechazo se debía al contenido de la reforma, que establecía un nuevo sistema de relaciones, de dudosa constitucionalidad, entre el Estado y la Comunidad.

Un informe del Consejo de Estado relativo a la reforma constitucional, realizado a solicitud del Gobierno de la Nación, ponía de manifiesto, en materia autonómica, además de la necesidad de modificar el Senado y el Título VIII CE –inclusión de las CCAA y modificación de ciertas disposiciones transitorias–, la reconsideración de los principios de solidaridad e igualdad entre CCAA; propuestas sobre los principios de cooperación y colaboración internormativas, y una serie de reflexiones sobre los límites al sistema de autogobierno.

Hasta el momento se han modificado los Estatutos de autonomía de Valencia (L.O 1/2006, de 10 de abril); Cataluña (L.O. 6/2006, de 19 de julio); Islas Baleares (L.O. 1/2007, de 28 de febrero); Andalucía (L.O. 2/2007, de 19 de marzo); Aragón (L.O. 5/2007, de 20 de abril) ; Castilla y León (L.O. 14/2007, de 30 de noviembre); Región de Murcia (L.O, 7/2013, de 28 de noviembre), y Castilla-La Mancha (L.O. 2/2014, de 21 de mayo) y algunos otros se encuentran en proceso de tramitación parlamentaria en las Cortes Generales.

Como regla general, puesto que el alcance de las reformas estatutarias no es uniforme, el contenido de las reformas estatutarias puede ser sistematizado de la siguien

1.- Se ha incorporado a los Estatutos un Título que reconoce derechos a los ciudadanos y desarrolla principios sociales y económicos.

2.- Se modifica el sistema competencial, mediante el blindaje de competencias a través de una minuciosa regulación de las atribuciones materiales y funcionales de la Comunidad autónoma.

3.- Se establecen modelos de participación autonómica en órganos estatales y europeos.

4.- Se procede a una completa regulación del modelo de financiación.

A pesar de ello, el Estado autonómico no se ha concretado definitivamente y existen una gran cantidad de problemas sin resolver. No obstante, el Estado autonómico es un tipo de Estado que pretende progresar en su organización, distribución y participación del poder sobre bases racionales y genéricas para todos[9].

2. INCIDENCIA EN EL SISTEMA DE FUENTES DEL ESTADO AUTONÓMICO. AUTONOMÍA LEGISLATIVA. AUTONOMÍA Y POTESTADES ESTATALES

La incidencia del Estado autonómico en el sistema de fuentes se observa en las distintas manifestaciones normativas autonómicas en relación a las competencias asumidas, y también en las potestades normativas estatales en relación con el sistema competencial.

2.1. Los Estatutos de autonomía

Cumplido el proceso de iniciativa autonómica en los términos estudiados, el paso siguiente para el acceso al autogobierno es la elaboración del Estatuto.

Dos son los procedimientos de elaboración de los Estatutos que la Constitución, en íntima relación con los distintos supuestos de iniciativa autonómica, contempla.

El Proyecto de Estatuto para las CCAA que acceden por la vía ordinaria o general era elaborado por una Asamblea compuesta por los miembros de la Diputación u órgano interinsular de las provincias afectadas y por los Diputados y Senadores elegidos en ellas, y será elevado a las Cortes Generales para su tramitación como ley.(art. 146 CE).

---

[9] PECES-BARBA, G.- *La Constitución española de 1978. Un estudio de derecho y Política*, Valencia, F. Torres, 1981, pág. 174.

Mayores dificultades impone la Constitución para la elaboración del Estatuto por parte de aquellas CCAA que accedieron a la autonomía por la vía del artículo 151:

– El Proyecto es elaborado por una Asamblea compuesta por los Diputados y Senadores elegidos en las circunscripciones que conforman el territorio de la Comunidad autónoma.

– Aprobado el Proyecto por la Asamblea de parlamentarios, se remitirá a la Comisión Constitucional del Congreso, la cual, dentro del plazo de dos meses, lo examinará, con el concurso de una delegación de la Asamblea, para su formulación definitiva.

– De alcanzarse el acuerdo, el texto será sometido a referéndum entre los votantes de las provincias interesadas.

– Si el Proyecto es aprobado en cada provincia por la mayoría de votos validamente emitidos, será elevado a las Cortes Generales para su aprobación mediante ley orgánica.

El principal problema que se podía derivar de este complicado procedimiento de aprobación consistía en que no se hubiese obtenido el suficiente acuerdo entre la Asamblea redactora y la Comisión Constitucional, en cuyo caso, se hubiera tramitado mediante proyecto de ley ante las Cortes Generales.

En lo que a la **naturaleza de los Estatutos de autonomía** se refiere, al margen de discusiones doctrinales, el artículo 147.1 establece que **los Estatutos son la norma institucional básica de la Comunidad autónoma. El Estado los reconoce y ampara como parte integrante del ordenamiento jurídico estatal.**

2.2. El sistema competencial y el sistema de fuentes

2.2.1. *La distribución de competencias*

No basta con que la Constitución proclame el derecho a la autonomía, sino que para que dicha autonomía sea real y efectiva es preciso que se dote a las CCAA de un conjunto de facultades y poderes distintos de los que puedan corresponder al Estado.

---

[10] ALVAREZ CONDE, E.- *Las Comunidades autónomas*, Madrid, Técnos, 1980, pág. 146.

[11] ENTRENA CUESTA, R.- Op. cit, pág. 163 y ss.

[12] TOMÁS Y VALIENTE, F.- *El reparto competencial en la jurisprudencia del Tribunal Constitucional*, Madrid, Técnos, 1988, pág. 81.

La distribución de competencias es la cuestión central del estado autonómico, puesto que a través de ella se podrá determinar si las CCAA son auténticos entes autónomos o, por el contrario, se convierten en simples entes descentralizados administrativamente[10].

Tradicionalmente suelen distinguirse dos sistemas de distribución de competencias entre el Estado y los entes territoriales[11]: el de *distribución vertical*, en virtud del cual las atribuciones sobre una misma materia se reparten entre el Estado y dichos entes; y el de *distribución horizontal* en el que se distinguen claramente las materias de competencia estatal de aquellas que corresponden a los entes autonómicos.

Dentro del sistema horizontal de distribución de competencias podemos distinguir el de lista única o el de doble lista en que se establecen dos relaciones de competencias, una que corresponderá al Estado y una segunda a los entes territoriales.

A través de una primera lectura de la Constitución se podría determinar que ha diseñado un sistema horizontal de doble lista en el reparto competencial. En efecto, el artículo 148.1 enumera las materias que podrán ser asumidas por las CCAA a través de sus Estatutos. Por su parte, el artículo 149.1 define una serie de materias sobre las que el Estado tiene competencia exclusiva. Sin embargo, lo que la CE ha hecho es diseñar un sistema confuso de distribución de competencias.

En lo que a las **materias asumibles por las CCAA** respecta, el artículo 148.1 no es una lista de competencias, sino que contiene, a lo largo de veintidós apartados, una lista de materias sobre las que las Comunidades, en virtud del principio de voluntariedad, podrán asumir o no competencias, si bien de acuerdo con el principio de «voluntariedad limitada» y con las limitaciones que impone el artículo 149 que operan como consecuencia del principio de unidad o de homogeneidad mínima[12].

Esto significa que, en un principio, el ámbito competencial de las CCAA puede ser distinto en base a las desigualdades existentes entre ellas. No obstante estas diferencias, serán salvadas, paulatinamente, en la medida en que los territorios autonómicos vayan alcanzando un mayor grado de autonomía mediante la ampliación de competencias, y la reforma de sus respectivos Estatutos.

---

[10] ALVAREZ CONDE, E.- *Las Comunidades autónomas*, Madrid, Técnos, 1980, pág. 146.

[11] ENTRENA CUESTA, R.- Op. cit, pág. 163 y ss.

[12] TOMÁS Y VALIENTE, F.- *El reparto competencial en la jurisprudencia del Tribunal Constitucional*, Madrid, Técnos, 1988, pág. 81.

Mayores dificultades entraña el contenido del artículo 149.1. Inicialmente, de su enunciado general, se puede deducir que las facultades que en él se enumeran son competencias exclusivas del Estado. Sin embargo, una lectura detenida permite obtener la conclusión de que la competencia exclusiva del Estado queda reducida sólo a aquellas materias que no son objeto de precisión posterior. Sobre estas materias el Estado ostenta, efectivamente, una competencia exclusiva tanto para legislar como para ejecutar y gestionar los servicios pertinentes. **El principal problema que suscita el artículo 149.1 es su referencia al concepto «competencia exclusiva»**.

Y es que, como ha indicado García de Enterria[13], existen distintos grados de exclusividad que nos permiten distinguir entre: a) *competencias exclusivas absolutas* que excluyen, tanto la participación en ellas de las CCAA, como la posible trasferencia o delegación debido a que su propia naturaleza impiden su traspaso; b) *competencias exclusivas*, pero algunas de cuyas facultades de gestión pueden ser objeto de trasferencia o delegación; c) aquellas materias que admiten en su desarrollo o ejecución una participación de las CCAA, y d) otras materias en las que se admite una distribución de competencias en base a un criterio de desarrollo territorial.

La estructura normativa del artículo 149.1 CE, en la cual, junto a una definición de la reserva estatal, se contemplan ámbitos competenciales permitidos a las CCAA, permite clasificar **las materias exclusivas del Estado** de la siguiente forma[14]:

1. Competencias exclusivas absolutas. Serían aquellas que corresponden exclusivamente al Estado y sobre las cuales las CCAA no podrían, en principio, asumir competencias, ni por vía estatutaria, ni a través del artículo 150. Suele citarse como ejemplo las relaciones internacionales (art. 149.1.3ª), o la Defensa (art. 149.1. 4ª).

2. Competencias exclusivas relativas. En este supuesto nos encontramos con materias que, perteneciendo en principio al Estado, permiten que las CCAA incidan sobre ellas, bien por vía de sus respectivos Estatutos o a través de las vías previstas en el artículo 150 CE. Véase como ejemplo la legislación sobre propiedad intelectual o industrial (art. 149.1.9ª).

---

[13] GARCÍA DE ENTERRÍA, E.- «El significado de las competencias exclusivas del Estado en el sistema autonómico», en *REDC*, Año 2, nº 5, 1982, págs. 83 y ss.

[14] Vid al respecto, entre otros, GONZÁLEZ TREVIJANO, P Y NÚÑEZ RIVERO, C.- *El Estado autonómico: principios, organización y competencias*, Madrid, Universitas, 1998, págs. 168 y ss.

3. Competencias compartidas. Existe un número elevado de materias a cerca de las cuales corresponde al Estado fijar las «bases», la «legislación básica», o las «normas básicas» y a las CCAA el desarrollo de dichas bases (149.1, 8, 13, 15, 17, 18...etc).

4. Competencias concurrentes. Se entiende que existe una competencia concurrente cuando se asignan, al Estado y a las CCAA, competencias que atienden a potestades, ya sean legislativas o de ejecución, de la misma calidad, como por ejemplo en materia de turismo.

La estructura del artículo 149 se complica todavía más cuando en su apartado segundo, referente a la cultura, se regula, en palabras del TC (STC 49/1984),»una concurrencia de competencias ordenada a la preservación y estímulo de los valores culturales propios del cuerpo social desde la instancia pública correspondiente». Aunque el propio TC ha definido esta materia como concurrente, no ha faltado quien ha visto en ella un nuevo tipo de competencia –**competencias indistintas**–.

La complejidad del artículo 149.1 CE, nos permite llegar a la conclusión de que es casuístico y de no fácil interpretación, pudiéndose afirmar que **el ámbito reservado en exclusiva a la competencia estatal por el artículo 149.1 es de distinto alcance en cada materia** (STC 35/1982). En este orden de cosas, el TC ha llegado a asumir que ninguno de los dos entes, el Estado y las CCAA, poseen competencias exclusivas, puesto que lo normal, en la mayoría de los casos, es que dichas competencias sean compartidas o concurrentes (STC 196/1988 de 17 de octubre; STC 75/1989 de 24 de abril.)

2.2.2. *La autonomía normativa de las CCAA. Las leyes autonómicas*

Como anteriormente hemos indicado, el disfrute de la autonomía se encuentra estrechamente ligado a la facultad de organizarse jurídicamente, es decir a la creación del propio derecho. La autonomía implica normas propias, como capacidad normativa para la gestión de los intereses propios Existe en la Constitución un reconocimiento reiterado de la capacidad normativa de las CCAA. Así, por la previsión en el artículo 152 de una Asamblea legislativa como órgano de la organización institucional de las CCAA; por la mención hecha en el artículo 150 que permite la facultad de dictar para sí normas legislativas por delegación expresa de una ley en el marco previsto en ella; por la facultad de que el Estado dicte leyes para armonizar las disposiciones normativas de las CCAA, o por la referencia del artículo 153 que previene el control por el Tribunal Constitucional de las disposiciones normativas con fuerza de ley de las Comunidades.

Existe, pues, en el concepto de autonomía una competencia para la gestión de sus propios intereses mediante la adopción de normas propias. Nuestro TC ha admitido desde sus primeras sentencias la potestad normativa de las CCAA, pero entendiendo que, en las leyes autonómicas concurren ciertas peculiaridades, y estableciendo que la regulación aplicable a las leyes y disposiciones normativas de las CCAA es la contenida: a) en sus estatutos, b) en las leyes estatales que, dentro del marco constitucional, se hubieran dictado para delimitar las competencias del Estado y las CCAA, y c) en las reglas y principios constitucionales aplicables a todos los poderes que conforman el Estado en sentido amplio (STC 116/1994 de 18 de abril.).

La autonomía se reconoce a los entes territoriales para la gestión de sus propios intereses, lo cual exige que se dote a cada ente de todas las competencias propias y exclusivas que sean necesarias para satisfacer el interés respectivo. En el caso de las CCAA, que, gozan de una autonomía cualitativamente superior a la administrativa que corresponde a los entes locales, se añaden potestades legislativas y gubernamentales que configuran a la autonomía de naturaleza política. Sin embargo, esto no significa, que la competencia legislativa autonómica en cuestión sea limitada o absoluta a favor de la Comunidad Autónoma, pues autonomía no equivale a soberanía, ya que incluso las competencias autonómicas exclusivas han de situarse siempre dentro del marco constitucional (STC 69/1982, de 23 de noviembre).

Cuando la Constitución reconoce potestades legislativas a las CCAA está alterando el sistema clásico que definía nuestro ordenamiento jurídico. En el ámbito de su competencia, las leyes autonómicas tienen eficacia de ley formal, de la misma manera que lo tienen las leyes estatales. Se plantea, por consiguiente la determinación de cual es la relación existente entre estos dos subsistemas del ordenamiento jurídico: el estatal y el autonómico.

De acuerdo con lo establecido por ALZAGA VILLAAMIL[15], **las leyes autonómicas tienen la misma naturaleza y rango que las leyes ordinarias aprobadas por los órganos centrales del Estado**, y en la relación entre las leyes autonómicas y las estatales, **rige el principio de competencia** y no el de jerarquía.

Los conflictos normativos que puedan producirse entre las leyes autonómicas estatales y las leyes autonómicas, no pueden ser resueltos, al menos de

[15] Op. cit, págs. 546 y ss.

forma exclusiva, con arreglo al principio de competencia, sino a la conjugación de dos principios reguladores de las relaciones internormativas[16]:

- En primer lugar el principio de competencia, atendiendo a las materias asumidas estatutariamente dentro del esquema diseñado por la Constitución.
- En segundo lugar, por la cláusula de prevalencia reconocida en el art. 149.3 CE, que establece la prevalencia del Derecho Estatal, en caso de conflicto, sobre las normas de las Comunidades Autónomas en todo lo que no esté atribuido a la competencia exclusiva de éstas.

Sin embargo, en las leyes autonómicas concurren ciertas **singularidades**:

1. La ley autonómica trae su causa directa de los Estatutos, y su causa remota de la Constitución. También pueden traer su causa de las leyes previstas en el artículo 150 CE, y pueden tener como objeto el desarrollo de la legislación básica estatal.
2. Las leyes autonómicas son leyes limitadas materialmente, y, en principio están limitadas al ámbito de su territorio.
3. Las leyes autonómicas pueden ser controladas por la jurisdicción ordinaria, en virtud de lo establecido en el artículo 149.3 CE.

La posición de las leyes autonómicas, está limitada en un triple sentido: *territorialmente*, puesto que su eficacia se extiende al ámbito territorial autonómico; *materialmente*, puesto que las CCAA sólo pueden ejercer competencias legislativas sobre aquellas materias asumidas por sus Estatutos en virtud de lo establecido en los artículos 148, 149 y 150 de la Constitución, y *por el interés general*.

2.2.3. *Las leyes del artículo 150 CE. El cierre del sistema y las características del régimen competencial*

La Constitución parece haber diseñado un sistema de distribución de competencias que no responde a ningún molde conocido, que no se ajusta ni al esquema teórico del Estado Federal ni al del Estado regional y que carece de la necesaria claridad.

---

[16] ÁLVAREZ CONDE, E.- *Curso de Derecho Constitucional Español,* Vol. 1, Madrid, Técnos, 1996, pág. 243.

Se ha adoptado un sistema competencial ambiguo, confuso e impreciso, con el objeto de ganar en elasticidad y capacidad de adaptación a las circunstancias concretas de cada Comunidad y con el fin de no dejar atado el tema competencial que permita un uso flexible de la autonomía política.

Y ello es así porque, además de las facultades del artículo 148.1 que las CCAA pueden asumir, y de aquellas otras compartidas o concurrentes, la Constitución permite también que el Estado desplace hacia las CCAA facultades sobre materias de titularidad estatal que serán ejercidas por cesión o delegación del Estado. Se trata de los supuestos contenidos en el artículo 150.1 y 2.

La potestad legislativa autonómica implica la necesaria convivencia de distintos centros de producción normativa, y ha exigido del TC una importante labor interpretadora, que , especialmente, ha sido intensa en materia de reparto competencial, como consecuencia de la ambigüedad del texto constitucional, y en la interpretación por parte del TC de un sistema de reparto competencial de modo equilibrado como el resultado de la actuación normativa del Estado central y las CCAA, correspondiente a la conjugación adecuada de la soberanía y autonomía, como poderes que les pertenecen respectivamente.

El TC ha atribuido una función estructuradora al derecho estatal en el ordenamiento general, a través de la interpretación de los arts. 148; 149 y 150, especialmente de sus consideraciones sobre la legislación básica; las cláusulas de cierre del sistema competencial y de las leyes reconocidas en el art. 150.

2.2.3.1. *La legislación básica. La concurrencia legislativa a través de las leyes de bases*

Tradicionalmente, los Estados compuestos que reconocen potestades legislativas a los distintos entes territoriales en que se estructuran, han recogido la colaboración legislativa entre el Estado Central y los distintos territorios sobre ciertas materias. De esta manera, al ente central se la correspondido la regulación legislativa de varios principios comunes a todo el territorio nacional, que ha podido ser desarrollado, de acuerdo con sus características particulares, por los distintos territorios.

Nuestra Constitución ha recogido esta técnica legislativa a través del art. 149, al reservar al Estado la «legislación básica, o «las bases» sobre determinadas materias, de manera que estas bases sean iguales y generales para toda España, permitiendo que las Comunidades Autónomas desarrollen estas bases mediante leyes que, respetando los criterios o bases generales, adecuen estos principios básicos a sus intereses particulares.

En lo que a la **legislación básica** se refiere, el TC ha interpretado que el concepto de «bases» o, más en concreto, de «legislación básica» es un concepto material que pretende «garantizar en todo el Estado un común denominador normativo dirigido a asegurar, de manera unitaria y en condiciones de igualdad, los intereses generales a partir del cual pueda cada CA, en defensa de sus propios intereses introducir las peculiaridades que estime convenientes y oportunas, dentro del marco competencial que en la materia le asigne su Estatuto.

De acuerdo con lo mantenido por el TC, no parece desacertado considerar como básicos los criterios generales de regulación de un sector del ordenamiento jurídico o de una materia jurídica que deben ser comunes a todo el Estado (STC 385/1993, de 23 de diciembre), entendiendo que cuando la Constitución utiliza el término bases está comprendiendo funciones normativas que aseguren, en lo que es menester, un común uniforme, unas reglas a partir de las cuales las CCAA que tengan asumidas competencias en la materia puedan ejercerlas.

Sobre el alcance posible de la definición de las bases, el TC ha manifestado que el legislador estatal, al que corresponde establecer lo básico, no puede hacerlo con un grado tal de detalle y de forma tan acabada o completa que prácticamente impida la adopción por parte de las CCAA de políticas propias en la materia mediante el ejercicio de sus competencias de desarrollo legislativo...la definición de las bases, en el ámbito de la legislación compartida, tiene por objeto crear un marco normativo unitario, de aplicación a todo el territorio nacional, dentro del cual las CCAA dispongan de un margen de actuación que les permita, mediante la competencia de desarrollo legislativo, establecer los ordenamientos complementarios que satisfagan sus peculiares intereses, por ello, en principio, debe entenderse que excede de lo básico toda aquella ordenación que, por su minuciosidad y detalle, no deja espacio alguno a la competencia autonómica de desarrollo legislativo produciéndose en tal caso, un resultad de vulneración competencial que priva a lo presentado como básico de su condición de tal (STC 275/2000, de 16 de noviembre).

Y es que, la principal limitación al establecimiento de las Bases por parte de las Cortes Generales, viene marcada porque, en virtud de esa definición material de lo básico corresponde al legislador estatal delimitar su contenido y alcance, pero sin alterar el orden constitucional y estatutario de competencias.

Excepcionalmente, puede el Gobierno de la Nación hacer uso de su potestad reglamentaria para regular por decreto algunos de los aspectos básicos de una materia, bien cuando sea preciso para atender a circunstancias coyunturales o cuando resulten complemento necesario para garantizar el fin a que responde la competencia estatal sobre las bases, en función de la naturaleza de la materia que se trata. Pero esta dispensa de suficiencia de rango normativo no alcanza a la exigencia de que su carácter básico se declare expresamente en la norma o se infiera de su estructura en la misma medida en que ello es aplicable a la ley formal. No es constitucionalmente imposible que el Gobierno establezca normas básicas por decreto, aunque se trate de un supuesto excepcional (STC 141/1993, de 22 de abril).

En relación con el control de la competencia estatal sobre las bases, la tarea del Tribunal Constitucionales la de procurar que la definición de lo básico no quede a la libre disposición del Estado, en evitación de que puedan dejarse sin contenido o inconstitucionalmente cercenadas las competencias autonómicas y velar por que el cierre del sistema no se mantenga en la ambigüedad permanente que supondría reconocer al Estado facultad para oponer sorpresivamente a las CCAA como norma básica, cualquier clase de precepto legal o reglamentario al margen de cual sea su rango o estructura.

2.2.3.2. *El artículo 150 de la Constitución*

El sistema de reparto competencial se completa con las previsiones contenidas en el art. 150 CE:

> 1. Las Cortes Generales, en materias de competencia estatal, podrán atribuir a todas o a alguna de las Comunidades Autónomas la facultad de dictar, para sí mismas, normas legislativas en el marco de los principios, bases y directrices fijados por la ley estatal. Sin perjuicio de la competencia de los Tribunales, en cada ley marco se establecerá la modalidad del control de las Cortes Generales sobre estas normas legislativas de las Comunidades Autónomas.
> 2. El Estado podrá transferir o delegar en las Comunidades Autónomas, mediante ley orgánica, facultades correspondientes a materia de titularidad estatal que por su propia naturaleza sean susceptibles de transferencia o delegación. La ley preverá en cada caso la correspondiente transferencia de medios financieros, así como las formas de control que se reserve el Estado.
> 3. El Estado podrá dictar leyes que establezcan los principios necesarios para armonizar las disposiciones normativas de las Comunidades Autónomas, aun en el caso de materias atribuidas a la competencia de éstas, cuando así lo exija el interés general. Corresponde a las Cortes Generales, por mayoría absoluta de cada Cámara, la apreciación de esta necesidad.

En virtud del artículo 150.1, las Cortes Generales, en materia de competencia estatal, podrán atribuir a todas o a alguna CCAA la facultad de dictar, para sí mismas, normas legislativas en el marco de los principios, bases y directrices fijadas en una ley estatal. Estas **leyes marco** son leyes estatales, potestativas para las Cortes Generales, en virtud de las que se puede modular la voluntad estatal sobre el grado de autonomía.

El apartado 2 del artículo 150 señala que el Estado podrá transferir o delegar en las CCAA, mediante ley orgánica, –**leyes de trasferencia o delegación**– facultades correspondientes a materias de titularidad estatal que por su propia naturaleza sean susceptibles de trasferencia o delegación. La ley preverá, en cada caso, la correspondiente trasferencia de medios financieros, así como las formas de control que se reserve el Estado.

Las *leyes de transferencia* implican que el Estado cede la titularidad que sobre una materia le otorga la Constitución en beneficio de una Comunidad Autónoma. Aunque la cesión de la competencia completa no tiene porqué ser permanente, sino que puede puede ser modificado mediante la aprobación de una nueva ley de transferencia. Sin embargo, en la práctica la retirada o modificación de la ley de transferencia acarrearía importantes enfrentamientos políticos, por lo que es preciso que el Estado sea consciente de que la transferencia inicial es necesaria.

Por el contrario, las *leyes de delegación* implican la cesión, no de la titularidad, sino de determinadas atribuciones o potestades a la Comunidad Autónoma, manteniendo el Estado la titularidad.

El tercer apartado del precepto constitucional se refiere a un supuesto de intervención por parte del Estado a través de **las leyes de armonización**.

Dispone el art. 141 del Reglamento del Senado que el Gobierno, la Comisión General de las CCAA o veinticinco Senadores podrán proponer al Senado que aprecie la necesidad de que el Estado dicte leyes de armonización de las disposiciones normativas de las Comunidades Autónomas. Las propuestas deberán indicar, de forma concreta la materia o materias a las que se refiere la armonización e ir suficientemente motivada. La apreciación de la necesidad de armonización seguirá un trámite lo suficientemente garantista, con defensas e informes, al objeto del aseguramiento de la necesidad armonizadora. Apreciada la necesidad por el Senado, su aprobación por el Congreso requerirá acuerdo por mayoría absoluta de los miembros del Congreso en un debate sujeto a las normas de los debates a la totalidad (art. 168 del Reglamento del Congreso. Los proyectos o proposiciones de ley de armonización de las disposiciones normativas de las CCAA, cuya necesidad ya hubiese sido apreciada por las Cortes Generales, serán tramitados de acuerdo con los procedimientos generales.

El art. 150.3 constituye una pieza dentro del sistema global de distribución de competencias entre el Estado y las CCAA, y por ello no puede ser interpretado aisladamente, sino en relación con el conjunto de normas que configuran dicho sistema. En este sentido es preciso señalar que el constituyente ha tenido ya presente el principio de unidad y los intereses generales de la nación al fijar las competencias estatales y que es la imposibilidad de que el texto constitucional agote todos los supuestos lo que explica que la propia Constitución haya previsto la posibilidad de que el Estado incida en el ámbito competencial de las CCAA, por razones de interés general, a través de la técnica armonizadora contenida en el art. 150.3.

Desde esta perspectiva, el art. 150.3, constituye una norma de cierre del sistema, aplicable sólo a aquellos supuestos en que el legislador estatal no disponga de otros cauces constitucionales para el ejercicio de su potestad legislativa o éstos no sean suficientes para garantizar la armonía exigida por el interés general, pues en otro caso el interés que se pretende tutelar y que justificaría la utilización de la técnica armonizadora se confunde con el mismo interés general que ya fue tenido en cuenta por el poder constituyente al fijar el sistema de distribución de competencias entre el Estado y las CCAA. **Las leyes de armonización vienen a complementar, no a suplantar, las demás previsiones constitucionales.**

De ello no cabe deducir, sin embargo, que la armonización prevista en el art. 150.3 CE se refiera únicamente al ejercicio de las competencias exclusivas de las CCAA, alegando...que en los supuestos de competencias compartidas el Estado puede, a través de la regulación básica en la materia, tutelar directamente el interés general y conseguir la uniformidad jurídica pretendida por la ley armonizadora. **Si bien normalmente la armonización afectará a competencias exclusivas de las CCAA, no es contrario a la Constitución que las leyes de armonización sean utilizadas cuando en el caso de competencias compartidas, se aprecie que el sistema de distribución de competencias es insuficiente para evitar que la diversidad de disposiciones normativas de las CCAA produzca una desarmonía contraria al interés general de la Nación** (STC 76/1983, de 5 de agosto).

A través de las leyes reconocidas en el artículo 150 CE se atribuyen nuevas competencias o se modula el ejercicio de las ya asumidas. Frente a la regla general, constituida por los artículos 148 y 149, y la asunción de competencias que se opera a través del Estatuto, también se prevé, de acuerdo con las especificidades procedimentales propias, que el sistema de atribución de competencias se altere mediante la actuación del legislador estatal.

2.2.3.3. *Las cláusulas de cierre del art. 149*

Junto a esta voluntad de otorgar una función estructural al derecho estatal en el ordenamiento general, no obstante, se une la idea del TC por señalar la cualidad especial del autogobierno que la autonomía comporta, y la disponibilidad de las CCAA de su correspondiente poder político, lo que realiza, de manera sintomática en la interpretación **de las cláusulas de cierre** contenidas en el art. 149 CE

Finalmente, el artículo 149.3 contiene la cláusula atributiva potencial a las CCAA, la cláusula residual, la de prevalencia de las normas estatales y la de supletoriedad:

La *cláusula residual* determina, que las materias no atribuidas expresamente al Estado por la Constitución podrán corresponder a las CCAA siempre que hubiera sido asumido en sus respectivos Estatutos (SSTC 1/1982; 69/1982, entre otras).

La *cláusula de prevalencia* implica que la competencia sobre las materias que no se hayan asumido por los Estatutos de Autonomía corresponderá al Estado, cuyas normas prevalecerán, en caso de conflicto, sobre las de las Comunidades Autónomas en todo lo que no esté atribuido a la exclusiva competencia de éstas.

Por último, la *cláusula de supletoriedad* reconoce que el derecho estatal será, en todo caso, supletorio del derecho de las Comunidades Autónomas.

El art. 149.3 CE contiene disposiciones diversas, de significado y alcance muy diferentes, que es preciso no confundir, por más que la Norma Suprema las aglutine en un solo párrafo. En la primera frase de este párrafo se establece la posibilidad de que las materias no atribuidas expresamente al Estado por la Constitución sean asumidas por las CCAA. En la segunda se atribuye al Estado una competencia residual sobre las materias no asumidas en los Estatutos de Autonomía y se dispone, en caso de conflicto, la prevalencia del Derecho Estatal en lo que no sea de exclusiva competencia autonómica. Y es en la tercera donde, a continuación y como cláusula de cierre del ordenamiento, se establece la supletoriedad del Derecho estatal.

La preocupación del constituyente se despliega, pues de un modo fácilmente perceptible: se trata de que, pese a su necesaria e imprevisible evolución, la plenitud del ordenamiento no padezca ni a causa de una falta de asunción de competencias (y a ese fin se orientan las que con carácter residual se atribuyen al Estado), ni a causa de las lagunas que inicialmente pudiera provocar su falta de ejercicio (y a ese objetivo se endereza la cláusula de supletoriedad (STC 118/1996, de 27 de junio).

Ha sido, sin duda, la cláusula de supletoriedad la que mayores enfrentamientos ha producido entre el Estado y las Comunidades autónomas, enfrentamiento que ha ido paralelo al desarrollo competencial autonómico, y que ha dado lugar a una importante labor interpretadora del Tribunal Constitucional.

En sus primeros pronunciamientos, el TC mantuvo una interpretación de **la cláusula de supletoriedad** orientada a potenciarla para evitar vacíos en el sistema normativo de nuestro Estado autonómico» (STC 62/1990). La necesidad de garantizar la plenitud del ordenamiento, dado que el ejercicio pleno de las distintas competencias es un proceso que, ineluctablemente, se prolonga en el tiempo, determinó un entendimiento de la supletoriedad condicionado por la situación embrionaria del Estado de las Autonomías, y así, en varias sentencias estableció que era razonable admitir la existencia de normas estatales de valor supletorio, siempre que la materia en litigio no hubiera sido competencialmente asumida por todas las CCAA en términos de identidad u homogeneidad, por lo que todas aquellas competencias no atribuidas estatutariamente a las CCAA por imposibilidad constitucional, o por simple decisión de los propios Estatutos habrán sido retenidas por el Estado en virtud del art, 149.3 (STC 5/1981, por todas)..

La STC 214/1989 y otras posteriores corrigieron los pronunciamientos iniciales, y la STC 147/1991, indica que la premisa de que, en numerosas materias, hay CCAA que carecen de competencias, va siendo debilitada por el progresivo desarrollo de las Autonomías prefigurado por el Título VIII CE.

Este cambio jurisprudencial, se materializa de manera rotunda en la STC 118/1996, de 27 de junio, en la que el TC reconoció que el Estado no puede dictar normas con eficacia meramente supletoria en materias sobre las cuales carece de todo título competencial; el legislador estatal no puede apoyarse en la regla de la supletoriedad para dictar tales normas, por no constituir una cláusula universal atributiva de competencias.

En esta misma línea, la STC 118/1996, declaró que para dictar normas precisa el Estado de un título competencial específico que las justifique, y la supletoriedad no lo es, por lo tanto, **tampoco en las materias en las que el Estado ostenta competencias compartidas puede, excediéndose el tenor de**

los títulos que se las atribuye y penetrando en el ámbito reservado por la Constitución y los Estatutos a las CCAA, producir normas meramente supletorias, pues tales normas, al invocar el amparo de una cláusula como la supletoriedad que, por no ser título competencial, no puede dárselo, constituyen una vulneración del orden constitucional de competencias.

En consecuencia, según jurisprudencia constitucional, dictada en STC 61/1997, de 20 de marzo, en la que se confirma la doctrina anterior, la cláusula de supletoriedad no permite que el Derecho estatal colme sin más la falta de regulación autonómica en una materia. El presupuesto de aplicación de la supletoriedad que la Constitución establece no es la ausencia de regulación, sino la presencia de una laguna detectada como tal por el aplicador del Derecho.

Así las cosas, dado que a partir de los arts. 148 y 149 CE, todos los Estatutos de Autonomía atribuyen a las CCAA competencias exclusivas sobre varias materias, es evidente que el Estado no puede dictar normas supletorias por carecer de un título competencial específico que así lo legitime, sin que por otra parte, el hecho de ostentar otros títulos competenciales susceptibles de incidir sobre la materia pueda justificar la invocación de la cláusula de supletoriedad del art. 149.3 in fine de la CE.

Esta doctrina del TC, respecto de la que compartimos la opinión manifestada por ALZAGA, que la considera «errónea», «caótica» y «que no resiste el menor análisis»[17], puede afectar a la seguridad jurídica, e impide que la supletoriedad del Derecho estatal permita asegurar el cumplimiento de la propia Constitución, a través del cumplimiento de los fines, valores, reglas y principios que la Constitución incorpora, entre los que se encuentran el de unidad y autonomía, y hacer efectivo el modelo de Estado consagrado. Además, si el sistema de producción normativa aspira a la completud del ordenamiento jurídico, debe proporcionar respuesta a todas las cuestiones y problemas que puedan plantearse y debe favorecer la plenitud del ordenamiento respondiendo a la necesidad de integración del ordenamiento en su conjunto, y la regla de supletoriedad sirve para suplir la inactividad de quien está obligado a actuar en virtud de las funciones asumidas estatutariamente e impuestas constitucionalmente, toda vez que es coherente con los principios de ordenación del ordenamiento del Estado español.

Para la determinación de la delimitación competencial, habrá que estar, por tanto, a lo establecido en la Constitución, en el Estatuto de autonomía,

---

[17] ALZAGA VILLAAMIL, O, y otros.- *Derecho Político español. Vol I. Constitución y Fuentes*, CERA, Madrid, 1997, págs. 599 y ss.

así como un complejo de normas interpuestas que integran el parámetro de constitucionalidad.

El TC ha venido sosteniendo que la determinación de la titularidad legislativa sobre una determinada materia no depende sólo del texto del respectivo Estatuto, sino de una interpretación sistemática y global de la Constitución, y más concretamente del *bloque de la constitucionalidad*

El diseño del mapa competencial ha tenido una gran influencia en el nivel competencial de las CCAA. La Constitución parece haber introducido una importante diferencia de trato entre las distintas CCAA. Las Comunidades que accedieron a través del artículo 143 sólo pudieron asumir competencias dentro de las enumeradas en el artículo 148.1, debiendo esperar, al menos, cinco años, y mediante la reforma de sus Estatutos, para asumir otras nuevas dentro del marco establecido en el artículo 149.

Por el contrario, aquellas que accedieron a la autonomía a través del artículo 151.1 y de la Disposición Transitoria Segunda, pudieron asumir, desde el principio competencias sobre las materias contenidas en el artículo 148 y sobre aquellas compartidas o concurrentes del artículo 149.1.

La Constitución dejaba libertad a las CCAA para que, dentro de los límites que acabamos de estudiar, pudieran asumir aquellas materias que eran capaces de desarrollar. Esta libertad dispositiva, puede conducir, no obstante, si no se armoniza de alguna forma, a un régimen de reparto competencial notoriamente desigual[18]. Para intentar paliar, de alguna manera, este problema, en los diversos Pactos Autonómicos se optó por la ampliación de competencias de todas las CCAA que habían accedido por la vía ordinaria por vía de ley de trasferencia, con el propósito de lograr un funcionamiento racionalizado y más homogéneo del conjunto del Estado. Las CCAA han ido paulatinamente aumentando su ámbito competencial, diluyéndose en cierto sentido las desigualdades competenciales entre los distintos territorios. Sin embargo el ámbito expansivo autonómico parece no tener medida, y los recientes procesos de Reforma estatutaria llevados hasta el momento ha implicado extender las competencias a las CCAA hasta el límite constitucional, o incluso más allá, toda vez que vuelve a reforzar las diferencias competenciales entre las distintas CCAA.

De lo expuesto hasta el momento, podríamos determinar que **el sistema de reparto competencial está definido por las siguientes características**[19]:

---

[18] MUÑOZ MACHADO, S.- «Los pactos autonómicos de 1992. La ampliación de competencias y la reforma de los Estatutos» en *RAP*, nº 128, 1991, pág. 87.

[19] GONZÁLEZ TREVIJANO, P Y NÚÑEZ RIVERO, C.- Op. cit, págs 158 y ss.

– Es un régimen **impreciso.**

– Se trata de un sistema **abierto**, puesto que el carácter dispositivo, no obliga a las CCAA la asunción competencial completa, sino que, por el contrario, les permite asumir la titularidad de más o menos materias, e incluso, respecto a éstas, distintos niveles competenciales.

– La libre disponibilidad autonómica permite hablar de cierta **heterogeneidad**. La asunción o no de distintas competencias no nos permite considerar la uniformidad en el plano competencial.

– La posibilidad de ir aumentando el ámbito de autonomía, bien por vía estatutaria, bien por la vía del artículo 150 CE, determina la definición del régimen como **progresivo**.

– Es un régimen de **prevalencia estatal**, puesto que el Estado puede alterar el esquema competencial inicial.

BIBLIOGRAFÍA

Álvarez Conde, E.- *Las Comunidades Autónomas*, Tecnos, Madrid, 1980.

Álvarez Conde, E.; Agarcía-Moncó, A.; Tur Ulsina, R.- *Derecho Autonómico*, Técnos, Madrid, 2013.

Bustos Gisbert.- *Relaciones internacionales y Comunidades Autónomas*, CEC, Madrid, 1997

Caamaño Dominguez, F.- «Autonomía Local y Constitución: Dos propuestas para otro viaje por el callejón del gato», en *REDC*, nº 70, 2004

Ferrando Badía, J.- *El Estado Unitario, el Federal y el Estado Autonómico*, Tecnos, Madrid, 1986.

Ferreiro, J. L.- *La Hacienda de las Comunidades Autónomas*, Barcelona, 1985.

García de Enterría, E.- *Estudios sobre autonomías territoriales*, Civitas, Madrid, 1985.

García Roca, J.- *Contribución al estudio de la forma territorial del estado español*, Madrid, 1985.

Goig Martínez, J.M.; Núñez Rivero, C., Núñez Martínez, Mª A.- *La Constitución española en la Jurisprudencia del Tribunal Constitucional*, Vol. I, Universitas, Madrid, 2010.

González Trevijano, P. y Núñez Rivero, C.- *El Estado Autonómico. Principios, organización y competencias*, Ed. Universitas. Madrid. 1998.

González Trevijano, P.; Núñez Rivero, C. y Goig Martínez, J.M.- *El Estado autonómico español*, Madrid, Dykinson, 2014.

López Aguilar, J. F.- *Justicia y Estado Autonómico*, 1995.

LÓPEZ RAMÓN, F. (Ed) y otros.- *La reforma estatutaria*, Zaragoza, Gobierno de Aragón, 2005.

MENÉNDEZ REXACH, A., SOLOZÁBAL ECHEVARRÍA, J.J.- *El principio de colaboración en el Estado Autonómico*, Fundación Giménez Abad, Zaragoza, 2011.

RUIPÉREZ ALAMILLO, J.- *La protección constitucional de la autonomía*, Madrid, 1994.

SOLOZÁBAL, J. J.- Las bases constitucionales del Estado autonómico, MacGraw-Hill, Madrid, 1998.

SORIANO, J. E.- *Comunidades Autónomas y Comunidad Europea*, Tecnos, Madrid, 1990.

TUDELA ARANDA, J.- *Derechos constitucionales y autonomía política*, Madrid, 1995.

VV.AA.- *Reforma de los Estatutos de Autonomía y Pluralismo Territorial*, IUSTEL, Madrid, 2006.